Das gemeinschaftsrechtliche Defizitverfahren

Studien zum Öffentlichen Recht, Völker- und Europarecht

Herausgegeben von Prof. Dr. Eckart Klein

Band 8

PETER LANG
Frankfurt am Main · Berlin · Bern · Bruxelles · New York · Oxford · Wien

Felix Bark

Das gemeinschaftsrechtliche Defizitverfahren

Reformansätze und ihre rechtlichen Umsetzungsmöglichkeiten

PETER LANG
Europäischer Verlag der Wissenschaften

Bibliografische Information Der Deutschen Bibliothek
Die Deutsche Bibliothek verzeichnet diese Publikation in der Deutschen Nationalbibliografie; detaillierte bibliografische Daten sind im Internet über <http://dnb.ddb.de> abrufbar.

Zugl.: Potsdam, Univ., Diss., 2004

517
ISSN 1437-2037
ISBN 3-631-53056-0

www.peterlang.de

Staatsverschuldung ist das Opium des Staatshaushalts

Isensee, in: Festschrift für Karl Heinrich Friauf, 1996, S. 705/708

VORWORT

Die Arbeit wurde im Sommersemester 2003 von der Juristischen Fakultät der Universität Potsdam als Dissertation angenommen. Rechtsprechung und Literatur sind durchgängig auf dem Stand von Juni 2003. Für die Drucklegung konnten die Entwicklungen bis Mai, vereinzelt auch bis Juli 2004 berücksichtigt werden.

Die Veröffentlichung erfolgt zu einem Zeitpunkt, an dem das gemeinschaftsrechtliche Defizitverfahren in der durch die Medien geprägten öffentlichen Wahrnehmung nicht mehr als einige Seiten bedrucktes Papier darstellt, dessen Relevanz für die Mitgliedstaaten gegen Null tendiert. Entgegen dieser verbreiteten Meinung ist der Stabilitätspakt jedoch alles andere als hinfällig, vielmehr ist ein Reformprozess in Gang gesetzt worden, dessen Ausgang zumindest als offen bezeichnet werden darf. Diese Arbeit unterstützt die Reformbemühungen in der Hoffnung, dass an deren Ende ein besseres und damit allgemein akzeptiertes Defizitverfahren steht.

Mein herzlicher Dank gilt Herrn Prof. Dr. Eckart Klein für die Betreuung der Arbeit sowie für die Aufnahme der Dissertation in die Studien zum Öffentlichen Recht, Völker- und Europarecht. An dieser Stelle sei auch das von ihm am Wandlitzsee durchgeführte Doktorandenseminar erwähnt, das den kreativen Druck zur Fertigstellung der Arbeit erhöhte. Danken möchte ich auch Herrn Privatdozent Dr. Andreas Haratsch für die immer vorhandene Bereitschaft zur wissenschaftlichen Diskussion sowie für die zügige Erstellung des Zweitgutachtens. Für die vielfältige Hilfe beim Entstehen dieser Arbeit gebührt mein Dank darüber hinaus Ullrike Schiller, Dr. Stefanie Schmahl, Prof. Dr. Markus Kerber, Prof. Dr. Ulrich Häde, Frau Flores-Gual von der Europäischen Kommission, Michaela Kriegelstein und Dr. Guido Wustlich. Mein besonderer Dank gilt schließlich Franziska Nauck sowie meinen Eltern, denen ich die Arbeit widme.

Berlin, im August 2004 *Felix Bark*

INHALTSÜBERSICHT

INHALTSVERZEICHNIS

ABKÜRZUNGSVERZEICHNIS

a.A.	andere Ansicht
ABl.	Amtsblatt der EU
Annuaire CDI	Jahrbuch der International Law Commission
AöR	Archiv des öffentlichen Rechts (Zeitschrift)
BANK	Abkommen über die Internat. Bank für Wiederaufbau und Entwicklung
BGBl.	Bundesgesetzblatt
BIP	Bruttoinlandsprodukt
BMF	Bundesministerium der Finanzen
BVerfG	Bundesverfassungsgericht
BVerfGE	Entscheidungssammlung des Bundesverfassungsgerichts
B-VG	Bundesverfassungsgesetz (Österreich)
CDI	Commission de Droit International - International Law Commission
CFL	Comité des finances locales
CML Rev.	Common Market Law Review (Zeitschrift)
CVN	Charta der Vereinten Nationen
d.h.	das heißt
DIW	Deutsches Institut für Wirtschaftsforschung
DÖV	Die öffentliche Verwaltung (Zeitschrift)
DVBl.	Deutsches Verwaltungsblatt (Zeitschrift)
EAG	Europäische Atomgemeinschaft
EEA	Einheitliche Europäische Akte
ECU	European Currency Unit
Ecofin	Rat der Wirtschafts- und Finanzminister
EFTA	European Free-Trade Area – Europäische Freihandelszone
EG	Europäische Gemeinschaft
EGKS	Europäische Gemeinschaft für Kohle und Stahl
EGKSV	Vertrag über die EGKS
EGV	Vertrag über die Europäische Gemeinschaft
EIB	Europäische Investitionsbank
EMRK	Europäische Menschenrechtskonvention
EP	Europäisches Parlament
ESZB	Europäisches System der Zentralbanken
ESVG	Europäisches System Volkswirtschaftlicher Gesamtrechnung
EU	Europäische Union
EuG	Europäisches Gericht erster Instanz

EuGH	Europäischer Gerichtshof
EuR	Europarecht (Zeitschrift)
EUV	Vertrag über die Europäische Union
EuZW	Europäische Zeitschrift für Wirtschaftsrecht (Zeitschrift)
EWG	Europäische Wirtschaftsgemeinschaft
EWGV	Vertrag über die Europäische Wirtschaftsgemeinschaft
EWI	Europäisches Währungsinstitut
EWS	Europäisches Währungssystem
EWS	Europäisches Wirtschafts- und Steuerrecht (Zeitschrift)
EWV	Europäischer Wechselkursverbund
EZB	Europäische Zentralbank
FAZ	Frankfurter Allgemeine Zeitung
FR	Frankfurter Rundschau
FS	Festschrift
FTD	Financial Times Deutschland
FUND	Abkommen über den Internationalen Währungsfonds
GASP	Gemeinsame Außen- und Sicherheitspolitik
HdBStR	Handbuch des Staatsrechts
Hrsg.	Herausgeber
ICAO	International Civil Aviation Organisation
IGH	Internationaler Gerichtshof
ILC	International Law Commission – Commission de Droit International
ILO	International Labour Organisation
i.S.v.	im Sinn von
i.V.m.	in Verbindung mit
IWF	Internationaler Währungsfonds
JA	Juristische Ausbildung (Zeitschrift)
JORF	Journal Officiel de la République Française
Jura	Juristische Ausbildung (Zeitschrift)
JuS	Juristische Schulung (Zeitschrift)
JZ	Juristenzeitung (Zeitschrift)
m.w.N.	mit weiteren Nachweisen
NJW	Neue Juristische Wochenschrift (Zeitschrift)
NSP	Nationaler Stabilitätspakt
NZB	Nationale Zentralbank(-en)
NZZ	Neue Züricher Zeitung

Ö-BGBl.	Österreichisches Bundesgesetzblatt
PJZS	Polizeiliche und justizielle Zusammenarbeit in Strafsachen
RFFP	Revue française des finances publiques (Zeitschrift)
RV	Reichsverfassung von 1871
Slg.	Sammlung (Entscheidungssammlung)
StabG	Stabilitätsgesetz
SZ	Süddeutsche Zeitung
USD	US-Dollar
WKM	Wechselkursmechanismus
WRV	Weimarer Reichsverfassung
WTO	Welthandelsorganisation
WWU	Wirtschafts- und Währungsunion
ZBIJ	Zusammenarbeit in den Bereichen Inneres und Justiz
ZÖR	Zeitschrift für öffentliches Recht (Zeitschrift)
ZRP	Zeitschrift für Rechtspolitik (Zeitschrift)

EINLEITUNG

I. Gegenstand und Ziel der Arbeit

Die Europäische Wirtschafts- und Währungsunion (WWU) ist ein Kernstück des Vertrags von Maastricht[1] und der europäischen Integration schlechthin. Zentrales Problem der WWU ist die Sicherstellung der Einhaltung einer bestimmten Haushalts- oder Budgetdisziplin in den Mitgliedstaaten. Diese Frage, die derzeit einem lebhaften wissenschaftlichen Diskurs ausgesetzt ist[2], bildet den Gegenstand dieser Arbeit.

Unter der Bezeichnung „Defizitverfahren" wird in den folgenden Ausführungen das gemeinschaftsrechtliche System zur Einhaltung der Budgetdisziplin in den Mitgliedstaaten verstanden. Es umfasst die primärrechtlichen Regelungen in Art. 104

---

1 *Klein/Haratsch*, DÖV 1993, 785/791 f.; *Kortz*, Entscheidung, S. 23; *Fuest*, Wirtschaftsdienst 1993, 539; *Holzheu*, Finanzarchiv 50 (1993), S. 257/272; *Roth*, EuR 1994, Beiheft 1, S. 45; *Nicolaysen*, Rechtsfragen der Währungsunion, S. 7; *Sedemund/Montag*, NJW 1994, 625/626; *Weber*, JZ 1993, 325/327.

2 Vgl. etwa *Artus*, Revue d'économie financière 1998, 153 ff.; *Bleckmann*, Europarecht, Rn. 2449 ff.; *Blumenwitz/Schöbener*, Stabilitätspakt für Europa, 1997; *Bofinger*, Wirtschaftsdienst 1996, 30 ff.; *ders.*, Wirtschaftsdienst 1997, 12 ff.; *Bofinger/Hefeker/Pfleger*, Stabilitätskultur in Europa, 1998; *Buiter/Corsetti/Roubini*, Economic Policy 16, April 1993, S. 58 ff.; *Bureau*, Economie et Prévision 1998, 49 ff.; *Caesar*, in: Caesar/Scharrer 1994, S. 236 ff.; *Calliess*, Wirtschaftsdienst 1997, 153 ff.; *Eichengreen*, in: Eichengreen/Frieden: The Political Economy of European Monetary Unification, 1994, S. 167 ff.; *Eichengreen/Wyplosz*, The stability pact: more than a minor nuisance? 1998; *Eijffinger/de Haan*, European Monetary and Fiscal Policy, S. 80 ff.; *Feldsieper*, Wirtschaftsdienst 1996, 36 ff.; *Gros*, Zur Sicherung der Währungsunion vor exzessiven Defiziten, 1995; *Häde*, EuZW 1992, 171/176 f.; *ders.*, EuZW 1996, 138 ff.; *Häde/Hartmann*, EWS 1994, 409/411 ff.; *Hahn*, JZ 1997, 1133 ff.; *ders.*, CML Rev. 1998, 77 ff.; *Hartmann*, EuZW 1996, 133 ff.; *Herdegen*, Europarecht, Rn. 377 ff.; *Internationaler Währungsfonds*, IMF Working Paper WP/01/178; *Köhler*, Vertragliche Grundlagen der Europäischen Wirtschafts- und Währungsunion, S. 97 ff.; *Koenig/Haratsch* Rn. 762 f.; *Konow*, Der Stabilitäts- und Wachstumspakt: ein Rechtsrahmen für Stabilität in der Wirtschafts- und Währungsunion, 2002; *Möckelmann*, in: Caesar/Scharrer 2001, S. 475/478 f.; *Nicolaysen*, Rechtsfragen zur Währungsunion, S. 7/31 f.; *ders.*, Europarecht II, S. 343 ff.; *Ongena*, RFFP 1999, 57 ff.; *Oppermann* Rn. 941 ff.; *Palm*, Preisstabilität in der Europäischen Wirtschafts- und Währungsunion, 1999; *Passalacqua*, Rechtliche und politische Probleme des Stabilitätspakts, 2000; *M. Peters*, Die Konkretisierung des Art. 104 EG durch den Stabilitäts- und Wachstumspakt und dessen Vereinbarkeit mit dem EG-Vertrag, 2002; *Pipkorn*, EuR 1994, Beiheft 1, S. 85/92 f.; *Reimann*, in: Caesar/Scharrer 1999, S. 209 ff.; *Reupke*, Die Wirtschafts- und Währungsunion, 2000; *Richter*, Kredit und Kapital 1999, 159 ff.; *Roth*, EuR 1994, Beiheft 1, S. 45/75 ff.; *Schulze-Steinen*, Rechtsfragen zur Wirtschaftsunion, S. 203 ff.; *Seidel*, Verfassung, S. 18 f.; *ders.*, in: Caesar/Scharrer 1994, S. 89 ff.; *ders.* in: Caesar/Scharrer 1999, S. 215/221 ff.; *Selmayr*, Das Recht der Wirtschafts- und Währugsunion, 2002; *Siebert*, Wirtschaftsdienst 1997, 7 ff.; *Solbes*, Central Banking 13 (2002), S. 61 ff.; *Stasavage*, Politique Etrangère 1997, 567 ff.; *Steuer*, in: Caesar/Scharrer 2001, S. 99 ff.; *Streinz* Rn. 868 f.; *Sturm*, Budgetdisziplin in der Europäischen Wirtschafts- und Währungsunion: Ursachen übermäßiger Defizite und Wege zu ihrer Begrenzung, 1997; *Sutter*, Der Stabilitäts- und Wachstumspakt in der Europäischen Währungsunion, 2000; *Viebig*, Der Vertrag von Maastricht, S. 345 ff.; *Wyplosz*, Fiscal Discipline in EMU: Rules or Institutions? 2002; *Zeitler*, WM 1995, 1609 ff.

EGV sowie die sekundärrechtlichen Ergänzungen durch den Stabilitäts- und Wachstumspakt von 1997.[3] Allerdings enthält die Bezeichnung „Defizitverfahren" gewisse Ungenauigkeiten. Weder bezieht sich das gemeinschaftsrechtliche System zur Kontrolle der Haushaltsdisziplin nur auf „Defizite", da auch andere ökonomische Parameter eines Landes bewertet werden, noch werden ausschließlich „Verfahrensfragen" behandelt. Art. 104 EGV enthält nämlich außer einem Überwachungsverfahren auch materielle Ge- und Verbote, die sich an die Mitgliedstaaten richten. So müssen diese gemäß Abs. 1 ein übermäßiges öffentliches Defizit vermeiden und gemäß Abs. 2 eine bestimmte Haushaltsdisziplin einhalten.

Das gemeinschaftsrechtliche Defizitverfahren verdankt seine Existenz dem Bestreben des Maastrichter Vertrages, die Geldwertstabilität des Euro zu sichern.[4] Diese ist über Art. 4 Abs. 3 EGV sowie Art. 105 Abs. 1 EGV vorrangiges Ziel der Gemeinschaft und wird seit der Vollendung der dritten Stufe der WWU durch fünf kumulativ anzuwendende Mechanismen sichergestellt.[5] Die wichtigsten Instrumente sind dabei die in Art. 104 EGV enthaltene Verpflichtung der Mitgliedstaaten zur Einhaltung der Budgetdisziplin und die Überwachung der Einhaltung dieser Verpflichtung durch das Defizitverfahren.[6] Damit nimmt die Budgetpolitik eine Mittelstellung zwischen Geldpolitik und allgemeiner Wirtschaftspolitik ein. Erstere ist gemäß Art. 105 Abs. 2 EGV vollständig vergemeinschaftet, letztere wird gemäß Art. 99 EGV lediglich durch die Gemeinschaft koordiniert.

Seit Beginn der Währungsunion wurde Kritik am gemeinschaftsrechtlichen Defizitverfahren geäußert. Diese betraf zum Teil das Defizitverfahren an sich, zum Teil die konkrete Ausgestaltung des Verfahrens im Vertrag von Maastricht. Im Jahre 2002 eskalierte die Situation, als sich mehrere Mitgliedstaaten weigerten, das Defizitverfahren auf ihr Land anzuwenden. Immer lauter wurde der Ruf nach einer Reform des Regelwerkes; von verschiedenen Seiten wurden Reformvorschläge erarbeitet.[7]

---

3 In der (vor allem wirtschaftswissenschaftlichen) Literatur werden die Begriffe Defizitverfahren und Stabilitätspakt oftmals synonym verwendet, wobei sich z.T. die Bezeichnung Stabilitätspakt als Oberbegriff für Primär- und Sekundärrecht eingebürgert hat. Dies ist aus juristischer Sicht zumindest ungenau. In dieser Arbeit wird die Bezeichnung „Stabilitätspakt" ausschließlich für die sekundärrechtlichen Ergänzungen aus dem Jahre 1997 verwendet, während der Ausdruck „Defizitverfahren" das Primärrecht in seiner Ausgestaltung durch das Sekundärrecht meint.

4 Zum Begriff der Stabilität vgl. unten S. 67 f.

5 Näheres zu diesen Mechanismen unten S. 69 ff.

6 Zum Zusammenhang zwischen Budgetdisziplin und Geldwertstabilität siehe unten S. 67 ff.

7 Vgl. nur SZ vom 10.02.2003, S. 19: „Ökonomen fordern Reform des Stabilitätspakts". Zu den Reformvorschlägen siehe u.a. *Buiter*, Central Banking 13 (2003), S. 49 ff.; *Eichengreen*, Intereconomics 2003, 7 ff.; *Eijffinger*, Intereconomics 2003, 10 ff.; *Gros*, Zur Sicherung der Währungsunion vor exzessiven Defiziten, 1995; *Hancké/Schelkle*, ZRP 2003, 28; *Hasse*, Wirtschaftsdienst 1997, 15 ff.; *Hefeker*, Wirtschaftsdienst 2002, 64; ders., Intereconomics 2003, 15 ff.; *Meyer*, ZRP 2003, 28; *Ohr*, Wirtschaftsdienst 1996, 24 ff.; *Palm* S. 99 ff.; *Schröder*, Wirtschaftsdienst 1999, 412 ff.; *Solbes*, Central Banking 13 (2002), S. 61 ff.; *Sturm*, Budgetdiszip-

Das Ziel der vorliegenden Arbeit besteht darin, diese Reformvorschläge zu systematisieren, zu bewerten und aus juristischer Sicht zu analysieren. Dies umfasst die Untersuchung, ob eine Reform des Defizitverfahrens überhaupt notwendig ist. Einen Anhaltspunkt hierfür liefert zum einen die Analyse der Anwendung des Verfahrens in der Vergangenheit. Zum anderen wird erörtert, ob außerhalb des Defizitverfahrens weitere Sanktionsverfahren zur Einhaltung der Budgetdisziplin zur Verfügung stehen. Ist dies nicht der Fall, ist eine effektive Ausgestaltung des Defizitverfahrens umso dringlicher. Die verschiedenen Reformvorschläge werden auf ihre rechtlichen Umsetzungsmöglichkeiten untersucht, d.h. es wird erörtert, welche „gesetzgeberischen" Schritte notwendig wären, um die Vorschläge in geltendes Recht zu überführen. Dieser Aspekt wird in den wirtschaftswissenschaftlichen Veröffentlichungen oftmals vernachlässigt, ist jedoch von großer Wichtigkeit. So ist ein Vorschlag, der eine Änderung des EGV erfordert, sehr viel schwieriger umzusetzen als eine Reform, die über einen Sekundärrechtsakt verwirklicht werden kann.

Soweit ersichtlich wurden die jüngsten Reformansätze zum Defizitverfahren in der juristischen Diskussion bislang noch nicht aufgegriffen. Darüber hinaus wurden die Auswirkungen des Stabilitäts- und Wachstumspaktes auf das Defizitverfahren in vielen Veröffentlichungen nicht konsequent eingearbeitet, da sie aus der Entstehungszeit des Paktes stammen. Hier setzt die vorliegende Arbeit an, indem sie zum einen die neueren Entwicklungen seit dem Übergang in die dritte Stufe der WWU aufnimmt, zum anderen juristische Aspekte zu der hauptsächlich wirtschaftswissenschaftlich geprägten Reformdebatte hinzufügt. Angesichts der massiven Kritik an der Beschränkung der mitgliedstaatlichen Defizite soll auch untersucht werden, ob und inwieweit diese Kritik gerechtfertigt ist. Dies setzt voraus, dass die Reformvorschläge auf ihre politische und ökonomische Zielsetzung hin analysiert werden. Das Ziel der vorliegenden Abhandlung liegt nicht zuletzt darin, eine Reform des Defizitverfahrens anzumahnen und jene Reformvorschläge zu unterstützen, die eine effektivere Sicherung der Budgetdisziplin in der Zukunft ermöglichen.

II. Methode

Die vorliegende Untersuchung ist primär rechtswissenschaftlich orientiert. Gleichwohl kann das Thema „Reform des Defizitverfahrens" nicht aus einem rein juristischen Blickwinkel angegangen werden, befindet es sich doch an der Schnittstelle verschiedener Wissenschaftsdisziplinen. Zu wichtig ist einerseits der wirtschaftswissenschaftliche Hintergrund der gemeinschaftsrechtlichen Regelungen, zu groß ist andererseits der politikwissenschaftliche Einfluss auf die Reformdiskussion, um eine ausschließlich juristische Erörterung vornehmen zu können. Diesem Erfordernis der Interdisziplinarität soll dadurch Rechnung getragen werden, dass an geeigneten Stellen wirtschafts- und politikwissenschaftliche Argumentationsmuster analysiert und für die Problematik fruchtbar gemacht werden. Mit diesem Vorgehen soll der Ten-

---

lin in der Europäischen Wirtschafts- und Währungsunion, S. 202 ff.; *Theurl*, in: Streit/Voigt 1996, S. 147 ff.; *Vaubel*, Wirtschaftsdienst 1997, 10 ff.; *Zangl*, Wirtschaftsdienst 1999, 174 ff.

denz entgegengewirkt werden, dass Vertreter verschiedener Fachrichtungen Aspekte der jeweils anderen Disziplin in wissenschaftlichen Diskussionen unberücksichtigt lassen. Während Wirtschaftswissenschaftler die ökonomische Berechtigung des Defizitverfahrens ohne Hinweis auf die rechtlichen Auswirkungen ihrer Vorschläge erörtern, ist der Jurist geneigt, wirtschaftswissenschaftliche Hintergründe in seinen Überlegungen unberücksichtigt zu lassen. In der vorliegenden Arbeit wird versucht, diese einseitige Sichtweise zumindest teilweise zu verlassen. Der Schwerpunkt der Arbeit liegt jedoch trotz der Ausflüge in die Nachbarwissenschaften im normativen Bereich.

Aufgrund der Aktualität aber auch Schnelllebigkeit der politischen Entwicklungen im Bereich des Defizitverfahrens kann teilweise nur in eingeschränktem Maß auf klassische Literatur zurückgegriffen werden. Stattdessen wurden als Quellen verstärkt Veröffentlichungen in Tageszeitungen und im Internet verwendet. Wenn möglich wurde jedoch bei letzteren eine gedruckte und veröffentlichte Ausgabe der Veröffentlichung im Internet vorgezogen.

III. Gang der Untersuchung

Die Darstellung gliedert sich in vier Kapitel. Im ersten Kapitel wird die Sicherung der Budgetdisziplin durch das Defizitverfahren *de lege lata* dargestellt. Es beginnt mit der historischen Entwicklung des Defizitverfahrens im Kontext der Bestrebungen zu einer europäischen Währungsunion. Anschließend wird erläutert, wie das Defizitverfahren aktuell ausgestaltet ist, d.h. insbesondere welche Referenzwerte von den Mitgliedstaaten eingehalten werden müssen und welche Sanktionsmöglichkeiten im Fall der Überschreitung der Referenzwerte bestehen. Im zweiten Kapitel wird untersucht, welche sonstigen Sanktionsmöglichkeiten außerhalb des Defizitverfahrens bestehen, wenn ein Staat gegen die Verpflichtung zur Einhaltung der Budgetdisziplin verstößt und ein übermäßiges Defizit aufweist. Hierbei wird zum einen geprüft, ob sonstige europarechtliche Sanktionsmechanismen einschlägig sind, zum anderen ob Sanktionen durch die Gemeinschaft oder die Mitgliedstaaten auf der Grundlage des Völkerrechts zulässig sind. Das dritte Kapitel beleuchtet die innerstaatlichen Implikationen des Defizitverfahrens. Dies umfasst die Frage, ob das Defizitverfahren eine Anpassung der nationalen Rechtsordnungen erfordert. In die Untersuchung aufgenommen wurden die Mitgliedstaaten Deutschland, Frankreich und Österreich. Das vierte Kapitel schließlich baut auf den vorherigen Erörterungen auf und hat die Sicherung der Budgetdisziplin *de lege ferenda* zum Gegenstand. Zunächst wird hierbei die Notwendigkeit einer Reform des Defizitverfahrens auch anhand empirischer Beobachtungen nachgewiesen. Anschließend werden die verschiedenen Reformvorschläge systematisiert, analysiert und bewertet. In Verbindung mit eigenen Reformvorschlägen sollen hieraus Möglichkeiten für eine zukünftige effektivere Ausgestaltung des Defizitverfahrens erarbeitet werden.

B. Die Sicherung der Budgetdisziplin durch das gemeinschaftsrechtliche Defizitverfahren *de lege lata*

Das mit der Bezeichnung „gemeinschaftsrechtliches Defizitverfahren" versehene System, das die Einhaltung der Budgetdisziplin in der EG sicherstellen soll, ist kompliziert und über viele Normen des Gemeinschaftsrechts verstreut. Ziel dieses ersten Kapitels ist es, einen Überblick über den aktuellen Zustand des Defizitverfahrens zu geben und Einzelheiten des Verfahrens zu erläutern (dazu II.). Zuvor soll jedoch die historische Entwicklung der Defizitbegrenzung nachgezeichnet werden (dazu I.).

I. Die historische Entwicklung der Defizitbegrenzung

Die historische Entwicklung der Defizitbegrenzung kann nicht losgelöst von derjenigen der Währungsunion dargestellt werden. Hierbei stellt sich insbesondere die Frage, ob die Vorläufer der WWU bereits verbindliche Regeln für die nationalen Haushalte enthielten bzw. inwiefern das Fehlen derartiger Regeln ein Grund für das Scheitern dieser Vorläufer war. Ein historischer Abriss kann sich auch nicht auf inner-europäische Entwicklungen beschränken (dazu 2.), da bereits das internationale Bretton-Woods-System erheblichen Einfluss auf die spätere europäische Entwicklung hatte (dazu 1.).

1. Bretton-Woods als internationales Vorbild

In den Jahren vor dem Zweiten Weltkrieg und insbesondere während des Krieges gerieten die internationalen Währungsbeziehungen in einen chaotischen Zustand. Es musste deshalb überlegt werden, wie sie neu belebt und auf eine feste Grundlage gestellt werden konnten. Diese Überlegungen führten zum Abschluss des Abkommens von Bretton-Woods vom 22. Juli 1944.[8] Das Abkommen erhielt seinen Namen aufgrund einer UNO-Konferenz, die im Frühjahr 1944 in Bretton Woods (USA) stattfand und an der 44 Nationen teilnahmen. Das Bretton-Woods-Abkommen ist das erste Abkommen, das verbindliche Vorgaben für ein internationales Währungssystem enthält.[9] Es sah die Gründung des Internationalen Währungsfonds (IWF) sowie der Weltbank vor. Die Weltbank hatte primär die Aufgabe, den Wiederaufbau der vom Krieg betroffenen Gebiete zu finanzieren. Heute fördert sie vor allem den wirtschaftlichen Aufbau der Entwicklungsländer. Der IWF dagegen sollte eine Art Währungsverfassung[10] für die Mitgliedstaaten in Form eines Festkurssystems etablieren.[11] Danach war jeder Mitgliedstaat verpflichtet, die Parität[12] seiner Währung nach dem abgeschwächten Goldstandard gegenüber dem Gold oder nach dem Devisenstandard

---

8 Die Bundesrepublik trat dem IWF 1952 bei; BGBl. 1952 II S.637. Das IWF-Abkommen ist auch abgedruckt im Sartorius II unter der Ordnungsnummer 44.

9 *Schäfer* S.89.

10 *Bofinger*, Festkurssysteme, S. 297; *Schäfer* S.89.

11 Allgemein zu Festkurssystemen: *Bofinger*, Festkurssysteme, S. 88 ff., 297 ff.

12 Die Festlegung einer Parität bedeutet die Festlegung eines bestimmten Wechselkurses.

gegenüber dem US-Dollar festzulegen.[13] Der Dollar war damit die Leitwährung in diesem System. Das bedeutet, dass die Paritäten der teilnehmenden Währungen in Einheiten dieser Leitwährung festgelegt werden. Die Parität der Leitwährung wurde in einer Gewichtseinheit Gold festgelegt.[14] In dem Abkommen verpflichten sich die USA gegenüber den ausländischen Währungsbehörden, auf deren Verlangen Dollars gegen Gold bzw. Gold gegen Dollars in beliebiger Menge umzutauschen. Alle anderen Staaten verpflichteten sich, den Kurs ihrer Währungen innerhalb einer Bandbreite von +/- 1% um die Dollar-Parität zu halten. Die Parität zum Dollar durfte nur ausnahmsweise geändert werden, nämlich wenn die Zahlungsbilanz[15] eines Landes ein „fundamentales Ungleichgewicht" aufwies. Das IWF-System stellt damit ein „adjustable peg"-System d.h. ein System der festen Wechselkurse mit der Möglichkeit der diskretionären Paritätenänderung.[16] Die Paritätsänderung konnte in diesem Fall einseitig durchgeführt werden, sofern das Realignment[17] nicht zu einer Abweichung des neuen Paritätswertes von der Anfangsparität von mehr als 10% führt.[18] Bei größeren Realignments hat der IWF ein Widerspruchsrecht. Die Zentralbanken müssen in einem derartigen System über genügend Währungsreserven verfügen, um mit Hilfe von Stützungskäufen bzw. –verkäufen die erlaubten Schwankungsbandbreiten einzuhalten.

Das Bretton-Woods-System funktionierte zwanzig Jahre recht erfolgreich[19], kam dann jedoch in die Krise. Ende der 1960er Jahre häuften sich die Paritätsanpassungen. Am 15. August 1971 hob Präsident Nixon einseitig die Verpflichtung auf, Dollars in Gold umzutauschen und umgekehrt. Im Smithsonian-Agreement[20] vom 18.

13 *Hahn*, Währungsrecht, § 13 Rn. 2. Diese Wahlmöglichkeit ergab sich aus dem Versprechen der USA, Dollar jederzeit und unbegrenzt zu einem festgelegten Preis umzutauschen (35 USD für eine Unze Feingold).

14 *Willms* S. 161; *Palm* S. 51 Fn. 162.

15 Vgl. *Willms* S. 3 ff.; *Brock* S. 9 f.: Unter Zahlungsbilanz versteht man die systematische Aufstellung aller ökonomischer Transaktionen eines Landes zwischen Inländern und Ausländern, die innerhalb einer bestimmten Periode vorgenommen werden. Ökonomische Transaktionen sind dabei Käufe und Verkäufe von Waren, Dienstleistungen und finanziellen Vermögenstiteln wie Wertpapiere und Geldbestände. Unerheblich ist, ob diese Transaktionen von Privaten, vom Staat oder von der Zentralbank vorgenommen werden. Die Zahlungsbilanz besteht aus der Leistungsbilanz, der Kapitalbilanz und der Devisenbilanz. Wenn die Summe der Forderungen an das Ausland größer ist als die Verpflichtungen, liegt ein Zahlungsbilanzüberschuss vor. Im umgekehrten Fall spricht man von einem Zahlungsbilanzdefizit.

16 *Schäfer* S. 88. Das Gegenteil dazu ist ein „crawling peg"-System. Dabei finden Paritätsänderungen automatisch nach gewissen im Voraus festgelegten Regeln statt. „Crawling peg"-Systeme haben den Nachteil, dass keine diskretionären Paritätsänderungen ex post vorgenommen werden können, wenn bei Vertragsschluss nicht vorhersehbare Störungen auftreten. Vgl. dazu *Bofinger*, Festkurssysteme, S. 188 f.

17 Damit ist eine Anpassung der Parität gemeint.

18 Siehe *Bofinger*, Festkurssysteme, S. 308.

19 Kritischer *Selmayr* S. 70 ff.

20 Vgl. *Hahn*, Währungsrecht, § 13 Rn. 6.

Dezember 1971 wurde eine generelle Neufestsetzung der Wechselkurse der zehn wichtigsten Industrienationen beschlossen. Gleichzeitig wurden die Bandbreiten von +/- 1% auf +/- 2,25% der Paritäten erhöht. Schließlich wurde 1973 erkannt, dass die IWF-Regeln faktisch nicht mehr aufrechterhalten werden konnten. Daraufhin wurden die Wechselkurse zahlreicher wichtiger Währungen freigegeben, das Bretton-Woods-System war gescheitert.

Der wichtigste Grund für den Zusammenbruch des Bretton-Woods-System war nach allgemeiner Auffassung ein Konstruktionsfehler des Systems. Dieser bestand darin, dass die Festlegung fester Wechselkurse nicht mit einer Koordinierung der nationalen Wirtschaftspolitiken einherging.[21] Die Inflationsraten in den Mitgliedstaaten waren sehr unterschiedlich, dadurch auch die Zahlungsbilanzen der einzelnen Staaten. Beispielsweise war die Inflation in Deutschland immer relativ gering, so dass die Wettbewerbsfähigkeit hoch war. Dies führte zu hohen Exporten und damit zu erheblichen Zahlungsbilanzüberschüssen. Die Folge war, dass die D-Mark aufgewertet werden musste. Demgegenüber haben Länder mit hohen Inflationsraten defizitäre Zahlungsbilanzen. Diese wurden immer wieder durch Kredithilfen verschiedenster Art finanziert. Ein dauerhaftes Ungleichgewicht der Zahlungsbilanzen führte jedoch dazu, dass Devisenspekulationen einfach waren. Eine Abwertung einer Währung mit Zahlungsbilanzdefiziten war vorhersehbar, da fundamentale Defizite ein Indikator für eine Überbewertung einer Währung sind. Dadurch ließ sich fast völlig gefahrlos spekulieren (sog. Einbahnspekulation[22]). Die Bandbreiten waren infolge der massiven Spekulationen nicht mehr durch Interventionen der Zentralbanken einzuhalten. Ein weiterer Grund für das Scheitern von Bretton-Woods war die herausragende Stellung, die den USA gewährt wurde.[23] Da die USA als Leitwährungsland nicht zur Einhaltung bestimmter Wechselkurse verpflichtet waren, konnten sie ihre Haushaltsdefizite durch eine Verschuldung im Ausland finanzieren. Sie waren daher als einziges Land durch ihr Zahlungsbilanzdefizit nicht zur Anpassung ihrer Wirtschaftspolitik gezwungen. Dies führte dazu, dass sich bei den Zentralbanken der übrigen Mitgliedsländer größere Dollarbestände ansammelten. Die USA konnten daraufhin die Gold-Konvertibilität nicht mehr einhalten[24], das Bretton-Woods-System musste aufgegeben werden.

Letztlich ist das Bretton-Woods-System somit deshalb gescheitert, weil es keinerlei Vorgaben für die nationale Haushaltspolitik enthielt. Hohe Haushaltsdefizite führten mit Ausnahme der USA zu Handelsbilanzdefiziten. Zwar können unterschiedliche Haushaltspolitiken in einem Festkurssystem durch Neufestsetzung der Paritäten ausgeglichen werden. Dies funktioniert wie dargelegt jedoch nur in einem gewissen Rahmen. Sobald Spekulanten die zu erwartende Anpassung der Paritäten antizipieren können, gerät das System an seine Grenzen. Das Bretton-Woods-System

---

[21] Vgl. *Schäfer* S.91; *Ohr*, Währungsbeziehungen, S. 13 f.

[22] *Ohr*, Währungsbeziehungen, S. 16.

[23] *Bleckmann*, Völkerrecht, Rn. 1039; *Willms* S. 161 f.

[24] *Bofinger*, Festkurssysteme, S. 321 ff.

unterscheidet sich allerdings grundlegend von der WWU, da in einer Währungsunion die Wechselkurse unwiderruflich festgelegt werden. Unterschiedliche Haushaltspolitiken können hier überhaupt nicht mehr durch Paritätsänderungen ausgeglichen werden.

2. Die Vorläufer der WWU

Zu Beginn der Europäischen Gemeinschaft bestand nur eine lockere Koordinierung der Wirtschaftspolitik.[25] Konkrete Maßnahmen wurden nur in gewissen Einzelfällen getroffen, wie z.B. beim Auftreten inflationärer Tendenzen 1964, nach der internationalen Währungskrise 1970 oder der Ölkrise 1973. Im Vergleich zu den Integrationsfortschritten in anderen Bereichen (Zollunion, gemeinsame Agrarpolitik) blieb die Koordinierung der allgemeinen Wirtschaftspolitik zurück. Eine nennenswerte konkrete Maßnahme im Rahmen der Budgetpolitik war der Beschluss des Rates vom 8. Mai 1964[26] über die Zusammenarbeit zwischen den zuständigen Verwaltungsstellen der Mitgliedstaaten auf dem Gebiet der Haushaltspolitik. Dieser Beschluss sieht die Einsetzung eines Ausschusses vor, der die Grundzüge der Haushaltspolitik in den einzelnen Mitgliedstaaten untersucht und miteinander vergleicht. Zu erwähnen ist auch das Memorandum der Kommission an den Rat vom 12. Februar 1969 über die Koordinierung der Wirtschaftspolitik und der Zusammenarbeit in Währungsfragen innerhalb der Gemeinschaft[27] (sog. Barre-Plan). In ihm kommt die Erkenntnis zum Ausdruck, dass eine koordinierte Wirtschaftspolitik notwendigerweise die Zusammenarbeit in Währungsfragen nach sich zieht. Dieses Memorandum ebnete damit den Weg für die ersten Schritte in Richtung einer Währungsunion. Festzuhalten bleibt, dass es in den Anfangsjahren der Gemeinschaft keinerlei verbindliche Regelungen und damit auch kein Sanktionssystem für die nationale Budgetpolitik gab.

a) Werner-Plan 1971

Schon bald setzte sich die Einsicht durch, dass weitere Integrationsfortschritte auch eine verstärkte Zusammenarbeit in wirtschafts- und währungspolitischen Fragen erfordern.[28] Auf der Konferenz der Staats- und Regierungschefs in Den Haag am 1./2. Dezember 1969 wurde die Ausarbeitung eines Stufenplans über die Errichtung einer WWU beschlossen.[29] Als Grundlage sollte das Memorandum vom 12. Februar 1969[30] dienen. Daraufhin wurde von verschiedener Seite an einem Stufenplan gearbeitet. So stellten sowohl die Kommission, einige Regierungen als auch die deutschen Gewerkschaften Vorschläge vor. Der Rat setzte am 6. März 1970 eine Arbeitsgruppe unter

---

25 *Bunger/Molitor*, in: GTE (4. Auflage) Vorbem. Art. 102a bis 109 Rn. 25.

26 Beschluss 64/229/EWG, ABl. 1964 S. 1205.

27 Zitiert von *Bunger/Molitor*, in: GTE (4. Auflage) Vorbem. Art. 102a bis 109 Rn. 31.

28 *Streinz* Rn. 871.

29 Siehe Punkt 8 des Kommuniqués der Haager Konferenz, zitiert im Ersten Erwägungsgrund der Entschließung des Rates und der Vertreter der Regierungen der Migliedstaaten vom 22.03.1971, ABl. 1971 Nr. C 28/1.

30 Siehe Fn. 27.

Vorsitz des luxemburgischen Ministerpräsidenten *Pierre Werner* ein, die die Vorschläge prüfen sollte. Der Ausschuss erstellte kurz darauf einen Zwischenbericht[31] und am 8. Oktober 1970 den als Werner-Bericht[32] bekannten Abschlussbericht. Dieser war wiederum Grundlage für die Entschließung des Rates und der Vertreter der Regierungen der Mitgliedstaaten[33] vom 22. März 1971 über die stufenweise Verwirklichung der Wirtschafts- und Währungsunion in der Gemeinschaft. Sie wird ergänzt durch eine Entschließung des Rates und der Vertreter der Mitgliedstaaten[34] vom 21. März 1972 betreffend die Anwendung der Entschließung vom 22. März 1971.

Der Werner-Plan enthielt folgende Regelungen: Bis spätestens 1. Januar 1981 sollte in zwei Stufen eine WWU mit einer gemeinsamen Währung geschaffen werden. Die WWU hat das Ziel, ein ausreichendes Wirtschaftswachstum, Vollbeschäftigung und Stabilität zu sichern[35], wobei diese Ziele gleichberechtigt nebeneinander stehen.[36] In einer ersten Stufe sollte zunächst die Wirtschaftspolitik stärker koordiniert werden. Die Währungsunion sollte parallel zu den Fortschritten bei der Vereinheitlichung der Wirtschaftspolitik verwirklicht werden (sogenanntes Prinzip der Parallelität).[37] Die Entschließung definiert das Ziel einer vollständigen und irreversiblen Konvertibilität[38] der Währungen, die Beseitigung der Bandbreiten der Wechselkurse, die unwiderlegliche Festsetzung der Paritäten und die völlige Liberalisierung des Kapitalmarktes. Jeder kann auf dem Devisenmarkt ungehindert beliebige Währungsbeträge in jede andere Währung umtauschen. Die unwiderlegliche Festsetzung der Paritäten bedeutet, dass ein fester Wechselkurs zwischen zwei Währungen definiert wird. Daraus ergibt sich die Beseitigung der Bandbreiten der Wechselkurse. Bei festgelegten Paritäten sind die Wechselkurse immer gleich. Allerdings wird in der Regel eine gewisse Bandbreite um die Parität herum toleriert. Schon zu Beginn der ersten Stufe sollten die Wechselkursschwankungen zwischen den Währungen der Mitgliedstaaten innerhalb engerer Bandbreiten gehalten werden als bisher.[39]

Eine ausdrückliche Defizitbeschränkung enthielt der Werner-Plan nicht. Er sah nur eine allgemeine Koordinierung und Harmonisierung der Haushaltspolitik vor. Allerdings deutet sich schon im Werner-Plan die Notwendigkeit einer Überwachung

---

31 ABl. 1970 Nr. C 94/8.

32 Abgedruckt bei *Krägenau/Wetter*, S. 98 Dok.2.

33 ABl. 1971 Nr. C 28/1. Es handelt sich dabei um einen gemischten Rechtsakt. Einerseits tritt der Rat als Organ der Gemeinschaft auf, andererseits schließen die Vertreter der Mitgliedstaaten ein völkerrechtliches Abkommen außerhalb der EG. Dies ist dann notwendig, wenn die Gemeinschaft alleine keine ausreichenden Kompetenzen in diesem Bereich aufweisen kann. Vgl. hierzu *Koenig/Haratsch* Rn. 156.

34 ABl. 1972 Nr. C 38/3.

35 ABl. 1971 Nr. C 28/2.

36 Im Gegensatz dazu wurde in der WWU die Preisstabilität als primäres Ziel formuliert. Vgl. dazu S. 45.

37 *Bünger/Molitor*, in: GTE (4. Auflage) Vorbem. Art. 102a bis 109 EGV Rn. 31.

38 Konvertibilität bedeutet freie Umtauschbarkeit der Währungen, vgl. *Schäfer* S. 29.

39 ABl. 1971 Nr. C 28/4 Ziff. 7.

der mitgliedstaatlichen Defizite an, ohne dass daraus verbindliche Regeln entstanden wären. Vielmehr ist die Haushaltsüberwachung als unverbindliche Zielvorgabe definiert. In der Entschließung vom 22. März 1971[40], die den Werner-Plan in Form eines Rechtsaktes übernimmt, wird dann auch nur proklamiert, dass auf Gemeinschaftsebene Margen festgelegt werden sollen, innerhalb derer die Eckwerte der öffentlichen Haushalte liegen müssen.

Als institutioneller Rahmen der WWU war u.a. ein gemeinschaftliches Zentralbankensystem vorgesehen. Die Entschließung vom 21. März 1972 forderte die Zentralbanken der Mitgliedstaaten auf, den Abstand zwischen den am höchsten und den am niedrigsten bewerteten Währungen schrittweise zu verringern. Für eine erste Phase wurde versuchsweise ein Abstand von 2,25% zugrunde gelegt. Die Aufrechterhaltung dieses Bandes erfolgte durch Interventionen der Zentralbanken in Gemeinschaftswährungen; Interventionen in den US-Dollar sollten nur ausnahmsweise stattfinden. Im daraufhin abgeschlossenen Basler Abkommen vom 10. April 1972 wurde ein entsprechendes Interventionssystem zwischen den Zentralbanken errichtet.[41] Das Abkommen enthält u.a. Regelungen über die Finanzierung von Stützungskäufen, indem sich die Zentralbanken untereinander Kreditfazilitäten in unbegrenzter Höhe einräumen. Dieses Abkommen stellte die Grundlage für den Europäischen Wechselkursverbund (EWV) dar. Die Teilnehmer am EWV waren zur Intervention verpflichtet, sobald eine Bandbreite von 2,25% zwischen zwei Währungen überschritten wurde. Dieses Interventionssystem wird auch mit dem Bild der „europäischen Währungsschlange im Tunnel“ beschrieben.[42] Die „Schlange“ besteht aus den europäischen Währungen, die über die maximale Abweichung von 2,25% miteinander verbunden waren, während der „Tunnel“ durch den US-Dollar gebildet wurde, dessen Verhältnis zu den anderen Währungen im Smithsonian-Agreement vom 18. Dezember 1971 festgelegt war. Nach diesem Abkommen durften die europäischen Währungen gegenüber dem Dollar um 4,5% schwanken. Die „Schlange“ der EG-Währungen bewegte sich somit im „Tunnel“, ohne den „Tunnel“ verlassen zu dürfen. Dieses Bild traf jedoch nur vorübergehend zu, da Großbritannien, Irland, Italien und zeitweise auch Dänemark 1972/1973 aus dem Verbund ausstiegen. Der EWV scheiterte daran, dass feste Wechselkurse ohne eine harmonisierte Geldpolitik permanente Zahlungsbilanzungleichgewichte produzieren.[43] Diese können nur über Wechselkursanpassungen und damit über ein Aussetzen des Systems ausgeglichen werden.

Der Werner-Plan wurde nicht wie beabsichtigt verwirklicht.[44] Vielmehr haben die Mitgliedstaaten an einer eigenständigen Wirtschaftspolitik festgehalten. Gründe hierfür waren insbesondere eine sich beschleunigende Inflation, die Erdölkrise 1973 sowie eine infolgedessen aufkommende Neuorientierung der europäischen Regierun-

---

40 ABl. 1971 Nr. C 28/2.

41 *Krägenau/Wetter* Dok. 6, S. 110.

42 Siehe hierzu anschaulich ***Palm*** S. 56 Fn. 201.

43 *Schäfer* S. 122.

44 *Bleckmann*, Europarecht, Rn. 2459.

gen auf nationale Interessen.[45] Das Ziel einer einheitlichen Währung wurde zunächst nicht weiter verfolgt.

b) Europäisches Währungssystem 1978

Der nächste Schritt auf dem Weg zur gemeinsamen Währung wurde mit dem Europäischen Währungssystem (EWS) unternommen. Seine Initiatoren waren *Helmut Schmidt* und *Valérie Giscard d'Estaing*. Um die negativen Auswirkungen von Wechselkursschwankungen auf den innergemeinschaftlichen Handel zu begrenzen, kam es anlässlich der Tagungen des Europäischen Rates am 6./7. Juli.1978 in Bremen und am 4./5. Dezember 1978 in Brüssel zu einer Einigung der Staats- und Regierungschefs über ein gemeinsames Währungssystem, das EWS.[46] Seine Elemente waren die Einführung des ECU[47] als Währungseinheit, eines Wechselkurssystems à la Werner-Plan sowie eines Kreditmechanismus zwischen den Zentralbanken, damit diese Stützungskäufe durchführen können.

Dem ECU wurden folgende vier Hauptfunktionen zugewiesen: Er diente als Bezugsgröße für die Festsetzung und Veränderung der Leitkurse, als Grundlage für einen Abweichungsindikator, als Rechengröße für Operationen im Interventions- und Kreditmechanismus sowie als Instrument für den Saldenausgleich zwischen den Währungsbehörden der EG.[48] Der Wert des ECU errechnete sich aus einem „Korb" der Währungen der Mitgliedstaaten. Die nationalen Währungen machen mit unterschiedlichen festen Anteilen den ECU aus, wobei sich die Höhe des Anteils am jeweiligen Anteil des Mitgliedstaates am Gemeinschafts-Bruttosozialprodukt und am innergemeinschaftlichen Handel orientiert. Der Währungskorb wurde folgendermaßen zusammengesetzt:[49] 0,828 DM; 0,0885 britische Pfund; 1,15 französische Francs; 109,00 italienische Lira; 0,286 niederländische Gulden; 3,66 belgische Francs; 0,14 luxemburgische Francs; 0,217 dänische Kronen; 0,00759 irische Pfund. Der Wert des ECU ergibt sich aus der Summe dieser Währungsbeträge: 1 ECU = 0,828 DM +

---

45 Letztlich liegt eine gemeinsame Währung auch im nationalen Interesse der Staaten. Allerdings wurde und wird dies bis heute oftmals nicht so wahrgenommen. In wirtschaftlichen Krisenzeiten werden der europäischen Idee stattdessen vermeintlich nationale Interessen gegenüber gestellt. Dabei wäre eine Verstärkung der europäischen Integration die richtige Reaktion auf wirtschaftliche Schwierigkeiten.

46 Die Entschließung ist abgedruckt bei *Krägenau/Wetter*, Dok. 13, S. 121.

47 European Currency Unit. Vereinzelt auch *die* ECU genannt.

48 Näheres dazu bei *Bünger/Molitor*, in: GTE (4. Auflage) Vorbem. Art. 102a – 109 Rn. 49.

49 Art. 1 der Verordnung 3180/78/EG des Rates vom 18.12.1978 zur Änderung des Wertes der vom Europäischen Fonds für währungspolitische Zusammenarbeit verwendeten Rechnungseinheit, ABl. 1978 Nr. L 379/1. Die Zusammensetzung des Ecu wurde mehrfach geändert, zuletzt durch Verordnung 1971/89/EG, ABl. 1989 Nr. L 189/1. Danach galt folgende Zusammensetzung: 0,6242 DM; 0,08784 britische Pfund; 1,332 französische Francs; 151,8 italienische Lira; 0,2198 niederländische Gulden; 3,301 belgische Francs; 0,13 luxemburgische Francs; 0,1976 dänische Kronen; 0,008552 irische Pfund; 1,44 griechische Drachmen; 6,885 spanische Peseten; 1,393 portugiesische Escudos. Seit In-Kraft-Treten des Vertrages von Maastricht durfte diese Zusammensetzung gemäß Art. 118 Satz 1 EGV nicht geändert werden.

0,0885 britische Pfund + 1,15 französische Francs + etc. Will man den Wert des ECU in DM ausdrücken, muss man zunächst alle anderen Währungen anhand der Wechselkurse der Devisenmärkte in DM umrechnen. Anschließend ergibt die Summe dieser DM-Beträge den ECU-Wert an diesem Tag.

Das Wechselkurssystem des EWS bestand darin, dass für alle beteiligten Währungen ein auf den ECU bezogener Leitkurs gegenüber allen anderen EWS-Währungen festgelegt wird. Die Leitkurse konnten einvernehmlich geändert werden. Es funktioniert als Festkurssystem[50] grundsätzlich in derselben Weise wie das „Währungsschlangensystem“ des Werner-Plans. Grundsätzlich sind zwei verschiedene Möglichkeiten der Wechselkursfixierung zu unterscheiden.[51] Nach der „Korbtechnik“ stellt der an einem bestimmten Stichtag fixierte ECU-Kurs einer Währung den Referenzkurs dar, um den der tägliche Marktkurs innerhalb einer bestimmten Bandbreite schwanken darf. Dies bedeutet, dass die Währung ihren unteren oder oberen ECU-Interventionspunkt erreichen kann, ohne dass gleichzeitig irgendeine andere Währung den entgegengesetzten Interventionspunkt erreicht. Die den Interventionspunkt erreichende Währung ist somit einseitig mit einer Interventionsverpflichtung belastet. Die andere Technik ist die „Schlangentechnik“ wie sie in der „Währungsschlange“ des EWV verwendet wurde. Sie basiert auf bilateralen Wechselkursen, für die ein Referenzkurs festgelegt wird mit der Möglichkeit der Abweichung innerhalb bestimmter Bandbreiten. Da zwischen allen Währungen bilaterale Wechselkurse (Paritäten) festgelegt werden, führt diese Technik zu einem sog. Paritätengitter. In diesem Fall muss immer zweiseitig interveniert werden.[52] Wenn sich der auf den französischen Franc bezogene DM-Kurs auf den unteren Interventionskurs zu bewegt (z.B. 2,25% unterhalb des Leitkurses); bewegt sich gleichzeitig der auf DM bezogene Franc-Kurs auf den oberen Interventionspunkt zu. In diesem Fall müssten dann die deutsche und die französische Zentralbank eingreifen. Die deutsche, indem sie Francs ankauft; die französische, indem sie DM verkauft.

Im EWS wurde der „Schlangentechnik“ der Vorzug gegeben.[53] Die Wechselkurse wurden bilateral zu allen anderen EWS-Währungen festgelegt. Sobald der Kurs um +/- 2,25% abweicht, bestand eine Interventionsverpflichtung der beiden betroffenen Zentralbanken.[54] Länder mit flexiblen Wechselkursen können zu Beginn größere Bandbreiten (bis zu 6%) wählen, diese sollen jedoch stufenweise verringert werden.[55] Darüber hinaus wurde ein „Frühwarnsystem“, die sog. Abweichungsschwelle, eingerichtet. Sobald der ECU-Tageswert einer Währung 75% ihrer maximalen Schwankungsbreite um den ECU-Leitkurs erreicht, wird von den Behörden dieses Landes

50 Gegenüber einem System der flexiblen Wechselkurse.

51 Siehe hierzu ausführlich *Schäfer* S. 128.

52 *Bofinger*, Festkurssysteme, S. 103.

53 *Bleckmann*, Europarecht, Rn. 2462.

54 Punkt 3.4 der Entschließung vom 05.12.1978, abgedruckt bei *Krägenau/Wetter*, Dok. 13, S. 121.

55 Punkt 3.1 der Entschließung vom 05.12.1978.

erwartet, dass sie geeignete Maßnahmen zur Abhilfe treffen.[56] Diese können in der Änderung der Leitkurse, in Interventionen auf den Devisenmärkten oder in internen wirtschaftspolitischen Maßnahmen bestehen.

Ein Kreditmechanismus war notwendig, da Länder mit schwachen Währungen aufgrund der Interventionsverpflichtung ihre Währung aufkaufen müssen. Da hierfür nicht immer genügend Kapazitäten bestehen, wurde diesen Ländern u.a. ein sog. sehr kurzfristiger Kredit in unbegrenzter Höhe eingeräumt.[57] Forderungen und Verbindlichkeiten einer Zentralbank wurden gegeneinander aufgerechnet und waren innerhalb von 2,5 Monaten nach dem Ende der Kreditaufnahme auszugleichen.[58]

Das EWS war zwischen 1979 und 1990 von häufigen Anpassungen der Leitkurse gekennzeichnet.[59] Mitte 1993 geriet das EWS endgültig in die Krise. Das britische Pfund und die italienische Lira wurden aus dem Wechselkursmechanismus (WKM) suspendiert, schließlich wurden die Bandbreiten auf 15% erhöht.[60] Trotz der Bandbreitenerweiterung folgten zahlreiche neue Festlegungen der Leitkurse. Damit fand das EWS materiell sein Ende und wurde mit dem Erreichen der dritten Stufe der WWU auch formell gegenstandslos.[61]

Das EWS enthielt keine Regeln zur Defizitbeschränkung in den Teilnehmerländern. Bei Überschreiten der Abweichungsschwelle waren die Mitgliedstaaten zwar aufgefordert, interne wirtschaftspolitische Maßnahmen zu ergreifen.[62] Konkrete Vorgaben für die Budgets bestanden jedoch nicht.

c) Einheitliche Europäische Akte 1986

Die Einheitliche Europäische Akte (EEA) geht auf den deutsch-italienischen Entwurf einer „Europäischen Akte“ zurück (sog. Genscher-Colombo-Plan). Sie wurde am 17. Februar 1986 unterzeichnet, trat jedoch erst am 1. Juli 1987 in Kraft.[63] Die EEA fasste gemeinschaftliche und bisher außergemeinschaftliche Politiken zusammen.[64] Weiterhin sah sie umfassende institutionelle Reformen vor, indem die Positionen von Kommission und Parlament gestärkt wurden. Die EEA führte auch das Bin-

---

56 Punkt 3.5 und 3.6 der Entschließung vom 05.12.1978.

57 Punkt 3.7 der Entschließung vom 05.12.1978.

58 Art. 9 und 13.1 des Abkommens zwischen den Zentralbanken der Mitgliedstaaten der EWG über die Funktionsweise des EWS vom 13.03.1979, abgedruckt bei *Krägenau/Wetter*, Dok. 16, S. 124 ff.

59 *Bürger/Molitor*, in: GTE (4. Auflage) Vorbem. Art. 102a – 109 Rn. 52.

60 Beschluss der Finanzminister und Zentralbankpräsidenten der EG-Mitgliedstaaten mit Wirkung zum 02.08.1993, siehe *Deutsche Bundesbank*, Geschäftsbericht 1993, S. 90. Dazu *Palm* S. 61.

61 Art. 118 S.2 EGV. Zur dritten Stufe vgl. unten S. 41 ff.

62 Siehe oben Fn. 56.

63 BGBl. II 1986 S. 1102 sowie BGBl. II 1987 S. 451.

64 *Koenig/Haratsch* Rn. 40.

nenmarktkonzept in den EWGV ein.[65] Im Bereich der Währungs- und Haushaltspolitik sah die Präambel der EEA das Ziel einer Wirtschafts- und Währungsunion vor. An materiellen Rechtsnormen wurde jedoch lediglich Art. 102a a.F. EWGV in den Vertrag aufgenommen. Dieser verpflichtet die Mitgliedstaaten zur Zusammenarbeit auf dem Gebiet der Wirtschafts- und Währungspolitik, weitere konkrete Vorgaben wurden nicht gemacht.[66] Die Präambel verweist darauf, dass die Staats- und Regierungschefs auf ihrer Pariser Gipfelkonferenz vom 19. bis 21. Oktober 1972 das „Ziel einer schrittweisen Verwirklichung der WWU" gebilligt haben. Zwar ist der Inhalt von Präambeln i.d.R. lediglich als politische Absichtserklärung zu verstehen, allerdings wurde hier die 1972 eingegangene Verpflichtung zur Schaffung einer Währungsunion bekräftigt. Insoweit ist der Präambel der EEA eine über eine bloße Absichtserklärung hinausgehende Bedeutung zuzumessen.[67]

d) Delors-Bericht 1989

Die EEA bewirkte eine Wiederaufnahme der Integrationsbestrebungen auch im Bereich der WWU. Am 27./28. Juni 1988 beauftragte der Europäische Rat eine Arbeitsgruppe unter Leitung des damaligen Kommissionspräsidenten *Jacques Delors* mit der Ausarbeitung eines Plans für eine schrittweise Verwirklichung einer WWU.[68] Der Delors-Bericht wurde am 12. April 1989 vorgelegt.[69] Er sieht eine Entwicklung in drei Phasen vor, an deren Ende eine einheitliche Währung stehen sollte.[70] Wie der Werner-Plan geht auch der Delors-Bericht vom Prinzip der Parallelität aus, d.h. die Integration der Wirtschafts- und Währungspolitik muss parallel verlaufen.[71] In der ersten Phase umfasste er eine verstärkte Koordinierung der Wirtschafts- und Währungspolitiken zwischen den Mitgliedstaaten.[72] Außerdem sollten alle Mitgliedstaaten am Wechselkurssystem des EWS teilnehmen. In der zweiten Stufe war die Gründung eines unabhängigen, vorrangig der Preisniveaustabilität verpflichteten Zentralbanksystems sowie eine Koordinierung der Geldpolitiken vorgesehen.[73] In der letzten Phase schließlich sollten feste Wechselkurse den Weg zu einer gemeinsamen Währung

---

65 *Streinz* Rn. 34.

66 Vgl. zum Einfluss der EEA auf die Wirtschafts- und Währungspolitik: *Glaesner*, EuR 1986, 119/136 ff. sowie *Pescatore*, EuR 1986, 153/169, der darauf hinweist, dass durch den Verweis auf das Revisions-verfahren des Art. 236 a.F. EGV eine Fortentwicklung des EWS praktisch unmöglich gemacht wird.

67 So auch *Louis*, in: GTE (4. Auflage) Art. 102a Rn. 9.

68 Schlussfolgerungen des Vorsitzes zum Europäischen Rat von Hannover am 27./28.06.1988, Bull. EG 6-1988, S. 186/188.

69 Der Delors-Bericht ist abgedruckt bei *Krägenau/Wetter*, Dok. 28, S. 146 ff. sowie im Europa-Archiv 44 (1989), Dokumente, S. D 283 ff., allerdings jeweils ohne Anhänge.

70 Vgl. Ziffer 23 des Delors-Berichts.

71 Vgl. Ziffer 42 des Delors-Berichts. Dazu *Kloten*, Europa-Archiv 44 (1989), S. 251/252 ff.

72 Zur Phase eins vgl. Ziffern 50 – 54 des Delors-Berichts.

73 Zur Phase zwei vgl. Ziffern 55 – 57 des Delors-Berichts.

ebnen.[74] Geldpolitik und Wirtschaftspolitik sollten weitgehend auf die europäische Ebene übertragen werden. Einen festen Zeitplan gab es nicht.

Der Delors-Bericht enthielt zum ersten Mal konkrete Vorgaben für die nationalen Haushaltspolitiken.[75] So sollten diese durch die Gemeinschaft koordiniert werden, d.h. es sollte ein mittelfristiger Rahmen mit festen Obergrenzen für die Haushaltsdefizite der einzelnen Mitgliedstaaten festgelegt werden.[76] Darüber hinaus war ein Verbot von Kreditfazilitäten der Mitgliedstaaten bei den Zentralbanken geplant.[77] Der Delors-Bericht ging damit davon aus, dass eine Übertragung der Geldpolitik auf die Gemeinschaft nicht ausreichend ist, um das Funktionieren der WWU zu gewährleisten.[78] Hierin liegt seine große Innovation gegenüber dem Werner-Plan.

e) Ratsbeschlüsse 1989-1991

Der Delors-Bericht wurde am 26./27. Juni 1989 vom Europäischen Rat als Grundlage für eine zukünftige WWU akzeptiert.[79] Als Beginn der ersten Stufe wurde der 1. Juli 1990 festgelegt. Da die Vorgaben des Delors-Berichts nicht mit den geltenden Bestimmungen des EWGV umgesetzt werden konnten[80], wurde eine Regierungskonferenz mit dem Ziel einer Vertragsänderung geplant. Auf der Tagung in Dublin am 25./26. Juni 1990 bestimmte der Europäische Rat die Termine für eine Regierungskonferenz über die WWU sowie einer weiteren Regierungskonferenz über eine Politische Union. Auf einer Sondertagung des Europäischen Rates am 27./28. Oktober 1990 wurde der 1. Januar 1994 als Beginn der zweiten Stufe der WWU festgelegt, wobei folgende Voraussetzungen erfüllt sein mussten: Vollendung des Programms zur Herstellung des Binnenmarktes, Ratifizierung des neuen Vertrages, Unabhängigkeit der Zentralbank sowie Festschreibung eines Bail-Out-Verbotes[81]. Es wurde ebenfalls beschlossen, dass die zukünftige Währung wie im EWS den Namen

---

74 Zur Phase drei vgl. Ziffern 58 – 60 des Delors-Berichts.

75 Die Idee der Defizitbegrenzung geht zurück auf die Studie des Arbeitsgruppen-Mitglieds *Lamfalussy* Macro-Coordination of Fiscal Policies in an Economic and Monetary Union in Europe, in: Committee for the Study of Economic and Monetary Union, Report on Economic and Monetary Union in the European Community, Luxemburg 1989, S. 91 ff. (veröffentlicht als Anhang zum Delors-Bericht); vgl. dazu *Louis*, in: Commentaire Mégret, Band 6 , S. 40 f.

76 Ziffer 33 Abs. 5 des Delors-Berichts.

77 Das bedeutet, dass die Mitgliedstaaten zur Finanzierung ihres Defizits auf Kredite zu marktüblichen Konditionen angewiesen sind. Demgegenüber haben sich Staaten bei ihren Zentralbanken gerne zinslose Kredite einräumen lassen. Das Verbot, Kredite bei den Zentralbanken zu nehmen, soll die Kosten für Defizite erhöhen und die Staaten dadurch zu einem ausgeglichenen Haushalt anhalten.

78 Ziffer 30 des Delors-Berichts.

79 *Krägenau/Wetter*, Dok. 29, S. 157.

80 Einzige materielle Norm war Art. 102a a.F. EWGV mit dem Verweis auf das Verfahren der Vertragsänderung gemäß Art. 236 EWGV.

81 Bail-Out bedeutet die Haftung der Gemeinschaft bzw. der anderen Mitgliedstaaten für Verbindlichkeiten eines anderen Mitgliedstaates, vgl. dazu unten S. 69 ff.

ECU tragen sollte. Erst Ende 1995 wurde der Name der gemeinsamen Währung in Euro umgeändert.[82]

f) Maastricht 1992

Am 15. Dezember 1990 eröffnete der Europäische Rat beide Konferenzen in Rom. Zahlreiche Diskussionspunkte waren unter den Teilnehmern umstritten. Insbesondere der Sanktionsmechanismus zur Einhaltung der Haushaltsdisziplin ging einigen Mitgliedstaaten zu weit. Während sich Frankreich darüber hinaus nicht mit der Idee einer unabhängigen Zentralbank nach deutschem Vorbild anfreunden konnte, war Großbritannien grundsätzlich nicht zur Übertragung von Souveränitätsrechte auf Gemeinschaftsorgane bereit.[83] Am 28. Oktober 1991 unterbreitete die niederländische Präsidentschaft einen Entwurf für einen neuen Vertrag, der als Verhandlungsgrundlage für weitere Beratungen genutzt wurde. Am 9./10. Dezember 1991 wurden beide Regierungskonferenzen beendet und die Ergebnisse in einem Vertrag zusammengefasst. Am 7. Februar 1992 schließlich wurde der Vertrag über die Europäische Union unterzeichnet. Allerdings scheiterte die zur Ratifikation in Dänemark erforderliche Volksabstimmung, so dass nach einigen Zugeständnissen seitens der übrigen Mitgliedstaaten eine zweite Volksabstimmung durchgeführt wurde. Darin sprach sich eine Mehrheit der Dänen für den Vertrag von Maastricht aus. In Frankreich und Irland wurden ebenfalls Volksabstimmungen durchgeführt. Nachdem das BVerfG am 12. Oktober 1993 die deutschen Verfassungsbeschwerden gegen das Zustimmungsgesetz zurückgewiesen hatte[84], konnte auch Deutschland – als letzter Mitgliedstaat – den Vertrag ratifizieren. Der Vertrag von Maastricht trat am 1. November 1993 in Kraft.[85]

3. Die Entwicklung der WWU gemäß Maastricht

Der Vertrag von Maastricht bewirkt eine Neuverteilung der wirtschafts- und währungspolitischen Kompetenzen zwischen den Mitgliedstaaten und der Europäischen Gemeinschaft.[86] Während vor Maastricht die wirtschafts- und währungspolitischen Kompetenzen weitgehend in der Zuständigkeit der Mitgliedstaaten verblieben,

---

82 Schlussfolgerungen des Vorsitzes zum Europäischen Rat von Madrid am 15./16.12.1995, Bull. EU 12-1995, S. 9, 10. Zum Namen Euro vgl. *Häde*, in: Calliess/Ruffert Art. 4 EGV Rn. 31 und Art. 123 EGV Rn. 20 ff.; *Martenczuk*, EuR 1998, 151/168. *Bandilla*, in: Grabitz/Hilf (Stand 1997) Art. 109 l EGV Rn. 3 weist darauf hin, dass zwischen den europäischen Staaten ein Dissenz über die Bezeichnung ECU bestand. Während Frankreich davon ausging, dass es sich dabei bereits um den Namen der künftigen gemeinsamen Währung handelte (Ecu war früher eine französische Münze), bestritt insb. die deutsche Bundesregierung eine derartige Festlegung. Die Umbenennung in „Euro" wurde schließlich als interpretierende Vertragsauslegung (Art. 31 Abs. 2 WVK) angesehen, die keine Vertragsänderung erforderte.

83 *Bünger/Molitor*, in: GTE[4] Vorbem. zu den Art. 102a bis 109 EWGV Rn. 66.

84 BVerfGE 89, 155 ff. – Maastricht.

85 BGBl. 1993 II S. 1947.

86 *Bünger/Molitor*, in: GTE (5. Auflage) Vorbem. zu den Art. 102a – 109m EGV Rn. 10.

wurden diese mit Maastricht mehr und mehr auf die Gemeinschaft übertragen. Der Vertrag von Maastricht übernahm dabei weitgehend die Vorschläge des Delors-Berichts, insbesondere die Verwirklichung der WWU in drei Stufen.

a) Die erste Stufe

Die erste Stufe der WWU begann bereits am 1. Juli 1990[87] und damit vor Maastricht, trotzdem soll sie hier als erste Maastricht-Phase bezeichnet werden. Seit In-Kraft-Treten des EUV am 1. November 1993 gelten alle Vorschriften die WWU betreffend, sofern nicht ausdrücklich festgelegt ist, dass sie erst ab Beginn der 2. oder 3. Stufe anwendbar sein sollen.[88] Primäres Ziel dieser ersten Stufe war die Koordination der nationalen Wirtschafts- und Währungspolitiken und damit einhergehend die fortschreitende Konvergenz der wirtschaftlichen Rahmenbedingungen in Europa. Die Mitgliedstaaten wurden durch einen Beratenden Währungsausschuss in ihren Politiken unterstützt. Grundsätzlich verblieb die Wirtschafts- und Währungspolitik jedoch noch in der Kompetenz der Mitgliedstaaten. Art. 116 Abs. 2 EGV normierte mehrere Verpflichtungen für die Mitgliedstaaten während der ersten Stufe. So mussten sie sicherstellen, dass die Kapitalverkehrsfreiheit (Art. 56 EGV) gewährleistet sowie die Verbote der monetären Finanzierung[89] (Art. 101 EGV) und des bevorrechtigten Zugangs[90] (Art. 102 Abs. 1 EGV) eingehalten werden.[91] Außerdem waren sie verpflichtet, mehrjährige Konvergenzprogramme in eigener Verantwortung zu erstellen. Davon ausgenommen waren Mitgliedstaaten, deren Konvergenzgrad für ein derartiges mehrjähriges Programm nicht ausreichte.[92] Die Bedeutung der Konvergenzprogramme bestand darin, die Staaten schon von Anfang an auf die für den Eintritt in die dritte Stufe erforderliche Einhaltung der Konvergenzkriterien vorzubereiten. Alle Mitgliedstaaten mit Ausnahme Luxemburgs legten daraufhin Konvergenzprogramme vor.[93] Die Fortschritte bei der Konvergenz wurden vom Rat auf Grundlage der vorgelegten Programme in einem Bericht gewürdigt und bewertet.[94]

Verbindliche Vorgaben für die nationalen Haushaltspolitiken bestanden in der ersten Stufe noch nicht. Ein wichtiger Bestandteil der Konvergenzprogramme war jedoch der Zustand der öffentlichen Haushalte. Der Rat hatte in seinen Berichten die Konvergenzprogramme insbesondere hinsichtlich „gesunder öffentlicher Finanzen" zu bewerten. Die Konvergenzprogramme mussten darlegen, wie die Mitgliedstaaten

---

87 Siehe dazu oben S. 37.

88 *Bandilla*, in: Grabitz/Hilf Art. 109e EGV Rn. 1.

89 Monetäre Finanzierung bedeutet die Einräumung von Krediten durch Zentralbanken zugunsten des öffentlichen Sektors, vgl. dazu *Häde*, in: Calliess/Ruffert Art. 101 EGV Rn. 1- 8.

90 Damit soll verhindert werden, dass die Mitgliedstaaten den Kapitalmärkten ausweichen und sich übervorteilen. Sie sind damit den anderen (privaten) Marktteilnehmern gleichgestellt; vgl. *Häde*, in: C/R Art. 102 EGV Rn. 1; *Hattenberger*, in: Schwarze Art. 102 EGV Rn. 1.

91 Art. 116 Abs. 2 lit. a) EGV (Art. 109 e Abs. 2 lit. a) a.F. EGV).

92 *Italianer*, in: GTE (5. Auflage) Art. 109e Rn. 11.

93 *Italianer*, in GTE (5. Auflage), ebda.

94 Vgl. Art. 116 Abs. 2 lit. b) EGV.

die Verpflichtungen bezüglich der Vermeidung übermäßiger öffentlicher Defizite in der zweiten und dritten Stufe einzuhalten gedenken. Die Vorgaben waren somit präventiver Natur. Mangels konkreter Vorgaben für die nationalen Haushalte war auch kein Sanktionssystem vorgesehen. Die einzige Sanktion im Falle untragbarer öffentlicher Finanzen bestand darin, eine negative Bewertung durch den Rat zu erhalten.[95] Daran waren jedoch keine Konsequenzen geknüpft. Allerdings bewirkte der Wunsch, an der WWU teilzunehmen, eine gewisse Disziplinierung der Mitgliedstaaten. So legte Italien bereits 1991 ein Konvergenzprogramm vor.[96]

b) Die zweite Stufe

Die zweite Stufe der WWU begann automatisch, d.h. ohne dass ein Ratsbeschluss erforderlich war, am 1. Januar 1994 (Art. 116 Abs. 1 EGV). Sie war geprägt durch eine verstärkte Koordinierung der Wirtschafts- und Währungspolitik. Die wirkliche Innovation bestand jedoch in der Errichtung des Europäischen Währungsinstituts (EWI). Auf deutschen Wunsch hin sollte noch nicht die EZB gegründet werden, um klarzustellen, dass die Mitgliedstaaten vorerst voll für die Währungspolitik zuständig bleiben.[97] Das EWI übernahm jedoch eine Reihe von Aufgaben, die den Handlungsspielraum der Mitgliedstaaten „tangierten“[98]. Gemäß Art. 117 Abs. 2 EGV sollte es die Zusammenarbeit zwischen den nationalen Zentralbanken verstärken und die Geldpolitiken der Mitgliedstaaten koordinieren mit dem Ziel, die Preisstabilität aufrechtzuerhalten. Außerdem sollte es das Funktionieren des europäischen Währungssystems überwachen sowie die Verwendung des ECU erleichtern. Schließlich hatte das EWI gemäß Art. 117 Abs. 3 EGV die Aufgabe, die dritte Stufe der WWU vorzubereiten. Darunter fiel die Entwicklung der Instrumente und Verfahren, die zur Durchführung einer einheitlichen Geld- und Währungspolitik in der dritten Stufe erforderlich waren.

Für die nationalen Haushaltspolitiken galt in der zweiten Stufe Art. 116 Abs. 4 EGV. Danach sind die Mitgliedstaaten bemüht, übermäßige öffentliche Defizite zu vermeiden. Im Gegensatz zur dritten Stufe galt hier noch eine weiche Formulierung. Die Mitgliedstaaten sind „bemüht“, die Kriterien einzuhalten. Verpflichtet waren sie dazu nicht. Art. 104 Abs. 1 EGV war in der zweiten Stufe noch nicht anwendbar, vgl. Art. 116 Abs. 4 UAbs. 2 EGV. Nicht ganz klar ist, was unter der „Bemühung“ zu verstehen ist. Sinn und Zweck dieser Vorschrift in der zweiten Stufe lagen darin, die Bedeutung gesunder öffentlicher Finanzen für die Währungsunion hervorzuheben und die Mitgliedstaaten zu einer seriösen Finanzpolitik anzuhalten.[99] Zu beachten ist,

---

95 Der Rat hat die Bewertung gemäß Art. 116 Abs. 2 lit. a) 2. Spiegelstrich (Ex-Art. 109e) am 13. und 16.12.1993 vorgenommen, vgl. *Italianer,* in: GTE (5. Auflage) Art. 109e EGV Rn. 12. Grundlage hierfür war der Konvergenzbericht der Kommission, Europäische Wirtschaft Nr. 55, 1993, S. 47 ff.

96 *Italianer*, in GTE (5. Auflage) Art. 109e Fn. 9.

97 *Pipkorn*, EuR 1994, Beiheft 1, S. 85/90.

98 So *Roth*, EuR 1994, Beiheft 1, S. 45/53.

99 So auch *Italianer*, in GTE (5. Auflage) Art. 109e Rn. 16.

dass gemäß Art. 116 Abs. 3 UAbs. 1 EGV bereits in der zweiten Stufe Art. 104 EGV mit Ausnahme der Absätze 1, 9, 11 und 14 galt. Daraus folgt, dass übermäßige öffentliche Defizite zwar nicht verboten waren und sich daher auch keine Sanktionen aus den Absätzen 9 und 11 ergeben konnten. Aber gemäß Art. 104 Abs. 2 EGV überwachte die Kommission die Haushaltslage der Mitgliedstaaten und erstellte einen Bericht, wenn die Referenzwerte nicht eingehalten wurden. Sie konnte daraufhin dem Rat eine Stellungnahme vorlegen, dieser entschied dann, ob ein übermäßiges Defizit[100] vorlag oder nicht (Art. 104 Abs. 6 EGV). Der Rat richtete in diesem Fall eine Empfehlung an den Mitgliedstaat und veröffentlichte diese gegebenenfalls. Dies bedeutet, dass bereits in der zweiten Stufe die Möglichkeit bestand, das Sanktionssystem des Art. 104 EGV anzuwenden. Ausgeschlossen waren nur die „harten" Sanktionen nach Abs. 9 und 11. Damit relativiert sich die weiche Formulierung „bemühen". Es handelte sich um eine rechtlich verbindliche Bemühenspflicht.[101]

c) Die dritte Stufe

Die dritte Stufe begann am 1. Januar 1999. Näherer Erläuterung bedürfen insbesondere der Übergang in die dritte Stufe sowie die Bedeutung dieser Stufe.

(1) Der Übergang in die dritte Stufe

(a) Automatismus

Der Übergang in die dritte Stufe richtet sich nach Art. 121 EGV und wurde von einigen politischen und juristischen Kontroversen begleitet.[102] Im Gegensatz zum Übergang von der ersten in die zweite Stufe war für den Übergang in die dritte Stufe grundsätzlich kein Automatismus vorgesehen. Vielmehr erfordert Art. 121 Abs. 3 EGV hierfür einen Beschluss des Rates in der Zusammensetzung der Staats- und Regierungschefs. In diesem sollte entschieden werden, ob eine Mehrheit der Mitgliedstaaten die Konvergenzkriterien erfüllt und ob es für die Gemeinschaft zweckmäßig ist, in die dritte Stufe einzutreten. Gleichzeitig sollte der Rat den Zeitpunkt für den Beginn der dritten Stufe bestimmen.

Da ein solcher Beschluss bis Ende 1997 nicht getroffen wurde, richtete sich der Übergang nach Art. 121 Abs. 4 EGV. In diesem Fall sollte die dritte Stufe am 1. Januar 1999 beginnen. Umstritten war und ist, ob die dritte Stufe automatisch am 1. Januar 1999 begann oder ob hierfür ein konstitutiver Beschluss des Rates erforderlich war. Nach einer Ansicht enthält Art. 121 Abs. 4 EGV einen Automatismus.[103] Der Rat konnte und musste lediglich entscheiden, welche Mitgliedstaaten die Voraussetzung

---

100 Zum Begriff des übermäßigen Defizits siehe unten S. 63 ff.

101 *Stern*, in: FS Everling, S. 1469/1473.

102 Vgl. dazu bereits *Roth*, EuR 1994, Beiheft 1, S. 45 ff.

103 *Häde*, EuZW 1992, 171/173; *Herdegen*, EuGRZ 1992, 589/594; *Klein/Haratsch*, DÖV 1993, 785/792; *Meier*, NJW 1996, 1027/1028; *Selmayr* S. 242 f.; *Stadler* S. 82; *Streinz*, EuZW 1994, 329/333; *Wolf*, JZ 1993, 594/596.

für die Einführung der gemeinsamen Währung erfüllten. Dies richtete sich nach den in Art. 121 Abs. 1 EGV i.V.m. dem Protokoll über die Konvergenzkriterien[104] genannten Kriterien. Die dritte Stufe begann nach dieser Ansicht mit den die Kriterien erfüllenden Staaten. Eine Verzögerung des Beginns der dritten Stufe oder die Verweigerung der Teilnahme eines Staates wäre damit nicht möglich gewesen.[105] Nach anderer Ansicht handelt es sich bei dem in Art. 121 Abs. EGV genannten Termin 1. Januar 1999 um eine politische Zielverpflichtung, die keine rechtliche Verbindlichkeit im Sinne eines Automatismus aufweise.[106] Der Rat hätte danach entscheiden können, die 3. Stufe später oder gar nicht zu beginnen, wenn die Preisstabilität in der Währungsunion nicht gewährleistet gewesen wäre.[107] Überzeugen kann hier lediglich die erste Ansicht, die Art. 121 Abs. 4 EGV im Sinne eines Automatismus versteht. Hierfür spricht zum einen der eindeutige Wortlaut des Art. 121 Abs. 4 EGV, zum anderen ist das Prinzip der Preisstabilität über die Festlegung der Konvergenzkriterien als notwendige Voraussetzung für den Eintritt in die dritte Stufe hinreichend gesichert.

---

104 BGBl. 1992 II S.1309.

105 Die dritte Stufe der Währungsunion hätte nur dann nicht begonnen, wenn kein oder lediglich ein Staat die Konvergenzkriterien erfüllt hätte; vgl. *Kortz*, Entscheidung, S. 172 ff. Hätte lediglich ein Staat die Konvergenzkriterien erfüllt, hätte man schwerlich von einer Wirtschafts- und Währungs*union* sprechen können; eine dritte Stufe ohne teilnehmende Staaten ist ebenso wenig denkbar. A.A. *Selmayr* S. 243 ff.; der den Beginn der dritten Stufe ohne Teilnehmerstaaten für möglich hält.

106 BVerfGE 89, 155/201; *Emmerich-Fritsche*, EWS 1996, 77/82 ff. Das BVerfG führt in seinem Maastricht-Urteil aus, dass sich Deutschland nicht einem unübersehbaren Automatismus unterwerfe, da jeder weitere Integrationsschritt entweder von gegenwärtig für das Parlament vorhersehbaren Voraussetzungen oder aber von einer weiteren, parlamentarisch zu beeinflussenden Zustimmung der Bundesregierung abhänge (BVerfGE 89, 155/204). Diese Aussage wurde in der Literatur unterschiedlich bewertet. *Koenig/Haratsch* Rn. 754 gehen davon aus, dass für die Teilnahme Deutschlands an der dritten Stufe der WWU nach Ansicht des BVerfG und entgegen dem Vertragswortlaut nunmehr ein Parlamentsbeschluss notwendig sei. Demgegenüber ist *Streinz*, EuZW 1994, 329/333 der Meinung, dass das BVerfG keinen Parlamentsvorbehalt aufgestellt habe. Das BVerfG habe sich zwar nicht gegen die vom Bundestag selbst in Anspruch genommene Befugnis zu einer „maßgeblichen Mitwirkung" ausgesprochen, über seine „rechtlichen Möglichkeiten sollte der Bundestag aber illusionslos aufgeklärt werden". Dem ist zuzustimmen. Der Eintritt in die dritte Stufe zum 01.01.1999 hing von gegenwärtig (d.h. 1993) für das Parlament vorhersehbaren Voraussetzungen ab (nämlich jene aus Art. 121 Abs. 1 EGV). Das Erfordernis einer weiteren Zustimmung des Parlaments für den Eintritt Deutschlands in die dritte Stufe der Währungsunion wurde vom BVerfG daher nicht aufgestellt. Das Problem wurde nicht virulent, da Bundestag und Bundesrat 1998 der Einführung des Euro zustimmten.

107 *Palm* S. 79, der das Beispiel einer Währungsunion zwischen Irland, Finnland und Luxemburg anführt sowie *Kortz*, EuR 1996, 80/93 ff. und *Kortz*, Entscheidung, S. 173 ff., der eine Währungsunion mit nur wenigen Teilnehmerstaaten für politisch nicht durchsetzbar hält. Vgl. zur Diskussion um eine eventuelle Verschiebung des Starttermins *Ohr*, Wirtschaftsdienst 1996, 24 ff.

Der Rat hat die Entscheidung nach Art. 121 Abs. 4 EGV am 3. Mai 1998 auf einer Sondertagung in Brüssel getroffen.[108] Er entschied, dass Belgien, Deutschland, Finnland, Frankreich, Irland, Italien, Luxemburg, die Niederlande, Österreich, Portugal und Spanien die notwendigen Voraussetzungen für die Einführung des Euro zum 1. Januar 1999 erfüllen.

(b) Konvergenzkriterien

Die von den Mitgliedstaaten zu erfüllenden notwendigen Voraussetzungen sind in Art. 121 Abs. 1 EGV normiert[109], es handelt sich um die vielfach zitierten Konvergenzkriterien Preisstabilität, Haushaltsdisziplin, Wechselkursstabilität sowie Zinsstabilität.[110]

Ein hoher Grad an *Preisstabilität* liegt vor, wenn die Inflationsrate der Rate der höchstens drei Mitgliedstaaten nahe kommt, die auf dem Gebiet der Preisstabilität das beste Ergebnis erzielt haben. Diese Vorgabe wird in Art. 1 des Protokolls über die Konvergenzkriterien[111] dahingehend präzisiert, dass ein hoher Grad an Preisstabilität dann vorliegt, wenn der Mitgliedstaat eine anhaltende und im Jahr vor der Prüfung durchschnittliche Inflationsrate aufweist, die nicht mehr als 1,5 Prozentpunkte über der Rate der höchstens drei Mitgliedstaaten mit der niedrigsten Inflationsrate liegt. Damit wurde keine absolute, sondern eine relative Grenze festgelegt.[112] Das zweite Konvergenzkriterium liegt in einer *auf Dauer tragbaren Finanzlage* der öffentlichen Hand. Hiermit ist die Haushaltsdisziplin der Mitgliedstaaten gemeint. Eine nicht auf Dauer tragbare Finanzlage der öffentlichen Hand ist nach der Konzeption des Vertrages dann gegeben, wenn der Rat eine Entscheidung nach Art. 104 Abs. 6 EGV getroffen hat, d.h. wenn die Referenzkriterien für Defizit und Schuldenstand überschritten sind und die Gesamtlage für die Feststellung eines übermäßigen Defizits spricht.[113] Das dritte Konvergenzkriterium kann mit *Wechselkursstabilität* umschrieben werden. Wechselkursstabilität liegt vor, wenn der betreffende Mitgliedstaat die normalen Bandbreiten des EWS-Wechselkursmechanismus seit mindestens zwei Jahren ohne Abwertung gegenüber der Währung eines anderen Mitgliedstaates eingehalten hat. Da der Vertrag nicht präzisiert, was unter „normalen Bandbreiten" zu verstehen ist, bestand Streit darüber, ob die Bandbreiten des Jahres 1992 (2,25%) oder des Jahres 1993 (15%) gemeint sind.[114] Als letztes Konvergenzkriterium ist die *Zinsstabilität* zu nennen. Die Konvergenz der Zinssätze ist gemäß Art. 4 des Protokolls über die Kon-

---

108 Entscheidung des Rates 98/317/EG ABl. 1998 Nr. L 139/30.

109 A.A. insoweit *Emmerich-Fritsche*, EWS 1996, 77/81.

110 Vgl. zu den Konvergenzkriterien *Emmerich-Fritsche*, EWS 1996, 77 ff. sowie *Kortz*, RIW 1997, 357 ff.

111 BGBl. 1992 II S.1309.

112 *Häde*, in: Calliess/Ruffert Art. 121 EGV Rn. 5.

113 Zu der Frage, ob hier ein formelles oder materielles Verständnis gefordert wird, vgl. unten S. 197 ff.

114 Vgl. dazu *Häde*, in: Calliess/Ruffert Art. 121 EGV Rn. 14 m.w.N., der sich unter Hinweis auf das Stabilitätsziel für die ursprünglichen Bandbreiten von 2,25% ausspricht.

vergenzkriterien erreicht, wenn im Jahr vor der Prüfung der durchschnittliche langfristige Nominalzinssatz um nicht mehr als 2% über dem Satz der höchstens drei Mitgliedstaaten liegt, die auf dem Gebiet der Preisstabilität das beste Ergebnis erzielt haben.

(c) Ausnahme- und Sonderregelungen

Für Mitgliedstaaten, die mangels Erfüllung der Konvergenzkriterien nicht an der dritten Stufe teilnehmen und sich keine Sonderregelungen vorbehalten haben, gilt eine *Ausnahmeregelung* gemäß Art. 122 EGV. Dies trifft zurzeit nur auf Schweden zu.[115] Danach sind diese Staaten insbesondere nicht den Sanktionen des Art. 104 Abs. 9 und 11 EGV unterworfen. Die restlichen Bestimmungen des Art. 104 EGV gelten allerdings auch für diese Staaten, so dass auch Schweden gemäß Art. 104 Abs. 1 EGV verpflichtet ist, übermäßige öffentliche Defizite zu vermeiden. Es ist lediglich nicht den „harten" Sanktionen wie die Teilnehmer der dritten Stufe unterworfen.

Dänemark und Großbritannien haben sich bei den Verhandlungen zum Vertrag von Maastricht *Sonderregelungen* ausbedungen. Großbritannien hat sich in einem Protokoll[116] die Entscheidung vorbehalten, an der dritten Stufe teilzunehmen oder nicht. Vor dem Hintergrund des in Art. 121 Abs. 4 EGV enthaltenen Automatismus bestimmt das Protokoll, dass Großbritannien dem Rat vor dessen Entscheidung über die Teilnehmerländer notifiziert, ob es an der dritten Stufe teilnehmen will. Man spricht in diesem Zusammenhang von einem Recht zum „opting out".[117] Großbritannien hat im Jahre 1997 seine Nichtteilnahme an der dritten Stufe erklärt.[118] Die Folge hiervon ist gemäß Ziffer 5 des Protokolls, dass Art. 104 Abs. 1, 9 und 11 EGV nicht anwendbar ist. Großbritannien ist daher nicht verpflichtet, übermäßige öffentliche Defizite zu vermeiden. Es muss sich gemäß Art. 116 Abs. 4 EGV lediglich um eine Haushaltsdisziplin bemühen. Großbritannien hat daher einen Status, wie ihn Staaten in der zweiten Stufe der Währungsunion hatten.

Wie Großbritannien hat sich auch Dänemark im Protokoll Nr. 26[119] das Recht vorbehalten, nicht an der dritten Stufe teilzunehmen. Es verweist dabei auf die dänische Verfassung, die für die Teilnahme an der dritten Stufe eine Volksabstimmung erfordert. Dänemark hat bereits 1992 seine Nichtteilnahme definitiv erklärt.[120] Es hat

---

115 Schweden hat nicht am EWS teilgenommen und erfüllt daher nicht das dritte Konvergenzkriterium. Dänemark und Großbritannien haben sich Sonderbedingungen vorbehalten, siehe dazu die folgenden Ausführungen.

116 Protokoll über einige Bestimmungen betreffend das Vereinigte Königreich Großbritannien und Nordirland; BGBl. 1992 II S. 1312.

117 *Palm* S. 89. Zutreffender wäre es allerdings, von einem Recht zum „opting in" zu sprechen. Unterbleibt nämlich eine Notifizierung an den Rat, bedeutet dies, dass Großbritannien nicht zur Teilnahme an der dritten Stufe verpflichtet ist (Ziff. 1 Abs. 2 des Protokolls).

118 Siehe *Gruber/Ohr,* Wirtschaftsdienst 1997, S. 728 ff.

119 BGBl. 1992 II S. 1312.

120 ABl. 1992 Nr. C 348/2.

damit den Status eines Mitgliedstaats mit Ausnahmeregelung gemäß Art. 122 EGV.[121] Im Gegensatz zu Großbritannien hat sich Dänemark jedoch nicht von der Verpflichtung aus Art. 104 Abs. 1 EGV befreien lassen. Es muss daher übermäßige öffentliche Defizite vermeiden. Weitere Rechtsfolge ist, dass alle Bestimmungen, die eine Ausnahmeregelung vorsehen, auf Dänemark Anwendung finden.[122]

(2) Bedeutung der dritten Stufe

Folgende inhaltlichen Änderungen ergaben sich in der dritten Stufe. Als institutioneller Rahmen der Währungsunion wurde ein Europäisches System der Zentralbanken (ESZB) gegründet. Ferner wurde der Euro als gemeinsame Währung eingeführt. Schließlich existiert ein Wechselkurssystem mit den Staaten, die nicht an der gemeinsamen Währung teilnehmen.

(a) Das Europäische Zentralbankensystem

-a- Allgemeines

Das EWI beendete am 1. Juni 1998 seine Arbeit und machte Platz für die Europäische Zentralbank (EZB). Um eine Kontinuität zu gewährleisten, wurden die Mitarbeiter des EWI von der EZB übernommen. Die EZB ist eingebettet in das Europäische System der Zentralbanken (ESZB). Das ESZB besteht aus der EZB und den nationalen Zentralbanken (NZB), vgl. Art. 107 Abs. 1 EGV.[123] Die EZB besitzt ein Weisungsrecht gegenüber den nationalen Zentralbanken.[124] Das ESZB stellt ein institutionelles System zur Koordinierung der Politiken der nationalen Zentralbanken und der Europäischen Zentralbank dar. Zum Teil wird das ESZB mit einem Konzern verglichen, der aus verschiedenen Unternehmen besteht.[125] Verbreitet ist auch die Darstellung, dass die EZB den Status einer gemeinsam kontrollierten Tochtergesellschaft der NZB hat.[126] Den nationalen Zentralbanken sind auch in der dritten Stufe gewisse Befugnisse verblieben. So halten sie den größten Teil der offiziellen Währungsreserven. Die EZB wird vom EZB-Rat und einem Direktorium geleitet, Art. 107 Abs. 3 EGV. Der EZB-Rat umfasst dabei einerseits alle Mitglieder des Direktoriums, andererseits alle Präsidenten der NZB, vgl. Art. 112 Abs. 1 EGV. Das Direktorium seinerseits besteht aus sechs Mitgliedern, diese werden von den Staats- und Regierungschefs für 8 Jahre ernannt. Eine Wiederernennung ist gemäß Art. 112 Abs. 2 EGV unzulässig. Dies ist wichtig, da die Direktoriumsmitglieder von den nationalen Regierungen unabhängig sein sollen. Wenn es die Möglichkeit einer Wiederernennung gäbe, bestün-

---

121 Ziffer 2 Protokoll Nr. 26.

122 Zu den Folgen für die Abstimmungsmodalitäten im Rat vgl. unten S. 102 ff.

123 Vgl. ausführlich zum ESZB: *Stadler* S. 87 ff., 126 ff., 194 ff.; *Endler* S. 389 ff.; *Weinbörner* S. 367 ff.

124 Art. 14.3 Satzung ESBZ/Europäische Zentralbank (BGBl. 1992 II S. 1253 und BGBl. 1998 II S. 387).

125 *Smulders*, in: GTE (5. Auflage) Art. 106 Rn. 1.

126 *Timmermans*, CML Rev. 1996, 623/625.

de das Risiko, dass sich die Direktoriumsmitglieder im Hinblick auf ihre Wiederernennung im Sinne ihrer Regierungen verhalten.

Die geldpolitische Verantwortung in der Gemeinschaft ist mit Beginn der dritten Stufe von den NZB auf die EZB als Gemeinschaftsorgan übergegangen. Sie ist gemäß Art. 105 Abs. 2 EGV grundlegende Aufgabe des ESZB. Der Begriff Geldpolitik ist im EGV nicht definiert. Nach allgemeiner Auffassung bedeutet Geldpolitik die Steuerung der Geld- und Kreditversorgung innerhalb des Währungsgebietes, wofür grundsätzlich zwei Instrumente zur Verfügung stehen: die Zinshöhe und die Geldmenge.[127] Die Zinshöhe regelt die EZB über Offenmarkt- und Kreditgeschäfte gemäß Art. 18 Satzung ESZB/EZB[128], insbesondere legt sie die Refinanzierungszinssätze fest.[129] Weitere Aufgaben des ESZB[130] sind gemäß Art. 105 Abs. 2 EGV die Durchführung von Devisengeschäften im Einklang mit Art. 111 EGV sowie das Halten und Verwalten der offiziellen Währungsreserven der Mitgliedstaaten. Die Aufteilung zwischen EZB und NZB richtet sich nach Art. 30 Satzung ESZB/EZB. Schließlich ist die EZB für die Kontrolle der Ausgabe der Banknoten innerhalb der Gemeinschaft zuständig. Die Ausgabe der Banknoten erfolgt dabei sowohl durch die EZB als auch die NZB.

-b- Unabhängigkeit der EZB

Die Politik der EZB ist auf die Preisstabilität verpflichtet.[131] Dies folgt u.a. aus Art. 105 Abs. 1 Satz 1 EGV. Um dieses Ziel erreichen zu können, ist die EZB gemäß Art. 108 EGV unabhängig von Weisungen durch die Mitgliedstaaten. Unabhängigkeit bedeutet dabei funktionelle, personelle und institutionelle[132] Unabhängigkeit.[133] Im

---

127 *Schmidhuber*, Geldmarktpolitik, S.7; *Weindl* S. 343.

128 Vgl. dazu *Palm* S. 106 ff. m.w.N.

129 Unter Refinanzierungszinssätzen versteht man die Zinssätze, die die EZB verlangt, wenn sich andere Banken bei ihr refinanzieren. Die Bundesbank hat früher den Diskontsatz und den Lombardsatz festgelegt. Ersterer war der Zinssatz, den Notenbanken für Kredite über den Ankauf von Wechseln zahlen mussten, letzterer der Zinssatz für Notenbankkredite über Verpfändung von Wertpapieren. Die EZB legt den Zinssatz für die Spitzenrefinanzierungsfazilität (entspricht in etwa dem Lombardsatz) und den Zinssatz für die Einlagenfazilität (entspricht in etwa dem Diskontsatz) fest. Darüber hinaus bestimmt die EZB auch den Zinssatz für Hauptrefinanzierungsgeschäfte. Die Refinanzierungszinssätze geben die Banken in der Regel an ihre Kunden weiter, so dass die EZB indirekt die Kreditnachfrage des Nichtbankensektors steuern kann. Je niedriger die Zinsen desto höher ist grundsätzlich die Kreditnachfrage. Vgl. *Issing*, Geldpolitik, S. 75 ff. m.w.N. Grundlegend auch: *Tilch*, Europäische Zentralbank und Europäisches System der Zentralbanken, 2000. Vgl. zur Überleitung der Bundesbanksätze auf die EZB-Sätze unten S. 48 ff.

130 Und damit der EBZ und der NZB.

131 Vgl. zum Begriff der Preisstabilität unten S. 67 ff.

132 Zu diesen Begriffen siehe die ausführliche Kommentierung von *Gnan/Wittelsberger*, in: GTE (5. Auflage) Art. 107 Rn. 24 ff.

133 Zur Vereinbarkeit der Unabhängigkeit der EZB mit dem Demokratieprinzip vgl. *Endler* S. 262 ff.; *Waigel* S. 215 ff. sowie *Häde*, in Calliess/Ruffert Art. 108 EGV Rn. 18 ff. Das BVerfG äu-

Gegensatz zur deutschen Rechtslage, nach der sich die Unabhängigkeit der Bundesbank einfachgesetzlich aus § 12 Satz 2 BBankG ergibt, ist die Unabhängigkeit der EZB damit primärrechtlich im Vertrag festgelegt und könnte nur über eine Vertragsänderung gemäß Art. 48 EUV abgeschafft werden. Gemäß Art. 109 i.V.m. Art. 108 EGV müssen nunmehr auch die nationalen Zentralbanken unabhängig von ihren Regierungen sein, sie sind jedoch gegenüber der EZB weisungsabhängig.[134]

Warum soll eine auf die Geldwertstabilität verpflichtete Zentralbank unabhängig sein? Ohne in wirtschaftswissenschaftliche Theorienstreitigkeiten einsteigen zu wollen, sollen kurz die drei wirtschaftstheoretischen und wirtschaftspolitischen Argumente für eine Unabhängigkeit nachgezeichnet werden.[135] Im Vordergrund steht die Überlegung, dass sich Preisstabilität eher langfristig auswirkt und erst dann gesamtwirtschaftlich vorteilhaft ist. Politiker sind jedoch in ihren Handlungen auf Wiederwahl orientiert. Schnelle Erfolge lassen sich eher mit kurzfristigen Wachstums- und Beschäftigungsprogrammen erreichen. Um zu verhindern, dass Politiker das Stabilitätsziel zugunsten anderer Ziele aufgeben, ist die Notenbank idealerweise unabhängig von der Regierung. Ein weiteres Argument für die Unabhängigkeit lautet, dass ein permanenter Anreiz für die Regierungen besteht, eine Währung bewusst zu inflationieren, um die Staatsschuld durch eine Geldentwertung real zu verringern und um Gewinne aus dem erhöhten Geldumlauf dem Budget zufließen zu lassen.[136] Schließlich könne nur eine unabhängige Zentralbank ein wirksames Stabilitätsversprechen abgeben.[137] Bestünde die Möglichkeit der Einflussnahme durch die Regierung, hätten private Wirtschaftssubjekte höhere Inflationserwartungen, die dann über Lohnverhandlungen zu tatsächlichen Inflationsschüben führten.[138] Auch empirische Untersuchungen zeigen einen Zusammenhang zwischen Unabhängigkeit der Zentralbank und Geldwertstabilität.[139] Allerdings kann hieraus keine kausale Verbindung gefolgert werden, da beide Faktoren Ausdruck bestimmter wirtschaftspolitischer Präferenzen in einem Land sein können.

Gegen die Unabhängigkeit sprechen vor allem zwei Argumente. Einerseits wird die Vereinbarkeit mit dem Demokratieprinzip bezweifelt, da die unabhängige Zentralbank zu einer zweiten, nicht durch Wahlen legitimierten Regierung führt. Andererseits

---

ßert sich im Maastricht-Urteil wie folgt: Die Unabhängigkeit berühre zwar das Demokratieprinzip i.S.e. Eingriffs, dieser sei jedoch durch Art. 88 Satz 2 GG gerechtfertigt. Einen Verstoß gegen Art. 79 Abs. 3 GG lehnt das BVerfG mit dem Argument ab, dass eine Einschränkung des Demokratieprinzips wegen der Besonderheit der Geldpolitik hinzunehmen sei (BVerfGE 89, 155/208).

134 Art. 14.3. Satzung ESZB/EZB.

135 Vgl. allgemein *Gnan/Wittelsbacher*, in: GTE (5. Auflage) Art. 107 Rn. 14.

136 Man spricht von Seigniorage-Gewinnen, vgl. dazu *Bofinger/Hefeker/Pfleger* S. 109 ff.; *Europäische Kommission*, Europäische Wirtschaft Nr. 44, 1990, S. 134 f.; *Gäckle* S. 134 ff. Seigniorage sind die Gewinne, die der Staat durch die Geldschöpfung erzielt.

137 *Wagner* S. 153.

138 ebd.

139 *Palm* S. 117 m.w.N.

seits wird vertreten, dass die Geldpolitik ein Baustein im „policy mix“ der Regierungen sein sollte, die unter gewissen Umständen hinter anderen Zielen zurückstehen müsse. Im Theorienstreit durchgesetzt haben sich nunmehr die Verfechter der Unabhängigkeit.[140]

(b) Die Einführung des Euro

Für die Bürger sichtbar wurde die dritte Stufe der WWU vor allem durch die Einführung des Euro als gemeinsamer Währung. Der erste Schritt bestand darin, feste und unwiderrufliche Wechselkurse zwischen den nationalen Währungen sowie zwischen nationalen Währungen und Euro festzulegen. Zur Vermeidung spekulativer Verzerrungen haben die elf Ersteilnehmerstaaten zusammen mit der Kommission und dem EWI relativ überraschend bereits frühzeitig im Mai 1998 die Umrechnungskurse festgelegt.[141] Endgültig normiert wurden die Kurse durch die Verordnung 2866/98/EG[142] des Rates vom 31. Dezember 1998 auf Grundlage des Art. 123 Abs. 4 EGV. Die Festlegung der Umrechnungskurse zum Euro war eine ökonomische und eine politische Frage, so dass dem Rat ein gewisser Ermessensspielraum zustand. Hierbei bestand die Gefahr, dass manche Mitgliedstaaten durch objektiv nicht gerechtfertigte Abwertungen ihrer Währungen sich zu „entschulden“ versuchen.[143] Dazu ist es jedoch nicht gekommen, da als Grundlage für den Umrechnungskurs die von der belgischen Zentralbank festgestellten letzten offiziellen ECU-Kurse der teilnehmenden Währungen mit sechs signifikanten Stellen genommen wurden.[144]

In einem nächsten Schritt wurde der Euro am 1. Januar 1999 als offizielle Währung der an der Währungsunion teilnehmenden Staaten eingeführt.[145] Er ersetzte somit die nationalen Währungen. Diese behielten zwar für die Übergangsphase bis zum Jahr 2002 ihre Gültigkeit, waren jedoch keine eigenständigen Währungen mehr.[146] Sie

---

140 *Schmidhuber*, in: Caesar/Scharrer 2001, S. 203/208.

141 *Herdegen*, Europarecht, Rn. 411; vgl. Gemeinsames Kommuniqué der Minister und der Zentralbank-präsidenten der Mitgliedstaaten, die den Euro als einheitliche Währung einführen werden, der Kommission und des Europäischen Währungsinstituts 98/C 160/01 vom 03.05.1998, ABl. 1998 Nr. C 160/1 vom 27.05.1998.

142 ABl. 1998 Nr. L 35/1. Die Umrechnungskurse lauten folgendermaßen: ein Euro ist 40, 3399 belgische Francs, 1,95583 deutsche Mark, 340,750 griechische Drachmen, 166,386 spanische Peseten, 6,55957 französische Francs, 0,787564 irische Pfund, 1936,27 italienische Lira, 40,3399 luxemburgische Francs, 2,20371 niederländische Gulden, 13,7603 österreichische Schilling, 200,482 portugiesische Escudos oder 5,94573 finnische Mark wert.

143 *Streinz* 4. Auflage, Rn. 889 führt aus, dass ein von den ökonomischen Voraussetzungen abweichender politischer Umrechnungskurs gegen Bindungen des EGV und gegen nationales Verfassungsrecht, insb. Art. 14 Abs. 1 GG verstoßen hätte.

144 Möglich wäre es allerdings auch gewesen, die Umrechnungskurse auf Grundlage von Durchschnittskursen für einen längeren Zeitraum vor der Währungsumstellung festzulegen; vgl. *Herdegen*, Europarecht, Rn. 411.

145 Verordnung 974/98/EG vom 03.05.1998, ABl. 1998 Nr. L 139/1.

146 Art. 6 Verordnung 974/98/EG. Vereinzelt wurde die dreijährige Umstellungsphase als zu lang kritisiert; vgl. Bericht der Kommission über die Dauer der Übergangszeit für die Einführung

waren lediglich rechnerische – sog. nichtdezimale – Untereinheiten des Euro. Ab dem 1. Januar 1999 wurde der Euro im bargeldlosen Zahlungsverkehr verwendet. Die Umstellungszeit sollte dazu dienen, die Bürger und Unternehmen an die neue Währung zu gewöhnen. Sie war vom Prinzip „kein Zwang, keine Behinderung" geprägt.[147] Gemäß der Verordnung 1103/97/EG[148] gilt der Grundsatz der Vertragskontinuität. Das bedeutet, dass sich keine Partei eines zivilrechtlichen Vertrages darauf berufen kann, dass der Vertrag wegen der Euro-Einführung unwirksam sei. Nur wenn beide Parteien die Einführung des Euro vorausgesehen haben und für diesen Fall etwas anderes vereinbart haben, gilt das Vereinbarte.

Das Euro-Bargeld wurde am 1. Januar 2002 eingeführt und konnte während einer kurzen Übergangsphase neben den nationalen Währungen verwendet werden. Gemäß Art. 15 der Verordnung 974/98/EG sollten die nationalen Währungen grundsätzlich am 1. Juli 2002 ihre Gültigkeit verlieren, wobei dieser Zeitraum durch nationale Rechtsvorschriften verkürzt werden konnte. Bereits 1999 verkürzte der Ecofin-Rat diese Frist auf vier Wochen bis zwei Monate. Schließlich legte jedes Land einen eigenen Zeitplan fest, so dass die Übergangsphase in jedem Land unterschiedlich lang dauerte.[149] Allerdings verloren die nationalen Währungen auch nach der Übergangsphase nicht ihren Wert. Die konkreten Bedingungen für einen späteren Umtausch in Euro richten sich nach dem nationalen Recht.[150] In Deutschland können DM-Bestände zeitlich unbegrenzt bei den Zentralbanken in Euro umgetauscht werden.

Die Verordnung über die Einführung des Euro 974/98/EG wurde in Deutschland durch mehrere Gesetze zur Einführung des Euro umgesetzt. Das erste Gesetz zur Einführung des Euro (Euro-Einführungsgesetz) vom 9. Juni 1998[151] hat als Artikelgesetz eine Vielzahl von Rechtsnormen dahingehend geändert, dass Euro und Cent Anwendung finden können. So wurde z.B. geregelt, dass statt der Leitzinsen der Bundesbank nunmehr jene der EZB Anwendung finden. Der Diskontsatz wurde durch den Basiszinssatz ersetzt, dieser entspricht dem Zinssatz für längerfristige Refinanzierungsgeschäfte (LRG-Geschäfte).[152] Der Lombardsatz wurde durch den Zinssatz der Spitzenfinanzierungsfazilität (SRF-Satz) ersetzt.[153] Das zweite Euro-Einführungs-

---

des Euro vom 13.04.1999, KOM (1999) 174 endg. Die Kommission spricht sich darin gegen eine Verkürzung der Übergangsfrist aus.

147 *Kilb*, EuZW 2002, 5/7.

148 ABl. 1997 Nr. L 162/1.

149 In Deutschland war die DM schon ab dem 01.01.2002 kein gesetzliches Zahlungsmittel mehr. Der Einzelhandel hatte sich jedoch in einer Selbstverpflichtung bereit erklärt, die DM grundsätzlich bis zum 28.02. als Zahlungsmittel zu akzeptieren. Wechselgeld wurde in Euro herausgegeben. In den anderen Mitgliedstaaten waren die nationalen Währungen noch bis zum 28.01. (Niederlande), 09.02. (Irland), 17.02. (Frankreich) bzw. 28.02. (alle anderen Länder) gültig.

150 Siehe Tabelle bei *Kilb*, EuZW 2002, 5/11.

151 BGBl. 1998 I S. 1242.

152 Basiszinssatz-Bezugsgrößen-Verordnung vom 10.02.1999, BGBl. 1999 I S. 139.

153 Lombardsatz-Überleitungs-Verordnung vom 18.12.1998, BGBl. 1998 I S. 3819.

gesetz vom 24. März 1999[154] ließ die Verwendung des Euro im Bereich der Sozialversicherung und des Steuerrechts zu. Das dritte Euro-Einführungsgesetz vom 16. Dezember 1999[155] schließlich hebt die Eigenschaft der DM als gesetzliches Zahlungsmittel mit Ablauf des 31. Dezember 2001 auf.

Mit Ablauf des 28. Februar 2002 befindet sich die Eurozone nunmehr außerhalb jeglicher Übergangsphase und am Anfang des „reinen" Eurozeitalters. Die Einführung des Euro lief entgegen aller pessimistischen Äußerungen im Vorfeld relativ problemlos. Zwar wurden von vielen Bürgern Preiserhöhungen im Zusammenhang mit der Bargeld-Einführung beklagt, die Statistik spricht jedoch gegen eine erhöhte Inflation zu Beginn des Jahres 2002.[156] Auch der Außenwert des Euro zeigte sich unbeeindruckt von der Bargeld-Einführung.

(c) Das Wechselkurssystem

Ein dritter wichtiger Bestandteil der dritten Stufe ist die Einführung eines neuen Wechselkurssystems als Nachfolger des EWS (genannt WKM 2). In ihm können diejenigen Mitgliedstaaten teilnehmen, die noch nicht an der Währungsunion teilnehmen wollen. Rechtliche Grundlage des WKM 2 ist die Entschließung des Europäischen Rates vom 16. Juni 1997.[157] Wie im EWS wird für jede Währung ein Leitkurs gegenüber dem Euro festgelegt. Um diesen Leitkurs herum wird eine Standardbandbreite definiert, innerhalb der der Wechselkurs schwanken darf. Bei größeren Abweichungen müssen EZB und die Zentralbank des betroffenen Staates intervenieren. Hierfür steht den nationalen Zentralbanken ein Kredit im Rahmen der sog. sehr kurzfristigen Finanzierung zu. Die nähere Ausgestaltung regelt ein Abkommen zwischen der EZB und den nationalen Zentralbanken.[158] Nach den Erfahrungen aus dem EWS, wo die +/- 2,25%-Bandbreite aufgehoben werden musste, haben sich die Staats- und Regierungschefs gleich auf eine größere Bandbreite, nämlich +/- 15% geeinigt.[159] Sinn und Zweck des WKM 2 ist es, noch nicht an der gemeinsamen Währung teilnehmende Staaten auf die Teilnahme am Euro vorzubereiten und zu große Wechselkursschwankungen zu vermeiden. Außerdem soll die Politik der teilnehmenden Mitgliedstaaten auf das Ziel der Preisstabilität ausgerichtet werden.[160]

---

154 BGBl. 1999 I S. 385.

155 BGBl. 1999 I S. 2402.

156 So betrug die Teuerungsrate im Januar 2002 gegenüber Januar 2001 nur 2,1%; vgl. dazu und allgemein zu Preiserhöhungen im Zusammenhang mit der Euro-Einführung: *Statistisches Bundesamt*, 6 Monate Euro, S. 5 ff.

157 ABl. 1997 Nr. C 236/5 vom 02.08.1997.

158 Punkt 2.2. der Entschließung.

159 Punkt 2.1. der Entschließung.

160 *Bünger/Molitor*, in: GTE (5. Auflage) Vorbem. zu den Art. 102a – 109m EGV Rn. 38.

4. Ergebnis und Ausblick

Die Realisierung der gemeinsamen europäischen Währung nahm über 30 Jahre in Anspruch. Viele Vorläufer der WWU sind gescheitert, weil sie keine Regeln für die nationale Budgetpolitik enthielten. Dies gilt vor allem für das Bretton-Woods-System aber auch für das EWS. Der Delors-Bericht hat diesen Mangel erkannt und erstmals verbindliche Vorgaben für die nationale Haushaltspolitik aufgestellt. Die Wirtschafts- und Währungspolitik des Vertrages von Maastricht basiert auf dem Delors-Bericht und enthielt einen Stufenplan zur Verwirklichung der WWU. Aus rechtlicher Sicht war dabei insbesondere der Übergang in die dritte Stufe relevant. Dieser Übergang war entgegen anderslautender Auffassungen als Automatismus ausgestaltet, d.h. der Rat durfte keine Verschiebung des Termins beschließen.

An die geschichtliche Entwicklung anknüpfend stellt sich die Frage nach der zukünftigen Ausgestaltung der WWU im Allgemeinen und der Defizitbegrenzung im Besonderen. Hat die Währungsunion ihr Ziel erreicht oder ist der aktuelle Zustand nur eine Zwischenetappe auf dem Weg zu einer weiteren, umfassenderen Integration? Eine solche umfassendere Integration wäre im Bereich des Defizitverfahrens etwa über eine Vergemeinschaftung der Haushaltspolitik denkbar, womit wohl auch der Schritt zu einer politischen Union vollzogen wäre.

Ob die europäische Währungsunion eine politische Union erfordert, ist seit langem umstritten.[161] Nach Ansicht der sog. Monetaristen soll eine Währungsunion den Weg zu einer Politischen Union ebnen.[162] Demgegenüber sind die sog. Ökonomisten der Auffassung, dass eine Währungsunion zuvor eine Politische Union erfordert. Der Vertrag von Maastricht hat sich zugunsten der Monetaristen entschieden und sieht die Währungsunion als Integrationsmotor[163] an, ohne jedoch konkrete Vorgaben für oder gegen eine Politische Union zu enthalten.

Dennoch stellt sich die Frage, ob die WWU ohne Politische Union überhaupt überlebensfähig ist. Der Blick in die Vergangenheit lehrt, dass Währungsunionen ohne politische Union meist relativ schnell gescheitert sind.[164] Auch in der WWU zeigt sich das Konfliktpotential, das zwischen vergemeinschafteter Währungspolitik und in nationaler Kompetenz verbliebener Wirtschaftspolitik besteht, mit großer Deutlichkeit. Zwar soll das Defizitverfahren einen Teil dieser Konflikte vermeiden, indem es bestimmte gemeinschaftsrechtliche Grenzen für die nationale Wirtschaftspolitik auf-

---

161 Vgl. *Hasse*, Verknüpfung, S. 8 ff.; *Reupke* S. 59 ff.; *Thiel*, in: Caesar/Scharrer 1999, S. 197 ff.; *Wessels*, in: Caesar/Scharrer 1994, S. 107 ff.; *Oppermann* Rn. 935; *Feldsieper*, Wirtschaftsdienst 1996, 36/38 f.; *Issing*, Europe: Common Money – Political Union? 1999 (abrufbar im Internet unter www.ecb.int (29.05.2004)); *Fuhrmann*, in: Holtmann/Riemer S. 281/291 ff.

162 „L'Europe se fera par la monnaie ou ne se fera pas", Jacques Rueff 1950; zitiert nach *Issing*, Europa auf dem Wege zur Währungsunion, S. 17. Kritisch dazu *Issing*, a.a.O, S. 27 f.; *Horn*, in: FS Mestmäcker, S. 381/391 ff.

163 Vgl. *Möckelmann*, in: Caesar/Scharrer 2001, S. 475/486 f.

164 Vgl. zur lateinischen und skandinavischen Münzunion *Oppermann* Rn. 1023. Andererseits existierte über lange Zeit eine erfolgreiche Währungsunion zwischen Belgien und Luxemburg.

stellt. Ob die vom EGV vorgesehenen Instrumente ausreichend sind, wird jedoch erst die Zukunft zeigen. Die politischen Spannungen nach Einführung des Euro lassen jedoch vermuten, dass die WWU nur dann Erfolg haben wird, wenn zumindest mittelfristig eine Politische Union realisiert wird.[165]

II. Der aktuelle Zustand der Budgetüberwachung

Die Vorschriften zur Haushaltsdisziplin stellen den Kernbereich der WWU dar. Da die Konvergenzkriterien des Art. 121 Abs. 1 EGV nur für den Eintritt in die dritte Stufe der WWU galten, war ein Mechanismus erforderlich, der die Haushaltsdisziplin der Mitgliedstaaten auch nach Eintritt in die 3. Stufe sicherstellt. Dies ist die Aufgabe des Art. 104 EGV. Diese Norm ist Ausdruck der Grundentscheidung des Vertrages, die Haushaltspolitik grundsätzlich in der Verantwortung der Mitgliedstaaten zu belassen. Die theoretisch denkbare Lösung, mit Beginn der gemeinsamen Währung auch die Haushaltspolitik auf die Gemeinschaft zu übertragen, war politisch nicht durchsetzbar. Deshalb wurde ein System erarbeitet, das der Haushaltspolitik, ohne sie der Zuständigkeit der Mitgliedstaaten zu entreißen, ein enges Regelkorsett anlegt und der Gemeinschaft Sanktionsmöglichkeiten im Falle der Missachtung dieses Korsetts zuweist. Die Haushaltspolitik steht damit zwischen der allgemeinen Wirtschaftspolitik, die gemäß Art. 99 EGV lediglich koordiniert wird, und der Geldpolitik, die gemäß Art. 105 EGV vergemeinschaftet wurde. In diesem Kapitel werden zunächst die einschlägigen Rechtsnormen zur Haushaltsdisziplin vorgestellt (dazu 1.), anschließend die für die Haushaltspolitik der Mitgliedstaaten geltende Zielvorgabe erläutert (dazu 2.) sowie das gemeinschaftsrechtliche Überwachungssystem dargestellt (dazu 3.). Danach werden die Reaktionsmöglichkeiten der Gemeinschaft im Fall von Verstößen gegen die Budgetdisziplin analysiert (dazu 4.). Abschließend wird auf Beurteilungs- und Ermessensspielräume (dazu 5.) sowie auf die Rechtsschutzmöglichkeiten eingegangen (dazu 6.)

1. Überblick über die einschlägigen Rechtsnormen

Das System zur Überwachung der Haushaltsdisziplin besteht sowohl aus Normen des Primärrechts als auch aus Sekundärrechtsakten. Eine getrennte Darstellung dieser Rechtsquellen rechtfertigt sich deswegen, weil die Änderung von Sekundärrecht weitaus einfacher ist als diejenige von Primärrecht.[166]

a) Primärrecht

Die Grundnorm der Defizit- und Schuldenstandsbeschränkung sowie der Überwachung dieser Beschränkungen ist Art. 104 EGV. Die Einschränkung der finanzpo-

165 So schon *Murswiek*, Der Staat 1993, 161/183; *Tietmeyer* S. 38 ff.

166 Sekundärrecht kann auf die gleiche Weise geändert werden, wie es erlassen wurde. Primärrecht kann dagegen nur gemäß Art. 48 EUV geändert werden, was eine Ratifizierung durch alle Mitgliedstaaten erfordert.

litischen Autonomie der Mitgliedstaaten wird über die Festlegung von zwei ökonomischen Referenzwerten erreicht, die die Mitgliedstaaten einhalten müssen. Weist ein Mitgliedstaat ein „übermäßiges Defizit"[167] auf, sieht Art. 104 Abs. 3 bis 11 EGV ein abgestuftes Sanktionssystem vor, das die Staaten zur Einhaltung der Haushaltsdisziplin zwingen soll. Die Referenzwerte sind allerdings nicht im Vertrag selber normiert, sondern im Protokoll über das Verfahren bei einem übermäßigen Defizit[168] enthalten. Protokolle gehören zum Primärrecht.[169] Die Technik der Auslagerung von Vertragsbestimmungen in ein Protokoll wird angewandt, wenn anlässlich der Verhandlungen über einen völkerrechtlichen Vertrag bezüglich gewisser Punkte keine Einigung erzielt werden kann. Strittige Punkte werden dann ausgeklammert und in einem eigenen Protokoll niedergelegt. Dadurch können Mitgliedstaaten die allgemeinen Bestimmungen aus dem Vertrag akzeptieren, bezüglich mancher Protokolle jedoch Vorbehalte anbringen oder Ausnahmeregelungen verhandeln.

b) Sekundärrecht

Im Laufe des Jahres 1995 kamen insbesondere in Deutschland Befürchtungen auf, die Vorgaben des Art. 104 EGV seien nicht ausreichend, um die Euro-Stabilität zu sichern. So wurde befürchtet, politische Gründe könnten den Rat dazu veranlassen, vom Gebrauch der Strafmassnahmen abzusehen.[170] Auch habe der Rat ein zu großes Ermessen bei der Entscheidung, ob ein übermäßiges Defizit vorliegt sowie bei der Wahl der geeigneten Sanktionen. Allein die aufgekommenen Zweifel hätten eine negative Auswirkung auf die zukünftige gemeinsame Währung.[171] Aus diesen Gründen hat der damalige Bundesfinanzminister *Theo Waigel* einen „Stabilitätspakt für Europa" vorgeschlagen. Inhalt des Stabilitätspaktes sollte eine Verschärfung der Vorgaben des Art. 104 EGV sein.

(1) Die Genese des Stabilitäts- und Wachstumspaktes

(a) Waigels Vorschlag für einen Stabilitätspakt

Der vom damaligen Bundesfinanzminister vorgeschlagene Pakt[172] sah folgende Ergänzungen und Änderungen gegenüber den Vorgaben aus Art. 104 EGV vor: Die Grenze von 3% für das Verhältnis von Defizit und BIP sollte auch in wirtschaftlich ungünstigen Phasen nicht überschritten werden. Überschreitungen sollten nur in „extremen Ausnahmefällen" möglich sein, wobei nicht näher definiert wurde, was hierunter zu verstehen ist. Demgegenüber ist *de lege lata* bei der Entscheidung, ob ein

---

167 Zur Definition eines übermäßigen Defizits vgl. unten S. 81 ff.

168 ABl. 1992 Nr. C 224/120; im Folgenden Defizit-Protokoll genannt.

169 Art. 311 EGV, vgl. *Oppermann* Rn. 475.

170 *Häde*, EuZW 1996, 138/139.

171 *Hahn*, CML Rev. 1998, 77/79.

172 Bundesministerium der Finanzen, Stabilitätspakt für Europa – Finanzpolitik in der dritten Stufe der WWU, Pressemitteilung v. 10.11.1995; abgedruckt in: Internationale Politik 6/1996, S. 64 ff. Dazu *Weinbörner* S. 362 ff.

übermäßiges Defizit besteht, gemäß Art. 104 Abs. 6 EGV nicht nur der Referenzwert zu beachten, sondern alle sonstigen einschlägigen Faktoren. Diese Gesamtbetrachtung kann dazu führen, dass auch bei Überschreitung der Referenzwerte kein übermäßiges Defizit besteht.[173] Laut Waigel-Plan sollte in wirtschaftlichen Normallagen ein Defizit von 1% angestrebt werden. Art. 104 EGV i.V.m. dem Protokoll sieht nur das 3%-Kriterium vor; dies gilt in allen wirtschaftlichen Lagen. Im Gegensatz zu Art. 104 EGV sah der Waigel-Plan die automatische Verhängung von Sanktionen vor, ein konstitutiver Beschluss des Rates sollte nicht mehr erforderlich sein. Pro angefangenen Prozentpunkt der Defizitüberschreitung sollte der betreffende Mitgliedstaat eine unverzinsliche Einlage in Höhe von 0,25% seines BIP hinterlegen müssen. Nach zwei Jahren sollte sich diese Einlage *ipso jure* in eine Geldbuße umwandeln, wenn der Referenzwert immer noch überschritten wird. Deutschland hätte in diesem Fall bei einem BIP von ca. 2000 Mrd. €[174] für jeden Prozentpunkt über dem Referenzwert 5 Mrd. € zu zahlen. Zur Umsetzung und Überwachung der Verpflichtungen aus dem Pakt sollte ein europäischer Stabilitätsrat gebildet werden.

Der Vorschlag des Bundesfinanzministers sah sich jedoch mit mehreren Einwänden konfrontiert. Einerseits war es mehr als fraglich, ob die europäischen Partner dem Waigel-Plan politisch zustimmen würden. Insbesondere die automatische Sanktionierung wurde kritisch bis ablehnend kommentiert.[175] In rechtlicher Hinsicht war heftig umstritten, in welcher Form der Pakt beschlossen werden sollte und konnte. Denkbar war entweder ein Gemeinschaftsrechtsakt oder ein Vorgehen der Staaten auf allgemein völkerrechtlicher Ebene. Für einen Gemeinschaftsrechtsakt ist nach dem in Art. 5 Abs. 1 EGV normierten Prinzip der begrenzten Einzelermächtigung eine Rechtsgrundlage erforderlich.[176] In Betracht kam Art. 104 Abs. 14 UAbs. 2 EGV. Diese Norm ermächtigt den Rat zum Erlass von geeigneten Bestimmungen, um die Vorgaben des Art. 104 EGV zu präzisieren und das Defizitprotokoll abzulösen. Die Verschärfung der Referenzwerte durch den Waigel-Plan auf 1% Defizit in wirtschaftlichen Normallagen hätte Art. 104 EGV um eine strengere Vorgabe ergänzt und hätte das Defizit-Protokoll ablösen können. Zwar kann eingewendet werden, dass der Waigel-Plan das Defizit-Protokoll nicht vollständig ablösen wollte, daher nicht auf Art. 104 Abs. 14 UAbs. 2 EGV hätte gestützt werden können. Dass der Waigel-Plan das Protokoll nicht ablösen wollte, muss jedoch als unerheblich qualifiziert werden, da die Verschärfung der Protokoll-Referenzwerte ein Minus zu dessen Ersetzung darstellt.[177] Es kann keinen Unterschied machen, ob der Sekundärrechtsakt die Vorgaben des Protokolls übernimmt und diese ergänzt, oder ob das Protokoll durch den Sekun-

---

173 Näheres dazu unten S. 93 ff.

174 Laut Pressemitteilung des Statistischen Bundesamtes vom 17.01.2002 betrug das Bruttoinlandsprodukt 2001 in Deutschland 2063,70 Mrd. €.

175 *Hahn*, CML Rev. 1998, 77/85.

176 EuGH, Slg. 1996, S. I-1759/1787 – EMRK-Beitritt. Zur Herleitung siehe *Koenig/Haratsch* Rn. 57 f.

177 So *Häde*, in: Calliess/Ruffert Art. 104 EGV Rn. 81. A.A. wohl *Blumenwitz/Schöbener* S. 20/23.

därrechtsakt lediglich ergänzt, aber nicht abgeschafft wird. Dieser Teil des geplanten Stabilitätspaktes hätte daher auf die Ermächtigungsgrundlage des Art. 104 Abs. 14 UAbs. 2 EGV gestützt werden können.

Fraglich ist jedoch, ob eine Ermächtigungsgrundlage für den Sanktionsautomatismus bestand.[178] Art. 104 Abs. 6 EGV erfordert einen konstitutiven Beschluss des Rates zur Feststellung eines übermäßigen Defizits. Dem hätte die geplante automatische Sanktionierung widersprochen. Art. 104 Abs. 14 UAbs. 2 EGV ermächtigt nicht zur Änderung des Primärrechts. Die automatische Sanktionierung konnte damit nicht auf Art. 104 Abs. 14 UAbs. 2 EGV gestützt werden. Aus demselben Grund stand auch Art. 99 Abs. 5 EGV nicht zur Verfügung. Somit blieb als potentielle Rechtsgrundlage nur noch Art. 308 EGV. Hierzu ist anzumerken, dass das von Art. 308 EGV verlangte „Fehlen einer Befugnis zum Tätigwerden" nicht vorliegt. Befugnisse zum Erlass von Regelungen im Bereich der WWU bestehen explizit in Art. 99 EGV und Art. 104 EGV. Im Übrigen ermöglicht auch Art. 308 EGV keine Änderung des Primärrechts.[179] Somit scheidet auch Art. 308 EGV als Rechtsgrundlage aus. Für die automatische Sanktionierung stand damit keine Rechtsgrundlage zur Verfügung.[180] Eine weitere Möglichkeit zur Durchsetzung des Stabilitätspaktes wäre eine Vertragsänderung gemäß Art. 48 EUV gewesen. Dies hätte jedoch zur Folge gehabt, dass alle Mitgliedstaaten die Änderung hätten ratifizieren müssen. Unabhängig von dem ungewissen Ausgang eines solchen Verfahrens bestand die Befürchtung, dass eine Vertragsänderung zum Anlass für verschiedenste Änderungswünsche genommen worden wäre. Diese „Büchse der Pandora" wollte man nicht öffnen.[181]

Deshalb wurde die Möglichkeit diskutiert, einen völkerrechtlichen Vertrag zwischen den Euro-Teilnehmerstaaten abzuschließen, in dem sich die ratifizierenden Staaten auf die strengeren Vorgaben des Stabilitätspaktes verständigen. Die Zulässigkeit eines derartigen Vertrages ist allerdings umstritten. Zwei Problemstellungen sind in diesem Zusammenhang voneinander zu unterscheiden. Zunächst stellt sich die Frage, wann die Mitgliedstaaten völkerrechtliche Verträge *mit Drittstaaten* abschließen dürfen. Diese Frage hat der EuGH bezüglich der Gemeinschaftskompetenzen in der AETR-Entscheidung im Sinne der Parallelität von Innen- und Außenkompetenzen der EG entschieden.[182] Von dieser Frage abzugrenzen ist das Problem, ob einige

---

178 Vgl. zum Sanktionsautomatismus aus wirtschaftswissenschaftlicher Sicht *Siebert*, Wirtschaftsdienst 1997, 7/9 sowie *Calliess*, Wirtschaftsdienst 1997, 153/157 f.

179 EuGH Slg. 1996, I-1759/1788 Rn. 30 – EMRK-Beitritt: „Die Bestimmung des Art. 308 EGV kann jedenfalls nicht als Rechtsgrundlage für den Erlass von Bestimmungen dienen, die der Sache nach, gemessen an ihren Folgen, auf eine Vertragsänderung ohne Einhaltung des hierfür vom Vertrag vorgesehenen Verfahrens hinausliefen"; vgl. dazu *Rossi*, in: Calliess/Ruffert Art. 308 EGV Rn. 52 ff.

180 So auch etwa *Hahn*, JZ 1997, 1133/1135 = CML Rev. 1998, 77/82; *Häde*, EuZW 1996; 138/140.

181 *Hartmann*, EuZW 1996, 133/136.

182 EuGH Slg. 1971, S. 263/275 – AETR; Slg. 1994 I-5267/5274 – Gutachten 1/94 (WTO). Die EG darf danach nicht nur dann völkerrechtliche Verträge abschließen, wenn ihr dies im EG-

oder alle Mitgliedstaaten *untereinander* völkerrechtliche Verträge abschließen dürfen.[183] Einziger positiv-rechtlicher Anhaltspunkt ist Art. 293 EGV, wonach die Mitgliedstaaten untereinander Verhandlungen einleiten, um zugunsten ihrer Staatsangehörigen gewisse Rechte sicherzustellen. Diese Norm wird dahingehend verstanden, dass sie die Mitgliedstaaten berechtigt und verpflichtet, völkerrechtliche Verträge neben den Gemeinschaftsverträgen abzuschließen.[184] Art. 293 EGV gilt jedoch nur für die ausdrücklich genannten Sachgebiete, das Defizitverfahren ist davon nicht umfasst.

Hinsichtlich der Zulässigkeit völkerrechtlicher Verträge außerhalb des Art. 293 EGV können mehrere Auffassungen unterschieden werden. Nach der engsten Ansicht sind völkerrechtliche Abkommen der Mitgliedstaaten untereinander außerhalb des Art. 293 EGV grundsätzlich unzulässig.[185] Etwas weiter ist die Auffassung, nach der völkerrechtliche Abkommen nur dann unzulässig sind, wenn der Gemeinschaft in dem betreffenden Regelungsbereich eine ausschließliche Kompetenz zukommt oder gemeinschaftsrechtliche Regelungen bereits erlassen wurden.[186] Nach anderer Ansicht sollen völkerrechtliche Abkommen außerhalb des Art. 293 EGV dann unzulässig sein, wenn der Regelungsbereich nach dem EGV den Organen der Gemeinschaft zugeordnet ist.[187] Dies würde Bereiche umfassen, in denen der Gemeinschaft ausschließliche oder parallele Kompetenzen zukommen. Somit besteht Übereinstimmung darin, dass die Mitgliedstaaten jedenfalls in den Bereichen, in denen keine Gemeinschaftskompetenz besteht, unter Berücksichtigung des Art. 10 EGV völkerrechtliche Abkommen schließen dürfen. Andererseits sind derartige Abkommen in den Bereichen unzulässig, in denen eine ausschließliche Gemeinschaftszuständigkeit besteht. Dies muss darüber hinaus auch in Bereichen mit parallelen Kompetenzen gelten. Andernfalls könnten die Mitgliedstaaten über eine „Flucht ins Völkerrecht“ die zukünftige Ausübung dieser Kompetenz durch die Gemeinschaft verhindern, da völkerrechtliche Verträge dem Sekundärrecht vorgehen.[188]

Vertrag ausdrücklich zugewiesen ist, sondern auch dann, wenn ihr der EG-Vertrag entsprechende Kompetenzen im Innenbereich zugewiesen und die Gemeinschaft von diesen Kompetenzen Gebrauch gemacht hat. Die Mitgliedstaaten dürfen somit dann völkerrechtliche Verträge mit Drittstaaten schließen, wenn die Gemeinschaft keine Kompetenzen in diesem Bereich hat oder von parallelen Kompetenzen noch keinen Gebrauch gemacht hat.

183 Vgl. dazu *Oppermann* Rn. 610 ff.; *Schwartz*, in: FS Grewe, 1981, S. 551/578 f. Zur Einordnung der Beschlüsse der im Rat vereinigten Vertreter der Regierungen der Mitgliedstaaten als völkerrechtliche Verträge und deren gemeinschaftsrechtlichen Grenzen vgl. *Constantinesco* S. 545 ff.

184 Vgl. *Bröhmer*, in: Calliess/Ruffert Art. 293 EGV Rn. 1.

185 *Schwartz*, in: GTE (4. Auflage) Art. 220 Rn. 49 ff.

186 *Klein*, in: Hailbronner/Klein/Magiera/Müller-Graff Art. 220 Rn. 4-6; *Kort*, JZ 1997, 640/645.

187 Schwartz, in: FS Grewe, S. 551/578 f.; *Häde*, EuZW 1996, 138, 140 f.; *Oppermann* Rn. 610; *Pechstein/Koenig* Rn. 521.

188 Dies folgt aus dem Rechtsgedanken des Art. 300 Abs. 7 EGV. Zwar ist diese Norm aufgrund des Wortlauts nicht unmittelbar anwendbar, da es sich bei völkerrechtlichen Verträgen zwischen den Mitgliedstaaten nicht um „nach Maßgabe dieses Artikels“ geschlossene Verträge

Für den Stabilitätspakt ergibt sich daraus folgende Konsequenz. Zwar steht das Defizitverfahren in engem Zusammenhang mit der Haushaltspolitik. Im Bereich der Haushaltspolitik bestehen nach verbreiteter Ansicht parallele Zuständigkeiten zwischen Gemeinschaft und Mitgliedstaaten.[189] Der Beschluss des Haushalts und die Verwendung der Mittel liegen in der ausschließlichen Kompetenz der Mitgliedstaaten. Die Haushaltspolitik wird über das Verfahren des Art. 99 ff. EGV durch die Gemeinschaft koordiniert. Etwas anderes muss jedoch für das Defizitverfahren i.e.S. gelten. Die detailliert formulierten Zielvorgaben für die Haushalte der Mitgliedstaaten in Art. 104 EGV sowie die umfassenden Kompetenzen von Kommission und Rat bei der Überwachung und Sanktionierung bewirken, dass die Überwachung der Haushaltspolitiken in die ausschließliche Kompetenz der Gemeinschaft übergegangen ist.[190] Weist ein Mitgliedstaat ein übermäßiges Defizit auf, kommt allein der Gemeinschaft die Kompetenz zu, auf diese Situation zu reagieren. Damit wurden in diesem Bereich umfassende gemeinschaftsrechtliche Regelungen erlassen. Ein Rückgriff auf völkerrechtliche Abkommen zur Änderung des Primärrechts war somit nicht mehr zulässig.[191] Ein solches Vorgehen würde einen Verstoß gegen den Grundsatz der Gemeinschaftstreue aus Art. 10 EGV bedeuten[192], da die Mitgliedstaaten unter Rückgriff auf das Völkerrecht ein gemeinschaftsrechtlich normiertes Verfahren umgehen. Als Ergebnis ist damit festzuhalten, dass für den von *Waigel* vorgeschlagenen Stabilitätspakt letztlich keine Umsetzungsmöglichkeit bestand. Die einzige Möglichkeit wäre eine Vertragsänderung gemäß Art. 48 EUV gewesen, diesen Weg wollte man aus politischen Gründen nicht gehen.

(b) Alternative Vorschläge

Die Idee der Verschärfung der haushaltspolitischen Vorgaben wurde teilweise sehr kritisch aufgenommen. Alternativ wäre es möglich gewesen, die Regelungen des deutschen Stabilitätsgesetzes (StabG)[193] auf die gemeinschaftsrechtliche Ebene zu ü-

---

handelt. Gleichwohl ist der Vorrang des Sekundärrechts auch auf „gemeinschaftsrechtsähnliche" Verträge auszuweiten.

189 *Blumenwitz/Schöbener* S. 74 f.; *Hartmann*, Budgetautonomie, S. 37 sowie *Roth*, EuR 1994, Beiheft 1, 45/71, wonach der EGV „Schranken" für die Haushaltspolitik formuliert. Allgemein zur Wirtschaftspolitik und ohne Präzisierung auf die Haushaltspolitik *Hahn*, Vertrag von Maastricht, S. 7.

190 Vgl. *Selmayr* S. 349 f.

191 Im Ergebnis ebenso, allerdings mit etwas anderer Begründung *Häde*, EuZW 1996, 138/142. A.A *Palm* S. 218/230 ff., der eine unbedingte Vertragsabschlussfähigkeit der Mitgliedstaaten annimmt und die Zulässigkeit von völkerrechtlichen Abkommen anhand von Art. 41 WVK prüft. Dies ist mit der in dieser Arbeit vertretenen Auffassung zur Eigenständigkeit der Gemeinschaft und zur Autonomie des Gemeinschaftsrechts nicht vereinbar. Vgl. dazu unten S. 143 ff. sowie S. 154 ff.

192 *Kort*, JZ 1997, 640/645. A.A. wohl *Blumenwitz/Schöbener* S. 75 ff.

193 Gesetz zur Förderung der Stabilität und des Wachstums der Wirtschaft vom 08.06.1967, BGBl. I S. 582 i.d.F. vom 30.08.1971, BGBl. I S. 1426 und vom 18.03.1975, BGBl. I 705/710. Vgl. dazu *Möller* (Hrsg.), Kommentar zum Gesetz zur Förderung der Stabilität und des Wachstums

bertragen.[194] Mit dem Stabilitätsgesetz sollte ursprünglich die überhitzte Konjunktur Mitte der 1960er Jahre abgebremst werden. Unter dem Eindruck der beginnenden wirtschaftlichen Stagnation wurde der Gesetzentwurf dahingehend ergänzt, dass auch eine wirtschaftliche Belebung und ein stetiges Wirtschaftswachstum gefördert werden können.[195] Kernstück des Stabilitätsgesetzes ist das magische Viereck. Danach sind die finanzpolitischen Maßnahmen von Bund und Ländern derart zu treffen, dass sie gleichzeitig 1. zur Stabilität des Preisniveaus, 2. zu einem hohen Beschäftigungsstand, 3. zu außenwirtschaftliche Gleichgewicht und 4. zu stetigem und angemessenem Wirtschaftswachstum beitragen (§1 StabG). Die Summe dieser Einzelziele wird dabei als gesamtwirtschaftliches Gleichgewicht bezeichnet. Anders als das Gemeinschaftsrecht erkennt das StabG damit neben der Preisstabilität auch andere wirtschaftspolitische Ziele als gleichberechtigt an. Dies bedeutet, dass es unzulässig wäre, die Sicherung der Preisstabilität einseitig zu Lasten des Beschäftigungsstandes zu verfolgen. Alle Ziele müssen gleichzeitig erreicht werden. Als Instrumentarium sieht das StabG insbesondere die Koordinierung der Finanzpolitik der öffentlichen Hand über eine mittelfristige Finanzplanung vor (§§ 9, 10 StabG).

Mindestens zwei Gründe sprechen jedoch gegen den Vorschlag, eine Art gemeinschaftsweites StabG zu beschließen. Einerseits stammt das Stabilitätsgesetz aus den 1960/70er Jahren und spiegelt Keynesianische Ideen wieder, die in dieser Form heute nicht mehr vertreten werden. So wurden die Ziele des StabG aus heutiger Sicht nahezu vollständig verfehlt.[196] Als Gründe dafür werden Unzulänglichkeiten bei der Konjunkturdiagnose und –prognose, Reaktions- und Wirkungsverzögerungen sowie Koordinierungsschwierigkeiten angeführt.[197] Andererseits bezeichnet der EGV die Geldwertstabilität als vorrangiges Ziel (Art. 105 Abs. 1 EGV). Die Aufwertung anderer Ziele auf die gleiche Stufe wie die Geldwertstabilität hätte diesen primärrechtlichen Vorgaben widersprochen und wäre daher ohne Vertragsänderung nicht möglich gewesen.

Ein weiterer Alternativvorschlag zu Waigels Stabilitätspakt kam insbesondere aus Frankreich, freilich ohne dass aus den französischen Bedenken ein konkreter förmlicher Gesetzesvorschlag entstanden wäre. Jenseits des Rheins wurde befürchtet, der Stabilitätspakt lege zu großes Gewicht auf die währungspolitische Stabilität zu Lasten der wirtschaftspolitischen Flexibilität.[198] Hierin drückt sich die in Frankreich traditionell vorhandene Vorliebe für eine starke Wirtschaftsregierung aus, wobei die

---

der Wirtschaft, 2. Auflage 1969 sowie *Stern/Münch/Hansmeyer*, Gesetz zur Förderung der Stabilität und des Wachstums der Wirtschaft, 2. Auflage 1972.

194 Vgl. *Hartmann*, EuZW 1996, 133/136; siehe auch *Müller*, in: Die Zeit vom 22.12.1995 S. 20 f.

195 *Brock* S. 52.

196 *Kisker*, in: HdBStR IV § 89 Rn. 21; *von Arnim* S. 152 ff.; *Brock* S. 58 ff., 65 ff. Kritisch auch *Hartmann*, Budgetautonomie, S. 166/167 f., wonach das StabG seit 1975 „brach liegt".

197 *Fischer-Menshausen*, in: von Münch/Kunig III Art. 109 Rn. 11a.

198 Vgl. *Hahn*, JZ 1997, 1133/1141. Zur französischen Kritik am Stabilitätspakt vgl. *Artus,* Revue d'économie financière 1998, 153 ff. sowie *Bureau*, Economie et Prévision 1998, 49 ff.

Stabilitätspolitik gegenüber der Wirtschafts- und Arbeitsmarktpolitik gegebenenfalls zurücktreten muss. Die französischen Bedenken konnten sich in den Verhandlungen zum Stabilitätspakt nur vereinzelt durchsetzen. Ihren Niederschlag fanden sie vor allem im Titel des Stabilitätspaktes, der letztlich unter der Bezeichnung Stabilitäts- *und Wachstumspakt* veröffentlicht wurde. Darüber hinaus hat der Rat eine Entschließung über Wachstum und Beschäftigung[199] angenommen, mit der die Anstrengungen der EG im Bereich der Beschäftigungspolitik unterstrichen werden sollten.

(2) Inhalt des beschlossenen Stabilitäts- und Wachstumspaktes

Der vom Europäischen Rat von Amsterdam beschlossene Stabilitäts- und Wachstumspakt (im Folgenden Stabilitätspakt genannt) besteht aus drei Rechtsakten. Zum einen der Entschließung des Europäischen Rates vom 17. Juni 1997 über den Stabilitäts- und Wachstumspakt[200], zum anderen den beiden Verordnungen 1466/97/EG[201] und 1467/97/EG[202] vom 7. Juli 1997. Der Stabilitätspakt hat folgende Ziele: Einrichtung eines Frühwarnsystems, Beschleunigung des Verfahrens, Präzisierung der primärrechtlichen Tatbestandsmerkmale sowie das Aufstellen von Leitlinien für den Erlass von Sanktionen.

(a) Entschließung des Europäischen Rates vom 17. Juni 1997

Die Entschließung des Europäischen Rates ist als solche rechtlich unverbindlich.[203] Ihr kann jedoch politische Verbindlichkeit zukommen.[204] Der Europäische Rat ist kein Organ der EG, sondern ein außergemeinschaftliches, oberstes Lenkungsgremium der EU.[205] Er legt gemäß Art. 4 Abs.1 EUV die allgemeinen politischen Zielvorstellungen fest. Diese entfalten keine unmittelbare Wirkung in der Gemeinschaft. Allerdings kann der Europäische Rat festlegen, wie die Mitgliedstaaten zukünftig im Rat abstimmen werden. Insoweit besteht Identität der Akteure, da die Mitgliedstaaten sowohl im Europäischen Rat als auch im Rat vertreten sind. Die Entschließung des Europäischen Rates hat neben seiner politischen Mahnung, übermäßige Defizite zu vermeiden, vor allem die Bedeutung, das Ermessen des Rates im Rahmen des Art. 104 EGV einzuschränken.[206] Hierzu enthält die Entschließung einige Aufforderungen an den Rat, wie er in Zukunft seine Sanktionskompetenz aus Art. 104 EGV ausüben

---

199 Entschließung des Europäischen Rates über Wachstum und Beschäftigung vom 16.06.1997, ABl. 1997 Nr. C 236/3.

200 ABl. 1997 Nr. C 236/1.

201 Verordnung über den Ausbau der haushaltspolitischen Überwachung und der Überwachung und Koordinierung der Wirtschaftspolitiken, ABl. 1997 Nr. L 209/1.

202 Verordnung über die Beschleunigung und Klärung des Verfahrens bei einem übermäßigen Defizit, ABl. 1997 Nr. L 209/6.

203 *Martenczuk*, EuR 1998, 151/164 f.

204 *Blumenwitz/Schöbener* S. 11, 52 f.; *Häde*, in: Calliess/Ruffert Art. 104 Rn. 92; *Hahn*, JZ 1997, 1133/1135 f.

205 *Koenig/Haratsch* Rn. 905.

206 Zum Ermessensspielraum vgl. unten S. 107 ff.

soll. Das Ermessen des Rates wird dadurch eingeschränkt. Allerdings ist die Ermessensreduktion gerichtlich nicht durchsetzbar, so dass die Bedeutung der Entschließung im politisch-deklaratorischen Bereich liegt. Die ökonomische Bedeutung der Entschließung liegt vor allem darin, dass sich die Mitgliedstaaten verpflichten, mittelfristig einen nahezu ausgeglichenen oder einen Überschuss aufweisenden Haushalt einzuhalten. Damit geht die Entschließung weit über den Vertrag hinaus, der wie dargelegt nur die Defizitbegrenzung von 3% enthält. Die Verpflichtung zur mittelfristigen Einhaltung eines ausgeglichenen Haushaltes wird oftmals als wichtigste Errungenschaft des Stabilitätspaktes dargestellt. Problematisch ist allerdings die fehlende rechtliche Verbindlichkeit der Entschließung.[207] So wurden bereits Versuche von mitgliedstaatlicher Seite unternommen, diese Verpflichtung mit Hinweis auf die fehlende juristische Verbindlichkeit zu negieren.[208] Daher ist fraglich, wie weit die der Entschließung zugestandene politische Verbindlichkeit reicht. Bisher konnten alle Staaten überzeugt werden, sich an die Vorgabe zu halten. Ob dies auch in Zukunft so bleibt, ist fraglich. Ein unverbindlicher Rechtsakt, sei er auch politisch bedeutsam, entfaltet im Ernstfall keine Bindungswirkung.[209] Insoweit sollte überlegt werden, diese Zielvorgabe in das Primärrecht oder in verbindliches Sekundärrecht zu übernehmen.

(b) Verordnung 1466/97/EG

Die Verordnung 1466/97/EG vom 7. Juli 1997 über den Ausbau der haushaltspolitischen Überwachung und der Überwachung und Koordinierung der Wirtschaftspolitiken ist auf Art. 99 Abs. 5 EGV gestützt[210] und ist damit ein Instrument zur Koordinierung der Wirtschaftspolitik. Die Innovation dieser Verordnung liegt darin, dass die an der 3. Stufe der Währungsunion teilnehmenden Staaten zur Vorlage von Stabilitätsprogrammen verpflichtet werden. In den Stabilitätsprogrammen müssen die Staaten darlegen, wie das mittelfristige Ziel eines nahezu ausgeglichenen Haushaltes im Rahmen der voraussichtlichen wirtschaftlichen Entwicklung zu erreichen ist. Diese Programme werden von der Kommission bewertet und dem Rat zur Stellungnahme vorgelegt. Die Verpflichtung zur Vorlage der Angaben folgt primärrechtlich aus Art. 99 Abs. 3 UAbs. 2 EGV. Gemäß Art. 6 Abs. 2 der Verordnung kann der Rat eine frühzeitige Warnung an den Mitgliedstaat aussprechen, wenn die Haushaltslage von dem mittelfristigen Haushaltsziel erheblich abweicht. Da dies im Vorfeld der Referenzwerte des Art. 104 EGV geschieht, wird insoweit von einem Frühwarnsystem gesprochen.[211] Die Verordnung 1466/97/EG knüpft damit eine sehr sinnvolle Verbin-

---

207 Vgl. zur Verbindlichkeit dieses mittelfristigen Haushaltsziels unten S. 65 f.

208 Vgl. SZ vom 15.05.2002, S. 25: „Frankreich ignoriert den Stabilitätspakt"; *La Tribune* 05/06.04.2002. Näheres dazu siehe unten S. 65 ff.

209 A.A. *Passalacqua* S. 67, die von einer faktischen Bindungswirkung ausgeht.

210 Hier irrt *Oppermann* Rn. 1012, der davon ausgeht, dass die Verordnung auf Art. 104 EGV gestützt wurde.

211 „Early Warning Mechanism", vgl. dazu *Europäische Kommission*, European Economy 3/2002, S. 45 ff.

dung zwischen den Maßnahmen der multilateralen Überwachung gemäß Art. 99 Abs. 3 EGV und dem Verfahren im Falle eines übermäßigen Defizits gemäß Art. 104 EGV.[212]

(c) Verordnung 1467/97/EG

Die Verordnung 1467/97/EG vom 7. Juli 1997 über die Beschleunigung und Klärung des Verfahrens bei einem übermäßigen Defizit ist auf Art. 104 Abs. 14 U-Abs. 2 EGV gestützt[213] und stellt damit einen Sekundärrechtsakt aus dem Bereich der Währungsunion und nicht aus dem Bereich der Wirtschaftsunion dar. Umstritten ist, ob die Verordnung auf diese Rechtsgrundlage gestützt werden konnte. Art. 104 Abs. 14 UAbs. 2 EGV ermächtigt zum Erlass von „geeigneten Bestimmungen, die sodann das Protokoll ablösen". Nun hat die Verordnung das Defizit-Protokoll nicht abgelöst, sondern lediglich einige Präzisierungen bezüglich der Tatbestandsmerkmale des Art. 104 EGV und Leitlinien für die Dauer des Verfahrens und der zu verhängenden Sanktionen gebracht. Einige Autoren argumentieren, das Protokoll könne nur im Ganzen durch einen Sekundärrechtsakt ersetzt werden („Alles-oder-nichts-Prinzip")[214], die Verordnung sei daher rechtswidrig. Gegen diese Auffassung bestehen jedoch Einwände. Wenn Art. 104 Abs. 14 UAbs. 2 zur Ablösung des Protokolls ermächtigt, ist darin auch die Ermächtigung enthalten, nur einzelne Bestimmungen des Protokolls zu ersetzen bzw. zusätzliche Vorschriften in einen Sekundärrechtsakt aufzunehmen.[215] Dies stellt ein „Minus" gegenüber der durch die Rechtsgrundlage ermöglichten Regelung dar. Der Rat hätte genauso gut die Vorschriften des Protokolls in die Verordnung mit übernehmen und damit das Protokoll ablösen können. Im Übrigen ist Gemeinschaftsrecht nach „effet utile" - Grundsätzen auszulegen[216], d.h. es ist die Auslegung zu wählen, die der Norm die größte Nutzwirkung beimisst. Die größte Nutzwirkung des Art. 104 Abs. 14 UAbs. 2 EGV besteht jedoch dann, wenn nicht nur das Protokoll abgelöst sondern auch Ergänzungen zu dem Protokoll auf diese Norm gestützt werden können. Schließlich hätte die Verordnung auch die Vorgaben des Protokolls aufnehmen und damit das Protokoll ablösen können. Die Verordnung ist damit auf eine ausreichende Rechtsgrundlage gestützt.

Die Bedeutung der Verordnung 1467/97/EG liegt insbesondere darin, die Vorgaben des Art. 104 EGV zu präzisieren und das Ermessen der beteiligten Organe zu reduzieren. Zu diesem Zweck enthielt die Verordnung Definitionen der Tatbestandsmerkmale der Ausnahmebestimmungen des Art. 104 EGV, die besagen, wann eine Überschreitung der Referenzwerte zulässig ist.[217] Darüber hinaus enthält die Verordnung Vorgaben zur Beschleunigung des Verfahrens sowie zu den zu erlassenden

212 *Häde*, in: Calliess/Ruffert Art. 104 EGV Rn. 93.

213 Vgl. Erwägungsgrund 1 zur Verordnung.

214 *Palm* S. 147 ff;. vor allem unter Bezugnahme auf *Blumenwitz/Schöbener* S. 17/22 f.

215 So auch *Häde*, in: Calliess/Ruffert Art. 104 EGV Rn. 81.

216 Dazu *Oppermann* Rn. 686.

217 Näheres dazu auf S. 83 ff.

Sanktionen. Auf diese Vorschriften wird jedoch erst im Zusammenhang mit den Reaktionsmöglichkeiten der Gemeinschaft eingegangen.[218]

(3) Bewertung

Der Stabilitätspakt enthält wichtige Konkretisierungen und Präzisierungen der primärrechtlichen Vorgaben. Dies kann dazu führen, dass die Verpflichtungen durch die Mitgliedstaaten eher eingehalten werden. Einerseits verlagert der Stabilitätspakt die Überwachung der Budgetpolitik über die Stabilitätsprogramme bereits in das Vorfeld möglicher Sanktionen (Frühwarnsystem). Andererseits verschärft er die mittelfristig einzuhaltenden Vorgaben (in juristisch nicht verbindlicher Weise) auf das Erzielen eines ausgeglichenen Haushaltes. Schließlich werden die Ausnahmetatbestände des Primärrechts definiert und dadurch konkretisiert. Von besonderer Bedeutung ist das Frühwarnsystem. Mangels Effektivität der vorgesehenen Sanktionsmöglichkeiten[219] muss der Schwerpunkt der Defizitbeschränkung in einem präventiven Überwachungsverfahren liegen. Über die öffentliche Diskussion der Stabilitätsprogramme wird auch ein gewisser Druck auf die Staaten ausgeübt, gar nicht erst in die Nähe der erlaubten Defizitgrenzen zu geraten. Etwas gemischter ist die Verpflichtung zur Einhaltung des mittelfristigen Ziels eines ausgeglichenen oder einen Überschuss aufweisenden Haushalts zu bewerten. Einerseits ist diese Verpflichtung juristisch nicht verbindlich, so dass sie von den Staaten nicht eingehalten werden muss. Andererseits könnte die Einfügung eines unverbindlichen Teils zu einem Legitimitätsverlust für den gesamten Pakt führen, da die Öffentlichkeit nicht zwischen verbindlichen und unverbindlichen Verpflichtungen unterscheidet. Hier muss sich zeigen, wie die Staatenpraxis mit dem mittelfristigen Haushaltsziel umgeht.

Mittlerweile hat sich tatsächlich gezeigt, dass die Staaten die „unverbindliche Verpflichtung" aus der Entschließung nicht ernst nehmen. Insbesondere Frankreich und Deutschland haben angekündigt, einen ausgeglichenen Haushalt erst später als ursprünglich geplant erreichen zu wollen.[220] Auch die Kommission hat sich diesem faktischen Druck gebeugt und gesteht den Staaten einen längeren Zeitraum zu.[221] Daran zeigt sich, dass die Sicherung der Euro-Stabilität über unverbindliche politische Absichtserklärungen nicht ausreichend ist. Sobald der Wind in der Wirtschaft etwas rauer bläst, werden diese Absichtserklärungen ignoriert.

2. Die Zielvorgabe des Art. 104 Abs. 1 EGV

In Art. 104 Abs. 1 EGV ist die Zielvorgabe normiert, nach der die Mitgliedstaaten übermäßige öffentliche Defizite vermeiden müssen. Ein erster Abschnitt ist der Definition dieser unbestimmten Rechtsbegriffe gewidmet (dazu a)). Anschließend

---

218 Siehe S. 92 ff.

219 Vgl. dazu unten S. 197 ff.

220 SZ vom 10.09.2002, S. 19.

221 SZ vom 25.09.2002, S. 23.

wird dargelegt, welche ökonomischen Parameter eine Beschränkung der öffentlichen Defizite rechtfertigen (dazu b)).

a) Definition des übermäßigen öffentlichen Defizits

Die Zielvorgabe des Art. 104 Abs. 1 EGV lautet: „Die Mitgliedstaaten vermeiden übermäßige öffentliche Defizite". Im Gegensatz zur Bemühensvorschrift des Art. 116 Abs. 4 EGV[222], die während der zweiten Stufe der WWU galt, liegt in Art. 104 Abs. 1 EGV eine echte Rechtspflicht der Mitgliedstaaten. Die exakte Bedeutung der Zielvorgabe ergibt sich aus Art. 104 Abs. 1 EGV allerdings noch nicht. Vielmehr ist zur Bestimmung ihrer Tragweite auch das Defizit-Protokoll heranzuziehen. Gemäß Art. 2 des Defizit-Protokolls wird das öffentliche Defizit definiert als Nettofinanzierungssaldo des Staates im Sinn des ESVG.[223] Finanzierungsdefizit ist dabei die Summe laufender Einnahmefehlbeträge.[224] Ein Defizit liegt damit dann vor, wenn in einem bestimmten Zeitraum die Summe der Ausgaben die Summe der Einnahmen übersteigt. Was genau unter Einnahmen und Ausgaben des Staates i.S.d. ESVG fällt, ergibt sich aus den Tabellen des Statistischen Amtes der Europäischen Gemeinschaft.[225] Der Begriff des Staates umfasst gemäß Art. 2 des Protokolls den Gesamtstaat, d.h. den Zentralstaat, die regionalen und kommunalen Gebietskörperschaften sowie die Sozialversicherungseinrichtungen, mit Ausnahme von kommerziellen Transaktionen.[226]

Umstritten ist trotz des eindeutigen Wortlauts, ob der Begriff des übermäßigen öffentlichen Defizits nicht weiter als auf den Nettofinanzierungssaldo beschränkt auszulegen ist.[227] Hintergrund ist ein gewisser Widerspruch zwischen Art. 104 Abs. 1 EGV und Art. 104 Abs. 6 EGV. Während Abs. 1 i.V.m. dem Protokoll die Mitgliedstaaten verpflichtet, keinen übermäßigen Nettofinanzierungssaldo aufzuweisen, entscheidet gemäß Abs. 6 der Rat nach Prüfung der Gesamtlage, ob ein übermäßiges Defizit besteht. Das übermäßige Defizit in Abs. 6 beschränkt sich somit nicht auf den Nettofinanzierungssaldo, sondern bezieht auch andere Kriterien mit ein.

---

222 Siehe dazu bereits oben S. 40 ff.

223 Zum ESVG vgl. Fn. 322.

224 *Schulze-Steinen* S. 238 f.

225 *Eurostat*, Konten und Statistiken des Staates, 1980-1991 S. XI. Zu den Einnahmen zählen beispielsweise laufende Steuereinnahmen, tatsächliche Sozialbeiträge, Einkommen aus Unternehmertätigkeit und Vermögen und Schadensversicherungsleistungen, Subventionen und sonstige einseitige laufende Übertragungen sowie sonstige Vermögensübertragungen.

226 Der Ausschluss von kommerziellen Transaktionen bedeutet gemäß Art. 1 Abs. 2 UAbs. 2 der Verordnung 3605/93/EG (ABl. 1993 Nr. L 332/7), dass der Sektor Staat nur diejenigen institutionellen Einheiten umfasst, die in ihrer Hauptfunktion nicht marktbestimmte Dienstleistungen erbringen.

227 Vgl. zum Streitstand *Konow* S. 76 ff.; *Häde/Hartmann,* EWS 1994, 409/414 ff.

(1) Erweiternde Auslegung des Art. 104 Abs. 1 EGV

Nach einer Ansicht sei Abs. 1 so auszulegen, dass die Mitgliedstaaten auf eine Haushaltspolitik verpflichtet werden, die eine Entscheidung nach Abs. 6 verhindern soll.[228] Es mache keinen Sinn, in Abs. 1 nur eine Pflicht zur Vermeidung von übermäßigen Finanzierungsdefiziten aufzustellen, wenn in Abs. 6 ein Urteil über die gesamte Haushaltspolitik gefällt wird. Der Begriff des übermäßigen öffentlichen Defizits in Abs. 1 umfasse daher auch solche Kriterien, die bei der Prüfung der Gesamtlage nach Abs. 6 berücksichtigt werden.[229] „Übermäßiges öffentliches Defizit" i.S.d. Abs. 1 und „übermäßiges Defizit" i.S.d. Abs. 6 seien daher identisch auszulegen, und zwar weiter als die Definition des Begriffs „Defizit" in Art. 2 des Defizit-Protokolls.

(2) Wortlautgetreue Auslegung des Art. 104 Abs. 1 EGV

Nach anderer Ansicht sei eine derartige erweiternde Auslegung des Abs. 1 wegen des eindeutigen Wortlauts des Defizit-Protokolls nicht möglich.[230] Die von den Mitgliedstaaten einzuhaltende Zielvorgabe wird in Art. 2 des Defizit-Protokolls eindeutig als Finanzierungsdefizit definiert. Die erweiternde Auslegung verstoße gegen den Wortlaut des Vertrages und sei daher unzulässig. Eine wortlautgetreue Auslegung führe auch nicht zu unsinnigen Ergebnissen. Zwar entscheide der Rat gemäß Art. 104 Abs. 6 EGV, ob nach Prüfung der Gesamtlage ein übermäßiges Defizit in einem Mitgliedstaat besteht, wobei Sanktionen der Gemeinschaft erst nach dieser Entscheidung möglich sind. Unabhängig davon verpflichte Art. 104 Abs. 1 EGV die Mitgliedstaaten, kein übermäßiges Finanzierungsdefizit aufzuweisen. Konsequenz dieser Auffassung ist, dass Verstöße gegen diese Verpflichtung nicht unmittelbar sanktionsbewehrt wären.

(3) Stellungnahme

Der wortlautgetreuen Auslegung des Art. 104 Abs. 1 EGV ist zu folgen. Für eine Auslegung des Abs. 1 gegen den Wortlaut besteht kein Bedürfnis. Selbst wenn Abs. 1 die Mitgliedstaaten nur zur Vermeidung von übermäßigen Finanzierungsdefiziten verpflichtet, wird die allgemeine Haushaltsdisziplin der Staaten gemäß Abs. 2 laufend überwacht. Gegenstand der Haushaltsdisziplin ist nach der Konzeption des Vertrags nicht nur ein niedriges Defizit, sondern auch ein niedriger Schuldenstand. Diese Parameter fließen u.a. in die Entscheidung nach Abs. 6 mit ein. Dem Kriterium des Finanzierungsdefizits kommt damit eine herausragende Rolle innerhalb der Prüfung der Gesamtlage nach Abs. 6 zu. Die erweiternde Auslegung des Abs. 1 würde den Staaten argumentativen Spielraum eröffnen, eine Überschreitung des Defizit-Referenzwertes unter Hinweis auf sonstige Kriterien zu rechtfertigen. Um dies zu

---

228 So insbesondere *Häde*, in: Calliess/Ruffert Art. 104 EGV Rn. 14 und *Häde/Hartmann*, EWS 1994, 409/414 ff.

229 Zu den einzelnen Kriterien, die die Grundlage für die Entscheidung nach Art. 104 Abs. 6 EGV darstellen, vgl. unten S. 93 ff.

230 *Schulze-Steinen* S. 239 ff.; *Hartmann*, Budgetautonomie, S. 70 ff.; *Konow* S. 79 ff.

verhindern, ist eine klare und eindeutige Formulierung der Zielvorgabe notwendig.[231] Die Haushaltsautonomie der Mitgliedstaaten wird durch diese Auslegung nicht über Gebühr eingeschränkt, da sich aus der Überschreitung des Defizit-Referenzwertes noch keine Rechtsfolgen ergeben. Vielmehr sind die Sanktionen erst nach einer Entscheidung des Rates gemäß Abs. 6 zulässig, in diese Entscheidung fließen dann neben dem Finanzierungsdefizit der Schuldenstand sowie weitere Kriterien ein. Die Lösung des Problems ist daher weniger in einer erweiterten Auslegung des Abs. 1, als vielmehr in einer autonomen Auslegung des Abs. 6 zu suchen.[232] Das „übermäßige öffentliche Defizit" i.S.d. Art. 104 Abs. 1 EGV ist damit gemäß den Definitionen des Protokolls als Finanzierungsdefizit auszulegen.

Fraglich bleibt, wann ein Finanzierungsdefizit als „übermäßig" i.S.d. Abs. 1 zu qualifizieren ist. Es handelt sich um einen unbestimmten Rechtsbegriff, der weder im Vertrag noch im Protokoll definiert wird. Es bietet sich an, das Finanzierungsdefizit dann als übermäßig zu bezeichnet, wenn der Referenzwert des Art. 104 Abs. 2 EGV in Höhe von 3% überschritten ist.[233] Der Referenzwert gilt eigentlich nur für die Entscheidung der Kommission im Rahmen der Überwachung der Haushaltsdisziplin, jedoch ist die Verpflichtung für die Mitgliedstaaten an klaren Kriterien festzumachen. Zum Teil wird das Finanzierungsdefizit dann als übermäßig angesehen, wenn außer der Überschreitung des Referenzwertes auch andere Kriterien dafür sprechen, dass der betreffende Mitgliedstaat gegen die Haushaltsdisziplin verstößt.[234] Diese Kriterien seien beispielsweise der Schuldenstand, das BIP-Wachstum und die konjunkturelle Entwicklung. Diese Auffassung ist allerdings inkonsequent. Es erscheint wenig überzeugend, den Begriff „öffentliches Defizit" i.S.d. Abs. 1 einerseits unabhängig von der wirtschaftlichen Gesamtlage auf das Finanzierungsdefizit zu beschränken und andererseits dieses Finanzierungsdefizit dann als übermäßig anzusehen, wenn eben diese Gesamtlage dafür spreche. Daher ist ein Finanzierungsdefizit dann als übermäßig anzusehen, wenn der Referenzwert von 3% überschritten wird. Die Ausnahmetatbestände des Art. 104 Abs. 2 EGV sind hier nicht anzuwenden, da sie bereits Bestandteil der Ermessensentscheidung im Hinblick auf eine Sanktion sind.[235] Abs. 1 steht jedoch außerhalb des Sanktionsmechanismus. Zusammenfassend enthält Art. 104 Abs. 1 EGV somit folgende Aussage: die Mitgliedstaaten vermeiden ein gesamtstaatliches Finanzierungsdefizit von über 3%.

b) Ergänzung um ein mittelfristiges Haushaltsziel

Der Stabilitätspakt ergänzt die Vorgabe des Art. 104 Abs. 1 EGV um das Ziel, mittelfristig einen nahezu ausgeglichenen oder einen Überschuss aufweisenden Haushalt vorzuweisen. Dieses sog. mittelfristige Haushaltsziel ist in Ziffer 1 der Ent-

---

231 So auch *Hartmann*, Budgetautonomie, S. 71.

232 Ausführlich zu Art. 104 Abs. 6 EGV siehe unten S. 93 ff.

233 *Hartmann*, Budgetautonomie, S. 70 f.

234 *Schulze-Steinen* S. 241 ff.

235 So auch *Hartmann*, Budgetautonomie, S. 70 f.

schließung des Rates vom 17. Juni 1997 und in Art. 3 Abs. 2 der Verordnung 1466/97/EG normiert. Streng genommen handelt es sich damit nicht um eine Ergänzung des Defizitverfahrens, da die Verordnung 1466/97/EG auf Grundlage von Art. 99 Abs. 5 EGV ergangen ist, d.h. eine Maßnahme der Koordinierung der Wirtschaftspolitik darstellt. Der Sache nach wird jedoch das Ziel des Art. 104 Abs. 1 EGV um eine in die Zukunft gerichtete strengere Vorgabe ergänzt, so dass sich die Behandlung dieser Vorgabe im Rahmen der Ausführungen zu Art. 104 Abs. 1 EGV rechtfertigt.

Die Vorgabe, mittelfristig einen nahezu ausgeglichenen oder einen Überschuss aufweisenden Haushalt vorzuweisen, bedeutet, dass die Mitgliedstaaten an einem in naher Zukunft liegenden Zeitpunkt einen Haushalt ohne Defizit oder mit einem Überschuss vorweisen sollen. Damit geht dieses Ziel weit über den Vertrag hinaus, der unterhalb des Defizitreferenzwertes keine weiteren Zielvorgaben enthält. Diese Bestimmung ist in Zusammenhang mit *Waigels* ursprünglichem Vorschlag für einen Stabilitätspakt zu sehen, der eine Defizitgrenze von 1% in wirtschaftlichen Normallagen vorsah. Die Verschärfung auf 1% wäre zwar auf Grundlage des Art. 104 Abs. 14 UAbs. 2 EGV rechtlich zulässig gewesen[236], politisch war eine derart strenge Verpflichtung jedoch nicht gewollt. Daher findet sich das mittelfristige Haushaltsziel nur in der Entschließung und nicht etwa in der Verordnung 1467/97/EG wieder. Ökonomisch ist das mittelfristige Haushaltsziel sinnvoll.[237] Nur bei einem ausgeglichenen Haushalt können automatische Stabilisatoren wirken, da dann genügend Spielraum für ein konjunkturelles Defizit besteht. Nur dann kann verhindert werden, dass in einem wirtschaftlichen Abschwung die Grenze von 3% überschritten wird.

Fraglich ist, ob das mittelfristige Haushaltsziel für die Mitgliedstaaten verbindlich ist. Hiergegen spricht zunächst, dass eine Verpflichtung lediglich in der unverbindlichen Entschließung des Rates vom 17. Juni 1997 enthalten ist. Eine Verbindlichkeit könnte sich jedoch aus der Verordnung 1466/97/EG ergeben. Gemäß Art. 3 Abs. 1 besteht eine rechtliche Verpflichtung zur Abgabe von Stabilitätsprogrammen. In Art. 3 Abs. 2 heißt es, dass die Stabilitätsprogramme der Mitgliedstaaten Angaben zum mittelfristigen Ziel für einen nahezu ausgeglichenen oder einen Überschuss aufweisenden Haushalt liefern müssen. Darüber hinaus müssen die Mitgliedstaaten darlegen, wie sie dieses Ziel zu erreichen gedenken („Anpassungspfad"). Daraus folgt, dass die Mitgliedstaaten in ihrem Stabilitätsprogramm ein mittelfristiges Ziel für einen Haushaltsausgleich festlegen müssen. Hierzu besteht eine Rechtspflicht. Keine Pflicht besteht jedoch zur Abgabe eines bestimmten Datums, dieses liegt im Ermessen des Mitgliedstaates. Darüber hinaus besteht keine Verpflichtung zur Einhaltung eines einmal festgelegten Datums. Allerdings kann der Rat bei einem erheblichen Abweichen von dem mittelfristigen Haushaltsziel gemäß Art. 6 Abs. 2 der Verordnung einen „blauen Brief" versenden.[238] Ein Mitgliedstaat kann diese Warnung jedoch

---

236 Siehe S. 53 ff.

237 Vgl. dazu oben S. 59 und unten S. 71 ff.

238 Vgl. S. 92 ff.

verhindern, indem er sein mittelfristiges Haushaltsziel um einige Jahre verschiebt und den Anpassungspfad in Richtung auf dieses Ziel entsprechend modifiziert. Zusammenfassend ergibt sich damit, dass zwar eine Pflicht zur Festlegung eines mittelfristigen Haushaltsziels besteht, jedoch keine Pflicht zur Angabe eines bestimmten Datums. Damit führt die Ergänzung des Art. 104 Abs. 1 EGV um ein mittelfristiges Haushaltsziel nur sehr bedingt zu einer verbesserten Haushaltsdisziplin.

c) Der ökonomische Hintergrund der Defizitbegrenzung

Nachdem geklärt wurde, was unter einem übermäßigen öffentlichen Defizit zu verstehen ist und was das sekundärrechtliche mittelfristige Haushaltsziel umfasst, wird in diesem Abschnitt der ökonomische Hintergrund der Defizitbegrenzung erörtert. Der Sinn der Defizitbegrenzung liegt nach der Konzeption des Maastricht-Vertrages primär darin, die Geldwertstabilität des Euro zu gewährleisten. Der Zusammenhang zwischen Budgetdisziplin und Geldwertstabilität soll im Folgenden unter (1) dargestellt werden. Die Budgetbegrenzung ist jedoch nur *ein* Mittel zur Sicherung der Geldwertstabilität. Die anderen im Vertrag von Maastricht vorgesehenen Mechanismen werden unter (2) erläutert. Abschließend wird auf die ökonomische Opportunität der Defizitbegrenzung insgesamt und der konkret festgelegten Referenzwerte eingegangen (3). Hierüber besteht in der wirtschaftswissenschaftlichen Diskussion keine Einigkeit.

(1) Der Zusammenhang zwischen Budgetdisziplin und Geldwertstabilität

Eine effektive Sicherung der Stabilität des Euro war die zentrale Bedingung vieler Staaten, insbesondere jedoch Deutschlands, für die Mitarbeit an dem Projekt Währungsunion. Stabilität einer Währung kann dabei äußere und innere Stabilität bedeuten.[239] Unter äußerer Stabilität einer Währung ist die Einhaltung eines bestimmten Wechselkurses gegenüber anderen Währungen zu verstehen (Außenwert).[240] Demgegenüber bedeutet innere Stabilität Geldwertstabilität (Binnenwert). Geldwertstabilität liegt bei gleichbleibender Kaufkraft, d.h. bei Abwesenheit von Inflation vor. Geldwertstabilität ist damit gleichbedeutend mit Preisniveaustabilität.[241] Steigt das Preisniveau in einer Volkswirtschaft, sinkt der Geldwert, d.h. Geldwert und Preisniveau entwickeln sich immer genau entgegengesetzt.[242] Die Bedeutung der Preisniveaustabilität im Vertrag von Maastricht ergibt sich aus Art. 4 Abs. 3 EGV[243] und aus Art. 105

---

239 *Hadeler*, Gabler Wirtschaftslexikon, S. 1211.

240 Ein stabiler Außenwert kann jedoch auch mit Wechselkursschwankungen einhergehen, insbesondere wenn der Wert einer anderen Währung fällt. In diesem Fall steigt notwendigerweise der Kurs der starken Währung.

241 *Bofinger/Reischle/Schächter* S.12. Es besteht allerdings keine Einigkeit darüber, ab welcher Veränderung der durchschnittlichen Preise das Preisniveau nicht mehr stabil ist.

242 *Bofinger/Reischle/Schächter* S.12.

243 *„Diese Tätigkeit der Mitgliedstaaten und der Gemeinschaft setzt die Einhaltung der folgenden richtungweisenden Grundsätze voraus: stabile Preise, gesunde öffentliche Finanzen (...)“.*

Abs. 1 Satz 1 EGV[244]. Hieraus folgt, dass die Sicherung der Preisniveaustabilität vorrangig über das ESZB und dort über die EZB erfolgt. Darüber hinaus müssen die Mitgliedstaaten und die Gemeinschaft die EZB bei der Erreichung dieses Ziels unterstützen. Stabilität des Euro bedeutet damit nach der Konzeption des EGV Preisniveaustabilität, d.h. innere Stabilität. Nicht erforderlich ist die Einhaltung einer äußeren Stabilität. Demzufolge bewegt sich der Euro auch frei „floatend" gegenüber anderen Währungen. Die EZB hat nicht die Aufgabe, einen bestimmten Wechselkurs des Euro gegenüber anderen Hauptwährungen einzuhalten.

Eine Möglichkeit der Mitgliedstaaten, die Sicherung der Preisniveaustabilität durch die EZB zu unterstützen, besteht darin, ihre Fiskalpolitiken auf das Ziel der Preisniveaustabilität auszurichten.[245] Innerhalb der Fiskalpolitik kommt der Höhe der Verschuldung der Mitgliedstaaten eine besondere Bedeutung zu. Die Vorgaben des Art. 104 EGV für die nationale Haushaltspolitik sind damit im Zusammenhang mit der Sicherung der Geldwertstabilität des Euro zu sehen. Art. 104 EGV zwingt die Mitgliedstaaten dazu, über die Einhaltung einer gesunden Haushaltspolitik die EZB bei der Wahrung der Preisniveaustabilität zu unterstützen. Dies setzt jedoch voraus, dass die innere Stabilität des Euro überhaupt über die mitgliedstaatliche Haushaltspolitik beeinflusst werden kann. Die hinter Art. 104 EGV stehende Prämisse lautet daher, dass übermäßige Defizite in den Mitgliedstaaten die Preisniveaustabilität in der Gemeinschaft gefährden.

Diese Prämisse leitet sich aus folgenden, durchaus nicht unumstrittenen wirtschaftswissenschaftlichen Zusammenhängen ab[246]: Im Falle einer Missachtung der Budgetdisziplin durch höhere Staatsverschuldung können die Zinsen auf den Kapitalmärkten steigen, da Geld durch die zusätzliche staatliche Nachfrage knapp und damit teurer wird. Zinssteigerungen können private Investoren ermutigen, ihr Kapital in Staatsanleihen anzulegen anstatt Investitionen durchzuführen, außerdem werden Kredite wegen der steigenden Zinsen teurer. Damit kann es zu einem Rückgang der nicht-staatlichen Kreditnachfrage und der Wirtschaftsleistung insgesamt kommen („crowding out"). Hierauf kann die Zentralbank mit einer Ausweitung der Geldmenge reagieren, was zu inflationären Tendenzen führt.[247] Zwar kann die Zentralbank auch weiterhin eine auf Stabilität orientierte Geldpolitik betreiben, diese wirkt sich jedoch tendenziell krisenverstärkend aus. In einer solchen Situation wird die Zentralbank einem verstärkten Druck von Seiten der Politik ausgesetzt sein, zur Ankurbelung der Wirtschaft die Geldpolitik zu lockern. Der Zusammenhang zwischen einem übermäßigen Defizit und der Geldwertstabilität ist daher eher mittelbarer und hypothetischer Art, ein Automatismus besteht nicht.[248]

---

244 *„Das vorrangige Ziel des ESZB ist es, die Preisstabilität zu gewährleisten."*

245 *Louis*, in: Commentaire Mégret, Band 6, S. 40 ff.

246 Siehe allgemein zu den ökonomischen Gründen der Defizitbegrenzung *Italianer*, in: GTE (5. Auflage) Art. 104c Rn. 16; *Eijffinger/de Haan* S. 81 ff.

247 *O.V.* Das Wirtschaftsstudium 2002, 1004.

248 *Köhler* S. 97; *Bofinger*, Wirtschaftsdienst 1997, 12/13; *Vaubel*, Wirtschaftsdienst 1997, 10/11.

Eine weitere Begründung für die Haushaltsrestriktionen des Art. 104 EGV lautet, dass Staaten versucht sind, hohe staatliche Defizite durch eine bewusste Inkaufnahme oder durch eine Steigerung der Inflation auszugleichen („monetarisieren").[249] Diese Gefahr soll durch die Begrenzung der Defizite verhindert werden. Inwieweit die Möglichkeit der Monetarisierung von Defiziten mit der Unabhängigkeit der EZB noch besteht, ist fraglich, da nur die EZB für die Festlegung von Geldmenge und Zinssätzen zuständig ist. Nicht auszuschließen ist jedoch, dass Regierungen in wirtschaftlichen Krisenzeiten politischen Druck auf die EZB ausüben, damit diese das Kriterium der Preisstabilität nicht allzu streng auslegt. Der Versuch einer derartigen Einflussnahme auf die EZB soll über die Verpflichtung auf die Budgetdisziplin von vorne herein ausgeschlossen werden.

Zusammenfassend lässt sich damit sagen, dass eine unsolide Haushaltspolitik in den Mitgliedstaaten durchaus Einfluss auf die Geldwertstabilität haben kann. Es ist jedoch auch darauf hinzuweisen, dass kein automatischer Zusammenhang zwischen einem hohen Defizit und mangelnder Währungsstabilität besteht. Ein zwingendes Erfordernis nach einer Defizitbeschränkung zur Sicherung der Geldwertstabilität besteht in einer Währungsunion daher nicht.

(2) Die anderen Mechanismen zur Sicherung der Stabilität

Die Defizitbeschränkung des Art. 104 EGV ist *de lege lata* nicht das einzige Mittel zur Sicherung der Geldwertstabilität in der Gemeinschaft. Wie bereits dargelegt, soll die Defizitbegrenzung die EZB bei der Sicherung der Geldwertstabilität unterstützen. Das wichtigste Instrument zur Stabilitätssicherung ist damit die Übertragung der Geldpolitik in die ausschließliche Zuständigkeit der Gemeinschaft, insbesondere der EZB. Gemäß Art. 105 Abs. 2 EGV liegt die grundlegende Aufgabe der EZB darin, die Geldpolitik der Gemeinschaft festzulegen und auszuführen. Dies wird insbesondere über die Festlegung der Leitzinsen erreicht.[250] Die Mitgliedstaaten können damit keine eigene Zinspolitik mehr betreiben.

Das zweite Instrument zur Sicherung der Stabilität des Euro ist die institutionelle, persönliche und politische Unabhängigkeit der EZB.[251] Art. 108 EGV normiert die Unabhängigkeit nach Vorbild des deutschen BBankG. Die umfassende Unabhängigkeit der EZB ist notwendig, damit Politiker keinen Einfluss auf die Geldpolitik nehmen können, z.B. über den Wunsch nach Veränderung der Zinssätze oder der Geldmenge. Problematisch an der persönlichen Unabhängigkeit der Entscheidungsträger der EZB ist allerdings die Tatsache, dass die Präsidenten der nationalen Zentralbanken, die nach Art. 112 EGV Mitglieder des EZB-Rats sind, gemäß Art. 109 EGV i.V.m. Art. 14.2 EZB-Satzung nur für mindestens fünf Jahre ernannt werde müssen

---

[249] *Bureau*, Economie et Prévision 1998, S. 49/50; *Eichengreen/Wyplosz* S. 8 f. *Burda/Wyplosz* S. 717. Kritisch zu dieser Annahme *Bofinger*, Wirtschaftsdienst 1996, 30 f.

[250] Vgl. hierzu oben S. 45 ff.

[251] Näheres zur Unabhängigkeit der EZB oben S. 46 ff. Vgl. dazu auch *Endler* S. 179 ff., 405 ff. sowie *Palm* S. 117 ff.

und dass ihre Wiederwahl zulässig ist.[252] Damit kann nicht ausgeschlossen werden, dass die Präsidenten der nationalen Zentralbanken anfällig sind für Pressionen von Seiten der Mitgliedstaaten. Abgesehen von diesem „Einfallstor" scheint die Unabhängigkeit der EZB jedoch in zufriedenstellender Weise gesichert zu sein.

Drittes Instrument ist das Verbot der privilegierten Finanzierung von Staatsaufgaben bei Zentralbanken gemäß Art. 101 EGV. Die Staaten müssen ihre Kredite zu marktüblichen Konditionen aufnehmen und dürfen keine Sonderbedingungen eingeräumt bekommen. Damit wird die Kreditaufnahme verteuert in der Hoffnung, dass die Mitgliedstaaten dann auf eine übermäßige Staatsverschuldung verzichten. Letztes Mittel zur Sicherung der Euro-Stabilität ist die *no-bail-out*-Klausel des Art. 103 EGV. Sie verbietet eine Solidarhaftung der Gemeinschaft für Verbindlichkeiten der Mitgliedstaaten sowie eine Haftung der Mitgliedstaaten für Verbindlichkeiten der anderen Mitgliedstaaten. Diese Norm führt zur finanziellen Eigenverantwortung der Mitgliedstaaten. Fraglich ist allerdings, ob der *no-bail-out*-Klausel eine praktische Wirksamkeit zukommt. Problematisch ist insbesondere das Verhältnis des Art. 103 EGV zu Art. 100 EGV. Nach Art. 100 Abs. 2 EGV kann der Rat beschließen, einem Mitgliedstaat einen finanziellen Beistand der Gemeinschaft zu gewähren. Voraussetzung ist, dass ein Mitgliedstaat aufgrund außergewöhnlicher Ereignisse, die sich seiner Kontrolle entziehen, von Schwierigkeiten betroffen ist. Ob damit die *no-bail-out*-Klausel des Art. 103 EGV nicht ihrer Substanz beraubt wird, ist umstritten.[253] Insbesondere wenn sogar selbst verschuldete Schulden- oder Bankenkrisen unter Art. 100 Abs. 2 EGV subsumiert werden[254], fehlt es an der Glaubwürdigkeit des Haftungsausschlusses durch Art. 103 EGV. Im Ergebnis dürfte es im Fall einer Schuldenkrise zu einem finanziellen Beistand der Gemeinschaft und / oder der anderen Mitgliedstaaten faktisch gar keine Alternative geben, wenn man die Folgen der Zahlungsunfähigkeit eines Teilnehmerstaates der Währungsunion bedenkt.[255] Es kann daher nicht ausgeschlossen werden, dass Mitgliedstaaten eine laxe Haushaltspolitik betreiben in der Hoffnung, dass die anderen Mitgliedstaaten im Fall einer Haushaltskrise mit Transferzahlungen aushelfen.

Zusammenfassend ergibt sich damit, dass die Geldwertstabilität des Euro außer über die Budgetrestriktionen des Art. 104 EGV auch noch mit Hilfe anderer Instrumente gesichert wird. An der praktischen Wirksamkeit dieser Instrumente bestehen jedoch teilweise Zweifel. Es kommt deshalb umso mehr auf eine effektive Gestaltung des Defizitverfahrens an.

---

252 *Koenig/Pechstein* S. 146 f.; *Streinz* Rn. 901; *Möschel*, JZ 1998 S. 217/221.

253 Kritisch zur Glaubwürdigkeit der no-bail-out-Klausel *Heinemann*, Finanzverfassung, S. 157 ff.; *Heinemann*, ZWS 115 (1995), S. 605/608 ff; *Josten*, Wirtschaftsdienst 2002, 219/222 f.; *Sutter* S. 47.

254 So *Häde*, in: Calliess/Ruffert Art. 103 EGV Rn. 6 m.w.N.

255 *Bofinger*, Wirtschaftsdienst 1997, 12/14 f.; *Häde*, in: Calliess/Ruffert Art. 103 EGV Rn. 7.

(3) Die Defizitbegrenzung in der Diskussion

Schließlich stellt sich die Frage, ob die Begrenzung der staatlichen Defizite überhaupt erforderlich ist. Hierüber besteht in der wirtschaftswissenschaftlichen Literatur Streit.[256] Einer Reihe von Argumenten für eine derartige Begrenzung stehen zahlreiche Gegenargumente gegenüber. Im Folgenden sollen diese Argumente übersichtsartig dargestellt und bewertet werden. Anschließend ist, sollte die Defizitbegrenzung für grundsätzlich sinnvoll erachtet werden, auf die Opportunität der konkreten Referenzwerte von 3% und 60% einzugehen.

(a) Argumente für die Begrenzung der öffentlichen Defizite

Zentrales Argument für die Beschränkung der öffentlichen Defizite ist die bereits erörterte Sicherung der Geldwertstabilität. Das wohl wichtigste weitere Argument besteht darin, dass die Haushalte der Mitgliedstaaten Raum zum „konjunkturellen Atmen" aufweisen sollen.[257] Das bedeutet, dass niedrige Defizite in konjunkturellen Normallagen erforderlich sind, um im Fall eines Wirtschaftsabschwungs angemessen reagieren zu können. Grundsätzlich sollte in konjunkturellen Abschwungphasen zunächst auf diskretionäre Entscheidungen in der Wirtschaftspolitik verzichtet werden.[258] Diese bergen aufgrund der zeitlichen Verzögerung ihrer Wirksamkeit die Gefahr einer prozyklischen Wirkung in sich. Diskretionäre Maßnahmen können beispielsweise in Steuersenkungen oder Ausgabenerhöhungen liegen, mit denen die Regierungen einen Wirtschaftsaufschwung begünstigen wollen. Diese Maßnahmen müssen jedoch zunächst den legislativen und administrativen Entscheidungsprozess durchlaufen, bevor sie wirksam werden. Bis dahin kann sich die Wirtschaftssituation bereits grundlegend geändert haben, so dass expansive Maßnahmen auf eine Phase des wirtschaftlichen Aufschwungs treffen. Außerdem könnte es schwer fallen, die in Krisenzeiten getroffenen Entscheidungen später wieder aufzuheben, da sich die Begünstigten an die Entscheidung gewöhnt haben.[259] Daher sollte auf eine diskretionäre Feinsteuerung verzichtet werden.

Vielmehr sollten im Fall eines Wirtschaftsabschwungs zunächst nur die sog. automatischen Stabilisatoren wirken.[260] Unter automatischen Stabilisatoren versteht man die Tatsache, dass Konjunkturschwankungen direkte Veränderungen bestimmter staatlicher Einnahmen- und Ausgabenposten auslösen, ohne dass hierzu politische Beschlüsse erforderlich sind.[261] So sinken die Einnahmen aufgrund des sich verringernden Steueraufkommens, während die Ausgaben für die Sozialversicherungssysteme, insbesondere infolge der wachsenden Arbeitslosigkeit, steigen. Diese zusätzlichen staatlichen Ausgaben stabilisieren die Wirtschaftsaktivität, indem sie die staatli-

---

256 Vgl. allgemein *Sturm* S. 102 ff.; *Schulze-Steinen* S. 70 ff.; *Vanberg*, in: Engel/Morlok S. 111 ff.

257 *Vesper*, DIW Wochenbericht 8/2002, S. 121 ff.

258 EZB Monatsbericht 8/2001, S. 55.

259 EZB Monatsbericht 8/2001, S. 56.

260 Vgl. dazu EZB Monatsbericht April 2002, S. 35 ff.

261 Vgl. *Blum* S. 232 f.

che und private Nachfrage nach Wirtschaftsgütern aufrechterhalten. Andererseits wirken automatische Stabilisatoren in wirtschaftlichen Wachstumsphasen dämpfend, da sie zu steigenden Abgaben bei Unternehmen und Privatpersonen führen, beispielsweise über die Umsatzsteuer oder einen progressiven Einkommenssteuersatz. Der Vorteil der automatischen Stabilisatoren liegt darin, dass sie unmittelbar wirken. Außerdem sind sie für die Wirtschaftssubjekte vorhersehbar, so dass schädliche Reaktionen wie etwa eine Konsumzurückhaltung vermieden werden. Automatische Stabilisatoren sind damit einer diskretionären Änderung der Wirtschafspolitik vorzuziehen. Voraussetzung für das Wirken der automatischen Stabilisatoren ist jedoch, dass der Haushalt in konjunkturellen Normallagen nahezu ausgeglichen ist.[262] Damit ist genügend Spielraum bis zum Erreichen eines kritischen Defizitstandes vorhanden, d.h. auch bei einem Rückgang der Konjunktur wird das Defizit nicht über 3% steigen. Länder, die auch in konjunkturellen Normallagen ein übermäßiges Defizit aufweisen, sind in Schwächephasen gezwungen, diskretionäre Maßnahmen zur Haushaltsstabilisierung zu treffen. Der Haushalt bietet dann keinen Raum zum „konjunkturellen Atmen“, automatische Stabilisatoren können nicht wirken. Die Begrenzung der staatlichen Defizite dient damit der Fähigkeit der Staaten, Konjunkturabschwünge ohne politische Maßnahmen zu überstehen.[263] Dass Art. 104 EGV das Ziel hat, das „konjunkturelle Atmen“ der mitgliedstaatlichen Haushalte zu ermöglichen, äußert sich auch in der systematischen Stellung der Norm im Abschnitt über die Wirtschaftspolitik und nicht etwa im Abschnitt über die Währungspolitik. Haushaltspolitik steht damit an der Schnittstelle zwischen allgemeiner Wirtschaftspolitik und der Währungspolitik.

Bei länger anhaltenden Wirtschaftskrisen reicht die Wirkungsweise automatischer Stabilisatoren nicht aus. In diesem Fall kann ein moderates Eingreifen des Staates über diskretionäre wirtschaftspolitische Maßnahmen legitim sein.[264] Diese können notwendig werden, um bestimmte strukturelle Probleme abzubauen oder bestimmte Wirtschaftszweige zu unterstützen. Ohne auf den Streit zwischen Anhängern keynesianischer Nachfragepolitik und deren Gegner eingehen zu wollen, ist eine expansive Fiskal- und Wirtschaftspolitik in Krisenzeiten jedenfalls nur dann möglich und effektiv, wenn der Haushalt in wirtschaftlichen Normallagen mehr oder weniger ausgeglichen ist. Besteht bereits in konjunkturellen Normallagen ein hohes Defizit, werden zusätzliche Ausgaben in Schwächephasen erschwert. Einerseits verteuert sich die staatliche Kreditaufnahme in Ländern mit schlechter Haushaltsdisziplin[265], anderer-

---

[262] EZB Monatsbericht April 2002, S. 44.

[263] Viel wichtiger als die Formulierung einer 3%-Defizitgrenze ist damit das Ziel, in konjunkturellen Normallagen einen nahezu ausgeglichenen Haushalt aufzuweisen. Die Defizitbegrenzung des EGV ist damit nicht optimal ausgestaltet, da es keine verbindliche Zeitvorgabe zum Erreichen eines ausgeglichenen Haushaltes gibt, vgl. hierzu oben S. 65.

[264] EZB Monatsbericht April 2002, S. 44; *Schröder*, Wirtschaftsdienst 1999, 174/176.

[265] So wurden z.B. brasilianische Staatsanleihen im Sommer 2002 mit einem Risikoaufschlag von 17 Prozentpunkten gegenüber US-amerikanischen Staatsanleihen versehen (vgl. DIW Wochenbericht 28-29/02, S. 450; Der Spiegel Heft 28/2002 vom 08.07.2002, S. 82). Das bedeutet,

seits muss ein steigender Anteil des Haushalts für Zinszahlungen aufgewendet werden, der dann für Investitionen nicht zur Verfügung steht.[266] Die Defizitbegrenzung ermöglicht damit ein effektives Handeln der Staaten im Fall einer schweren Wirtschaftskrise.

Ein weiteres Argument für die Begrenzung der staatlichen Defizite besteht darin, dass eine einheitliche Obergrenze alle Teilnehmerstaaten der WWU auf eine zumindest ähnliche Haushaltspolitik verpflichtet. Diese Homogenität der Haushaltspolitik ist erforderlich, weil unterschiedliche wirtschaftliche Entwicklungen in den Mitgliedstaaten nicht mehr durch Wechselkursänderungen ausgeglichen werden können.[267] Stark divergierende Haushaltspolitiken können damit zu Spannungen in einer Währungsunion führen. Bildlich gesprochen müssen die durch die Währungsunion zusammengekuppelten Lokomotiven mit der gleichen Geschwindigkeit fahren, damit die Kupplungen nicht brechen.[268]

Weiterhin wird gegen übermäßige staatliche Defizite vorgebracht, dass sie durch die Macht des Faktischen die Strukturprinzipien des Verfassungsstaates gefährden.[269] Die betroffenen Strukturprinzipien sind insbesondere das Demokratie- und das Sozialstaatsprinzip aus Art. 20 Abs. 1 GG. Das Demokratieprinzip wird in seinem Inhalt durch zahlreiche internationale Konventionen konkretisiert, zu nennen sind hier vor allem die EMRK[270] und die beiden Pakte.[271] Auf gemeinschaftsrechtlicher Ebene hat das Europäische Parlament in einer Erklärung versucht, das Demokratieprinzip näher zu definieren.[272] Danach bestehen wesentliche Elemente dieses Prinzips darin, dass alle öffentliche Gewalt vom Volk ausgeht und die Regierung den Volkswillen repräsentiert. An der Einhaltung dieser Grundsätze bestehen im Fall übermäßiger Defizite Zweifel. Übermäßige Defizite erschweren die demokratische Ausübung der Staatsgewalt, da ein großer Teil des Haushalts für den Schuldendienst (Zins- und Tilgungsleistungen) aufgebracht werden muss. Der Gestaltungsspielraum des Gemeinwesens kann damit bis zur Handlungsunfähigkeit eingeengt werden.[273] Infolgedessen wird die

---

dass Brasilien 17% mehr Zinsen auf seine Anleihen zahlen muss als die USA. Private Kreditgeber müssen damit die Attraktivität des Zinssatzes mit dem wachsenden Bonitätsrisiko abwägen.

266 *Köhler* S. 98.

267 Vgl. dazu *Sturm* S. 81 ff.

268 *Joffe* S. 203.

269 *Kirchhof*, in: HdBStR IV § 88 Rn. 293; ihm folgend *Palm* S. 48. Hier geht es allein darum, die mögliche Kollision übermäßiger Staatsverschuldung mit Strukturprinzipien aufzuzeigen. Ob ein tatsächlicher Verstoß gegen diese Prinzipien vorliegt, wird unten auf S. 129 ff. untersucht.

270 BGBl. 1954 II S.14.

271 Internationaler Pakt für bürgerliche und politische Rechte vom 19.12.1966 (BGBl. 1973 II S. 1534) sowie Internationaler Pakt für wirtschaftliche, soziale und kulturelle Rechte vom gleichen Datum (BGBl. 1973 II S. 1570).

272 Art. 17 der Erklärung der Grundrechte und Grundfreiheiten vom 12.04.1989; ABl. 1989 Nr. C 120/52.

273 Vgl. *Schlesinger/Weber/Ziebarth* S. 8; *Püttner* S. 10.

staatliche Gewalt nicht mehr vom Volk ausgeübt, sondern durch finanzielle Notwendigkeiten gesteuert. Da der Griff zur Notenpresse im Rahmen der WWU nicht mehr möglich ist, gibt es zu dem Schuldendienst keine Alternative. Je höher dieser ausfällt, desto geringer sind die Handlungsspielräume der demokratisch gewählten Regierung. An der demokratischen Legitimation der übermäßigen Staatsverschuldung bestehen auch deshalb Zweifel, weil sich die nachteiligen Folgen des Staatskredits bis weit in die Zukunft auswirken.[274] Demokratie bedeutet jedoch eine zeitlich begrenzte Machtzuweisung.[275] Staatsschulden sind demgegenüber eine staatliche Vorausverfügung über die Zukunft.[276] Die zukünftige Generation konnte sich niemals für oder gegen die Kreditaufnahme aussprechen. Sie wird damit *de facto* ohne demokratische Mitsprache belastet. Während Gesetze von der zukünftigen Generation geändert werden können, lassen sich Schulden nicht einfach beseitigen.[277] Übermäßige Defizite beeinträchtigen auch das Sozialstaatsprinzip, da die durch hohe Defizite erforderliche Konsolidierung des Haushalts meist zu Ausgabenkürzungen im Sozialbereich führt. Soziale Sicherungssysteme werden gekürzt oder stehen auf dem Prüfstand. Das Sozialstaatsprinzip schließt im Rahmen der Daseinsvorsorge auch die Aufgabe ein, durch weitsichtige Entscheidungen in der Gegenwart für das Dasein in der Zukunft zu sorgen.[278]

Für eine Begrenzung der staatlichen Defizite spricht auch das Schlagwort der Generationengerechtigkeit.[279] Im Gegensatz zum Problem der fehlenden demokratischen Mitsprache an der Entscheidung über die Verschuldung liegt der Schwerpunkt dieser Argumentation auf der Frage der Gerechtigkeit der Belastung zukünftiger Generationen. Über die staatliche Schuldenaufnahme werden Kosten auf zukünftige Generationen abgewälzt, die auf die Entstehung der Ausgaben keinen Einfluss haben und gegebenenfalls nicht einmal von den beschlossenen Maßnahmen profitieren. Des Weiteren können sie nicht gerichtlich gegen die Entscheidung vorgehen. Der finanzielle Entscheidungsspielraum zukünftiger Generationen wird durch übermäßige Defizite entscheidend eingeschränkt.[280] In diesem Zusammenhang gilt der Satz: „Die

---

274 Ausführlich dazu im Zusammenhang mit Art. 115 GG *Friauf*, in: HdBStR IV § 92 Rn. 58 f.

275 *Henseler*, AöR 108 (1983), S. 489/500; *Püttner* S. 11.

276 *Henseler*, AöR 108 (1983), S. 489/490.

277 *Püttner* S. 11 f. Kritisch dazu *Höfling*, Staatsschuldenrecht, S. 95 ff. und 101 ff. sowie *Siekmann*, Finanzarchiv NF 41 (1983), S. 167/169, der darauf hinweist, dass auch subjektive Rechtspositionen von zukünftigen Regierungen nur bedingt beseitigt werden können.

278 So *Henseler*, AöR 108 (1983), S. 489/499.

279 Vgl. aus ökonomischer Sicht *Issing*, in: FS Mestmäcker, S. 191 ff.

280 Allerdings ist diese These nicht unumstritten; vgl. die sog. Lastenverschiebungskontroverse. Nach dem Ricardo-Barro-Äquivalenztheorem antizipieren Bürger die durch eine Kreditfinanzierung vorhersehbare zukünftige höhere Steuerbelastung durch eine Erhöhung der privaten Ersparnis. Dies gelte auch für den Fall überlappender Generationen, wenn man von der Annahme eines intergenerativen Altruismus in Form von Erbtransfers ausgeht. Damit sei es den Bürgern egal, ob Ausgaben mittels Steuern oder mittels Kreditaufnahme finanziert werden; vgl. dazu *Blankart* S. 344 ff. Hiergegen lässt sich allerdings einwenden, dass sich die Menschen i.d.R. nicht derart rational verhalten, vielmehr schätzen sie die zukünftigen Belastungen

Schulden von heute sind die Steuern von morgen".[281] Zwar ist es zutreffend, dass Gerechtigkeitsaspekte auch für eine Beteiligung künftiger Generationen an aktuellen Ausgaben sprechen, insbesondere wenn diese von den Ausgaben profitieren[282] (sog. „pay as you use – Prinzip"[283]). Beispielsweise wirken sich Infrastrukturmaßnahmen oder der Bau von Krankenhäusern auch noch in mehreren Jahrzehnten aus. Die aktuelle Generation ist eher Willens und in der Lage, größere Investitionen zum Nutzen aller durchzuführen, wenn sie deren Kosten nicht vollumfänglich tragen muss. Andererseits ist nicht einzusehen, warum künftige Generationen an der Zahlung etwa von aktuellen Beamtenbezügen oder von Sozialversicherungsausgaben beteiligt werden sollten. Freilich ist es meist schwierig zu bestimmen, ob eine Ausgabe nur der aktuellen oder auch zukünftigen Generationen nützt. Darüber hinaus überschneiden sich die Generationen, so dass eine Zuordnung zu der einen oder anderen Generation nicht trennscharf möglich ist. Aus diesen Gründen sollten staatliche Ausgaben primär über Steuern und nur zu einem geringen Teil über Schulden finanziert werden. Dieser Grundsatz war in Vorläufern des Grundgesetzes ausdrücklich normiert[284] und kann auch heute noch als Leitmotiv der grundgesetzlichen Finanzverfassung bezeichnet werden.[285]

Ein weiterer Grund dafür, einen ausgeglichenen Staatshaushalt anzustreben und Defizite zu vermeiden, besteht darin, die Nachhaltigkeit des Haushalts im Hinblick auf die zunehmende Alterung der Bevölkerung sicherzustellen.[286] Bereits in der näheren Zukunft kommen enorme Summen auf die Sozialversicherungsträger zu, deren Defizit auch in das staatliche Defizit mit einfließt. Um hierauf adäquat reagieren zu können, ist eine Reduktion des Schuldenstandes erforderlich.

Schließlich spricht für die Defizitbegrenzung die Gefahr, dass die Budgetdisziplin der Mitgliedstaaten in einer Währungsunion geschwächt wird.[287] Diesem Argument liegt die Überlegung zu Grunde, dass die Teilnehmerstaaten einer Währungsunion die Folgen unsolider Haushaltspolitik auf die anderen Teilnehmerstaaten abwälzen können. So können insbesondere bestimmte Zinseffekte auf die Partnerländer

---

durch die Verschuldung systematisch falsch ein (sog. Fiskalillusion); vgl. dazu *Buchanan/Wagner* S. 137 f. sowie *Sturm* S. 17 ff.

281 Dieses Zitat geht auf den Bund der Steuerzahler zurück; siehe hierzu die Hinweise unter http://www.staatsverschuldung.de/links.htm (29.05.2004).

282 *Köhler* S. 101.

283 *Schlesinger/Weber/Ziebarth* S. 218 ff. Der „pay-as-you-use"-Grundsatz geht zurück auf den Finanzwissenschaftler *Musgrave*, vgl. die deutsche Übersetzung des Werkes *The theory of public finance* in: *Musgrave* S. 523 ff.

284 Art. 73 RV von 1871: „nur in Fällen außerordentlichen Bedürfnisses"; Art. 87 WRV: nur bei „außerordentlichem Bedarf" (zitiert nach *Püttner* S. 12).

285 BVerfGE 79, 311/334; *Kirchhof*, in: HdBStR IV § 88 Rn. 45.

286 Vgl. dazu BMF Monatsbericht 10/2002, S. 51 ff.; Gutachten des BMF: Nachhaltigkeit in der Finanzpolitik; abrufbar unter www.bundesfinanzministerium.de (29.05.2004).

287 Vgl. dazu ausführlich *Sturm* S. 102 ff.

externalisiert werden.[288] Weist ein Mitgliedstaat ein hohes Defizit auf, führt dies bei Unabhängigkeit der EZB zu Zinssteigerungen aufgrund der gestiegenen staatlichen Geldnachfrage. Dieser Anstieg fällt geringer aus, als wenn das Land nicht einer Währungsunion angehört, da das Defizit im Verhältnis zum gesamten Wirtschaftsraum der Währungsunion geringer ist. Andererseits trifft der Zinsanstieg aufgrund der Vergemeinschaftung der Geldpolitik alle Teilnehmerstaaten, auch jene, die keine übermäßigen Defizite aufweisen. Schließlich können die Zinssteigerungen auch in den anderen Teilnehmerstaaten zu einer Schwächung der Wirtschaftsleistung und damit zu übermäßigen Defiziten führen. Dieses Szenario lässt sich vereinfacht folgendermaßen darstellen:[289]

Wirtschaftlicher Schock in einem Mitgliedstaat
↓
Übermäßiges Defizit in diesem Staat
↓
Anstieg der gemeinschaftsweiten Zinssätze
↓
Rückgang der Wirtschaftsleistung in anderen Mitgliedstaaten
↓
Übermäßige Defizite in anderen Mitgliedstaaten

Dieses Szenario führt damit zu der Annahme, dass Staaten in einer Währungsunion zu einer laxeren Budgetpolitik verleitet werden können, da die Folgen für den defizitären Mitgliedstaat geringer sind als ohne Währungsunion. Gleichzeitig birgt die Währungsunion die Gefahr der Externalisierung wirtschaftlicher Schocks in sich. Dem soll die Defizitbegrenzung entgegenwirken. Zusammenfassend sprechen daher außer der Sicherung der Geldwertstabilität weitere triftige Gründe für eine Beschränkung der staatlichen Defizite und Schuldenstände.

(b) Argumente gegen die Begrenzung der öffentlichen Defizite

Gegen eine Defizitbegrenzung wird in zwei Varianten argumentiert. Einerseits wird die Begrenzung für nicht erforderlich gehalten, andererseits sogar für schädlich.

Nach Ansicht der Autoren, die die Begrenzung für nicht erforderlich halten, sind die unter (2) dargestellten Mechanismen[290] zur Sicherung der Geldwertstabilität ausreichend. Darüber hinaus bestünden auch ohne explizite Defizitbegrenzung genügend Anreize für die Mitgliedstaaten, eine tragbare Budgetpolitik zu betreiben. Insbesondere sei eine Disziplinierung der mitgliedstaatlichen Haushalte über den privaten Finanzmarkt zu erwarten.[291] Dem liegt folgende Annahme zu Grunde: Aufgrund des Verbots der Finanzierung öffentlicher Defizite durch die Zentralbanken gemäß Art. 101 EGV müssen sich Gebietskörperschaften über die Märkte finanzieren, sie können

---

288 *Stasavage* S. 567/570; *Sutter* S. 40 ff.

289 In Anlehnung an *Artus*, Revue d'économie financière 1998, Rn. 160. Vgl. auch *Gäckle* S. 150 ff.; *Horstmann/Schneider*, Kyklos 1994, 355/361 ff.

290 Zuständigkeit der EZB für die Geldpolitik, Unabhängigkeit der EZB, Verbot der privilegierten Finanzierung, *No-Bail-Out*-Klausel; vgl. S. 69 ff.

291 *Bofinger*, Wirtschaftsdienst 1997, 12/14.

sich damit nicht den Mechanismen der Finanzmärkte entziehen.[292] Nach Vollendung der Währungsunion können Banken ohne Risiko Anleihen ausländischer Gebietskörperschaften anbieten, d.h. die Teilnehmerstaaten der Währungsunion stehen untereinander in einem härteren Wettbewerb um private Geldgeber als früher. Die Konditionen der verschiedenen mitgliedstaatlichen Anleihen werden für private Kreditgeber unmittelbar vergleichbar. Staaten mit mangelnder Haushaltsdisziplin werden von Rating-Agenturen in der Bewertung herabgestuft[293], so dass diese Staaten Probleme haben können, ausreichend Kreditgeber zu finden. Darüber hinaus steigen die Kosten der Verschuldung für Staaten mit hohen Haushaltsdefiziten, da die Anleihen dieser Staaten aufgrund des wachsenden Bonitätsrisikos mit Risikoaufschlägen bedacht werden.[294] Die Teilnehmerstaaten an der Währungsunion haben damit ein doppeltes Interesse an einer gesunden öffentlichen Haushaltslage.

Aus dem Argument, dass eine Begrenzung der öffentlichen Defizite nicht erforderlich sei, wird teilweise auch ein Verstoß gegen das Subsidiaritätsprinzip aus Art. 5 Abs. 2 EGV abgeleitet.[295] Voraussetzung für die Anwendbarkeit des Subsidiaritätsprinzips ist allerdings, dass der Bereich nicht in die ausschließliche Zuständigkeit der Gemeinschaft fällt. Die Frage, ob eine gemeinschaftsrechtliche Begrenzung der mitgliedstaatlichen Defizite erforderlich ist, stellt sich jedoch auf einer logisch vorgeordneten Ebene, nämlich ob die Überwachung der Defizite in die ausschließliche Kompetenz der Gemeinschaft übertragen werden soll oder nicht. Dies ist eine politische Frage, bei der nicht mit dem Subsidiaritätsprinzip argumentiert werden kann.[296] Nur wenn der gesamte Bereich der Haushaltspolitik als parallele Kompetenz der Gemeinschaft und der Mitgliedstaaten ausgestaltet wäre, könnte das Subsidiaritätsprinzip als Argument gegen die Defizitbegrenzung herangezogen werden. Dies ist jedoch nicht der Fall. Zur Nichtanwendbarkeit des Subsidiaritätsprinzips führt auch folgende Überlegung. Als materielle Voraussetzung erfordert das Subsidiaritätsprinzip gemäß Art. 5 Abs. 2 EGV eine Maßnahme der Gemeinschaft. Hierunter fallen u.a. Legislativtätigkeiten der Gemeinschaft, d.h. Tätigkeiten mit einem gewissen Konkretisie-

---

292 Näheres dazu bei *Endler* S. 543 ff. Siehe auch oben Fn. 265.

293 Vgl. die Rating-Tabelle bei *Heinemann*, ZWS 115 (1995), S. 605/611; danach wurde Deutschland im Jahre 1994 von der Rating-Agentur Moody's mit der erstklassigen Bewertung Aaa versehen, Griechenland dagegen mit Baa1. Damit wurde Griechenland ähnlich bewertet wie Estland und Polen im Jahr 2001 (vgl. zu den osteuropäischen Ländern die Studie von FiFo Ost, abzurufen unter http://www.fifoost.org/allgemein/laenderrating/node5.php (28.05.2004)).

294 *Endler* S. 543. Diese Risikoaufschläge werden auf den einheitlichen Zinssatz der EZB erhoben, so dass die Zinssätze je nach Mitgliedstaat trotz eines einheitlichen Zentralbankzinssatzes variieren.

295 Stellungnahme des britischen Schatzamtes zum Delors-Bericht, vgl. *Krägenau/Wetter* S. 360; siehe auch *Sturm* S. 166 ff. Näheres zu Voraussetzungen und Rechtsfolgen des Subsidiaritätsprinzips bei *Calliess*, in: Calliess/Ruffert Art. 5 EGV Rn. 17 ff.

296 Ähnlich *Sturm* S. 168.

rungsgrad. Eine ganze Gemeinschaftspolitik erfüllt diese Voraussetzung nicht und ist daher keine Maßnahme i.S.d. Art. 5 Abs. 2 EGV.[297]

Von manchen Autoren wird die Defizitbegrenzung nicht nur als überflüssig, sondern sogar als schädlich angesehen.[298] Diese Position wird besonders oft in Frankreich vertreten[299], ist jedoch in allen europäischen Staaten anzutreffen. Grundlage dieser Argumentation ist die Tatsache, dass eine Defizitbeschränkung die budgetpolitische Flexibilität der Mitgliedstaaten stark einschränkt. Die Möglichkeit, die Staatsausgaben in wirtschaftlichen Krisenzeiten zu erhöhen, falle durch die Defizitbegrenzung weg. Staatsausgaben in Form von Investitionen würden jedoch zur Stabilisierung der Nachfrage und damit zur Stabilisierung der gesamten Wirtschaftslage beitragen. Diese Stabilisierungsfunktion der Wirtschaftspolitik sei in Krisenzeiten wegen der zurückgehenden Staatseinnahmen nur über eine kurzfristige Erhöhung des staatlichen Defizits möglich.[300] Die Beschränkung der staatlichen Defizite verhindere sinnvolle Ausgaben und habe damit Wohlfahrtsverluste zur Folge. Darüber hinaus habe die Senkung des staatlichen Defizits über Ausgabenkürzungen und Einnahmenerhöhungen die Folge, dass sich das Wirtschaftswachstum verringert.[301] Diese Auswirkung einer konkreten Defizitbegrenzung halten diese Autoren im Vergleich zu den ihrer Ansicht nach begrenzten Vorteilen der Defizitbegrenzung für nicht akzeptabel.[302]

Die Anhänger dieser Einwände gegen die Defizitbegrenzung stehen in der Tradition des Wirtschaftswissenschaftlers *Keynes*, wonach auf Wirtschaftskrisen mit einer nachfrageorientierten Politik im Sinne der Ausdehnung von Staatsausgaben reagiert werden sollte.[303] Da private Ausgaben in Folge von Wirtschaftskrisen zurückgehen, müsse der Staat zur Sicherung der Gesamtnachfrage seine Ausgaben steigern (sog. *deficit spending*), mithin eine antizyklische Haushaltspolitik betreiben.[304] Auch

---

297 *Calliess*, in: Calliess/Ruffert Art. 5 EGV Rn. 34.

298 Vgl. das Minderheitsvotum von zwei Wirtschaftsforschungsinstituten in *ADWF*, Herbstgutachten 2002, S. 115 ff. Siehe auch *Sturm* S. 140 ff.

299 In Frankreich gab es großen Widerstand gegen den Stabilitäts- und Wachstumspakt, da eine interventionistische Politik zur Tradition des Landes gehört, vgl. etwa *Artus*, Revue d'Economie Financière 1998, 153 ff. Siehe hierzu auch die Ausführungen zum Stabilitäts- und Wachstumspakt, oben S. 57 f.

300 Darüber hinaus gehen die Einnahmen der Mitgliedstaaten auch unabhängig von Wirtschaftskrisen wegen des zunehmenden Steuerwettbewerbs zwischen den Staaten allgemein zurück, vgl. *Chevauchez*, RFFP 1999, 40 ff., der eine Rückgang von 2% aufgrund der rechtlichen oder faktischen Steuerharmonisierung in der EG annimmt.

301 *Eichengreen/Wyplosz* S. 36.

302 *Eichengreen/Wyplosz* S. 1 ff.

303 *Keynes* S. 320. Zum Hauptwerk von *Keynes* siehe auch *Flaschel* S.16 ff. sowie die kritische Analyse von *Friedman/Patankin/Moggridge* S. 33 ff. Primäres Ziel der Nachfragepolitik ist laut *Keynes* die Vermeidung von Arbeitslosigkeit.

304 *Söllner* S. 195.

wenn die Lehre von *Keynes* zwischenzeitlich relativiert wurde[305], betonen bis heute viele Autoren den Nutzen zusätzlicher Ausgaben in Phasen der Konjunkturschwäche. Werden demgegenüber in Krisenzeiten die staatlichen Ausgaben gekürzt, würde dies die konjunkturelle Flaute weiter verstärken. Die Defizitbegrenzung führe damit zu einer prozyklischen Wirtschaftspolitik.[306]

Schließlich wird auch ein faktisches Argument gegen die Defizitbegrenzung vorgebracht. Wenn sich an den Finanzmärkten die Ansicht durchsetzt, dass in wirtschaftlichen Abschwungphasen zusätzliche Ausgaben zur Bewältigung der Krise erforderlich sind, könnten höhere Defizite sogar zu neuem Vertrauen in den europäischen Wirtschaftsraum und damit zu einer wachsenden (äußeren) Stabilität der gemeinsamen Währung führen.[307] Diese Auffassung widerspricht damit der Einschätzung, dass eine Überschreitung des Defizit-Referenzwertes negative Folgen für die Gemeinschaftswährung hätte.[308]

(c) Die konkreten Referenzwerte

Folgt man der Ansicht, dass verbindliche Regeln für die nationalen Haushalte in Form einer Defizitbegrenzung sinnvoll sind, stellt sich als nächstes die Frage, welche konkreten Referenzwerte für die nationalen Haushalte festgelegt werden sollten. Gegen die Referenzwerte des Art. 104 EGV wird argumentiert, dass sie politisch nicht legitimierbar, da absolut willkürlich und wirtschaftswissenschaftlich nicht begründbar seien.[309]

Hinter den konkreten Referenzwerten von 3% für das Verhältnis von öffentlichem Defizit zum BIP und von 60% für das Verhältnis des Schuldenstandes zum BIP steht folgende Überlegung. Die Defizitquote zeigt die Nettokreditaufnahme des Staates im laufenden Jahr an, d.h. sie ist ein Indikator für die gegenwärtige Lage der Haushaltspolitik. Die Schuldenstandsquote ergibt sich demgegenüber aus der Haushaltspolitik der Vergangenheit. Ein hoher Schuldenstand ist die Folge von über einen

---

305 Insbesondere in den 1970er Jahren haben viele Länder eine an Keynes orientierte Wirtschaftspolitik betrieben, die Folge waren oft Inflation und Arbeitslosigkeit zugleich (sog. Stagflation). Die Gegenbewegung in Form des Monetarismus erkannte den Zusammenhang von expansiver Budgetpolitik und Inflation. Sie plädierte daher für einen Verzicht auf diskretionäre Konjunkturpolitik. Vielmehr sollte auf Konjunkturschwankungen allein durch monetäre Faktoren (Geldmenge, Zinshöhe) reagiert werden. Vgl. zum Monetarismus *Söllner* S. 211 ff.; *Felderer/Homburg* S. 235 ff.

306 *ADWF*, Herbstgutachten 2002, S. 115 ff.

307 *Schieritz*, FTD 21.10.2002, S. 18.

308 Die Überschreitung des Defizitwertes durch Portugal und Deutschland im Jahre 2002 hat der Stabilität des Euro erstaunlich wenig geschadet. Trotz der Einleitung eines Verfahrens nach Art. 104 Abs. 6 überstieg der Euro im November 2002 die Parität zum Dollar. Diese Außenwertstabilität des Euro scheint jedoch vor allem die Folge einer schwachen US-Konjunktur zu sein.

309 *Eichengreen*, in: Eichengreen/Frieden S. 167/174 f.; *Bofinger*, Wirtschaftsdienst 1996, 30/32 m.w.N. Vgl. auch *Schulze-Steinen* S. 227.

längeren Zeitraum hinweg betriebener laxer Haushaltspolitik. Sowohl das aktuelle Defizit als auch der Schuldenstand bestimmen die Budgetpolitik einer Regierung. So muss das aktuelle Defizit durch zusätzliche Einnahmen (Steuereinnahmen, zusätzliche Verschuldung) finanziert werden, während der Schuldenstand Auswirkungen in Form von Zins- und Tilgungsverpflichtungen des Staates hat. Beide Kriterien gemeinsam sind daher zur Bewertung der finanziellen Lage eines Staates geeignet.[310] Defizit und Schuldenstand stehen nicht als abstrakte Größen nebeneinander, sie sind vielmehr komplementär miteinander verbunden.[311] Bei einem theoretischen Wachstum des BIP von 5% pro Jahr bleibt der Schuldenstand von 60% unverändert, wenn das jährliche Defizit 3% des BIP nicht überschreitet.[312] Liegt der Schuldenstand unter 60%, führt ein Ausnutzen der 3%-Grenze zu einer Annäherung des Schuldenstandes an den Referenzwert, genauso wie sich ein Schuldenstand über 60% an den Referenzwert annähert. Allerdings sind die Werte nicht im Gleichgewicht, wenn das BIP mit weniger als 5% wächst. Bei aktuellen Wachstumsraten von etwa 1% erscheint die Annahme von 5% Wachstum nicht gerade realistisch. Das aktuelle Wachstum von 1% führt dazu, dass bei Ausnutzen der 3%-Grenze für das Defizit der Schuldenstand auf über 60% ansteigt. Zur Einhaltung der 60%-Grenze dürften die Staaten ein Defizit von gerade einmal 0,6% des BIP aufweisen.[313]

Die konkreten Referenzwerte von 3% und 60% wurden in Anlehnung an den Durchschnittswert in der EG im Jahre 1991 gewählt.[314] Eine ökonomische Notwendigkeit dafür, die Referenzwerte auf diese Art festzulegen, bestand allerdings nicht, so dass der Einwand, die Werte seien willkürlich gewählt worden, eine gewisse Berechtigung hat. Eine Alternative wäre gewesen, flexible Kriterien zu formulieren. Dann hätte den überwachenden Institutionen jedoch ein noch größeres Ermessen bei der Beurteilung der mitgliedstaatlichen Finanzlage zugestanden werden müssen. Dies sollte durch die Wahl von konkreten Referenzwerten vermieden werden. Voraussetzung für budgetpolitische Regeln ist nämlich, dass sie einfach und klar formuliert sind.[315] Ob der Referenzwert 2%, 3% oder 4% beträgt, ist letztlich nicht so wichtig. Wichtig ist, dass sich die Politik auf einen bestimmten Wert einigt und diesen auch einhält. Allerdings kann dies nicht darüber hinweg täuschen, dass eine Budgetregel außer Einfachheit auch wirtschaftswissenschaftliche Legitimität aufweisen muss. Ansonsten wird die politische Diskussion über die Werte nicht verstummen.

---

310 Näheres bei *Sturm* S. 176 ff.

311 *Köhler* S. 100.

312 Vgl. zu den mathematischen Modellen dieses Zusammenhangs *Sturm* S. 179 f.

313 Eigene Berechnung auf Grundlage von *Köhler* S. 100.

314 *Sturm* S. 179. Danach betrug die durchschnittliche Schuldenstandsquote des Jahres 1991 67,7%, während die EG-Staaten ein durchschnittliches Defizit von 4,3% des BIP aufwiesen.

315 Vgl. dazu unten S. 226.

(d) Fazit

Zusammenfassend ergibt sich damit folgendes Bild. Befürworter und Gegner einer Defizitbegrenzung können plausible Argumente zur Unterstützung ihrer Auffassung anführen. Ob man eine Defizitbegrenzung für erforderlich hält, hängt letztlich davon ab, welche Argumente in der Summe für überzeugender erachtet werden. Für die rechtliche Untersuchung des Defizitverfahrens des Art. 104 EGV bedeutet dies, dass eine theoretische Fundierung der gemeinschaftsrechtlichen Defizitbegrenzung existiert. Allerdings ist diese Fundierung nicht unangefochten, so dass sich Reformbestrebungen nicht vermeiden lassen werden. Hierbei sind zwei verschiedene Ebenen zu unterscheiden. Einerseits wird die Defizitbegrenzung überhaupt in Frage gestellt, andererseits kann an den konkreten Referenzwerten Kritik geübt werden. Letztere stehen im Spannungsfeld zwischen Effektivität durch Einfachheit und Ineffizienz aufgrund mangelnder Flexibilität. Die wieder aufbrechende Diskussion zeigt, dass die aktuelle Konzeption der Budgetbegrenzung noch nicht optimal ausgestaltet ist. Zwar zeichnet sie sich durch Einfachheit aus, es ist ihr jedoch nicht gelungen, die Mehrheit der Kommentatoren hinter sich zu vereinen. Auf die Reformdiskussion wird unter D. näher eingegangen.

(4) Ergebnis

Der ökonomische Hintergrund der Defizitbegrenzung lässt sich folgendermaßen zusammenfassen. Nach der Konzeption des Vertrages von Maastricht dient die Budgetbegrenzung des Art. 104 EGV primär zur Sicherung der Geldwertstabilität des Euro. Niedrige Defizite können positive Auswirkungen auf die Geldwertstabilität haben, ein automatischer Zusammenhang zwischen hohen Defiziten und Inflation besteht aufgrund der Unabhängigkeit der EZB allerdings nicht. Außer über die Defizitbegrenzung wird die Geldwertstabilität *de lege lata* auch noch über eine Reihe von zusätzlichen kumulativ anwendbaren Mechanismen gesichert, an deren praktischer Wirksamkeit teilweise gezweifelt wird. Über den Sinn der Defizitbegrenzung im Allgemeinen und der konkreten Referenzwerte im Speziellen wird in der wirtschaftswissenschaftlichen Literatur nach wie vor gestritten, wobei sowohl Befürworter als auch Gegner plausible Argumente vorbringen können.

3. Die Überwachung der Haushaltsdisziplin gemäß Art. 104 Abs. 2 EGV

Neben der Pflicht zur Vermeidung übermäßiger öffentlicher Defizite aus Abs. 1 enthält Art. 104 EGV in Abs. 2 ein Verfahren zur Überwachung der Haushaltsdisziplin in den Mitgliedstaaten. Die Überwachung der Haushaltsdisziplin durch die Kommission stellt den Beginn des gemeinschaftsrechtlichen Überwachungs- und Sanktionsverfahrens (Defizitverfahren) dar. Die primärrechtlichen Regeln wurden 1997 durch den Stabilitäts- und Wachstumspakt ergänzt.

a) Primärrechtliche Normierung

Gemäß Art. 104 Abs. 2 EGV wird die mitgliedstaatliche Haushaltsdisziplin anhand von zwei Referenzkriterien überprüft. Diese sind das Defizitkriterium und das Schuldenstandskriterium. Grundlage der Kriterien sind die allseits bekannten ökonomischen Referenzwerte. Diese betragen gemäß Art. 104 Abs. 2 EGV i.V.m. dem Defizit-Protokoll 3% für das Verhältnis zwischen dem geplanten oder tatsächlichen öffentlichen Defizit und dem BIP zu Marktpreisen („3%-Defizit-Referenzwert") und 60% für das Verhältnis zwischen dem öffentlichen Schuldenstand und dem BIP zu Marktpreisen („60%-Schuldenstands-Referenzwert"). Der Grund dafür, dass das Defizit und der Schuldenstand nicht in absoluten Zahlen, sondern im Verhältnis zum BIP angegeben werden, liegt darin, dass die absoluten Zahlen zwischen den Staaten nicht vergleichbar sind.[316] Der Quotient zwischen beiden Werten ergibt jedoch einen zwischen den Mitgliedstaaten vergleichbaren Wert.

Die Referenzwerte gelten nicht absolut, vielmehr sieht der Vertrag einige Ausnahmen von den Referenzwerten vor. Der Defizitreferenzwert von 3% darf überschritten werden, wenn das Verhältnis zwischen Defizit und BIP *erheblich* und *laufend* zurückgegangen ist und einen Wert in der *Nähe* des Referenzwertes erreicht hat[317] oder der Referenzwert nur *ausnahmsweise* und *vorübergehend* überschritten wird und das Verhältnis in der *Nähe* des Referenzwerts bleibt.[318] Die unbestimmten Rechtsbegriffe sind das Ergebnis politischer Kompromisse und daher bewusst ungenau und vage gehalten. Die erste Ausnahme gilt für den Fall, dass das Defizit anfänglich hoch ist, sich jedoch konstant dem Referenzwert annähert und von diesem nicht mehr weit entfernt ist.[319] Beide Voraussetzungen müssen kumulativ vorliegen. Die zweite Ausnahme gilt für den umgekehrten Fall, dass das Defizit normalerweise unter 3% liegt, den Referenzwert jedoch ausnahmsweise geringfügig überschreitet.

Der Referenzwert von 60% für den Schuldenstand darf überschritten werden, wenn das Verhältnis zwischen Schuldenstand und BIP *hinreichend rückläufig* ist und sich *rasch genug* dem Referenzwert nähert. Auch in dieser Formulierung wurde auf unbestimmte Rechtsbegriffe zurückgegriffen. Wann das Verhältnis hinreichend rückläufig ist und sich rasch genug dem Referenzwert nähert, sagt der Vertrag nicht.

Zu beachten ist der terminologische Unterschied zwischen Referenzkriterium und Referenzwert.[320] Unter Referenzwert werden die im Protokoll genannten Obergrenzen von 3% bzw. 60% verstanden. Der Begriff des Referenz*kriteriums* ist demgegenüber weiter. Zur Überschreitung des Referenz*wertes* muss hinzukommen, dass keine Ausnahmebestimmung erfüllt ist. Weist ein Mitgliedstaat beispielsweise ein

316 *Italianer*, in: GTE (5. Auflage) Art. 104c Rn. 31 und 39.

317 Im Folgenden „Rückläufige Tendenz" genannt.

318 Im Folgenden „Ausreißer" genannt.

319 Vgl. *Zeitler*, WM 1995, 1609/1610, der davon ausgeht, dass dieses Merkmal nur bei erstmaliger Annäherung an den Referenzwert erfüllt ist.

320 *Schulze-Steinen* S. 215 ff.

Defizit von 3,2% auf, so ist der Defizit-Referenz*wert* überschritten. Sofern der Wert von 3% jedoch nur *ausnahmsweise* und *vorübergehend* überschritten wurde, ist das Defizit-Referenz*kriterium* nicht erfüllt. Die Kommission darf in diesem Fall keinen Bericht erstellen[321], eine Sanktion durch den Ecofin ist ausgeschlossen.

Die Defizitbeschränkung setzt voraus, dass Defizit und Schuldenstand in allen Mitgliedstaaten verlässlich ermittelt werden und die Ergebnisse vergleichbar sind. Dies ist nicht ohne weiteres der Fall, da jedes Land seine statistischen Berechnungen nach eigenen Regeln tätigt. Aus diesem Grund wurde das Europäische System volkswirtschaftlicher Gesamtrechnungen (ESVG)[322] ins Leben gerufen, nach dem die grundlegenden volkswirtschaftlichen Berechungen (BIP, BSP etc.) in allen Ländern einheitlich durchgeführt werden. So wird sichergestellt, dass 3% Defizit in Land A auch 3% Defizit in Land B entsprechen.

b) Sekundärrechtliche Ergänzungen durch den Stabilitäts- und Wachstumspakt

Der Stabilitäts- und Wachstumspakt enthält in der Verordnung 1467/97/EG eine Präzisierung der Ausnahmevorschriften des Art. 104 Abs. 2 EGV. Art. 2 der Verordnung definiert, dass eine *ausnahmsweise Überscheitung*[323] des Defizit-Referenzwertes vorliegt, wenn die Überschreitung auf ein *außergewöhnliches Ereignis*, das sich der Kontrolle des betreffenden Mitgliedstaates entzieht und die staatliche Finanzlage erheblich beeinträchtigt, oder auf einen *schwerwiegenden Wirtschaftsabschwung* zurückzuführen ist.

(1) Schwerwiegender Wirtschaftsabschwung

Ein *schwerwiegender Wirtschaftsabschwung* liegt gemäß Art. 2 Abs. 2 der Verordnung i.d.R. dann vor, wenn das reale BIP innerhalb eines Jahres um 2% zurückgegangen ist. Bei einem Rückgang des BIP zwischen 0,75% und 2% ist keine Ausnahmebestimmung einschlägig, der betreffende Mitgliedstaat kann jedoch politisch auf den Rat einwirken, den Rückgang im Rahmen der Prüfung der Gesamtlage nach Art. 104 Abs. 6 EGV gleichwohl als außergewöhnlich anzusehen.[324] Bei einem Rückgang

---

321 Es sei denn, nach Ansicht der Kommission besteht die Gefahr eines übermäßigen Defizits, vgl. Art. 104 Abs. 3 UAbs. 2 EGV.

322 Verordnung 2223/96/EG vom 25.06.1996 zum Europäischen System volkswirtschaftlicher Gesamtrechnung auf nationaler und regionaler Ebene in der Europäischen Gemeinschaft, ABl. 1996 Nr. L 310/1. Das sog. ESVG 95 geht auf das ESVG aus dem Jahre 1970 zurück, das durch das Statistische Amt der Europäischen Gemeinschaften ausgearbeitet wurde. Zum ESVG vgl. *Ongena* S. 58 und *Schulze-Steinen* S. 209.

323 Entgegen dem Wortlaut bezieht sich diese Definition nur auf das Merkmal „ausnahmsweise"; vgl. *Häde*, in: Calliess/Ruffert Art. 104 EGV Rn. 97.

324 Art. 2 Abs. 3 der Verordnung 1467/97/EG; ABl. 1997 Nr. L 209/6 ff.

von weniger als 0,75% haben sich die Mitgliedstaaten politisch verpflichtet, von dieser Möglichkeit keinen Gebrauch zu machen.[325]

Ob das reale BIP innerhalb eines Jahres um 2% zurückgegangen ist, kann einfach nachgeprüft werden. Allerdings ist die Formulierung des Stabilitäts- und Wachstumspaktes nicht ganz eindeutig. Die Ausnahmebestimmung soll „in der Regel" nur dann erfüllt sein, wenn das BIP um 2% zurückgeht. Es ist daher nicht ausgeschlossen, dass die Kommission auch bei einem Rückgang des BIP von über 2,0% einen schwerwiegenden Wirtschaftsabschwung verneint oder aber ein schwerwiegender Abschwung auch schon bei einem Rückgang um 1,5% anzunehmen ist. Hinweise, wann eine Ausnahme von der „Regel" einschlägig sein könnte, enthält die Verordnung nicht. Die in Art. 2 Abs. 3 der Verordnung enthaltenen weiteren Präzisierungen gelten nur für die Entscheidung des Rates nach Abs. 6, gleichwohl wäre es denkbar, die dort angeführten Umstände (jäher Abschwung / unerwarteter sehr starker Rückgang der Produktion) bei der Frage zu berücksichtigen, ob ein Abschwung von unter 2% ausnahmsweise ausreicht.

(2) Außergewöhnliches Ereignis

Weitgehend ungeklärt ist die Frage, wann ein *außergewöhnliches Ereignis* die Überschreitung des Referenzwertes rechtfertigt. Weder die Erwägungsgründe der Verordnung noch die Entschließung des Europäischen Rates geben hierzu Anhaltspunkte. Klar ist, dass es sich im Gegensatz zu der anderen Ausnahmebestimmung nicht um einen Rückgang des BIP handeln kann. Dieser Fall ist ausschließlich von der Ausnahme „schwerwiegender Wirtschaftsabschwung" umfasst. Außergewöhnliche Ereignisse, die sich der Kontrolle des betreffenden Mitgliedstaates entziehen und die staatliche Finanzlage erheblich beeinträchtigen, können beispielsweise Naturkatastrophen wie Erdbeben oder Überschwemmungen sein. Voraussetzung ist jedoch jeweils, dass die staatliche Finanzlage erheblich beeinträchtigt wird. Dies richtet sich auch nach der Größe des Landes. Ein Erdbeben in der Eifel-Gegend kann beispielsweise die Finanzlage Luxemburgs erheblich beeinträchtigen, nicht jedoch diejenige Deutschlands. Ein außergewöhnliches Ereignis i.S.d. Paktes wäre wohl auch die deutsche Wiedervereinigung gewesen. Dagegen sind Finanzschwierigkeiten aufgrund einer Steuerreform kein Ereignis, dass sich der Kontrolle des betreffenden Mitgliedstaates entzieht. Bei kriegerischen Auseinandersetzungen müsste danach unterschieden werden, ob der betreffende Staat unverschuldet in den Konflikt hineingezogen wurde oder ob er zu den Initiatoren der Auseinandersetzung gehört. Nur im ersten Fall würde sich das Ereignis der Kontrolle des Mitgliedstaates entziehen.

(3) „In der Nähe"

Voraussetzung beider Ausnahmetatbestände ist, dass das Verhältnis zwischen Defizit und BIP *„in der Nähe"* des Referenzwertes bleibt. Auch hier ist offen, was unter diesem unbestimmten Rechtsbegriff zu verstehen ist. Ein Defizit von 6% wäre

---

325 7. Leitlinie an die Mitgliedstaaten der Entschließung des Europäischen Rates vom 17.06.1997.

doppelt so hoch wie der Referenzwert und damit wohl nicht mehr in dessen Nähe. Doch ob nun 3,1% oder 3,5% oder gar 4% noch in der Nähe von 3% sind, lässt sich nicht mit Gewissheit vorhersagen. Hier könnte nur die Rechtssprechung des EuGH über die Herausbildung von Präzedenzfällen und Fallgruppen Rechtsklarheit bringen, doch dürften derartige Verfahren Ausnahmefälle bleiben.[326]

(4) Vorübergehende Überschreitung

Damit sich ein Staat auf die Ausnahmevorschrift für „Ausreißer" berufen kann, ist darüber hinaus erforderlich, dass die Überschreitung nur vorübergehend erfolgt. Art. 2 Abs. 1 UAbs. 2 der Verordnung definiert die *vorübergehende Überschreitung* als dann gegeben, wenn die Haushaltsvorausschätzungen der Kommission darauf hindeuten, dass das Defizit unter den Referenzwert sinken wird, wenn das außergewöhnliche Ereignis oder der schwerwiegende Wirtschaftsabschwung nicht mehr vorliegen.

c) Bewertung und Ergebnis

Die Ergänzungen des Stabilitäts- und Wachstumspaktes sollen die weiten Formulierungen des EGV eingrenzen, um einen Missbrauch der Ausnahmebestimmungen zu verhindern.[327] Eine Präzisierung der primärrechtlichen Bestimmungen wurde jedoch nur sehr bedingt erreicht. Problematisch ist, dass sich der Stabilitäts- und Wachstumspakt meist darauf beschränkt, unbestimmte Rechtsbegriffe des Vertrages durch andere unbestimmte Rechtsbegriffe zu ersetzen. Notwendig wäre es jedoch, anhand konkreter Beispiele festzulegen, wann die Ausnahmebestimmungen einschlägig sind. Die primär- und sekundärrechtlichen Vorgaben für die Überwachung der Haushaltsdisziplin durch die Kommission sind in der Tabelle auf Seite 86 nochmals zusammenfassend dargestellt.

4. Reaktionsmöglichkeiten der Gemeinschaft

Wenn ein Mitgliedstaat mindestens eines der Referenzkriterien überschreitet, kommt das Sanktionssystem des Art. 104 Abs. 3 bis 11 EGV zum Zuge. Allerdings muss nicht zugewartet werden, bis ein Referenzkriterium tatsächlich überschritten wird. Vielmehr kann die Gemeinschaft bereits dann reagieren, wenn nur die *Gefahr* eines übermäßigen Defizits besteht. Damit ist die Kontrollbefugnis weit vorverlagert, das Sanktionssystem wird gleichsam um ein präventives Element ergänzt. Art. 104 EGV sieht ein zweistufiges System vor. Zunächst wird die Kommission tätig, erst danach der Ecofin.

a) Kompetenzen der Kommission

Der Europäischen Kommission kommt die Aufgabe zu, gemäß Art. 104 Abs. 2 EGV die Entwicklung der Haushaltslage der Mitgliedstaaten zu überwachen. Diese

---

326 Zur Möglichkeit der gerichtlichen Überprüfung bzw. Erzwingung, vgl. unten S. 119 ff.
327 *Hahn*, CML Rev. 1998, 77/92.

primärrechtliche Verpflichtung wurde durch den Stabilitätspakt präzisiert und um ein Frühwarnsystem erweitert.

(1) Frühwarnsystem

Art. 3 der Verordnung 1466/97/EG[328] verpflichtet alle an der 3. Stufe der Währungsunion teilnehmenden Mitgliedstaaten[329] zur Vorlage von Stabilitätsprogrammen. Darin müssen die Mitgliedstaaten jährlich am 1. März – zum ersten Mal zum 1. März 1999 – erklären, mit welchen haushaltspolitischen und sonstigen wirtschaftspolitischen Maßnahmen sie das mittelfristige Ziel eines nahezu ausgeglichenen oder einen Überschuss aufweisenden Haushaltes im Rahmen der voraussichtlichen wirtschaftlichen Entwicklung erreichen wollen. Die Stabilitätsprogramme müssen dazu Angaben über die Entwicklung des Haushaltes, über die Schuldenquote, die wirtschaftliche Entwicklung und über andere ökonomische Parameter enthalten. Die Stabilitätsprogramme werden gemäß Art. 5 der Verordnung von der Kommission bewertet, diese Bewertung wird dem Ecofin im Rahmen einer Stellungnahme vorgelegt (vgl. Art. 99 Abs. 4 EGV).[330]

Tabelle: Primär- und sekundärrechtliche Vorgaben für Kommission

	Vorgabe	**Ausnahmebestimmungen**
Schuldenstand	60%	Ein höherer Schuldenstand ist zulässig, wenn er *hinreichend rückläufig* ist und sich *rasch genug* den 60% annähert.
Defizit	3%	**1. Ausnahme: Rückläufige Tendenz** Ein höheres Defizit ist zulässig, wenn es *erheblich* und *laufend* zurückgegangen ist und einen Wert in der Nähe von 3% erreicht hat. **2. Ausnahme: Ausreißer** Ein höheres Defizit ist zulässig, wenn 3% nur *ausnahmsweise* und *vorübergehend* überschritten werden und der Wert in der Nähe der 3% bleibt. Eine ausnahmsweise Überschreitung liegt dann vor, wenn sie auf ein *außergewöhnliches Ereignis*, das sich der Kontrolle des betreffenden Mitgliedstaates entzieht, oder auf einen *schwerwiegenden Wirtschaftsabschwung* zurückzuführen ist. Ein schwerwiegender Wirtschaftsabschwung liegt in der Regel nur dann vor, wenn das reale BIP innerhalb eines Jahres um mindestens 2% zurückgegangen ist. Die kumulativ erforderliche nur vorübergehende Überschreitung ist dann gegeben, wenn die Haushaltsvorausschätzungen der Kommission darauf hindeuten, dass das Defizit unter den Referenzwert sinken wird, wenn das außergewöhnliche Ereignis oder der schwerwiegende Wirtschaftsabschwung nicht mehr vorliegen.

Sinn und Zweck dieses Verfahrens ist die Ergänzung des primärrechtlichen Defizitverfahrens um ein präventives und ein repressives Element durch eine permanen-

---

328 ABl. 1997 Nr. L 209/1.

329 Gemäß Art. 2 der Verordnung bezeichnet „teilnehmender Staat“ diejenigen Staaten, die die einheitliche Währung einführen.

330 Beispielsweise hat die Kommission am 30.01.2002 das aktualisierte deutsche Stabilitätsprogramm für Deutschland bewertet und dem Rat vorgeschlagen, eine frühzeitige Warnung gemäß Art. 6 Abs. 2 der Verordnung 1467/97/EG an Deutschland zu richten; Dok. IP/02/164.

te Überwachung der mitgliedstaatlichen Haushaltspolitik.[331] Dabei erweitert der Stabilitäts- und Wachstumspakt die Überwachung der mitgliedstaatlichen Politik gegenüber dem Primärrecht. Während das Verfahren des Art. 104 EGV speziell auf die Vermeidung übermäßiger Defizite und Schuldenstände ausgerichtet ist, stellt das Frühwarnsystem aufgrund der Verordnung eine Maßnahme zur multilateralen Überwachung der Wirtschaftspolitik dar (Art. 99 EGV). Der Vorteil des Frühwarnsystems besteht darin, dass die Mitgliedstaaten in permanentem Kontakt mit der Kommission stehen. Sie sind daher dauernd unter einem Rechtsfertigungsdruck und müssen erklären, wie sie das mittelfristige 0%-Defizit erreichen wollen. Damit soll schon im Vorfeld eines übermäßigen Defizits auf die Mitgliedstaaten eingewirkt werden können. Die Bezeichnung „Frühwarnsystem" ergibt sich aus der Tatsache, dass die Bewertung der Stabilitätsprogramme durch die Kommission bereits im Vorfeld der Entstehung eines übermäßigen Defizits wirken soll. Im Fall einer unsoliden Haushaltspolitik in einem Mitgliedstaat sollen der Rat und die Öffentlichkeit bereits frühzeitig informiert werden. Das Frühwarnsystem soll darüber hinaus nicht nur warnen, sondern die Entstehung eines übermäßigen Defizits verhindern.

(2) Primärrechtliche Kompetenzen

Die Reaktionsmöglichkeiten der Kommission im Rahmen der Überwachung der Haushaltsdisziplin aufgrund der primärrechtlichen Vorgaben werden dann relevant, wenn konkret und akut entweder die Gefahr einer Überschreitung der Referenzkriterien besteht oder die Referenzkriterien bereits überschritten wurden. Das Verhältnis zwischen Defizit und BIP kann „geplant" oder „tatsächlich" sein.[332] Diese Begriffe sind in Art. 3 der Verordnung 3605/93/EG definiert.[333] Danach bezieht sich das geplante Defizit auf das laufende Jahr und das tatsächliche Defizit auf das vergangene Jahr. Die Kommission überwacht dazu gemäß Art. 104 Abs. 2 EGV die Situation der mitgliedstaatlichen Budgets und überprüft sie auf die Einhaltung der oben genannten Referenzwerte aus dem Protokoll. Ist sie der Auffassung, dass in einem Mitgliedstaat ein übermäßiges Defizit oder die Gefahr eines solchen besteht, erstellt sie gemäß Art. 104 Abs. 3 EGV einen Bericht. In diesem Bericht wird nicht nur die Haushaltslage, sondern die gesamte mittelfristige Wirtschaftslage des Mitgliedstaats berücksichtigt. Hierzu zählt z.B. die Frage, ob das öffentliche Defizit die öffentlichen Ausgaben für Investitionen übertrifft.[334] Sofern die Kommission der Auffassung ist, dass lediglich die Gefahr der Überschreitung eines Referenzkriteriums besteht, dieses Kriterium jedoch aktuell noch erfüllt ist, muss sie ihre Entscheidung auf der Grundlage einer wertenden Prognose für die Zukunft treffen. Inhalt des Berichts ist die Einschätzung der Kommission, ob mindestens eines der Referenzkriterien Defizit und Schuldenstand überschritten ist oder ob die Gefahr einer Überschreitung droht. Die

---

331 *Europäische Kommission*, European Economy 3/2002, S. 45 ff.

332 Art. 104 Abs. 2 EGV, vgl. dazu *Italianer*, in: GTE (5. Auflage) Art. 104c Rn. 31 f.

333 ABl. 1993 Nr. L 332/7.

334 Im deutschen Recht ist diese sog. „Goldene Regel" in Art. 115 GG normiert; vgl. hierzu *Heun*, in: Dreier Art. 115; *Birk*, DVBl. 1984, 745 ff.; *Friauf*, in: HdBStR Bd. IV, § 91, S. 321 ff.

Kommission muss daher sowohl die Einhaltung der Referenzwerte als auch die Ausnahmebestimmungen des Abs. 2 prüfen. Ist eine Ausnahmebestimmung einschlägig, darf kein Bericht erstellt werden.[335]

Die Entschließung des Europäischen Rates vom 17. Juni 1997[336] enthält diesbezüglich eine unzutreffende Auslegung des Primärrechts. Gemäß Punkt 3 (S.2) der Entschließung verpflichtet sich die Kommission, einen Bericht zu erstellen, wenn der Referenzwert von 3% überschritten ist. Wie dargelegt kann die Kommission gemäß Art. 104 Abs. 3 EGV nur dann einen Bericht erstellen, wenn das Referenz*kriterium* überschritten ist oder die Gefahr einer Überschreitung droht. Bei einer Überschreitung des Referenz*wertes* ist aber nicht automatisch das Referenzkriterium erfüllt, vielmehr müssen auch die Ausnahmebestimmungen geprüft werden. Es kann auch nicht gesagt werden, dass bei jedem Überschreiten eines Referenzwertes die Gefahr einer Überschreitung des Referenzkriteriums besteht. Die Kommission greift mit dieser Selbstverpflichtung – sei sie auch rechtlich unverbindlich – in die Rechte der Mitgliedstaaten ein, da nach der Konzeption des EGV ein Überschreiten der 3% in Ausnahmefällen ausdrücklich zulässig ist und daher nicht mit einem Bericht sanktioniert werden darf.

Das weitere Verfahren richtet sich nach Art. 104 Abs. 4 und 5 EGV. Zunächst hat der Wirtschafts- und Finanzausschuss (Art. 114 Abs. 2 EGV) innerhalb von 2 Wochen[337] eine Stellungnahme zu dem Bericht abzugeben.[338] Anschließend muss der Bericht in Form einer Stellungnahme dem Ecofin vorgelegt werden, wenn die Kommission der Auffassung ist, dass in dem betreffenden Mitgliedstaat ein übermäßiges Defizit besteht oder droht. Diese Stellungnahme wird in der Praxis mit der Empfehlung nach Abs. 6 zusammenfallen.[339]

Vielfach wird vertreten, dass es sich bei der Entscheidung über die Vorlage des Berichts an den Ecofin um die politische Entscheidung handelt, ein Defizitverfahren gegen einen Mitgliedstaat einzuleiten.[340] Hiergegen lässt sich jedoch einwenden, dass die Kommission zur Vorlage der Stellungnahme verpflichtet ist[341], wenn die Tatbestandsvoraussetzungen des Abs. 5 vorliegen. Insoweit handelt es sich nicht um eine politische, sondern um eine rechtlich gebundene Entscheidung. Die Vorlage einer

---

335 *Häde*, in: Calliess/Ruffert Art. 104 Rn. 36.

336 ABl. 1997 Nr. C 236/1; vgl. oben S. 59.

337 Art. 3 Abs. 1 der Verordnung 1467/97/EG.

338 Vgl. dazu *Italianer*, in: GTE (5. Auflage) Art. 104c Rn. 46 ff.

339 *Italianer*, in: GTE (5. Auflage) Art. 104c Rn. 51.

340 *Häde*, in: Calliess/Ruffert Art. 104 Rn. 42; *Bandilla*, in: Grabitz/Hilf Art. 104 EGV Rn. 16 („gewisser Beurteilungsspielraum").

341 So auch *Palm* S. 162.

Stellungnahme könnte sogar mit einer Untätigkeitsklage vor dem EuGH erzwungen werden.[342]

Mit der Vorlage des Berichts an den Ecofin ist die Aufgabe der Kommission bei der Überwachung der Haushaltsdisziplin beendet. Sie darf selber keine Sanktionen im Fall der Überschreitung der Referenzkriterien verhängen. Sie kann den Ecofin auch nicht zum Tätigwerden zwingen, allenfalls wiederum eine Untätigkeitsklage der Kommission gegen den Ecofin wäre statthaft, wegen der vagen Formulierung des Art. 104 Abs. 6 EGV jedoch ohne große Erfolgschancen.[343]

b) Kompetenzen des Ecofin

Nach der Vorlage von Bericht und Stellungnahme durch die Kommission liegt das weitere Vorgehen im Defizitverfahren in der Zuständigkeit des Ecofin. Da dem Ecofin im Gegensatz zur Kommission weitreichende Kompetenzen bei der Überwachung der Budgetdisziplin zukommen, kann er insoweit als Hauptsanktionsorgan im Rahmen des Defizitverfahrens bezeichnet werden. Die einschlägigen Rechtsgrundlagen finden sich dabei sowohl im Primär- als auch im Sekundärrecht. Nach einer allgemeinen Einführung werden im Folgenden die konkreten Kompetenzen und Abstimmungsmodalitäten des Ecofin bei der Überwachung der Budgetdisziplin untersucht.

(1) Allgemeines zum Ecofin

(a) Genese des Ecofin

Hinter der Bezeichnung Ecofin verbirgt sich der Rat der EU in der Zusammensetzung der Wirtschafts- und Finanzminister.[344] Er besteht aus weisungsabhängigen Vertretern der Mitgliedstaaten, wobei als Vertreter Angehörige der nationalen Regierungen auf Ministerebene in Betracht kommen; gewohnheitsrechtlich sind jedoch auch Staatssekretäre zugelassen.[345] Es muss sich dabei nicht um einen Vertreter der Zentralregierung handeln, Deutschland etwa könnte auch einen Minister einer Landesregierung als Vertreter entsenden.

Nach der ursprünglichen Konzeption des EGV sollte nur ein einziger Rat existieren.[346] Im Laufe der Zeit entstand jedoch ein praktisches Bedürfnis nach einer Spe-

---

342 Vorher müsste die Kommission allerdings gemäß Art. 115 EGV zum Tätigwerden aufgefordert werden. Zur Möglichkeit gerichtlicher Erzwingung von Handlungen im Rahmen des Defizitverfahrens, vgl. unten S. 122 ff.

343 Siehe S. 122 ff.

344 Der Name leitet sich aus der französischen und/oder englischen Abkürzung ab: Conseil des ministres de l'*éco*nomie et des *fin*ances; Concil of economy and finance.

345 *Wichard*, in: Calliess/Ruffert Art. 203 EGV Rn. 6.

346 Zu Beginn gab es in der EG, in der EGKS und in der EAG jeweils eigene voneinander unabhängige Räte. Diese wurden durch den Fusionsvertrag vom 08.04.1965 (BGBl. 1965 II S. 1454) zu einem einzigen Rat zusammengeführt.

zialisierung im Inneren des Rates. Die Aufgaben der Gemeinschaft wuchsen stetig an, so dass es kaum noch möglich war, in einer einzigen Zusammensetzung alle anstehenden Fragen zu erörtern. Daraufhin wurde der Rat in viele verschiedene Einzel-Räte aufgeteilt. Grundlage der Aufteilung sind die verschiedenen Arbeitsressorts der nationalen Regierungen. Den Rat als solchen gibt es somit faktisch nicht mehr. Zurzeit existieren 19 Fachministerräte, in denen die nach innerstaatlichem Recht zuständigen Minister oder Staatssekretäre vertreten sind. Umstritten ist, ob die Aufteilung des Rates politisch opportun und rechtlich zulässig ist.[347]

Der Rat hat sich im Jahre 1993 unter dem Eindruck des Vertrages von Maastricht über die Europäische Union in „Rat der EU" umbenannt.[348] Diese Bezeichnung ist verwirrend und unzutreffend. Verwirrend deswegen, weil der Rat nicht mit anderen Institutionen verwechselt werden darf, die einen ähnlichen Namen aufweisen. Hier ist insbesondere der „Europäische Rat" zu nennen. Dieser ist kein Organ der EG, da er nicht in Art. 7 Abs. 1 EGV genannt ist, sondern das Hauptorgan und oberste Lenkungsgremium der EU.[349] Vom Ecofin zu unterscheiden sind auch die im Rat vereinigten Vertreter der Regierungen der Mitgliedstaaten. Bei dieser Formation wird zwar der Rat in der Zusammensetzung der Staats- und Regierungschefs tätig, er handelt jedoch nicht in seiner Eigenschaft als Rat. Vielmehr wird eine Ratstagung zum Anlass genommen, sich über Materien zu einigen, die nicht voll in die Kompetenz der EG fallen. Einige Bestimmungen des EGV sehen ausdrücklich diese Zusammensetzung des Rates vor, z.B. Art. 223 Abs. 1 EGV über die Ernennung von Richtern und Generalanwälten am EuGH. Bei den Beschlüssen des Rates in dieser Formation handelt es sich um völkerrechtliche Vereinbarungen zwischen den Mitgliedstaaten.[350] Unzutreffend schließlich ist die Bezeichnung „Rat der EU" deswegen, weil der EG-Vertrag nur vom Rat spricht. Primärrecht kann jedoch nicht durch Sekundärrecht verändert werden.[351] Trotzdem hat sich diese Bezeichnung mittlerweile eingebürgert.

---

347 Die Aufteilung widerspricht jedenfalls nicht dem Wortlaut des Art. 203 EGV, so dass sie rechtlich nicht angegriffen werden kann. *Wuermeling*, EuR 1996, 167 ff. kritisiert an der Aufteilung jedoch, dass ein Rat oft nicht wisse, was der andere Rat beschlossen hat. Die Koordinierung zwischen den Räten wird nur ansatzweise durch den Europäischen Rat verwirklicht.

348 ABl. 1993 Nr. L 281/18.

349 Das Verhältnis von EU und EG wird nach h.M durch das Säulenmodell beschrieben; vgl. dazu *Bleckmann*, Europarecht, Rn. 46 ff.

350 *Koenig/Haratsch*, Rn. 156.

351 Die Umbenennung wird auf die Aufzählung in Art. 5 EUV zurückgeführt. Umstritten ist jedoch, ob der Rat damit zu einem Organ der EU geworden ist oder ob der Rat der EU im Wegen der Organleihe von der EG zur Verfügung gestellt werden, vgl. hierzu *Wichard*, in Calliess/Ruffert Art. 5 EUV Rn. 7 ff. Zur Rechtmäßigkeit der Umbenennung vgl. auch *Koenig/Haratsch* Rn. 155; *Nettesheim*, in: Grabitz/Hilf (Stand 1994) Art. 4 EGV Rn. 16; *Pechstein/Koenig* Rn. 182 ff.

(b) Aufgaben und Bedeutung des Ecofin

Der Rat hat nach der Konzeption des EGV sowohl Exekutiv- als auch Legislativfunktionen. Die Legislativfunktionen ergeben sich aus den verschiedensten Bestimmungen des EGV, in denen dem Rat die Kompetenz zur Rechtssetzung zugewiesen wird. Aus dem Prinzip der begrenzten Einzelermächtigung[352] folgt, dass das konkrete Organ nur tätig werden darf, wenn eine bestimmte Zuständigkeit eröffnet ist. Die wichtigste Kompetenznorm für den Rat ist Art. 95 EGV. Danach erlässt er die Maßnahmen zur Harmonisierung der innerstaatlichen Vorschriften, die die Errichtung und das Funktionieren des Binnenmarktes zum Gegenstand haben.[353]

Neben den Legislativfunktionen sind dem Rat auch Exekutivfunktionen zugewiesen. Exekutivfunktion bedeutet, dass der Rat die europäischen Rechtsakte ausführt, sofern sie sich an die Gemeinschaft richten. Ferner kann er nach Art. 202 EGV Entscheidungen zur Verwirklichung der Ziele des EGV treffen. Unter Entscheidung ist dabei jede Maßnahme im untechnischen Sinne gemeint.[354] Bei der Ausübung seiner Kompetenzen kommt dem Rat ein Ermessensspielraum zu.[355] Art. 202 EGV wirkt jedoch auf eine gewisse Trennung der Exekutivfunktionen von den Legislativfunktionen hin. Nach dem dritten Spiegelstrich dieser Norm sollen die Durchführungsbefugnisse auf die Kommission übertragen werden, was durch den sog. Komitologie-Beschluss[356] geschehen ist. Trotzdem verbleiben dem Rat weitreichende „Regierungsfunktionen“. Zu nennen sind hier insbesondere die im Folgenden dargestellten Aufgaben bei der Überwachung der Budgetdisziplin.

Die Kumulierung von Legislativ- und Exekutivfunktionen des Rates ist aus Gewaltenteilungs- und Demokratiegesichtspunkten bedenklich. Der Rat besteht aus Regierungsvertretern der Mitgliedstaaten, diese sind nicht unmittelbar demokratisch le-

---

352 Siehe dazu *Bleckmann*, Europarecht, Rn. 380 ff.

353 Das konkrete Rechtssetzungsverfahren richtet sich nach Art. 251 EGV, auf den Art. 95 EGV verweist. Im sogenannten Mitentscheidungsverfahren (Kodezisionsverfahren) liegt das Initiativrecht bei der Kommission, d.h. sie unterbreitet dem Rat Vorschläge für neue Rechtsakte. Dieser Rechtsakt kann dann auf drei verschiedene Arten zustande kommen. Entweder wird er von Rat und Parlament übereinstimmend gebilligt, oder es wird eine vom Rat oder Parlament vorgeschlagene Änderung durch das jeweils andere Organ gebilligt, oder beide Organe billigen einen Entwurf des Vermittlungsausschusses. Im Mitentscheidungsverfahren ist somit die Legislativkompetenz zwischen Rat und Parlament geteilt. Dies stellt eine neue Entwicklung dar. Das Mitentscheidungsverfahren wurde erst durch den Maastrichter Vertrag in den EGV eingefügt. In anderen Verfahren, z.B. der Anhörung bei Art. 308 EGV oder der Zusammenarbeit gemäß Art. 252 EGV hat das Parlament weniger Mitspracherechte, der Schwerpunkt der Kompetenz liegt in diesen Verfahren beim Rat.

354 Eine Entscheidung im technischen Sinne ist gemäß Art. 249 Abs. 4 EGV ein Rechtsakt, der in allen Teilen verbindlich ist für diejenigen, die sie bezeichnet.

355 *Wichard*, in: Calliess/Ruffert Art. 202 EGV Rn. 4.

356 Der erste Komitologie-Beschluss des Rates vom 13.07.1987 (ABl. 1987 Nr. L 197/33) wurde durch einen Beschluss vom 28.06.1999 (ABl. 1999 Nr. L 184/23) abgeändert; dazu *Menschning*, EuZW 2000, 268 ff.

gitimiert. Zwar besteht eine mittelbare Legitimation, da die nationalen Regierungen von den Parlamenten gewählt sind. Eine direkte Einflussnahme des Wahlvolkes auf den Rat im Falle von Inkompetenz oder eklatanten Fehlentscheidungen ist jedoch praktisch nicht möglich, da vorher in allen Mitgliedstaaten neue Regierungen gewählt werden müssten. Ob mit dieser institutionellen Konzeption das Demokratieprinzip gewahrt ist, bleibt fraglich.[357] Jedenfalls führt die Kumulierung von Legislativ- und Exekutivfunktionen zu Interessenkonflikten innerhalb des Rates. Im Rahmen des Defizitverfahrens bedeutet dies, dass die Mitgliedstaaten als Bestandteil des Rates gleichzeitig Gesetzgeber, Gesetzesanwender und potentiell Sanktionierte sind.

(2) Die Zuständigkeiten des Ecofin im Rahmen des Defizitverfahrens

Der Ecofin ist das Hauptorgan im Rahmen des Defizitverfahrens. Auch wenn die Kommission über beachtliche Kompetenzen verfügt, werden die grundlegenden Entscheidungen doch vom Rat getroffen. Diese starke Stellung kommt dem Ecofin sowohl im Vorverfahren des Stabilitäts- und Wachstumspaktes als auch im eigentlichen primärrechtlichen Sanktionsverfahren des Art. 104 EGV zu. Hier sind die Kompetenzen des Ecofin in den Abs. 6 bis 11 normiert.

(a) Frühwarnsystem („blauer Brief“)

Im zeitlich vorgelagerten Verfahren des Stabilitätspaktes überprüft der Rat gemäß Art. 5 Abs. 1 der Verordnung 1466/97/EG die ökonomische Tragfähigkeit der Stabilitätsprogramme im Hinblick darauf, ob die Annahmen, auf denen das Programm beruht, realistisch sind und ob die vorgeschlagenen Maßnahmen ausreichen, das mittelfristige Haushaltsziel zu erreichen. Grundlage der Überprüfung durch den Ecofin ist die Bewertung der Stabilitätsprogramme durch die Kommission. Anschließend gibt der Rat nach Anhörung des WFA eine Stellungnahme zu dem Stabilitätsprogramm ab. Gemäß Art. 6 Abs. 2 der Verordnung 1466/97/EG richtet der Ecofin eine frühzeitige Warnung an den Mitgliedstaat, wenn die aktuelle Haushaltslage von dem mittelfristigen Haushaltsziel *erheblich* abweicht. Bis heute ungeklärt ist die Frage, wann eine „erhebliche Abweichung“ vom mittelfristigen Haushaltsziel vorliegt. Die Kommission analysiert hierzu mehrere Indikatoren, etwa die Höhe der Abweichung vom Haushaltsziel, die Gründe für das Abweichen und das Risiko der Entstehung eines übermäßigen Defizits.[358] Je mehr der Mitgliedstaat in die Nähe eines übermäßigen Defizits gerät, desto eher ist eine Abweichung „erheblich“. Staaten mit gesunden öffentlichen Finanzen können daher eher von ihrem mittelfristigen Haushaltsziel abweichen, ohne eine Frühwarnung zu riskieren, als Staaten mit einer problematischen Haushaltssituation.

---

[357] Gemäß BVerfGE 89, 155/213 – Maastricht „sind der Ausdehnung der Aufgaben und Befugnisse der Europäischen Gemeinschaften (...) vom demokratischen Prinzip her Grenzen gesetzt“. Diese seien jedoch eingehalten, da die Europäische Union über die Wahlen zu den nationalen Parlamenten ausreichend demokratisch legitimiert sei (BVerfG NJW 1995, 2216).

[358] Vgl. *Europäische Kommission*, European Economy 3/2002, S. 47.

Die frühzeitige Warnung des Ecofin auf Grundlage des Stabilitäts- und Wachstumspaktes wird in Deutschland untechnisch auch als „blauer Brief" bezeichnet, wobei dieser Begriff in der Öffentlichkeit allerdings uneinheitlich verwendet wird.[359] Der „Blaue Brief" enthält Empfehlungen an den Mitgliedstaat, die notwendigen Anpassungsmaß-nahmen zu ergreifen, um das mittelfristige Haushaltsziel zu erreichen. Bereits die Stellungnahme der Kommission, die dem Rat die Aussprache einer frühzeitigen Warnung an einen Mitgliedstaat empfiehlt, kann beträchtliche politische Auswirkungen in diesem und in anderen Mitgliedstaaten haben. Das Frühwarnsystem ist daher in seiner Bedeutung nicht zu unterschätzen, auch wenn es keine Sanktionen vorsieht.

(b) Art. 104 Abs. 6 EGV

Im Rahmen des primärrechtlichen Defizitverfahrens beginnt die Zuständigkeit des Ecofin mit der Vorlage des Berichts der Kommission in Form einer förmlichen Stellungnahme. Ohne eine derartige Vorlage kann der Rat nicht tätig werden.

Gemäß Art. 104 Abs. 6 EGV entscheidet der Ecofin, ob ein übermäßiges Defizit besteht oder nicht (Feststellungsentscheidung). Grundlage seiner Entscheidung sind die Stellungnahme der Kommission sowie die dazu ergangenen Bemerkungen des betreffenden Mitgliedstaates. Der Ecofin ist jedoch in seiner eigenen Einschätzung weder an das eine noch an das andere gebunden. Seine Aufgabe ist es, die Argumente der Kommission für ein übermäßiges Defizit mit den Argumenten des Mitgliedstaates gegen das Defizit abzuwägen.

Fraglich ist, wann ein „übermäßiges Defizit" i.S.d. Art. 104 Abs. 6 EGV vorliegt. Der Begriff ist jedenfalls nicht mit dem „übermäßigen öffentlichen Defizit" in Abs. 1 deckungsgleich.[360] Für diese Auslegung spricht, dass die Entscheidung des E-cofin nach Abs. 6 das Überwachungsverfahren der Kommission beendet. Die Kommission berücksichtigt aber in ihrem Bericht gemäß Art. 104 Abs. 3 EGV nicht nur die Referenzwerte des Protokolls, sondern auch alle sonstigen einschlägigen Faktoren, einschließlich der mittelfristigen Wirtschafts- und Haushaltslage der Mitgliedstaaten. Es wäre jedoch unsinnig, wenn der Rat sich an die Referenzwerte halten, die Kommission in ihrem Bericht aber weitere Kriterien berücksichtigen müsste. Darüber hinaus trifft der Rat seine Entscheidung gemäß Art. 104 Abs. 6 EGV nach Prüfung der „Gesamtlage". Mit Gesamtlage können aber nicht nur die beiden Referenzwerte gemeint sein, da sonst die Hinzufügung der Worte „nach Prüfung der Gesamtlage" überflüssig wäre.

---

[359] In den Medien ist hierzu – wie allgemein zum Defizitverfahren – eine allgemeine Konfusion festzustellen. Der Begriff „Blauer Brief" wird für alle möglichen Entscheidungen gebraucht, etwa für die Bewertung der Stabilitätsprogramme durch die Kommission, für den Bericht der Kommission nach Art. 104 Abs. 3 EGV und für die Entscheidung des Ecofin gemäß Art. 104 Abs. 6 EGV. Richtig ist die Bezeichnung allein für die frühzeitige Warnung des Rates auf Grundlage von Art. 6 Abs. 2 der Verordnung 1466/97/EG, da diese Warnung – wie auch ein blauer Brief für den Schüler – im Vorfeld einer möglichen Sanktion erfolgt.

[360] A.A. *Konow* S. 79 ff.

Der Begriff „übermäßiges Defizit" in Abs. 6 ist daher weiter auszulegen als der Nettofinanzierungssaldo eines Staates. Grundlage der Ecofin-Entscheidung ist zwar die Frage, ob ein Mitgliedstaat ein übermäßiges Finanzierungsdefizit i.S.d. Abs. 1 aufweist. Der Rat muss jedoch auch das Kriterium des Schuldenstandes, alle sonstigen geeigneten Parameter sowie die Ausnahmebestimmungen des Abs. 2 in seiner Entscheidung berücksichtigen. Er ist damit in seiner Entscheidung nicht an den Defizitreferenzwert von 3% gebunden.[361] Die Verwendung des Begriffs „Defizit" in Abs. 6 ist damit missglückt, vielmehr entscheidet der Rat, ob die Haushaltslage eines Mitgliedstaates unter Berücksichtigung der Gesamtlage als *untragbar* einzustufen ist.[362]

Damit stellt sich die Frage, welche Kriterien bei der Prüfung der Gesamtlage eine Rolle spielen dürfen. Hauptkriterien sind sicherlich die Referenzkriterien des Abs. 2, d.h. die Referenzwerte des Protokolls für Defizit und Schuldenstand sowie die dort genannten Ausnahmebestimmungen.[363] Unzutreffend ist somit die Aussage, die Überschreitung des Schuldenstandskriteriums sei *de lege lata* nicht sanktionsbewehrt.[364] Denn auch die Überschreitung des Schuldenstandskriteriums kann dazu führen, dass der Ecofin die Haushaltslage dieses Staates als untragbar ansieht.

Zu den Hauptkriterien Defizit- und Schuldenstandsreferenzwert kommen eine Vielzahl von Nebenkriterien hinzu. Diese sind aus Sinn und Zweck des Defizitverfahrens zu entwickeln.[365] Zunächst fließen in die Beurteilung der Gesamtlage die Bemerkungen des betroffenen Mitgliedstaates ein. Wie sich aus Art. 3 Abs. 3 der Verordnung 1467/97/EG ergibt, können die Mitgliedstaaten insbesondere einen besonders starken Rückgang der Produktion oder des BIP als Rechtfertigungsgrund vorbringen. Die Mitgliedstaaten haben sich in der Entschließung des Europäischen Rates vom 17. Juni 1997[366] jedoch politisch verpflichtet, sich in der Regel nicht auf einen außergewöhnlichen Rückgang des BIP zu berufen, wenn der Rückgang weniger als 0,75% beträgt. Weiterhin berücksichtigt der Ecofin die Parameter des Abs. 3, d.h. die Frage, ob das Defizit die Ausgaben für öffentliche Investitionen übersteigt sowie die mittelfristige Wirtschafts- und Haushaltslage des Mitgliedstaats. Darüber hinaus ist eine Vielzahl von Kriterien denkbar, die bei der Prüfung der Gesamtlage eine Rolle spielen könnten, so z.B. die Arbeitsmarktdaten, die Inflationsrate, sowie die kurz- und langfristigen konjunkturellen Aussichten. Auch das konjunkturelle Klima in der gesamten Gemeinschaft oder die Weltkonjunktur können berücksichtigt werden. Dem Rat kommt dabei ein großer Beurteilungsspielraum zu. Ihm obliegt es, die einschlägigen Kriterien zu bewerten und untereinander zu gewichten. Richtschnur muss wie-

---

361 *Häde*, in: Calliess/Ruffert Art. 104 Rn. 47; *Schulze-Steinen* S. 259 ff.; *Palm* S. 163. Missverständlich insoweit *Streinz* Rn. 868.

362 Zum Tragbarkeitsbegriff vgl. *Schulze-Steinen* S. 262 f. sowie unten S. 239 ff.

363 Vgl. dazu oben S. 83 ff.

364 So aber *Eijffinger/de Haan* S. 92.

365 *Schulze-Steinen* S. 262 f.

366 ABl. 1997 Nr. C 236/1 ff.

derum die Tragbarkeit der öffentlichen Haushalte sein.[367] Die Entscheidung nach Abs. 6 muss innerhalb von 3 Monaten nach dem 1.März bzw. 1. September eines jeden Jahres erfolgen.[368] Es handelt sich dabei zwar nicht um Ausschlussfristen[369], in dem Sinn, dass ein Beschluss des Rates nach diesen Terminen unzulässig wäre. Der Rat könnte jedoch mit einer Untätigkeitsklage dazu gezwungen werden, einen Beschluss nach Abs. 6 zu treffen, wenn die Frist verstrichen ist.

Ein Sonderproblem ergibt sich dann, wenn der Bericht der Kommission davon ausgeht, dass lediglich die Gefahr eines übermäßigen Defizits besteht.[370] Gemäß Abs. 5 kann die Kommission dem Rat nämlich auch dann eine Stellungnahme vorlegen, wenn sie der Auffassung ist, „dass sich in einem Mitgliedstaat ein übermäßiges Defizit ergeben könnte", selbst wenn es aktuell noch nicht entstanden ist. Demgegenüber kann der Rat gemäß Abs. 6 lediglich feststellen, ob ein übermäßiges Defizit besteht oder nicht. Unklar ist, ob der Rat das *Bestehen* eines übermäßigen Defizits feststellen könnte, wenn die Kommission in ihrem Bericht lediglich die *Gefahr* eines übermäßigen Defizits sieht. Dies führt zu der Frage, ob ein übermäßiges Defizit bestehen kann, bevor es entstanden ist. Dafür spricht, dass sich der Begriff des übermäßigen Defizits nicht nur auf die Vergangenheit oder die Gegenwart bezieht, sondern auch eine Zukunftsprognose umfasst. Das Defizitreferenzkriterium kann beispielsweise auch dann überschritten sein, wenn lediglich das geplante Defizit den Referenzwert von 3% überschreitet.[371] Weiterhin wird angeführt, dass auch andere in der Zukunft liegende Faktoren vom Rat berücksichtigt werden müssen, so z.B. Haushaltspläne für die kommenden Jahre oder fällig werdende Verbindlichkeiten.[372] Andererseits ist zu beachten, dass der Wortlaut des Abs. 6 im Gegensatz zu Abs. 5 nur die Formulierung „besteht" enthält; der Zusatz „oder sich ergeben könnte" fehlt. Der Rat kann damit nicht die Feststellung treffen, dass in der Zukunft ein übermäßiges Defizit droht.[373] Diese Feststellung wäre rechtswidrig, da ohne Ermächtigungsgrundlage ergangen. Zu berücksichtigen ist jedoch, dass der Rat nicht an die Entscheidung der Kommission gebunden ist. Geht diese lediglich von der *Gefahr* eines übermäßigen Defizits aus, kann der Rat gleichwohl zu dem Ergebnis kommen, dass ein übermäßiges Defizit aktuell *besteht*. Die Referenzwerte können hierzu zwar nicht umgedeutet werden, der Rat kann jedoch den sonstigen im Rahmen der Gesamtlage zu prüfenden Kriterien eine andere Bedeutung beimessen als die Kommission. Damit kann ein übermäßiges Defizit bestehen (laut Rat) bevor es entstanden ist (laut Kommission).

Bei der Entscheidung über das Bestehen eines übermäßigen Defizits gemäß Art. 104 Abs. 6 EGV sind alle Mitgliedstaaten stimmberechtigt. Dies ist einigermaßen

---

367 *Schulze-Steinen* S. 262 f.

368 Art. 3 Abs. 3 Verordnung 1467/97/EG.

369 *Bandilla*, in: Grabitz/Hilf Art. 104 EGV Rn. 24.

370 *Italianer*, in: GTE (5. Auflage) Art. 104c EGV Rn. 55; *Konow* S. 133 ff.

371 Das geplante Defizit ist das Defizit des laufenden Haushaltsjahrs, vgl. S. 87.

372 *Italianer*, in: GTE (5. Auflage) Art. 104c Rn. 55.

373 So auch *Bandilla*, in: Grabitz/Hilf Art. 104 Rn. 23 m.w.N.

befremdlich, da dadurch der zu sanktionierende Staat über seine eigene Sanktion entscheidet.[374] Die Mitwirkungsmöglichkeit des „Sünders“ wird jedoch dadurch abgemildert, dass die Entscheidung mit qualifizierter Mehrheit gemäß Art. 205 Abs. 2 EGV getroffen wird. Daher genügt es nicht, dass der betroffene Mitgliedstaat gegen die Feststellung stimmt. Er muss noch einige weitere Mitstreiter auf seine Seite ziehen. Die Entscheidung des Ecofin, ob ein übermäßiges Defizit besteht, ist konstitutiv für das weitere Vorgehen. Das bedeutet, dass ohne Feststellung des Rates keine weiteren Sanktionen möglich sind. Art. 104 Abs. 6 EGV kommt damit eine zentrale Stellung im Sanktionssystem zu. Während vorher die Kommission das zentrale Organ des Verfahrens ist, das zwar unabhängig von den staatlichen Begehrlichkeiten, allerdings auch einigermaßen zahnlos ist, sind die „harten“ Sanktionen durch den Ecofin erst nach der Feststellungs-Entscheidung möglich. Dadurch erklärt sich auch die Merkwürdigkeit, dass der zu sanktionierende Staat an der Abstimmung teilnehmen darf. Die Initiatoren des Maastrichter Vertrages (die Mitgliedstaaten) wollten die Staaten (d.h. sich selber) dadurch vermutlich vor den wirklich einschneidenden Sanktionen bewahren.

Bis zum Übergang in die dritte Stufe hat der Rat drei Entscheidungen nach Absatz 6 getroffen. Am 19. September 1994 bezüglich aller Mitgliedstaaten mit Ausnahme von Luxemburg und Irland[375]; am 19. Juni 1995 bezüglich Finnland, Österreich und Schweden[376]; am 27. Juni 1996 bezüglich Deutschland[377]. Seit dem Übergang in die dritte Stufe der WWU wurden zunächst nur wenige Entscheidungen nach Abs. 6 getroffen. Der Grund dafür lag einerseits darin, dass die Haushalte der Mitgliedstaaten für diesen Übergang konsolidiert wurden, andererseits wirkt das Frühwarnsystem des Stabilitäts- und Wachstumspaktes seit 1997 quasi als Vorverfahren, das bereits im Vorfeld auf die Haushaltslage einwirkt und Entscheidungen nach Abs. 6 erübrigt. Gleichwohl hat der Rat am 5. November 2002 ein übermäßiges Defizit in Portugal, am 21. Januar 2003 in Deutschland[378] und am 3. Juni 2003 in Frankreich[379] festgestellt. Eine Übersicht zu diesen Entscheidungen befindet sich unter c).

(c) Art. 104 Abs. 7-8 EGV

Hat der Ecofin festgestellt, dass ein übermäßiges Defizit in einem Mitgliedstaat besteht, richtet er gemäß Art. 104 Abs. 7 EGV Empfehlungen an den betreffenden Mitgliedstaat, wie er das übermäßige Defizit auf ein zulässiges Maß reduzieren kann. Diese Empfehlungen werden nicht veröffentlicht. Der Rat ist zur Abgabe von Emp-

---

374 Vgl. demgegenüber Art. 7 EUV, Art. 309 EGV.

375 Bulletin EU 9/1994 Ziff. 1.2.11.

376 Bulletin EU 7-8/1995 Ziff. 1.3.9.

377 Bulletin EU 6/1996 Ziff. 1.3.11; ABl. 1996 Nr. L 172/26.

378 Vgl. SZ vom 22.01.2003, S. 1; FAZ vom 22.01.2003, S. 13; Pressemitteilung des Ecofin-Rates Nr. 5506/03 vom 21.01.2003.

379 Vgl. SZ vom 04.06.2003, S. 21; Pressemitteilung des Ecofin-Rates Nr. 9844/03 vom 06.06.2003.

fehlungen verpflichtet, wie sich aus dem Wortlaut des Abs. 7 ergibt („so richtet der Rat"). Aus Art. 3 Abs. 3 der Verordnung 1467/97/EG[380] folgt darüber hinaus, dass die Empfehlungen gleichzeitig mit der Entscheidung nach Abs. 6 ausgesprochen werden müssen.[381] Mit den Empfehlungen muss eine bestimmte Frist verbunden sein, innerhalb der der betroffene Mitgliedstaat sein übermäßiges Defizit abgebaut haben muss. Hierbei sind zwei Fristen zu unterscheiden. Gemäß Art. 3 Abs. 4 der Verordnung 1467/97/EG darf die Frist für das Ergreifen wirksamer Maßnahmen höchstens 4 Monate betragen. Die Frist zur Korrektur des übermäßigen Defizits soll i.d.R. bis zum Ende des auf die Feststellungsentscheidung folgenden Jahres betragen. Wenn der Staat den Empfehlungen nicht nachkommt, können diese als zusätzliche Sanktion gemäß Art. 104 Abs. 8 EGV im Amtsblatt der EG[382] veröffentlicht werden. Dadurch wird ein zusätzlicher Prangereffekt geschaffen, dessen Wirkungen nicht unterschätzt werden dürfen. Der Rat ist zur Veröffentlichung allerdings nicht verpflichtet, wie sich aus der „kann" - Formulierung ergibt. Sofern der Rat beschließt, die Empfehlungen zu veröffentlichen, muss dies unmittelbar nach Ablauf der Frist von max. 4 Monaten geschehen.[383] Zu beachten ist, dass die Empfehlungen – ob veröffentlicht oder nicht – gemäß Art. 249 Abs. 5 EGV unverbindlich sind. Sie können daher weder mit der Untätigkeitsklage erzwungen noch mit der Nichtigkeitsklage angegriffen werden.[384]

In der Praxis wurden vor dem Übergang in die dritte Stufe wiederholt Empfehlungen nach Abs. 7 an Mitgliedstaaten gerichtet. So am 7. November 1994[385], am 24. Juli 1995[386], am 16. September 1996[387], am 15. September 1997[388] sowie am 29. Juli 1998[389]. Soweit ersichtlich wurde bis dahin keine Empfehlung veröffentlicht. Nach Übergang in die dritte Stufe wurden am 5. November 2002 Empfehlungen an Portugal gerichtet, am 21. Januar 2003 an Deutschland und am 3. Juni 2003 an Frankreich.[390] Diese letzten Empfehlungen wurden in Übereinstimmung mit Art. 3 Abs. 3

---

380 ABl. 1997 Nr. L 209/6.

381 Unzutreffend insoweit *Italianer*, in: GTE (5. Auflage) Art. 104c Rn. 58.

382 So *Schulze-Steinen* S. 270.

383 Art. 4 Abs. 1 der Verordnung 1467/97/EG.

384 Zum Rechtsschutz im Rahmen des Defizitverfahrens, vgl. unten S. 116 ff.

385 Bulletin EU 11/1994 Ziff. 1.2.11. Diese Empfehlung betraf alle Mitgliedstaaten mit Ausnahme von Luxemburg und Irland.

386 Bulletin EU 7-8/1995 Ziff. 1.3.10. Diese Empfehlungen betrafen Österreich, Belgien, Dänemark, Finnland, Griechenland, Spanien, Frankreich, Italien, Niederlande, Portugal, Schweden und Großbritannien.

387 Bulletin EU 9/1996 Ziff. 1.3.5. Diese Empfehlungen betrafen Belgien, Deutschland, Finnland, Griechenland, Spanien, Frankreich, Italien, Niederlande, Portugal, Schweden und Großbritannien.

388 Bulletin EU 9/1997 Ziff. 1.2.6. Diese Empfehlungen betrafen Belgien, Deutschland, Griechenland, Spanien, Frankreich, Italien, Portugal und Schweden.

389 Bulletin EU 7/1998 Ziff. 1.3.3. Diese Empfehlung richtete sich an Griechenland.

390 Vgl. zu den Empfehlungen betreffend Portugal das Ratsdokument 13490/02 vom 05.11.2002 S. 10; die Veröffentlichung erfolgte mit Ratsdokument 13531/2/02 vom selben Datum. Als Frist für das Ergreifen wirksamer Maßnahmen wurde der 31.12.2002 festgelegt. Die Kürze der Frist

der Verordnung 1467/97/EG gleichzeitig mit der Entscheidung nach Art. 104 Abs. 6 EGV beschlossen sowie in Übereinstimmung mit Ziffer 6 der Entschließung vom 17. Juni 1997[391] „auf Wunsch der betreffenden Staaten“ sofort veröffentlicht. Da die Empfehlungen allerdings nur als Pressemitteilungen herausgegeben wurden, handelt es sich nicht um eine Veröffentlichung i.S.d. Art. 104 Abs. 8 EGV, diese hätte im Amtsblatt erfolgen müssen.[392] Eine derartige Veröffentlichung wäre problematisch gewesen, sieht doch Art. 104 Abs. 8 EGV diese Maßnahme eigentlich erst als zusätzliche Sanktion nach Ablauf der Frist vor. Gleichwohl ist eine Veröffentlichung mit Zustimmung des betroffenen Staates zulässig, nicht jedoch gegen dessen Willen. Eine Übersicht zu den Empfehlungen nach Übergang in die dritte Stufe befindet sich unter c).

(d) Art. 104 Abs. 9 EGV

Wenn der betreffende Staat den Empfehlungen weiterhin nicht Folge leistet, kann der Ecofin ihn gemäß Art. 104 Abs. 9 EGV in Verzug setzen. Dazu werden dem Mitgliedstaat Maßnahmen zum Abbau des Defizits vorgeschrieben, die dieser innerhalb einer bestimmten Frist ausführen muss. Des Weiteren kann der Rat den Mitgliedstaat ersuchen, in regelmäßigen Abständen Berichte über die durchgeführten Maßnahmen vorzulegen. Die Entscheidung über das In-Verzug-Setzen sowie die Aufgabe einer Berichtspflicht stellen Ermessensentscheidungen des Rates dar. Sofern der Rat beschließt, den Mitgliedstaat in Verzug zu setzen, soll dieser Beschluss innerhalb eines Monats gefasst werden, nachdem der Rat gemäß Art. 104 Abs. 8 EGV festgestellt hat, dass keine wirksamen Maßnahmen ergriffen wurden.[393] Erstaunlich ist, dass der Stabilitäts- und Wachstumspakt keine Präzisierung der Frist vorsieht, die der Rat dem Mitgliedstaat setzt.[394] Aber auch ohne sekundärrechtliche Präzisierung muss der Rat seine Entscheidung nach pflichtgemäßem Ermessen treffen. Die Frist muss daher lang genug sein, um dem Staat die Umsetzung der Maßnahmen zu ermöglichen, aber kurz genug, um ausreichenden Druck auf den Staat auszuüben. Dies kommt auf den Einzelfall an.

Umstritten ist innerhalb des Abs. 9, welche Rechtsformen für das Handeln des Rates in Betracht kommen.[395] Vertreten wird, dass der Rat nur Entscheidungen[396], nur Richtlinien[397] oder aber beides[398] treffen könne. Empfehlungen scheiden aus, da der

---

erklärt sich daraus, dass Portugal den Empfehlungen bereits im Vorfeld nachgekommen war. Die Empfehlungen bezüglich Deutschland sind in der Pressemitteilung des Ecofin-Rates 5506/03 vom 21.01.2003 nachzulesen. Als Frist wurden 4 Monate festgelegt. Zu den Empfehlungen bezüglich Frankreich siehe Fn. 379.

391 ABl. 1997 Nr. C 236/2.

392 *Schulze-Steinen* S. 270.

393 Art. 5 Verordnung 1467/97/EG.

394 *Palm* S. 166.

395 Vgl. zum Streitstand *Schulze-Steinen* S. 271 ff.

396 *Bandilla*, in: Grabitz/Hilf Art. 104 Rn. 34.

397 *Hartmann*, Budgetautonomie, S. 73 f.

Wortlaut „In-Verzug-Setzen" einen verbindlichen Rechtsakt erfordert. Verordnungen scheiden aus, da sie nur an alle Mitgliedstaaten gleichzeitig gerichtet werden können.[399] Da Art. 104 Abs. 9 EGV keine konkrete Handlungsform vorgibt[400], sollte der Rat im Einzelfall entscheiden können, mit welcher Rechtsform seine Vorschläge und Maßnahmen gegenüber dem Mitgliedstaat durchgesetzt werden können. Erfordert dies einen gewissen Freiraum des Staates, muss der Rat auf eine Richtlinie zurückgreifen, die dem Mitgliedstaat die Wahl der Form und die Mittel zur Erreichung des Zwecks überlässt. Erfordert die Situation eine genaue Vorgabe der zu beschließenden Maßnahmen, muss der Rat in Form einer Entscheidung handeln.

Das Verfahren des Art. 104 Abs. 9 EGV kam bis zum Übergang in die dritte Stufe nicht zur Anwendung. Die Entscheidungen nach Übergang in die dritte Stufe sind in der Tabelle unter c) zusammenfasst.

(e) Art. 104 Abs. 11 EGV

Als ultima ratio sieht das Defizitverfahren in Art. 104 Abs. 11 EGV die Möglichkeit vor, dass der Rat Sanktionen gegen Mitgliedstaaten mit einem übermäßigen Defizit verhängt. Im Gegensatz zu den Empfehlungen nach Abs. 7/8 sowie dem In-Verzug-Setzen nach Abs. 9 handelt es sich bei den Sanktionen des Abs. 11 um Maßnahmen mit Strafcharakter, die die finanziellen Verhältnisse des Mitgliedstaates mehr oder weniger unmittelbar beeinflussen. Sie können daher als „harte Sanktionen" bezeichnet werden.[401] Voraussetzung für die Verhängung der Sanktionen ist, dass ein Mitgliedstaat einen Beschluss nach Abs. 9 nicht befolgt. Das ist dann der Fall, wenn der Mitgliedstaat innerhalb der gesetzten Frist keine Maßnahmen zum Defizitabbau ergriffen hat. Dagegen dürfen keinen Sanktionen verhängt werden, wenn der Mitgliedstaat die vorgeschriebenen Maßnahmen ergreift, das Defizit jedoch trotzdem nicht zurückgeht. Vielmehr muss der Rat in diesem Fall seinen Beschluss nach Abs. 9 überdenken und den Mitgliedstaat gegebenenfalls zum Ergreifen weiterer Maßnahmen auf Grundlage des Abs. 9 verpflichten.

Die Palette möglicher Sanktionen ist in Art. 104 Abs. 11 EGV abschließend normiert.[402] Die zuerst genannte Sanktion besteht darin, dass der Mitgliedstaat verpflichtet wird, vor der Emission von Schuldverschreibungen und sonstigen Wertpapieren zusätzliche Angaben zu veröffentlichen. Diese Angaben müssen vom Rat vorgegeben werden und beziehen sich auf die Haushaltslage des betreffenden Mitgliedstaates. In Folge dieser Sanktion kann sich die Stellung dieses Staates auf den Fi-

---

398 *Häde*, in: Calliess/Ruffert Art. 104 EGV Rn. 53; *Schulze-Steinen* S. 274 f.

399 *Hartmann*, Budgetautonomie, S. 74.

400 Sog. ungekennzeichneter Rechtsakt; vgl. *Schweitzer/Hummer* Rn. 412 f.

401 Im Gegensatz dazu handelt es sich bei den Sanktionen der Abs. 3 bis 9 um „weiche Sanktionen".

402 Davon zu unterscheiden ist die Frage, ob der Rat auch außerhalb des Art. 104 EGV gegen Mitgliedstaaten vorgehen kann, die ein übermäßiges Defizit aufweisen. Dies wird im zweiten Kapitel dieser Arbeit untersucht.

nanzmärkten verschlechtern, da negative Einschätzungen durch die Rating-Agenturen zu Zinsaufschlägen führen. Dadurch verteuert sich die Ausgabe von Schuldverschreibungen. Mit dieser Sanktion soll bezweckt werden, dass der Staat weniger Schuldverschreibungen ausgibt und damit sein Defizit nicht weiter steigert. Die zweite in Abs. 11 genannte Sanktion besteht darin, dass der Rat die Europäische Investitionsbank (EIB) ersuchen kann, ihre Darlehenspolitik gegenüber dem Mitgliedstaat zu überprüfen. Eine direkte Einflussnahme auf die EIB ist zwar nicht möglich[403], trotzdem wird auch diese Maßnahme zur Folge haben, dass der Staat weniger Kredite erhält. Weiterhin kann der Rat gemäß Abs. 11 3. Spiegelstrich von dem Mitgliedstaat die Hinterlegung einer unverzinslichen Einlage in angemessener Höhe bei der Gemeinschaft verlangen. Schließlich kommt die Verhängung einer Geldbuße in angemessener Höhe in Betracht. Diese unterscheidet sich von der unverzinslichen Einlage dadurch, dass sie nicht zurückbezahlt wird.

Art. 104 Abs. 11 EGV ist über eine „kann“ - Formulierung als Ermessensvorschrift ausgestaltet. Dabei kommt dem Rat nach der Wortlaut ein Ermessen sowohl bezüglich des „Ob“ der Sanktionen als auch bezüglich der Auswahl und der Höhe der Sanktionen zu. Dieses Ermessen wurde allerdings durch den Stabilitäts- und Wachstumspakt von 1997 deutlich eingeschränkt. So wurde das Ermessen, ob der Rat die Sanktionen nach Abs. 11 verhängt, über Art. 6 der Verordnung 1467/97/EG auf Null reduziert. Danach muss der Rat die Sanktionen verhängen, wenn die Voraussetzungen des Abs. 11 gegeben sind. Da Sekundärrecht nicht das Primärrecht abändern kann, ist diese Vorschrift jedoch nicht im Sinne einer Verpflichtung des Rates zu verstehen. Der Rat müsste allerdings gute Gründe anführen, um trotz des Vorliegens der Voraussetzungen des Abs. 1 keine Sanktionen zu verhängen. Dies könnte etwa der Fall sein, wenn ein erneutes In-Verzug-Setzen nach Abs. 9 zweckmäßiger erscheint, da der Rat dabei nicht auf den Maßnahmekatalog des Abs. 11 beschränkt ist. Auch das Ermessen bezüglich der Auswahl und der Höhe der Sanktionen wurden durch den Stabilitäts- und Wachstumspakt begrenzt. Art. 104 Abs. 11 EGV trifft hierzu keine Vorgaben, die genannten Maßnahmen könnten in beliebiger Reihenfolge, alleine oder gemeinsam angewendet werden. Die Vorschriften der Art. 11 bis 13 der Verordnung 1467/97/EG geben hierfür Leitlinien und können daher als „Sanktions-Verfahrensordnung“ bezeichnet werden. Gemäß Art. 11 der Verordnung soll i.d.R. eine unverzinsliche Einlage verlangt werden, wenn der Rat Sanktionen nach Abs. 11 beschließt. Entgegen der Konzeption des Vertrages, nach der die Aufzählung der möglichen Sanktionen in 4 Spiegelstrichen suggeriert, dass diese in abgestufter und aufsteigender Wirksamkeit angeordnet sind[404], ist damit die unverzinsliche Einlage die Eingangs- und Standardsanktion. Den im ersten und zweiten Spiegelstrich genannten Sanktionen (zusätzlichen Angaben bei Emission von Schuldverschreibungen und Ersuchen an EIB) soll lediglich ergänzender Charakter zukommen. Ein Verstoß gegen

---

[403] *Bandilla*, in: Grabitz/Hilf Art. 104 EGV Rn. 39; *Häde*, in: Calliess/Ruffert Art. 104 EGV Rn. 56.

[404] *Häde*, in: Calliess/Ruffert Art. 104 EGV Rn. 99.

das Primärrecht liegt durch diese Festlegung nicht vor, da Art. 104 Abs. 11 EGV keine bestimmte Reihenfolge für die Verhängung der Sanktionen vorsieht. Art. 12 der Verordnung 1467/97/EG normiert gewisse Vorgaben[405] für die Höhe der zu leistenden Einlage, sie darf im Ergebnis 0,5% des BIP nicht überschreiten.[406] Das Sekundärrecht konkretisiert damit den unbestimmten Rechtsbegriff der „angemessenen Höhe".[407] Gemäß Art. 12 Abs. 2 der Verordnung überprüft der Rat jährlich, ob der Mitgliedstaat wirksame Maßnahmen zum Abbau des Defizits getroffen hat. Ist dies nicht der Fall, kann er die bereits getroffenen Sanktionen verschärfen. Nach Art. 13 der Verordnung wird die unverzinsliche Einlage „in der Regel" in eine Geldbuße umgewandelt, wenn das übermäßige Defizit zwei Jahre nach dem Beschluss über die Einlage nicht korrigiert wurde. Damit entfällt die Verpflichtung der Gemeinschaft zur Rückzahlung der Einlage, sie muss jedoch gemäß Art. 16 der Verordnung unter den an der Währungsunion teilnehmenden Staaten, die kein übermäßiges Defizit aufweisen, im Verhältnis ihres BSP aufgeteilt werden. Mit der Umwandlung der Einlage in eine Geldbuße hat das Sanktionsverfahren seinen Höhepunkt erreicht. Eine weitere Steigerung ist nicht möglich, sobald die Obergrenze von 0,5% des BIP erreicht ist. Eine Sanktion von 0,5% des BIP ist allerdings jedes Jahr möglich, bis das Defizit korrigiert wurde. Zur Bewertung der Vorschrift des Abs. 11 siehe unten S. 264 ff. Bisher wurden noch keine Sanktionen nach Abs. 11 verhängt.

Fraglich ist, ob und wie die nach Abs. 11 verhängten Geldbußen vollstreckt werden können. Wurde entsprechend dem Stabilitätspakt vor Verhängung von Geldbußen eine unverzinsliche Einlage geleistet, erübrigt sich das Problem der Zwangsvollstreckung, da die Gelder dann schon bei der Gemeinschaft liegen. Werden Geldbußen ohne vorherige unverzinsliche Einlage verhängt, ist eine Zwangsvollstreckung dieser Sanktion nicht möglich.[408] Dies ergibt sich aus Art. 256 Abs. 1 2. Halbsatz

---

405 Siehe dazu *Schulze-Steinen* S. 276 f.

406 Die Einlage setzt sich im ersten Jahr aus einer festen Komponente in Höhe von 0,2% des BIP und einer variablen Komponente von einem Zehntel der Differenz zwischen dem tatsächlichen Defizit und dem Referenzwert von 3% zusammen. Bei einer zusätzlichen Einlage im zweiten Jahr entfällt die feste Komponente. Ein Defizit von 5% führt damit im ersten Jahr zu einer Einlage von 0,4% des BIP. Wird im Folgejahr eine zusätzliche Einlage verlangt, beträgt diese bei gleichbleibendem Defizit 0,2%. Gemäß Art. 12 Abs. 3 der Verordnung darf jede einzelne Einlage 0,5% des BIP nicht überschreiten, damit wird die Sanktionsobergrenze bei einem Defizit von 5% im ersten und 8% im zweiten Jahr erreicht. Darüber hinausgehende Defizite können nicht stärker sanktioniert werden. Vgl. dazu *Hahn*, JZ 1997, 1133/1140; *Häde*, in: Calliess/Ruffert Art. 104 EGV Rn. 99.

407 Zur Frage, ob diese Konkretisierung durch den EuGH nachprüfbar ist, vgl. unten S. 119 ff. Eine Sanktion weist dann eine angemessene Höhe auf, wenn sie im Verhältnis zur wirtschaftlichen Größe des Mitgliedstaates und zum Ausmaß des übermäßigen Defizits steht; vgl. *Italianer*, in: GTE (5. Auflage) Art. 104c EGV Rn. 77. Die Berechnung der Sanktion auf Grundlage des BIP und der Höhe der Überschreitung des Referenzwertes wird diesen Vorgaben gerecht. Problematisch ist allerdings, dass die Sanktion die gleiche Höhe aufweist, egal ob das Defizit 6% oder 10% beträgt. Gerechtfertigt wird die Obergrenze von 0,5% des BIP damit, dass zu hohe Geldbußen weder politisch noch wirtschaftlich vertretbar sind.

408 *Häde*, in: Calliess/Ruffert Art. 104 EGV Rn. 59.

EGV. Auch eine Aufrechnung der Geldbuße mit Forderungen der Mitgliedstaaten gegen die Gemeinschaft ist unzulässig.[409] Dies würde auf eine Umgehung des Zwangsvollstreckungsverbots in Art. 256 EGV hinauslaufen.

(f) Aufhebung der Sanktionen

Der Rat muss die Entscheidungen nach Abs. 6 bis 9 sowie Abs. 11 aufheben, soweit das übermäßige Defizit korrigiert worden ist (Abs. 12). Möglich ist es, die Maßnahmen nur teilweise aufzuheben, wenn das übermäßige Defizit nicht vollständig abgebaut wurde. Die Rücknahme von veröffentlichten Empfehlungen muss im Amtsblatt publiziert werden.[410] Eine gezahlte Geldbuße wird nicht zurückbezahlt; sonst würde sie sich nicht von den unverzinslichen Einlagen unterscheiden.

In der Praxis wurden viele ausgesprochene Empfehlungen wieder aufgehoben, so z.B. am 30. Juni 1997 gegenüber Finnland und den Niederlanden[411], am 1. Mai 1998 gegenüber Belgien, Deutschland, Österreich, Italien, Spanien, Schweden und Großbritannien[412] und am 11.05.2004 gegenüber Portugal.

(3) Die Abstimmung im Rat

Grundsätzlich beschließt der Rat mit der einfachen Mehrheit seiner Mitglieder (Art. 205 Abs. 1 EGV). Dabei hat jedes Land eine Stimme. Etwas anderes gilt nur dann, wenn der Vertrag besondere Bestimmungen enthält. Zum Teil schreibt der Vertrag die Einstimmigkeit vor, z.B. Art. 308 EGV, zum Teil muss der Rat mit qualifizierter Mehrheit entscheiden, z.B. im Verfahren des Art. 251 EGV. Qualifizierte Mehrheit bedeutet, dass die Stimme eines Landes je nach Größe des Landes gewichtet wird und zum Zustandekommen eines Beschlusses eine bestimmte Zahl von Stimmen notwendig ist.[413] Damit wird verhindert, dass kleine Länder Beschlüsse zu Lasten der großen Länder treffen. Umgekehrt werden Beschlüsse zu Lasten der kleinen Länder dadurch verhindert, dass in vielen Fällen die Zustimmung von mindestens zehn Mitgliedstaaten erforderlich ist. Gemäß Art. 205 Abs. 2 EGV existieren zwei verschiedene Abstimmungsmodalitäten, je nach dem, ob der Beschluss auf Vorschlag der Kommission zu fassen ist oder nicht. Bis zum 1. Mai 2004 reichte nach dem 1.

---

409 A.A. *Blumenwitz/Schöbener* S. 39 ff.; *Selmayr* S. 344 Fn. 1473. A.A. hinsichtlich der Aufrechnung von Zwangsgeldern im Rahmen des Vertragsverletzungsverfahrens auch *Krück*, in: GTE (5. Auflage) Art. 171 Rn. 12; *Tesauro*, in: van Gerven/Zuleeg S. 17/21.

410 *Häde*, in: Calliess/Ruffert Art. 104 EGV Rn. 62.

411 Entscheidungen des Rates vom 30.06.1997 zur Aufhebung der Entscheidungen über das Bestehen eines übermäßigen Defizits, ABl. 1997 Nr. 177/23-24.

412 Entscheidungen des Rates vom 01.05.1998 zur Aufhebung der Entscheidungen über das Bestehen eines übermäßigen Defizits, ABl. 1998 Nr. L 139/9-20.

413 Deutschland, Frankreich, Italien und das Vereinigte Königreich haben 10, Portugal 5 und Luxemburg nur 2 Stimmen. Insgesamt gibt es 87 Stimmen, zur Annahme eines Beschlusses sind 62 Stimmen erforderlich. Nicht berücksichtigt sind in den folgenden Ausführungen der *Kompromiss von Ioannina* und die sog. *Luxemburger Vereinbarung*, vgl. dazu unten Fn. 1101.

Spiegelstrich die Zustimmung von 62 Stimmen, nach dem 2. Spiegelstrich ist darüber hinaus die Zustimmung von mindestens 10 Mitgliedstaaten erforderlich.

Seit dem 1. Mai 2004 gilt aufgrund des Beitritts der 10 neuen Mitgliedstaaten folgende Übergangsregelung.[414] Die Stimmengewichtung wird vorerst beibehalten. Die neuen Mitgliedstaaten erhalten proportional zu ihrer Größe eine bestimmte Anzahl von Stimmen. Ist ein Beschluss auf Vorschlag der Kommission zu fassen, ist die Zustimmung von 88 von insgesamt 124 Stimmen erforderlich. In allen anderen Fällen müssen darüber hinaus mindestens 2/3 der Mitglieder (d.h. 18 Staaten) zustimmen.

Ab dem 1. November 2004 gilt eine völlig veränderte Stimmengewichtung im Rat.[415] Gemäß Art. 3 Abs. 1 des Protokolls über die Erweiterung der EU[416] hat der kleinste Mitgliedstaat dann 4, die vier größten jeweils 29 Stimmen. Die Gesamtstimmenzahl beträgt 321 Stimmen, die sich auf die 25 Teilnehmerstaaten verteilen.[417] Zur Annahme eines Beschlusses, der auf Vorschlag der Kommission ergeht, sind dann 232 Stimmen sowie die Zustimmung von mindestens der Mehrheit der Mitglieder (d.h. 13 Staaten) erforderlich, andernfalls die Zustimmung von mindestens 2/3 der Mitglieder (d.h. 18 Staaten).[418] Darüber hinaus muss die Mehrheit mindestens 62% der Bevölkerung der EU repräsentieren (sog. dreifach qualifizierte Mehrheit[419]), wobei die Überprüfung dieser demographischen Mehrheit auf Antrag eines Ratsmitglieds vorgenommen werden muss. Ein derartiger Antrag eignet sich gut für den von der Entscheidung betroffenen Mitgliedstaat, das Verfahren der Beschlussfassung zu verzögern. Damit ist eine qualifizierte Mehrheit ab November 2004 noch schwieriger zu erreichen als bisher.[420]

Im Rahmen des Defizitverfahrens sind folgende Abstimmungsmodalitäten vorgesehen.[421] Die Entscheidung über das Bestehen eines übermäßigen Defizits gemäß

---

414 Vgl. Schlussfolgerungen des Europäischen Rates vom 24. und 25.10.2002, S. 12. Ausführlich zur komplizierten Neuregelung: *Koenig/Haratsch* Rn. 161 ff.

415 Vgl. Art. 3 des Protokolls zum Vertrag von Nizza über die Erweiterung der Union. Der Vertrag von Nizza sah diese Neuregelung zum 01.01.2005 vor, der Europäische Rat hat diesen Termin jedoch auf 01.11.2004 vorverlegt, vgl. Schlussfolgerungen des Europäischen Rates vom 12. und 13.12.2002, S. 2. Zur Neuregelung der Stimmengewichtung im Rat durch den Vertrag von Nizza vgl.: *Borchmann*, EuZW 2001, 170/171 f.

416 ABl. 2001 Nr. C 80/49.

417 Siehe Erklärung Nr. 20 zum Vertrag von Nizza zur Erweiterung der Union; ABl. 2001 Nr. C 80/80.

418 Vgl. Erklärung Nr. 21 zum Vertrag von Nizza zur Schwelle für die qualifizierte Mehrheit und zur Zahl der Stimmen für die Sperrminorität in einer Erweiterten Union sowie die Schlussfolgerungen des Europäischen Rates vom 24. und 25.10.2002 S. 12 f.

419 *Wichard*, in: Calliess/Ruffert Art. 205 EGV Rn. 6a Fn. 6.

420 Kritisch zum Verfahren auch *Hatje*, EuR 2001, 143/159; *Wiedemann*, EuR 2001, 185/205 f. Kritisch zu den Auswirkungen des Vertrages von Nizza auf die WWU *Häde*, EWS 2001, 97 ff.

421 Die folgenden Ausführungen berücksichtigen der Übersichtlichkeit halber nur die Rechtslage bis zum 30.04.2004, d.h. vor der Aufnahme der Beitrittsländer und vor der Neuregelung der Stimmenwägung.

Art. 104 Abs. 6 EGV ist mit qualifizierter Mehrheit unter Einschluss des zu sanktionierenden Staates zu treffen[422], die folgenden Entscheidungen des Sanktionsverfahrens werden gemäß Art. 104 Abs. 13 EGV mit einer 2/3-Mehrheit unter Ausschluss des Vertreters des betreffenden Mitgliedstaates getroffen. In diesem Zusammenhang stellen sich mehrere Fragen. Zunächst ist fraglich, ob die von Art. 104 Abs. 6 EGV geforderte qualifizierte Mehrheit nach dem 1. oder dem 2. Spiegelstrich des Art. 205 Abs. 2 EGV zu fassen ist. Darüber hinaus ist fraglich, nach welcher Abstimmungsmodalität die sonstigen Entscheidungen im Rahmen des Defizitverfahrens zu treffen sind.

(a) Die Qualifizierte Mehrheit gemäß Art. 104 Abs. 6 EGV

Ist ein Ratsbeschluss auf Vorschlag der Kommission zu treffen, reicht für das Zustandekommen des Beschlusses gemäß Art. 205 Abs. 2 1. Spiegelstr. EGV eine Zustimmung von 62 Stimmen. In allen anderen Fällen ist nach dem 2. Spiegelstrich dieser Norm darüber hinaus die Zustimmung von mindestens 10 Mitgliedstaaten erforderlich (doppelt qualifizierte Mehrheit[423]). Da die Entscheidung im Rahmen des Art. 104 Abs. 6 EGV auf „Empfehlung der Kommission" und nicht auf „Vorschlag der Kommission" zu treffen ist, liegt es vom Wortlaut her nahe, Art. 205 Abs. 2 2. Spiegelstr. EGV anzuwenden.[424] Damit sind zur Feststellung des Bestehens eines übermäßigen Defizits 62 Stimmen und die Zustimmung von 10 Mitgliedstaaten erforderlich. Fraglich ist jedoch, ob damit nicht Sinn und Zweck der gestuften Anforderungen des Art. 205 Abs. 2 EGV verkannt werden. Dem erleichterten Mehrheitserfordernis im 1. Spiegelstr. liegt der Gedanke zu Grunde, dass bei einer Beschlussfassung auf Vorschlag der Kommission bereits eine Prüfung durch ein dem Gemeinschaftsinteresse verpflichtetes Organ stattgefunden hat.[425] Darüber hinaus sollen die verschärften Voraussetzungen des 2. Spiegelstr. sicherstellen, dass der Rat, wenn er von sich aus tätig wird, keine Beschlüsse zum Nachteil von kleinen oder von sich in der Minderheit befindlichen Staaten schließt. Handelt der Rat auf Vorschlag der Kommission, kann diese Gefahr ausgeschlossen werden, da in der Kommission die kleinen Mitgliedstaaten relativ stark repräsentiert sind und die Kommission sowohl das Interesse der Gemeinschaft als auch die Interessen der Mitgliedstaaten im Auge hat.[426]

Die genannten Gründe für das vereinfachte Verfahren bei Beschlüssen, die auf Vorschlag der Kommission getroffen werden, liegen ebenfalls vor, wenn der Beschluss auf Empfehlung der Kommission zu treffen ist. Auch hier hat bereits eine Prüfung der Kommission stattgefunden. Gibt die Kommission eine entsprechende

---

422 Zur Kritik an der Teilnahme des zu sanktionierenden Staates, vgl. unten S. 245 ff.

423 *Harnier*, in: GTE (4. Auflage) Art. 148 EGV Rn. 7.

424 So *Schulze-Steinen* S. 258, *Schweitzer*, in: Grabitz/Hilf Art. 205 EGV Rn. 7 (Stand 1999) sowie *Hattenberger*, in: Schwarze Art. 104 Rn. 27.

425 *Hix*, in: Schwarze Art. 205 Rn. 7.

426 *Harnier*, in: GTE (4. Auflage) Art. 148 EGV Rn. 7.

Empfehlung ab, ist sie der Auffassung, dass ein Beschluss des Rates gemeinschaftsrechtlich erforderlich ist. Die Rechte der kleinen Mitgliedstaaten werden durch die relativ starke Repräsentanz in der Kommission gewahrt. Auf der anderen Seite würde die Anwendung der verschärften Anforderungen des 2. Spiegelstr. einen Ratsbeschluss nach Art. 104 Abs. 6 EGV unnötig erschweren, obwohl die gemeinschaftsrechtliche Erforderlichkeit des Beschlusses bereits durch die Kommission festgestellt wurde. Somit sind Beschlüsse auf Empfehlung der Kommission mit Beschlüssen auf Vorschlag der Kommission durchaus vergleichbar. Zwar lässt sich einwenden, dass Vorschläge und Empfehlungen der Kommission unterschiedliche Rechtsfolgen haben. So kann ein Vorschlag gemäß Art. 250 Abs. 1 EGV vom Rat nur einstimmig geändert werden. Die Empfehlung ist demgegenüber ein unverbindlicher Rechtsakt, der Rat kann die Empfehlung der Kommission ignorieren oder ohne Angabe von Gründen modifizieren.[427] Dies ändert jedoch nichts daran, dass der Rat nicht ohne Empfehlung der Kommission handeln kann. Damit ist bei Abgabe einer Empfehlung auf jeden Fall durch die Kommission geprüft, dass ein entsprechendes Vorgehen gemeinschaftsrechtlich geboten ist. Zusammenfassend ergibt sich damit, dass Art. 205 Abs. 2 1. Spiegelstr. EGV aufgrund der vergleichbaren Interessenlage analog auf Beschlüsse „auf Empfehlung" der Kommission angewendet werden muss.[428] Für die Feststellung eines übermäßigen Defizits gemäß Art. 104 Abs. 6 EGV ist damit die Zustimmung von 62 Stimmen erforderlich, die Sperrminorität liegt bei 26 Stimmen.

(b) Die 2/3-Mehrheit gemäß Art. 104 Abs. 13 EGV

Die Abstimmungsmodalitäten für die restlichen Beschlüsse im Rahmen des Defizitverfahrens richten sich nach Art. 104 Abs. 13 EGV. Danach erfolgt die Beschlussfassung des Rates *„auf Empfehlung der Kommission mit einer Mehrheit von zwei Dritteln der gemäß Art. 205 Abs. 2 EGV gewogenen Stimmen der Mitgliedstaaten mit Ausnahme der Stimmen des Vertreters des betroffenen Mitgliedstaats."*

Da die Stimmen des Vertreters des betroffenen Mitgliedstaates nicht mitzählen, hängt die erforderliche Stimmenzahl damit von der Größe des zu sanktionierenden Staates ab. Darüber hinaus ist zu berücksichtigen, dass die Mitgliedstaaten mit Ausnahmeregelungen[429] (Großbritannien, Dänemark) gemäß Art. 122 Abs. 5 i.V.m. Abs. 2 EGV sowie Ziff. 7 des Protokolls Nr. 25 nicht an den Abstimmungen im Rahmen des Art. 104 Abs. 9 und 11 EGV teilnehmen, anders als bei den Entscheidungen nach Art. 104 Abs. 7 und 8 EGV. Sollen beispielsweise Empfehlungen gemäß Art. 104 Abs. 7 EGV an Deutschland gerichtet werden, beträgt die erforderliche Stimmenzahl

---

427 Vgl. zum diesbezüglichen Reformvorschlag, das Recht zur Empfehlung in ein Vorschlagsrecht umzuwandeln, unten S. 249 ff. In der Praxis werden auch die Entwürfe der Kommission für einen Vorschlag im Vorfeld eng mit dem Rat abgestimmt, um ein Scheitern des Kommissionsvorschlags zu verhindern. Damit wird Art. 250 EGV de facto umgangen.

428 Damit verbleiben für Art. 205 Abs. 2 2. Spiegelstr. EGV etwa die Beschlüsse gemäß Art. 80 Abs 2, 210, 272 Abs. 3 EGV.

429 Näheres dazu oben S. 44 ff. Zu beachten ist, dass auch Mitgliedstaaten, die nicht an der dritten Stufe der Währungsunion teilnehmen, abstimmungsberechtigt sind.

(87-10)*2/3 = 52 Stimmen[430], wobei alle Mitgliedstaaten außer Deutschland an der Abstimmung teilnehmen. Sollen dagegen Sanktionen i.S.d. Art. 104 Abs. 9 EGV an Deutschland verhängt werden, beträgt die erforderliche Stimmenzahl (87-10-10-3)*2/3 = 43 Stimmen, wobei Deutschland, Großbritannien und Dänemark nicht mit abstimmen dürfen.

Über die weitere Auslegung von Art. 104 Abs. 13 EGV herrscht Unklarheit. Nach einer Ansicht verweist Art. 104 Abs. 13 EGV auf die Vorschriften des Art. 205 Abs. 2 EGV insgesamt, so dass insbesondere danach zu fragen ist, ob die Beschlussfassung nach dem ersten oder dem zweiten Spiegelstrich dieses Absatzes erfolgt.[431] Folgt man entgegen der hier vertretenen Ansicht der Auffassung, dass bei einer Beschlussfassung „auf Empfehlung" der Kommission der 2. Spiegelstr. Anwendung findet, wäre danach zusätzlich zu der oben errechneten Stimmenzahl die Zustimmung von 10 Mitgliedstaaten erforderlich. Konsequenterweise ist dann danach zu fragen, ob sich die von Art. 104 Abs. 13 EGV angeordnete Nichtberücksichtigung der Stimmen des betroffenen Mitgliedstaates auch auf die Zahl der Mitgliedstaaten auswirkt, so dass dann nur noch die Zustimmung von 9 Mitgliedstaaten erforderlich wäre.[432] Nach anderer Ansicht verweist Art. 104 Abs. 13 EGV lediglich auf die Stimmenwägung in Art. 205 Abs. 2 EGV.[433] Die weitergehenden Voraussetzungen dieser Norm seien nicht zu berücksichtigen.

Angesichts des Wortlauts von Art. 104 Abs. 13 EGV vermag nur die zweite Ansicht zu überzeugen. Abs. 13 verweist eben nicht auf das Verfahren der qualifizierten Mehrheit insgesamt, sondern lediglich auf die Stimmenwägung. Andernfalls hätte der Wortlaut des Abs. 13 auf das Verfahren der qualifizierten Mehrheit bezug nehmen müssen und nicht lediglich auf die Stimmenwägung. Daraus folgt *e contrario*, dass die übrigen Regelungen des Art. 205 Abs. 2 EGV nicht anzuwenden sind.[434] Darüber hinaus würde die Anwendung des 2. Spiegelstr. zu absurden Ergebnissen führen, da danach i.d.R. nahezu alle Mitgliedstaaten für den Beschluss stimmen müssten[435], obwohl Art. 104 Abs. 13 EGV ausdrücklich nur eine 2/3-Mehrheit fordert.

Ein Sonderproblem ergibt sich bei der Beschlussfassung im Rahmen des Art. 104 Abs. 12 EGV, d.h. bei der Aufhebung der Sanktionsentscheidungen.[436] Nach dem

---

430 Es handelt sich um ein aufgerundetes Ergebnis. Nicht berücksichtigt wurde der *Kompromiss von Ioannina*; vgl. dazu *Götz*, in: FS Everling, S. 339/352 f.

431 So *Schulze-Steinen* S. 266 ff.

432 Verneinend insoweit *Schulze-Steinen* S. 267.

433 *Hattenberger*, in: Schwarze Art. 104 EGV Rn. 50 f.

434 *Hattenberger*, in: Schwarze Art. 104 EGV Rn. 51.

435 Von den aktuell 15 Mitgliedstaaten müsste nämlich jedenfalls bei Entscheidungen gemäß Art. 104 Abs. 9 und 11 EGV außer dem betroffenen Mitgliedstaat auch die Staaten mit Ausnahmebestimmung abgezogen werden, so dass gerade einmal 12 Staaten übrig bleiben. Verlangt man nun die Zustimmung von mind. 10 Mitgliedstaaten, liefe dies auf ein Mehrheitserfordernis von 83,3% hinaus.

436 *Hattenberger*, in: Schwarze Art. 104 EGV Rn. 50.

Wortlaut des Art. 121 Abs. 3 EGV wären die Mitgliedstaaten mit Ausnahmeregelung bei der Entscheidung über die Verhängung der Sanktionen gemäß Art. 104 Abs. 9 und 11 EGV von der Abstimmung ausgeschlossen, nicht jedoch bei der Entscheidung über die Aufhebung der Sanktionen gemäß Art. 104 Abs. 12 EGV. Dieser Wertungswiderspruch sollte über eine analoge Anwendung des Art. 121 Abs. 3 EGV auf die Aufhebungsentscheidung gelöst werden. Dies hätte zur Folge, dass die Mitgliedstaaten mit Ausnahmeregelung auch von der Abstimmung über die Aufhebung der Sanktion ausgeschlossen sind.[437]

c) Entscheidungen nach Übergang in die dritte Stufe

Die bereits ergangenen Entscheidungen der Kommission und des Ecofin-Rates nach Übergang in die dritte Stufe sind in der Tabelle auf S. 108 dargestellt.

5. Beurteilungs- und Ermessensspielräume im Rahmen der Defizitbegrenzung

Das gemeinschaftsrechtliche Defizitverfahren ist durch große Beurteilungs- und Ermessensspielräume gekennzeichnet. Daher sind die hieraus auf die Entscheidungsfindung und den Rechtsschutz folgenden Konsequenzen zu untersuchen. Auszugehen ist dabei von der allgemeinen europarechtlichen Dogmatik (dazu a)), bevor die konkreten Auswirkungen auf das Defizitverfahren dargestellt werden (dazu b)).

a) Allgemeine europarechtliche Dogmatik

Im Europarecht existiert keine Vorschrift, in der Voraussetzungen und Rechtsfolgen eines Beurteilungs- oder Ermessensspielraums normiert wären. Ein Hinweis auf Ermessenspielräume findet sich in Art. 230 Abs. 2 EGV. Danach ist der Ermessensmissbrauch ein Klagegrund, mit dem die Nichtigkeit einer gemeinschaftsrechtlichen Maßnahme begehrt werden kann. Dass der Ermessensmissbrauch gerade dort erwähnt wird, ist ein Indiz dafür, dass über die Ausgestaltung des Rechtsschutzsystems hinaus auch die Dogmatik zum Ermessensspielraum aus dem französischen Recht stammt. Das System der Klagegründe sowie die von Art. 230 EGV konkret zugelassenen Klagegründe lehnen sich jedenfalls eindeutig an das französische Verwaltungsrecht an.[438] Infolgedessen unterscheidet das europäische Verwaltungsrecht auch nicht klar zwischen Beurteilungs- und Ermessensspielraum.[439] Ermessen kann

---

437 Hierfür sprechen sich aus: *Häde*, in: Calliess/Ruffert Art. 104 EGV Rn. 70; *Bandilla*, in: Grabitz/Hilf Art. 104 EGV Rn. 47 (Stand: 2000); *Hattenberger*, in: Schwarze Art. 104 EGV Rn. 50.

438 *Bleckmann*, Europarecht, Rn. 852.

439 Siehe *Schwarze*, Europäisches Verwaltungsrecht, S. 280 ff. m.w.N. Auf S. 281 Fn. 7 stellt *Schwarze* dar, dass die Verwendung der Begriffe Ermessen und Beurteilungsspielraum in der Rechtssprechung des EuGH z.T. austauschbar sind, was auf Ungenauigkeiten bei der Übersetzung zurückzuführen ist. So weist er anhand eines Urteils nach, dass die deutsche Sprachfassung von Ermessen spricht, während die französische Sprachfassung den Begriff „pouvoir d'appréciation", d.h. Beurteilungsspielraum enthält. Zur Kontrolldichte des EuGH vgl. auch *Herdegen/Richter*, in: Frowein S. 209 ff.

sowohl auf Tatbestands- wie auf Rechtsfolgenseite vorliegen.[440] Beide Institute lassen sich mit dem Begriff Entscheidungs- und Gestaltungsfreiheit der Verwaltung umschreiben.[441] Da sich Beurteilungs- und Ermessensspielräume jedoch zumindest aus deutscher Sicht hinsichtlich ihrer Voraussetzungen und Rechtsfolgen voneinander unterscheiden lassen, sollen sie nacheinander behandelt und zumindest in der Darstellung nicht miteinander vermischt werden.

Tabelle: Entscheidungen von Kommission und Rat seit Übergang in die dritte Stufe

Dokumente	**Deutschland**	**Frankreich**	**Portugal**	**Niederlande**	**Großbritannien**
Bericht der Kommission (Abs. 3)	19.11.2002	02.04.2003	24.09.2002	28.04.2004	28.04.2004
Bericht der Kommission (Abs. 5) und Empfehlungen für eine Entscheidung (Abs. 6) und Empfehlungen (Abs. 7) des Rates	08.01.2003	07.05.2003	16.10.2002		
Entscheidung des Rates (Abs. 6)	21.01.2003	03.06.2003	05.11.2002		
Empfehlung des Rates (Abs. 7)	21.01.2003	03.06.2003	05.11.2002		
Empfehlung der Kommission für eine Entscheidung des Rates (Abs. 8)	18.11.2003	08.10.2003			
Empfehlung der Kommission für eine Entscheidung des Rates (Abs. 9)	18.11.2003	21.10.2003			
Empfehlung der Kommission für eine Entscheidung des Rates (Abs. 12) über die Aufhebung der Entscheidung nach Abs. 6.			28.04.2004		
Entscheidung des Rates über die Aufhebung der Entscheidung nach Abs. 6 (Abs. 12)			11.05.2004		

Quelle: http://www.europa.eu.int/comm/economy_finance/index_en.htm (Stand: 29.05.2004)

440 *Bleckmann*, Europarecht, Rn. 862.

441 *Schwarze*, Europäisches Verwaltungsrecht, S. 281.

(1) Beurteilungsspielraum

Ein Beurteilungsspielraum beschreibt nach deutscher Verwaltungsrechtsdogmatik eine Entscheidungs- und Gestaltungsfreiheit der Verwaltung auf der Tatbestandsseite einer Norm.[442] Voraussetzung ist das Vorliegen eines unbestimmten Rechtsbegriffs. Dieser ist dadurch gekennzeichnet, dass seine Anwendung im Einzelfall eine Wertung erfordert.[443] Im Gegensatz zu inhaltlich bestimmten Gesetzesbegriffen kann die Subsumtion unter einen unbestimmten Rechtsbegriff oftmals nicht mit richtig oder falsch bewertet werden, vielmehr sind mehrere Auslegungen möglich. Die Verwaltung, die unbestimmte Rechtsbegriffe anwendet, muss sich jedoch auf eine Entscheidung festlegen. Angesichts der Mehrdeutigkeit der unbestimmten Rechtsbegriffe ist die deutsche Rechtsprechung dazu übergegangen, der Verwaltung in gewissen Fällen einen Beurteilungsspielraum zuzugestehen. Gemeint ist damit, dass Entscheidungen, die sich innerhalb der Beurteilungsspielraums halten, von den Gerichten nicht mit richtig oder falsch bewertet werden dürfen. Sie überprüfen nur, ob die Grenzen des Beurteilungsspielraums eingehalten wurden. Später ist das BVerwG zu der Auffassung gelangt, dass unbestimmte Rechtsbegriffe bis auf gewisse – durchaus gewichtige – Ausnahmen gerichtlich voll überprüfbar sind. Die Ausnahmen, in denen der Verwaltung ein Beurteilungsspielraum zuerkannt wurden, sind seitdem eng begrenzt. Es handelt sich um Prüfungs- und prüfungsähnliche Entscheidungen, beamtenrechtliche Beurteilungen, Entscheidungen wertender Art durch weisungsfreie, mit Sachverständigen und/oder Interessenvertretern besetzte Ausschüsse, Prognoseentscheidungen und Risikobewertungen sowie Entscheidungen verwaltungspolitischer Art.[444] Aber auch die genannten Fallgruppen sind einer richterlichen Kontrolle nicht völlig entzogen. Entscheidungen, die in diesen Fallgruppen getroffen werden, können auf bestimmte objektive Fehler, die von der Besonderheit der Entscheidung nicht umfasst werden, überprüft werden. Ein Beispiel hierfür ist die Frage, ob die Verwaltung vom richtigen Sachverhalt ausgegangen ist.

Das Problem des Beurteilungsspielraums und dessen rechtliche Würdigung ist in vielen europäischen Rechtsordnungen bekannt, die Rechtsfolgen eines Beurteilungsspielraums unterscheiden sich jedoch beträchtlich.[445] Insbesondere die richterliche Prüfungskompetenz hinsichtlich der Auslegung und Anwendung unbestimmter Rechtsbegriffe ist teilweise strenger, teilweise weniger umfassend ausgestaltet.[446] Der EuGH hat in seiner bisherigen Rechtsprechung keine stringente Dogmatik erkennen lassen. Er hat jedoch seine Kontrolldichte in Fällen zurückgenommen, die in Deutschland unter dem Stichwort Beurteilungsspielraum diskutiert werden. Ein Beispiel für die Rücknahme der Kontrollkompetenz des EuGH ist der Fall, dass andere

---

442 *Wolff/Bachof/Stober* § 31 Rn. 15 m.w.N. zur Entstehungsgeschichte der Dogmatik zum Beurteilungsspielraum..

443 *Maurer* § 7 Rn. 29.

444 *Maurer* § 7 Rn. 37 ff.

445 Vgl. dazu *Bleckmann,* Europarecht, Rn. 864.

446 Siehe dazu *Bleckmann,* Europarecht, Rn. 864.

Gemeinschaftsorgane eine größere Sachkompetenz aufweisen, etwa bei der Würdigung wirtschaftlicher Sachverhalte.[447] So befand der EuGH im Urteil Consten/Grundig, das im Bereich des Wettbewerbsrechts erging:

„Auf der anderen Seite ist die Kommission bei der Wahrnehmung ihrer Aufgaben zu schwierigen Wertungen wirtschaftlicher Sachverhalte gezwungen. Die gerichtliche Nachprüfung dieser Wertungen muss dem Rechnung tragen und sich deshalb auf die Richtigkeit der ihnen zugrundeliegenden Tatsachen und deren Subsumtion unter die Begriffe des geltenden Rechts beschränken. Sie hat sich in erster Linie auf die Begründung der Entscheidungen zu erstrecken, aus der hervorgehen muss, auf welche Tatsachen und Erwägungen sich jene Wertungen stützen."[448]

Hieraus folgt, dass der EuGH der Verwaltung durchaus einen gewissen Beurteilungsspielraum bei der Ausfüllung von unbestimmten Rechtsbegriffen überlässt. Voraussetzung ist, dass die Kommission (und wohl auch jedes andere Entscheidungsorgan) Wertungen im Rahmen von wirtschaftlichen Sachverhalten vornehmen muss. Der EuGH überprüft diese Wertungen lediglich auf das Vorhandensein gewisser Fehler, insb. ob die Kommission vom zutreffenden Sachverhalt ausgegangen ist, ob sie Tatsachen richtig subsumiert hat und ob die Entscheidung zutreffend begründet ist. Damit könnte der EuGH wohl auch überprüfen, ob die Abwägung der Verwaltung, so wie sie in der Begründung angeführt wird, die Entscheidung trägt. Dies kommt der oben skizzierten deutschen Dogmatik zu den unbestimmten Rechtsbegriffen recht nah.

In der Literatur wird darüber hinaus ein Beurteilungsspielraum auch bei sogenannten politischen Entscheidungen der Gemeinschaftsorgane angenommen.[449] Zutreffend ist, dass es Bereiche von Verwaltungsentscheidungen gibt, die einer rechtlichen Würdigung nicht zugänglich sind. Auch das BVerwG akzeptiert einen Beurteilungsspielraum bei Entscheidungen verwaltungspolitischer Art.[450] Allerdings kann die richterliche Zurückhaltung nicht so weit gehen, dass derartige Entscheidungen überhaupt nicht auf ihre Rechtmäßigkeit überprüft werden können. Dies hätte angesichts der Tatsache, dass viele Entscheidungen auf EG-Ebene (insbesondere Entscheidungen des Rates) eine politische Komponente enthalten, eine rechtsschutzausschließende Wirkung. Der EGV hat sich aus rechtsstaatlichen Gründen dafür entschieden, politische Entscheidungen nicht per se von der Kompetenz des EuGH auszunehmen. Dies wäre rechtstechnisch beispielsweise dadurch möglich gewesen, dass Akte des Rates kein zulässiger Klagegegenstand im Rahmen des Art. 230 EGV geworden wären. Vielmehr wurden diese Akte bewusst in das Rechtsschutzsystem mit aufgenommen. Als Lösung bietet sich an, eine Entscheidung in ihre politische und ihre rechtliche Komponente aufzuspalten. Die politische Komponente ist allein Sache des entscheidenden Organs, die rechtliche Komponente kann gerichtlich überprüft werden. Aller-

---

447 *Schwarze*, Europäisches Verwaltungsrecht, S. 281.

448 EuGH Slg. 1966, S. 322/396 – Consten/Grundig.

449 *Bleckmann*, Europarecht, Rn. 866; *Schwarze*, Europäisches Verwaltungsrecht, S. 283, der zwischen Handlungen der Gemeinschaftsorgane im Rahmen ihrer legislativen und ihrer exekutiven Tätigkeit unterscheidet. Wird ein Gemeinschaftsorgan legislativ tätig, müsse ihm analog zum nationalen Verfassungsrecht eine größere Gestaltungsfreiheit zustehen.

450 BVerwGE 26, 65/77; 39, 291/299.

dings ist es schwierig, beide trennscharf voneinander zu unterscheiden. Dies hängt vor allem von der konkreten Ausgestaltung der betreffenden Norm ab.[451] Richtschnur könnte wiederum die deutsche Dogmatik sein, nach der Beurteilungsentscheidungen auf Beurteilungsüberschreitungen, Beurteilungsdefizite sowie Beurteilungsmissbrauch überprüft werden können.[452]

Zusammenfassend ergibt sich damit folgende Rechtslage auf EG-Ebene. Die Auslegung und Anwendung von unbestimmten Rechtsbegriffen ist grundsätzlich gerichtlich überprüfbar. Entscheidungen, die einen wirtschaftlichen Sachverstand erfordern oder einen politischen Charakter aufweisen, unterliegen jedoch nur einer eingeschränkten gerichtlichen Kontrolle. Ein Richter kann diese Entscheidungen nur daraufhin überprüfen, ob das Organ von einem zutreffenden Sachverhalt ausgegangen ist, ob es Tatsachen zutreffend subsumiert hat, ob es die Entscheidung ausreichend begründet hat und wohl auch ob die Abwägung, so wie sie sich aus der Begründung ergibt, die getroffene Entscheidung trägt.

(2) Ermessensspielraum

Ein Ermessensspielraum beschreibt nach deutscher Verwaltungsrechtsdogmatik eine Entscheidungs- und Gestaltungsfreiheit der Verwaltung auf der Rechtsfolgenseite einer Norm.[453] Das Gesetz setzt dann zwar einen Tatbestand fest, überlässt aber, wenn dieser verwirklicht ist, die Setzung der Rechtsfolge dem Ermessen des Verwaltungsorgans.[454] Ermessen kommt in zwei verschiedenen Erscheinungsformen vor. Zum einen kann eine Norm der Verwaltung die Entscheidung zum Tätigwerden überlassen (Entschließungsermessen), zum anderen kann die Norm der Verwaltung mehrere Handlungsformen ermöglichen (Auswahlermessen).[455] Ein Entschließungsermessen ist dann gegeben, wenn ein Organ tätig werden „kann“; ein Auswahlermessen besteht dann, wenn mehrere Maßnahmen zulässigerweise auf eine Befugnisnorm gestützt werden können. Die Rechtsfolge eines Ermessensspielraums besteht darin, dass die in Ausübung des Ermessensspielraums getroffene Entscheidung nur eingeschränkt gerichtlich überprüfbar ist. Nach der „Ermessensfehlerlehre“[456] ist eine Ermessensentscheidung rechtswidrig bei Ermessensüberschreitung und bei Ermessensmissbrauch (vgl. § 114 VwGO). Etwas anderes gilt jedoch im Fall einer Ermessensreduzierung auf Null. Damit ist die Situation gemeint, dass trotz der Ausgestaltung einer Norm als Ermessensnorm aus rechtlichen Gründen nur eine einzige Rechtsfolge möglich ist.[457] Jede andere Entscheidung wäre rechtswidrig.

---

451 *Bachof*, JZ 1972, 641; *Badura*, Jura 1980, 615/616.
452 Vgl. dazu ausführlich *Wolff/Bachof/Stober* § 31 Rn. 25 ff.
453 *Maurer* § 7 Rn. 7.
454 *Wolff/Bachof/Stober* § 31 Rn. 31.
455 *Maurer* § 7 Rn. 7.
456 Vgl. dazu *Bleckmann*, Ermessensfehlerlehre, 1997.
457 *Wolff/Bachof/Stober* § 31 Rn. 56.

Etwas anders stellt sich die Rechtslage im Europarecht dar. Auch dort sind unzählige Normen als Ermessensnormen ausgestaltet, die den handelnden Organen sowohl ein Entschließungs- als auch ein Auswahlermessen zugestehen. Eine allgemeine Dogmatik zur Ermessensfehlerlehre ist jedoch nicht vorhanden.[458] Der einzige Hinweis auf eine gerichtliche Überprüfung von Ermessensentscheidungen findet sich in Art. 230 Abs. 2 EGV. Danach ist der Ermessensmissbrauch ein Klagegrund, mit dem die Nichtigkeit einer gemeinschaftsrechtlichen Maßnahme begehrt werden kann. In Anlehnung an die französische Rechtsfigur des „détournement de pouvoir" fällt hierunter die Situation, dass das Gemeinschaftsorgan die ihm durch den Vertrag verliehene Befugnis benutzt hat, um ein anderes Ziel zu verfolgen, als der Vertrag mit der Einräumung dieser Befugnis im Auge hatte.[459] Es muss also immer das Ziel herausgearbeitet werden, das der vertraglichen Kompetenznorm zugrunde liegt. Unklar ist dabei, ob es sich bei diesen Zielen um die allgemeinen Ziele aus Art. 2 – 4 EGV handelt oder um die jeweiligen immanenten Ziele der konkreten Ermächtigungsnorm.[460] Da alle diese Ziele von den Organen zu beachten sind, müssen sie auch vom EuGH berücksichtigt werden. Allerdings scheint die Beschränkung der beachtlichen Ermessensfehler auf den „détournement de pouvoir" zu eng zu sein, da sich die Rechtsprechung des EuGH auf eine rechtsvergleichende Analyse der nationalen Rechtsordnungen gründet. Wie dargelegt sind im deutschen Verwaltungsrecht neben dem Ermessensmissbrauch i.S. eines „détournement de pouvoir" weitere Ermessensfehler bekannt.[461] Hier ist auch die Figur der Ermessensreduzierung auf Null zu nennen, nach der nur eine einzige Entscheidung zulässig ist. Da sich auch die französische Rechtsprechung in Bezug auf den „détournement de pouvoir" weiterentwickelt hat[462], kann der Ermessensmissbrauch i.S.d. Art. 230 Abs. 2 EGV nicht auf die Frage der Verfolgung eines vertragswidrigen Zieles beschränkt werden. Vielmehr sind auch andere Ermessensfehler zu berücksichtigen. Dass sich die Überprüfung von Ermessensentscheidungen nicht auf Fälle des Ermessensmissbrauchs beschränkt, zeigt der EuGH im Urteil Balkan-Import-Export II bezogen auf die Gefahr einer „Störung des Warenverkehrs":

> *„Da es sich um die Beurteilung eines komplexen wirtschaftlichen Sachverhalts handelt, verfügen die Kommission und der Verwaltungsausschuss in dieser Hinsicht über einen weiten Ermessensspielraum. Bei der Kontrolle über die*

---

458 Siehe die Darstellung von *Schwarze*, Europäisches Verwaltungsrecht, S. 280 ff.

459 *Bleckmann*, Europarecht, Rn. 870 m.w.N. aus der Rechtsprechung des EuGH; vgl. EuGH Slg. 1984, S. 2447/2465 f.

460 *Bleckmann*, Europarecht, Rn. 872.

461 Ermessensunterschreitung, Ermessensüberschreitung, Verstoß gegen Grundrechte etc.; vgl. *Wolff/Bachof/Stober* § 31 Rn. 45 ff. m.w.N.

462 Siehe *Rivero/Waline* Rn. 259 ff. sowie *Laubadère/Venezia/Gaudement* Rn. 719 ff. Während ursprünglich ein *détournement de pouvoir* nur dann angenommen wurde, wenn sich aus dem Verwaltungshandeln selbst ergibt, dass die Verwaltung nicht zur Verfolgung eines öffentlichen Zwecks gehandelt hat, kann sich dieser Nachweis nunmehr auch aus gewissen Indizien und Begleitumständen ergeben. Allerdings nimmt der Klagegrund des *détournement de pouvoir* in der aktuellen französischen Rechtsprechung wegen der immer noch hohen Anforderungen an die Beweislage einen relativ geringfügigen Stellenwert ein.

Rechtmäßigkeit der Ausübung einer solchen Befugnis muss sich der Richter darauf beschränken zu prüfen, ob der Behörde kein offensichtlicher Irrtum oder Ermessensmissbrauch unterlaufen ist oder ob sie die Grenzen ihres Ermessensspielraums nicht offensichtlich überschritten hat."[463]

Zusammenfassend ergibt sich damit auf Gemeinschaftsebene folgendes Ergebnis. Den handelnden Gemeinschaftsorganen kommt ein Ermessensspielraum zu, wenn die Ermächtigungsgrundlage offen für mehrere Rechtsfolgen ist. Der primärrechtliche Ermessensspielraum kann durch präzisierendes Sekundärrecht eingeschränkt werden. Die Ermessensentscheidung ist gerichtlich im Hinblick auf Ermessensfehler zu überprüfen, wobei der Ermessensmissbrauch im Sinn der Verfolgung vertragswidriger Zwecke den wichtigsten Fall eines Ermessensfehlers darstellt.

b) Konkrete Auswirkungen auf das Defizitverfahren des Art. 104 EGV

Es stellt sich damit die Frage, wie sich die oben skizzierte Dogmatik im Rahmen des Defizitverfahrens insbesondere im Hinblick auf inhaltliche Vorgaben für die handelnden Organe sowie auf die gerichtliche Überprüfbarkeit der Entscheidungen auswirkt. Zunächst ist auf die zahlreich vorhandenen unbestimmten Rechtsbegriffe einzugehen, anschließend werden die Ermessensvorschriften analysiert.

(1) Beurteilungsspielräume

Voraussetzung eines Beurteilungsspielraums im Defizitverfahren ist das Vorliegen eines unbestimmten Rechtsbegriffs. Unbestimmte Rechtsbegriffe kommen in Art. 104 EGV in großer Zahl vor. Zu nennen sind insbesondere „übermäßiges öffentliches Defizit" in Abs. 1, die „Haushaltsdisziplin" in Abs. 2 und die „Gesamtlage" sowie das „übermäßige Defizit" in Abs. 6. Diese Begriffe sind zum Teil durch andere Bestimmungen aus dem Primär- und Sekundärrecht konkretisiert worden. So ergibt sich die Bedeutung des „übermäßigen öffentlichen Defizits" aus dem Defizit-Protokoll[464], und die „Haushaltsdisziplin" ist in Abs. 2 über die Einhaltung der Referenzkriterien definiert. Eine weitere Einschränkung erfährt die „Haushaltsdisziplin" über die Verordnung 1467/97/EG des Stabilitätspaktes, in der die Ausnahmebestimmungen des Abs. 2 näher umschrieben werden.[465] Diese Konkretisierungen sind durch die handelnden Organe zwingend zu beachten, ihre Anwendung unterliegt der vollen richterlichen Kontrolle.

Die erfolgten Konkretisierungen führen allerdings nicht dazu, dass alle genannten Begriffe ihren „unbestimmten" Charakter verlieren. Die „Gesamtlage" des Abs. 6 wird beispielsweise nicht näher präzisiert, und auch die Ausnahmebestimmungen des Abs. 2 lassen trotz der Erläuterungen im Stabilitäts- und Wachstumspakt zahlreiche Auslegungen zu. Hier stellt sich nun die Frage, ob den handelnden Organen bei der Auslegung dieser Begriffe ein gerichtlich nur eingeschränkt überprüfbarer Beurteilungsspielraum zukommt. Grundsätzlich besteht bei der Anwendung und Auslegung

---

[463] EuGH Slg. 1976, 19/30 – Balkan-Import-Export II.

[464] Siehe dazu oben S. 62 ff.

[465] Vgl. dazu näher S. 83 f. sowie *M. Peters* S. 145 ff.

von unbestimmten Rechtsbegriffen wie dargelegt kein Beurteilungsspielraum. Eine Ausnahme gilt nur dann, wenn die Entscheidungen wirtschaftlichen Sachverstand erfordern oder einen politischen Charakter aufweisen. Beides ist bei den Entscheidungen im Rahmen des Art. 104 EGV der Fall. Das Defizitüberwachungs- und Sanktionsverfahren ist aufgrund der starken Stellung des Rates *de lege lata* als politisches Verfahren ausgestaltet.[466] Darüber hinaus erfordert die Subsumtion eines Sachverhaltes unter Begriffe wie „Defizit" und „Haushaltsdisziplin" in hohem Maße wirtschaftswissenschaftlichen Sachverstand. Legt man die Rechtsprechung des EuGH und die Ansichten in der Literatur zu Grunde, folgt hieraus ein Beurteilungsspielraum für die handelnden Organe, d.h. die Entscheidungen sind nicht voll gerichtlich überprüfbar. Andererseits bedeutet die Zuerkennung eines Beurteilungsspielraums nicht, dass die Entscheidungen im rechtsfreien Raum getroffen werden. Nach Ansicht des EuGH können Entscheidungen mit Beurteilungsspielraum daraufhin überprüft werden, ob das handelnde Organ von einem zutreffenden Sachverhalt ausgegangen ist, ob es Tatsachen zutreffend subsumiert hat und ob es die Entscheidung ausreichend begründet hat.[467] Darüber hinaus sollte der EuGH auch überprüfen können, ob die vom Organ getroffene Abwägung die Entscheidung trägt. Jede Entscheidung ist danach in ihren politischen, nicht justiziablen, Teil und ihren rechtlichen, einer gerichtlichen Klärung zugänglichen Teil aufzuspalten.

Damit könnte beispielsweise die Prüfung der „Gesamtlage" im Rahmen einer Entscheidung des Ecofin-Rates auf Grundlage des Art. 104 Abs. 6 EGV, nach der dieser das Bestehen eines übermäßigen Defizits in einem Mitgliedstaat feststellt, vorbehaltlich besonderer prozessualer Zulässigkeitsvoraussetzungen vom EuGH auf ihre Rechtmäßigkeit hin kontrolliert werden. Der Gerichtshof könnte überprüfen, ob der Rat zutreffende ökonomische Daten verwendet hat, ob es diese in zutreffender Weise gewürdigt hat und ob die Abwägung der verschiedenen Parameter die Entscheidung des Rates trägt, dass ein übermäßiges Defizit besteht. Nicht überprüft werden könnte die Frage, ob sich gewisse Parameter in der Abwägung gegenüber anderen Kriterien durchsetzen. Hier kommt der politische Charakter des Verfahrens zum Tragen.

(2) Ermessensspielräume

Das Verfahren des Art. 104 EGV beinhaltet außer unbestimmten Rechtsbegriffen auch zahlreiche Ermessensvorschriften.[468] Beispielsweise *kann* die Kommission im Rahmen der Haushaltsüberwachung einen Bericht erstellen, wenn die Gefahr eines übermäßigen Defizits besteht, verpflichtet ist sie hierzu nicht. Kein Ermessen hat die Kommission demgegenüber dann, wenn die Referenzkriterien überschritten wurden. In diesem Fall *muss* sie einen Bericht erstellen. Ermessensentscheidungen des Rates finden sich in Art. 104 Abs. 8 bis 11 EGV. Ob der Rat seine Empfehlungen veröffentlicht, ob er den betreffenden Mitgliedstaat in Verzug setzt und ob er die

466 Zur Kritik an dieser Konzeption siehe unten S. 253 ff.

467 EuGH Slg. 1966, S. 322/396 – Consten/Grundig.

468 Vgl. dazu *Stasavage* Politique Etrangère 1997, 567 ff.

„harten“ Sanktionen bzw. welche dieser Sanktionen er verhängt, ist nach der Gestaltung des Vertrages eine Ermessensentscheidung. Keine Ermessensentscheidung ist die Feststellungsentscheidung des Abs. 6. Hierzu ist der Rat verpflichtet, wenn die genannten Voraussetzungen vorliegen.

Die genannten Ermessensspielräume sind durch den sekundärrechtlichen Stabilitätspakt konkretisiert worden. Insbesondere in der Verordnung 1467/97/EG finden sich zahlreiche Vorgaben hinsichtlich der zu verhängenden Sanktionen.[469] Diese sind für Kommission und Rat verbindlich. Sofern keine sekundärrechtlichen Präzisierungen vorhanden sind, könnte der EuGH Entscheidungen nur im Hinblick auf Ermessensfehler überprüfen. Gemäß Art. 230 Abs. 2 EGV ist hierunter vor allem der Ermessensmissbrauch zu verstehen. Nach Ansicht des EuGH liegt ein Ermessensmissbrauch im Sinne des „détournement de pouvoir“ dann vor, wenn ein Gemeinschaftsorgan die ihm durch den Vertrag verliehene Befugnis benutzt hat, um ein anderes Ziel zu verfolgen, als der Vertrag mit der Einräumung dieser Befugnis im Auge hatte[470]. Damit stellt sich die Frage, welches Ziel der Vertrag mit Art. 104 EGV verfolgt. Zunächst ist es das Ziel, die Haushaltsdisziplin in den Mitgliedstaaten sicherzustellen und eine Koordinierung der Haushaltspolitiken zu erreichen. Da die Koordinierung der Haushaltspolitiken einen wesentlichen Aspekt der Währungsunion darstellt, ist jedoch auch das die Währungsunion dominierende Ziel der Preisstabilität (vgl. Art. 4 Abs. 2 EGV) als ein Leitmotiv des Art. 104 EGV anzusehen.[471] Ermessensentscheidungen von Kommission und Rat sind somit daraufhin zu untersuchen, ob sie das Ziel der Preisstabilität verfolgen. Werden mit den Beschlüssen andere Motive verfolgt, sind sie rechtswidrig. Dies ist beispielsweise dann denkbar, wenn Ratsentscheidungen auf Grundlage von *Package Deals* getroffen werden. Wird eine Entscheidung nach Abs. 6 dadurch verhindert, dass einige Staaten als Gegenleistung für eine Erhöhung der Agrarsubventionen die Feststellung eines übermäßigen Defizits blockieren, verfolgen diese Staaten ein anderes Ziel als die Sicherung der Preisstabilität – nämlich die Erhöhung der Agrarsubventionen. Eine derartige Entscheidung wäre daher rechtswidrig.

Ein weiterer Aspekt im Rahmen der Ermessensentscheidungen ist eine Ermessensreduzierung, die aus der Verpflichtung der Organe zur effektiven Sanktionierung von exzessiven Defiziten folgt. Eine derartige Verpflichtung ergibt sich aus dem Vertragsziel der Preisstabilität. Konkret äußern könnte sich diese Ermessensreduzierung etwa bei Art. 104 Abs. 8 und 9 EGV, der Rat wäre dann zur Veröffentlichung der Empfehlungen und zum In-Verzug-Setzen verpflichtet. Eine Ermessensreduzierung könnte auch dazu führen, dass der Rat im Rahmen des Art. 104 Abs. 11 EGV die

---

469 Siehe dazu oben S. 99 ff.

470 Vgl. oben Fn. 459.

471 *Häde*, in: Calliess/Ruffert Art. 104 Rn. 3 f.

Leistung einer unverzinslichen Einlage fordert und nicht erst die in den ersten beiden Spiegelstrichen genannten Maßnahmen ergreift.[472]

c) Ergebnis

Als Ergebnis lässt sich zum Beurteilungs- und Ermessensspielraum festhalten, dass beide Institute im Rahmen des Defizitverfahrens zur Anwendung kommen. Aus europarechtlicher Sicht beschreiben beide Rechtsinstitute ein einheitliches Phänomen der Gestaltungs- und Entscheidungsfreiheit der Verwaltung. Da das Verfahren des Art. 104 EGV als politisches Verfahren ausgestaltet ist, das darüber hinaus wirtschaftlichen Sachverstand erfordert, ist die richterliche Kontrolldichte eingeschränkt. Die Entscheidungsfreiheit der Gemeinschaftsorgane wird jedoch durch konkretisierendes Sekundärrecht, insbesondere durch den Stabilitäts- und Wachstumspakt und durch die Vertragsziele der Preisstabilität und der Budgetdisziplin eingeschränkt. Es ist dem EuGH auch nicht verwehrt, Entscheidungen im Hinblick auf ihre rechtliche Komponente zu überprüfen und Überschreitungen der zugestandenen Spielräume zu sanktionieren.

6. Rechtsschutz im Rahmen des Defizitverfahrens

Eine Besonderheit des Defizitverfahrens besteht darin, dass die Rechtsschutzmöglichkeiten gemäß Art. 104 Abs. 10 EGV stark eingeschränkt sind. Zu untersuchen ist, in welchen Konstellationen der Rechtsschutz durch diese Norm konkret ausgeschlossen wird (dazu a)) bzw. welche Klagemöglichkeiten trotz Art. 104 Abs. 10 EGV bestehen (dazu b)).

a) Ausschluss durch Art. 104 Abs. 10 EGV

Art. 104 Abs. 10 EGV lautet:

„Das Recht auf Klageerhebung nach den Artikeln 226 und 227 kann im Rahmen der Absätze 1 bis 9 dieses Artikels nicht ausgeübt werden.“

Mit dieser Formulierung schließt die Norm nicht jedes gerichtliche Verfahren im Rahmen des Art. 104 EGV aus. Vielmehr ist allein das Vertragsverletzungsverfahren angesprochen, und zwar sowohl ein von der Kommission gemäß Art. 226 EGV als auch ein durch einen anderen Mitgliedstaat gemäß Art. 227 EGV eingeleitetes Verfahren. Die ungewöhnliche Formulierung geht vermutlich auf eine wortlautgetreue Übersetzung aus einer anderen Amtssprache zurück. Gemeint ist, dass ein Vertragsverletzungsverfahren im Rahmen der Absätze 1 bis 9 unzulässig ist.[473]

---

[472] Die hier beschriebenen Ermessensreduzierungen wurden nunmehr auch explizit durch Art. 11 bis 16 der Verordnung 1467/97/EG vorgenommen. Dies ändert jedoch nichts daran, dass die Ermessensreduzierung bereits aus dem Primärrecht folgt.

[473] *Schulze-Steinen* S. 281 spricht untechnisch davon, dass den Mitgliedstaaten und der Kommission das Vertragsverletzungsverfahren „versagt“ wird. Die Formulierung „Das Recht auf Klageerhebung kann nicht ausgeübt werden“ meint aber wohl, dass eine Klage als unzulässig abgewiesen werden müsste.

Mit dem Vertragsverletzungsverfahren rügt der Kläger, dass ein Mitgliedstaat gegen eine Verpflichtung aus dem Gemeinschaftsrecht verstoßen hat. Die Formulierung „Verpflichtung aus diesem Vertrag" in Art. 226/227 EGV ist weit auszulegen und umfasst geschriebenes und ungeschriebenes, primäres und sekundäres Gemeinschaftsrecht.[474] Zu untersuchen ist somit, gegen welche Verpflichtungen ein Mitgliedstaat im Rahmen der Absätze 1 bis 9 des Art. 104 EGV verstoßen kann.

(1) Art. 104 Abs. 1 EGV

Ein Mitgliedstaat verstößt gegen Art. 104 Abs. 1 EGV, wenn er ein übermäßiges öffentliches Defizit – d.h. ein gesamtstaatliches Finanzierungsdefizit von über 3% – aufweist.[475] Ausschlaggebend ist damit allein die Überschreitung des Defizit-Referenzwertes. Unerheblich ist hierbei, ob sich der betreffende Mitgliedstaat auf eine Ausnahmeregelung des Art. 104 Abs. 2 EGV stützen kann. Wie bereits dargelegt führt der Verstoß gegen Art. 104 Abs. 1 EGV noch nicht zwangsläufig zu Sanktionen. Vielmehr berücksichtigen die Kommission bei der Überwachung der Haushaltsdisziplin auch die in Abs. 2 genannten Ausnahmetatbestände und der Rat bei seiner Entscheidung nach Abs. 6 die „Gesamtlage". Die Rechtspflicht des Abs. 1 zur Vermeidung übermäßiger öffentlicher Defizite ist damit über Art. 104 EGV nicht unmittelbar sanktionsbewehrt. Indem das Vertragsverletzungsverfahren ausgeschlossen ist, kann weder die Kommission noch ein anderer Mitgliedstaat den EuGH mit dem Argument anrufen, ein Mitgliedstaat weise ein übermäßiges öffentliches Defizit i.S.d. Art. 104 Abs. 1 EGV auf. Die Rechtspflicht des Abs. 1 ist damit ein zahmer Tiger. Sanktionen bei einem Anstieg des Defizits auf über 3% sind gerichtlich nicht möglich und über das Verfahren des Art. 104 EGV unwahrscheinlich.[476]

(2) Art. 104 Abs. 2 EGV

Art. 104 Abs. 2 EGV enthält die Pflicht für die Mitgliedstaaten zur Einhaltung der Haushaltsdisziplin. Die Haushaltsdisziplin ist insbesondere dann gewahrt, wenn die Mitgliedstaaten die Referenzkriterien für Defizit und Schuldenstand einhalten.[477] Gegen die Haushaltsdisziplin wird nicht bereits dann verstoßen, wenn die Referenzwerte von 3% und 60% überschritten sind. Vielmehr sind die in Abs. 2 genannten Ausnahmetatbestände zu berücksichtigen, die ein Überschreiten der Referenzwerte in gewissen Fällen erlauben. Auch wenn die Mitgliedstaaten gegen die Haushaltsdisziplin verstoßen, ist wegen Art. 104 Abs. 10 EGV kein Vertragsverletzungsverfahren zulässig. Dies gilt sogar dann, wenn die Kommission untätig bleibt.

---

474 *Cremer*, in: Calliess/Ruffert Art. 226 EGV Rn. 33.

475 Siehe dazu den Diskussionsstand oben S. 63 ff.

476 Zur Kritik am Verfahren des Art. 104 EGV vgl. ausführlich unten S. 197 ff. und S. 242 ff.

477 Siehe dazu bereits oben S. 81 ff. Beachte den Unterschied zwischen Referenzwert und Referenzkriterium; vgl. dazu oben S. 82 ff. sowie *Schulze-Steinen* S. 207 Fn. 27 und S.215 f.

(3) Art. 104 Abs. 3 bis 8 EGV

Da sich das Vertragsverletzungsverfahren nur gegen Mitgliedstaaten richtet, hat Art. 104 Abs. 3 EGV keine Bedeutung für Abs. 10. In Abs. 3 ist geregelt, wann die Kommission einen Bericht über die Haushaltsdisziplin der Mitgliedstaaten erstellen muss. Pflichten für die Mitgliedstaaten, gegen die sie verstoßen könnten, ergeben sich daraus nicht. Dies gilt auch für Abs. 4 und 5 und grundsätzlich auch für Abs. 6.[478] Danach entscheidet der Rat nach Prüfung der Gesamtlage, ob ein übermäßiges Defizit besteht. Eine Rechtspflicht ergibt sich für die Mitgliedstaaten hieraus nicht unmittelbar. Die Beachtung der Gesamtlage ist keine Verpflichtung, die die Mitgliedstaaten einhalten könnten. Vielmehr ermöglicht die Rücksichtnahme auf den unbestimmten Rechtsbegriff der Gesamtlage dem Rat, die Verhängung von Sanktionen bei Überschreitung der Referenzkriterien von zusätzlichen Parametern abhängig zu machen.

Anders sieht die Lage scheinbar bei Art. 104 Abs. 7 und 8 EGV aus. Aus diesen Absätzen ergibt sich die Pflicht für die Mitgliedstaaten, die Empfehlungen des Rates zu befolgen. Zwar sind Empfehlungen gemäß Art. 249 Abs. 5 EGV unverbindlich, fraglich ist jedoch, ob dies auch für die Empfehlungen des Art. 104 Abs. 7 EGV gilt. Wie ein Blick auf Art. 104 Abs. 9 EGV zeigt, kann die Nichtberücksichtigung der Empfehlungen das In-Verzug-Setzen des betreffenden Mitgliedstaates nach sich ziehen. Daraus ergibt sich zumindest eine faktische Verbindlichkeit. Allerdings wird dies für ein Vertragsverletzungsverfahren nicht ausreichen. Zulässiger Klagegegenstand sind nur staatliche Verstöße gegen Gemeinschaftsrecht. Ein solcher Verstoß kann zwar auch in einem pflichtwidrigen Untätigbleiben liegen.[479] Voraussetzung ist dann aber eine gemeinschaftsrechtliche Handlungspflicht.[480] Aus einer rechtlich unverbindlichen Empfehlung ergibt sich jedoch keine Handlungspflicht. Ein Vertragsverstoß liegt daher bei der Nichtbeachtung einer Empfehlung im Rahmen des Abs. 7 und 8 nicht vor.[481] Ein Vertragsverletzungsverfahren, das durch Art. 104 Abs. 10 EGV ausgeschlossen ist, ist daher im Bereich der Abs. 3 bis 8 nicht denkbar.

(4) Art. 104 Abs. 9 EGV

Auch Art. 104 Abs. 9 EGV ist vom Ausschluss des Abs. 10 umfasst. Nach Abs. 9 kann der Rat beschließen, den Mitgliedstaat in Verzug zu setzten. Hieraus ergibt sich für den Mitgliedstaat die Pflicht, innerhalb der gesetzten Frist die vom Rat beschlossenen Maßnahmen umzusetzen. Kommt er dieser Pflicht nicht nach, wäre ein Vertragsverletzungsverfahren denkbar. Dieses ist durch Abs. 10 ausgeschlossen. Dasselbe gilt auch für die Missachtung der nach Abs. 9 möglichen Verpflichtung der Mitgliedstaaten, Berichte vorzulegen. Nach einer Ansicht soll trotz des entgegenstehenden Wortlautes ein Vertragsverletzungsverfahren nach Ablauf der Frist des Ab. 9

---

478 A.A. zu Abs. 6: *Italianer*, in: GTE (5. Auflage) Art. 104c Rn. 85.

479 EuGH Slg. 1970, S. 25/33 – Kommission/Italien.

480 *Karpenstein/Karpenstein*, in: Grabitz/Hilf Art. 226 EGV Rn. 21.

481 So auch *Italianer*, in: GTE (5. Auflage) Art. 104c Rn. 85.

zulässig sein.[482] Hiergegen spricht jedoch der eindeutige Wortlaut des Art. 104 Abs. 10 EGV.

(5) Zwischenergebnis

Der Ausschluss des Art. 104 Abs. 10 EGV umfasst diverse Konstellationen, in denen Mitgliedstaaten gegen Verpflichtungen aus dem Vertrag verstoßen können. Zu nennen sind insbesondere die Pflicht zur Vermeidung übermäßiger öffentlicher Defizite aus Abs. 1, die Pflicht zur Einhaltung der Haushaltsdisziplin in Abs. 2 sowie die Pflicht zur Befolgung der Rats-Beschlüsse während des In-Verzug-Setzens. Die Mitgliedstaaten können damit nicht gerichtlich gegen einen vertragsbrüchigen Mitgliedstaat vorgehen, die Kommission ist auf die ihr über Art. 104 Abs. 3 EGV zugewiesene Rolle des Berichterstatters beschränkt. Fraglich ist, warum Abs. 10 von den Absätzen 1 bis 9 spricht und damit auch die Absätze 3 bis 8 mit umfasst, obwohl in letzteren wie dargelegt ein Vertragsverletzungsverfahren überhaupt nicht möglich ist. Ist damit impliziert, dass ein derartiges Verfahren in allen Absätzen existieren müsste? Richtig scheint eher zu sein, dass Abs. 10 pauschal alle Vertragsverletzungsverfahren im Bereich der Defizitbeschränkung mit Ausnahme des Abs. 11 ausschließen will und in seiner Formulierung zu weit geraten ist.

b) Verbleibende Rechtsschutzmöglichkeiten

Es stellt sich die Frage, in welchen Konstellationen ein Vertragsverletzungsverfahren trotz Art. 104 Abs. 10 EGV zulässig ist. Weiterhin muss geklärt werden, welche Verfahren nicht vom Ausschluss des Abs. 10 umfasst sind. Zu denken ist an die Untätigkeitsklage gemäß Art. 232 EGV und an die Nichtigkeitsklage gemäß Art. 230 EGV. Zu untersuchen ist auch, inwieweit im Rahmen eines Vorabentscheidungsverfahrens gemäß Art. 234 EGV die Norm des Art. 104 EGV zum Tragen kommen kann.

(1) Vertragsverletzungsverfahren

Vom Ausschluss des Art. 104 Abs. 10 EGV nicht umfasst sind Art. 104 Abs. 11 bis 14 EGV. Handlungspflichten, gegen die Mitgliedstaaten verstoßen könnten, ergeben sich allerdings nur aus Abs. 11. Danach kann der Rat die Mitgliedstaaten zu folgenden Handlungen verpflichten[483]: die Veröffentlichung von zusätzlichen Angaben vor der Emission von Schuldverschreibungen und sonstigen Wertpapieren, die Hinterlegung einer unverzinslichen Einlage sowie die Zahlung von Geldbußen. Kommt der Mitgliedstaat diesen Handlungspflichten nicht nach, liegt hierin ein Vertragsverstoß, gegen den mit dem Vertragsverletzungsverfahren vorgegangen werden kann.

Der Grund dafür, dass Abs. 10 das Vertragsverletzungsverfahren im Bereich des Absatzes 11 nicht ausschließt, könnte darin liegen, dass die Feststellung, dass Sankti-

---

482 *Seidel*, Verfassung, S. 20 f.

483 Vgl. dazu ausführlich oben S. 99 ff.

onen nicht beachtet wurden, ohne politische Wertungen möglich ist.[484] Darin soll sich diese Entscheidung von der Feststellung über das Vorliegen eines übermäßigen Defizits nach Abs. 6 unterscheiden. Ob die Entscheidung nach Abs. 6 tatsächlich mehr politische Wertungen enthält als die Entscheidung, dass Sanktionen nicht befolgt wurden, erscheint allerdings fraglich. Beide Entscheidungen haben jedenfalls weitreichende politische Konsequenzen.

Der hinter Abs. 10 stehende Sinn und Zweck besteht vielmehr darin, dass dem in Art. 104 EGV vorgesehenen Defizitverfahren Ausschließlichkeit zukommen soll. Im Fall eines übermäßigen Defizits in einem Mitgliedstaat soll ausschließlich nach Art. 104 EGV vorgegangen werden können. Ein Vertragsverletzungsverfahren im Rahmen des Abs. 11 ist dagegen unschädlich, denn das Defizitverfahren ist nach Verhängung der Sanktionen des Abs. 11 beendet. Eine weitere Steigerung existiert nicht, so dass nunmehr auf das Vertragsverletzungsverfahren zurückgegriffen werden kann. Ob es allerdings Sinn macht, die Zahlung von verhängten Geldbußen mit Pauschalbeträgen oder Zwangsgeldern nach Art. 228 Abs. 2 EGV durchzusetzen, erscheint fraglich.[485]

(2) Nichtigkeitsklage

Die in Art. 230 EGV normierte Nichtigkeitsklage ist vom Ausschluss des Art. 104 Abs. 10 EGV nicht umfasst. Ihre Zulässigkeit richtet sich damit nach den allgemeinen Voraussetzungen des Art. 230 EGV. Mit der Nichtigkeitsklage können Handlungen der Gemeinschaftsorgane auf ihre Rechtmäßigkeit überprüft werden. Zulässiger Klagegegenstand im Rahmen der Nichtigkeitsklage sind gemäß Art. 230 Abs. 1 EGV bei Klagen der Gemeinschaftsorgane gemeinsame Handlungen des EP und des Rates, Handlungen des Rates, der Kommission und der EZB, soweit es sich nicht um Empfehlungen oder Stellungnahmen handelt, sowie Handlungen des EP mit Rechtswirkung gegenüber Dritten.

Im Rahmen des Art. 104 EGV kommen allein Handlungen des Rates oder der Kommission in Betracht. Eine Handlung in diesem Sinne ist jeder verbindliche Gemeinschaftsrechtsakt mit Außenwirkung.[486] Im Rahmen des Defizitverfahrens liegt eine solche Handlung der Kommission etwa in der Erstellung eines Berichts gemäß Art. 104 Abs. 3 EGV. Handlungen des Rates sind die Feststellung des Bestehens eines übermäßigen Defizits gemäß Abs. 6, das In-Verzug-Setzen gemäß Abs. 9, die Verhängung von Sanktionen gemäß Abs. 11 sowie die Aufhebung von Sanktionen

---

[484] *Italianer*, in: GTE (5. Auflage) Art. 104c Rn. 86.

[485] Vgl. dazu unten S. 264 ff.

[486] EuGH Slg. 1980, 1299/1309 Rn. 15 – Sucrimex S.A. und Westzucker GmbH/Kommission; *Cremer*, in: Calliess/Ruffert Art. 230 EGV Rn. 12; *Schwarze*, in: Schwarze Art. 230 Rn. 19 ff.; *Koenig/Haratsch* Rn. 379.

gemäß Abs. 12. Eine Handlung des Rates kann auch der Beschluss darstellen, keine Sanktionen zu verhängen.[487]

Kein zulässiger Klagegegenstand sind die Empfehlungen nach Abs. 7, da Empfehlungen wegen ihrer fehlenden Verbindlichkeit ausdrücklich von Art. 230 Abs. 1 EGV ausgenommen sind. Teilweise wird vertreten, eine Entscheidung nach Abs. 6 könne nicht mit der Nichtigkeitsklage angefochten werden, da es sich lediglich um eine Zwischenmaßnahme handele, die keine Rechtswirkung entfalte.[488] Dafür spricht, dass die Entscheidung nach Abs. 6 in das Verfahren des Art. 104 EGV eingebettet ist, an dessen Ende die Verhängung von Sanktionen steht. Mit der Entscheidung nach Abs. 6 werden noch keine Sanktionen verhängt, d.h. es wird noch nicht unmittelbar in die Rechtssphäre des betreffenden Mitgliedstaates eingegriffen. Nach der Rechtsprechung des EuGH entfaltet ein Zwischenakt jedoch bereits dann eigenständige Rechtswirkungen, wenn er über einen abtrennbaren Gesichtspunkt eines mehrstufigen Verfahrens abschließend entscheidet.[489] Die Entscheidung nach Abs. 6 stellt abschließend und endgültig fest, ob in einem Mitgliedstaat ein übermäßiges Defizit besteht oder nicht. Insoweit kommt diesem Beschluss durchaus erhebliche Rechtswirkung zu, so dass er mit der Nichtigkeitsklage angreifbar ist.

Gegen die genannten Handlungen können die Mitgliedstaaten – auch der betroffene Staat – sowie die Gemeinschaftsorgane[490] mit der Nichtigkeitsklage vorgehen. Bei Klagen des Rechnungshofes sowie der Europäischen Zentralbank ist darüber hinaus erforderlich, dass die Klage auf die Wahrung der Rechte des klagenden Organs zielt. Fraglich ist, ob derartige Rechte und Befugnisse im Rahmen des Art. 104 EGV existieren. Der EZB sowie dem Rechnungshof sind im Defizitverfahren keine Befugnisse zugewiesen. Lediglich bei der Verabschiedung von Bestimmungen, die gemäß Art. 104 Abs. 14 Uabs. 2 EGV das Protokoll ablösen sollen, ist die EZB anzuhören. Unterbleibt diese Anhörung, könnte die EZB mit der Nichtigkeitsklage gegen die beschlossenen Bestimmungen vorgehen. Natürliche und juristische Personen können gemäß Art. 230 Abs. 4 EGV nur gegen an sie gerichtete oder sie unmittelbar und in-

---

487 Siehe dazu den Beschluss des Rates vom 25.11.2003 (Vgl. hierzu Seite 206). Der Rat hatte beschlossen, das Verfahren gegen Deutschland und Frankreich auszusetzen und die gesetzte Frist zum Defizitabbau um ein Jahr zu verlängern. Der EuGH entschied, dass die Nichtannahme eines förmlichen Rechtsinstruments kein zulässiger Klagegegenstand im Rahmen der Nichtigkeitsklage darstellt. Allerdings konnte die Kommission die Nichtigerklärung des in Form von Schlussfolgerungen gefassten Beschlusses verlangen, da die Schlussfolgerungen verbindlich sind und Außenwirkung gegenüber den Mitgliedstaaten haben (EuGH, Urteil vom 13.07.2004, Rs. C-27/04, Rn. 37 ff.).

488 *Schulze-Steinen* S. 283; vgl. auch *Hartmann* S. 76.

489 EuGH Slg. 1986, 1965/1990 Rn. 20 – AKZO Chemie/Kommission; Slg. 1981, 2639/2652 Rn. 11 – IBM/Kommission.

490 Vor In-Kraft-Treten des Vertrages von Nizza war das EP nur klagebefugt, wenn die Klage auf die Wahrung der Rechte des Parlaments zielt. Dabei war fraglich, ob die fehlende Unterrichtung gemäß Art. 104 Abs. 11 EGV ein Recht des EP verletzt. Zweifel hieran bestanden, weil die Unterrichtung im Gegensatz zur Anhörung keinerlei Mitwirkung des EP verlangt.

dividuell betreffende Entscheidungen sowie gegen Schein-Verordnungen vorgehen.[491] Derartige Rechtsakte kommen im Rahmen des Art. 104 EGV nicht vor, so dass Nichtigkeitsklagen durch natürliche oder juristische Personen ausscheiden. Die Nichtigkeitsklage ist begründet, wenn die angefochtene Handlung mindestens einen der in Art. 230 Abs. 2 EGV genannten Nichtigkeitsgründe erfüllt. Bei Klagen im Rahmen des Art. 104 EGV kommen insbesondere die Vertragsverletzung sowie ein Ermessensmissbrauch in Betracht. Es würde den Rahmen sprengen, an dieser Stelle alle hypothetischen Sachverhalte durchzuspielen. Vermutlich würde der EuGH den beklagten Organen – sofern vorhanden – einen großen Ermessensspielraum einräumen.[492]

Zusammenfassend ergibt sich damit zur Nichtigkeitsklage: Klagen natürlicher und juristischer Personen gegen Maßnahmen im Bereich des Art. 104 EGV sind unzulässig. Die Kommission kann gegen die Beschlüsse des Rates nach Abs. 6, 9 und 11 klagen, der Rat gegen die von der Kommission auf Grundlage des Abs. 3 erstellten Berichte. Alle Mitgliedstaaten, auch der betroffene Staat, können gegen alle genannten Handlungen mit der Nichtigkeitsklage vorgehen. Die Klage ist jedoch nur dann begründet, wenn ein Nichtigkeitsgrund vorliegt, etwa das dem Rat zustehende Ermessen missbraucht wurde.[493]

(3) Untätigkeitsklage

Fraglich ist, wann im Rahmen des Art. 104 EGV eine Untätigkeitsklage gemäß Art. 232 EGV in Betracht kommt. Die Untätigkeitsklage ist das Gegenstück zur Nichtigkeitsklage und zielt auf die Feststellung eines Unterlassens, sie kann den vertragswidrigen Zustand jedoch nicht beseitigen.[494] Voraussetzung einer Untätigkeitsklage ist, dass ein Organ der Gemeinschaft es unter Verletzung des Vertrages unterlässt, einen Beschluss zu fassen. Erforderlich ist damit eine Handlungspflicht des beklagten Organs. Es handelt sich um ein ähnliches Verfahren wie das Untätigkeits-Vertragsverletzungsverfahren, mit dem Unterschied, dass sich die Untätigkeitsklage gegen ein Unterlassen eines Gemeinschaftsorgans richtet, während sich das Vertragsverletzungsverfahren gegen eine Handlung oder ein Unterlassen eines Mitgliedstaates wendet. Vor Klageerhebung muss das unterlassende Organ aufgefordert werden, tätig

---

[491] Zum Begriff der Schein-Verordnung, siehe *Cremer*, in: Calliess/Ruffert Art. 230 EGV Rn. 27 ff. Vgl. dort auch zur inzwischen erfolgten Erweiterung des zulässigen Klagegegenstandes durch die Rechtsprechung. Erforderlich ist jedoch immer, dass die juristische oder natürliche Person individuell und unmittelbar betroffen ist. Dies ist bei keiner der in Art. 104 EGV zu treffenden Entscheidungen der Fall.

[492] Zu Beurteilungs- und Ermessensspielräumen im Defizitverfahren vgl. oben S. 107 ff. Das Problem der Beurteilungs- und Ermessensspielräume übersieht *Hahn*, JZ 1997, 1133/1141.

[493] Vgl. dazu oben S.107 ff.

[494] *Cremer*, in: Calliess/Ruffert Art. 232 EGV Rn.1.

zu werden. Erst wenn es innerhalb von zwei Monaten nicht Stellung genommen hat, ist eine Klage zulässig.[495]

Zulässiger Klagegegenstand der Untätigkeitsklage ist bei Klagen der Mitgliedstaaten und der Gemeinschaftsorgane das Unterlasen eines „Beschlusses". Umstritten ist, ob ein Beschluss nur bei einem rechtlich verbindlichen Akt vorliegt oder bei jeder Maßnahme eines Gemeinschaftsorgans.[496] Gegen die enge Auffassung[497] spricht ein systematischer Vergleich mit Art. 232 Abs. 4 EGV. Danach können natürliche und juristische Personen nur dagegen klagen, dass ein anderer Akt als eine Empfehlung oder eine Stellungnahme unterlassen wurde. Mit anderen Worten ist eine Untätigkeitsklage dieses Klägerkreises gegen rechtlich unverbindliche Akte unzulässig. Demgegenüber spricht Art. 232 Abs. 1 EGV nur von einem Beschluss, ohne hiervon gewisse Akte auszunehmen. Damit ist unter einem Beschluss jede Maßnahme zu verstehen, zu deren Vornahme ein Gemeinschaftsorgan aufgrund des primären oder sekundären Gemeinschaftsrechts verpflichtet ist.[498]

Juristische und natürliche Personen können gemäß Art. 232 Abs. 3 EGV nur mit dem Argument klagen, dass „ein Organ der Gemeinschaft es unterlassen hat, einen anderen Akt als eine Empfehlung oder eine Stellungnahme an sie zu richten". Juristische und natürliche Personen können damit nur das Ausbleiben von an sie zu richtenden Rechtsakten rügen.[499] Im Rahmen des Art. 104 EGV werden jedoch keine Rechtsakte an natürliche und juristische Personen gerichtet. Untätigkeitsklagen dieser Klägergruppe scheiden daher aus. Gemäß Art. 232 Abs. 4 EGV sind Untätigkeitsklagen der EZB zulässig, wenn ihr Zuständigkeitsbereich betroffen ist. Denkbar wäre es, den Zuständigkeitsbereich nur dann als betroffen anzusehen, wenn der Rechtsakt an die EZB gerichtet werden sollte. Dies wäre bei den Entscheidungen im Rahmen des Defizitverfahrens nicht der Fall. Diese Auslegung ist allerdings zu eng, wie sich aus dem Wortlautvergleich mit Abs. 3 ergibt. Die unterschiedliche Formulierung bei Klagen der EZB gegenüber Klagen von natürlichen und juristischen Personen spricht dafür, dass der EZB ein umfassenderes Klagerecht zukommen soll. So könnte vertreten werden, dass der Zuständigkeitsbereich der EZB im Fall eines übermäßigen Defizits in einem Mitgliedstaat betroffen ist, da die EZB gemäß Art. 105 Abs. 1 EGV auf die Preisniveaustabilität verpflichtet ist und die allgemeine Wirtschaftspolitik in der Gemeinschaft unterstützen soll. Diese Auslegung geht allerdings zu weit. Die Haushaltspolitik ist nicht auf die Gemeinschaft (die EZB) übertragen worden, vielmehr

---

495 Fasst das Organ innerhalb der zwei Monate einen Beschluss in der Sache, kommt die Erhebung der Nichtigkeitsklage in Betracht. Eine Untätigkeitsklage scheidet selbst dann aus, wenn das Organ es ablehnt, tätig zu werden; EuG Slg. 1994, II-1015/1026 Rn. 21 – Ladbroke/Kommission.

496 Vgl. zum Streitstand *Cremer*, in: Calliess/Ruffert Art. 232 EGV Rn. 5.

497 Vgl. etwa *Waelbroeck/Waelbroeck/Vandersanden*, in: Commentaire Mégret, Band 10, Art. 175 Rn.4 (S. 180 ff.); *Nicolaysen*, Europarecht I, S. 386.

498 *Cremer*, in: Calliess/Ruffert Art. 232 EGV Rn. 5; *Krück*, in GTE (5. Auflage) Art. 175 Rn. 11 f.; *Borchardt*, in: Lenz/Borchardt Art. 232 Rn. 8; *Koenig/Sander* Rn. 355.

499 *Koenig/Haratsch* Rn. 403.

wurde sie in der Zuständigkeit der Mitgliedstaaten belassen. Das Defizitverfahren des Art. 104 EGV stellt lediglich eine besondere Form der Koordinierung und Überwachung der nationalen Haushaltspolitiken dar. Aus Art. 105 Abs. 2 EGV ergibt sich, dass die EZB für die Geldpolitik in der Gemeinschaft zuständig ist. Entscheidungen im Rahmen des Defizitverfahrens fallen damit nicht in den Zuständigkeitsbereich der EZB, eine Untätigkeitsklage der EZB ist unzulässig.

Es stellt sich die Frage, welche Maßnahmen der Gemeinschaftsorgane konkret mit der Untätigkeitsklage erzwungen werden können. Als Beschlüsse der Kommission kommen die Erstellung eines Berichts gemäß Art. 104 Abs. 3 EGV sowie die Vorlage einer Stellungnahme gemäß Art. 104 Abs. 5 EGV in Betracht. Darüber hinaus kann eine Empfehlung i.S.d. Art. 104 Abs. 6 bis 12 EGV erzwungen werden. Zuvor muss die Kommission jedoch gemäß Art. 115 EGV zur Abgabe einer derartigen Empfehlung aufgefordert worden sein.[500] Als Beschlüsse des Rates kommen die Entscheidung über das Bestehen eines übermäßigen Defizits gemäß Art. 104 Abs. 6 EGV, das Aussprechen von Empfehlungen gemäß Art. 104 Abs. 7, die Veröffentlichung der Empfehlungen gemäß Art. 104 Abs. 8 EGV, das In-Verzug-Setzen gemäß Art. 104 Abs. 9 EGV sowie die Verhängung von Sanktionen gemäß Art. 104 Abs. 11 EGV in Betracht.[501] Nicht erzwungen werden kann die Stellungnahme des Wirtschafts- und Finanzausschusses (WFA, vgl. Art. 114 Abs. 2 EGV) gemäß Art. 104 Abs. 4 EGV, da der WFA kein Organ der Gemeinschaft ist.

Die Untätigkeitsklage ist damit ein beachtliches Instrument zur Reaktion auf eine mangelhafte Anwendung des Defizitverfahrens. Zu beachten ist, dass die Untätigkeitsklage nur dann Erfolg haben wird, wenn Rat oder Kommission durch das Unterlassen des Beschlusses gegen eine gemeinschaftsrechtliche Handlungspflicht verstoßen haben. Dies ist vor allem dann fraglich, wenn das Gemeinschaftsrecht dem Organ einen Ermessensspielraum eingeräumt hat.[502] In diesem Fall kann die Klage nur Erfolg haben, wenn das Ermessen reduziert ist oder die Grenzen der Ermessensausübung überschritten wurden. Problematisch ist ebenfalls, dass im Fall des Versagens von Kommission und Rat nur das Europäische Parlament und der Rechnungshof Klage erheben können.

(4) Vorabentscheidungsverfahren

Zu untersuchen ist abschließend, ob die Regelungen des Defizitverfahrens Gegenstand eines Vorabentscheidungsverfahrens vor dem EuGH (Art. 234 EGV) werden können. Nach diesem Verfahren können nationale Gerichte eine für den Ausgang des Verfahrens erhebliche Frage über die Auslegung oder Gültigkeit von Gemein-

---

500 In der Praxis dürften die Aufforderung nach Art. 115 EGV und das im Rahmen der Untätigkeitsklage erforderliche Vorverfahren in einem einzigen Verfahren zusammenfallen.

501 Vgl. *Hahn* JZ, 1997, 1133/1141.

502 *Koenig/Haratsch* Rn. 408; zu Beurteilungs- und Ermessensspielräumen im Defizitverfahren vgl. oben S. 113 ff.

schaftsrecht dem EuGH zur Entscheidung vorlegen.[503] Damit wird die einheitliche Auslegung und Gültigkeit von Gemeinschaftsrecht trotz dessen Anwendung durch nationale Gerichte sichergestellt.[504] Voraussetzung ist, dass Fragen der Auslegung des Vertrags oder der Gültigkeit von Organhandlungen von einem nationalen Gericht behandelt werden. Nicht zulässig ist eine Vorlage über die Frage der Gültigkeit von Primärrecht.[505]

Eine Situation, in der Fragen des Defizitverfahrens vor nationalen Gerichten behandelt werden, ist schwerlich denkbar. In zivil- und strafrechtlichen Verfahren dürfte eine derartige Situation ausgeschlossen sein. Zumindest im deutschen Recht dürfte dies auch in sonstigen Verfahren eine Seltenheit sein. Anfechtungs- und Verpflichtungsklagen vor dem Verwaltungsgericht gegen Maßnahmen der Kommission oder des Rates bzw. auf Erlass von derartigen Maßnahmen scheitern sowohl an der fehlenden Verwaltungsaktqualität als auch an der fehlenden Klagebefugnis. Beispielsweise könnte eine Sanktion des Rates gegen Deutschland nicht mit der Anfechtungsklage angegangen werden, eine Sanktion gegen Italien wäre bei Vorliegen eines übermäßigen Defizits nicht mit einer Verpflichtungsklage erzwingbar.

Schwieriger ist die Lage bei den verfassungsgerichtlichen Verfahren. Hier erscheint es nicht ausgeschlossen, dass Fragen der Budgetdisziplin etwa in einem Bund-Länder-Streit (Art. 93 Abs. 1 Nr. 3/4 GG) eine Rolle spielen, beispielsweise wenn sich Bundesländer gegen Einschränkungen ihrer Haushaltsautonomie durch einem „nationalen Stabilitätspakt" wenden.[506] Im Fall der Entscheidungserheblichkeit der defizitverfahrensrechtlichen Frage müsste auch das Bundesverfassungsgericht diese Frage dem EuGH vorlegen[507]. Zusammenfassend ergibt sich damit, dass in Deutschland allein im Bereich der verfassungsgerichtlichen Verfahren eine Rechtsfrage aus dem gemeinschaftsrechtlichen Defizitverfahren ergeben könnte, die zum Gegenstand eines Vorabentscheidungsverfahrens werden kann. Eine derartige Konstellation erscheint allerdings unwahrscheinlich.

(5) Zwischenergebnis

Zusammenfassend ergibt sich damit folgendes Bild. Ein Vertragsverletzungsverfahren ist durch Kommission und Mitgliedstaaten gegen einen Mitgliedstaat möglich, der die gegen ihn verhängten Sanktionen nach Abs. 11 nicht erfüllt. Eine Nichtigkeitsklage kann das EP gegen die nach Abs. 11 ohne Anhörung verhängten Sanktio-

---

503 Allgemein dazu *Everling*, Vorabentscheidungsverfahren, S. 9 ff.

504 *Wegener*, in: Calliess/Ruffert Art. 234 EGV Rn. 1 m.w.N.

505 *Wegener*, in: Calliess/Ruffert Art. 234 EGV Rn. 2.

506 Zur Diskussion über den sog. „nationalen Stabilitätspakt", vgl. unten S. 163 ff.

507 *Schwarze*, in: Schwarze Art. 234 EGV Rn. 43, *Feige*, AöR 100 (1975), S. 530/531 ff., *Bleckmann*, Europarecht, Rn. 921; *Oppermann* Rn. 769; *Trautwein*, JuS 1997, 893/896. Dies wird vom BVerfG auch anerkannt, vgl. BVerfGE 37, 271/282 – Solange I; 52, 187/201 – „Vielleicht". Vgl. auch den Vorlagebeschluss des österreichischen Verfassungsgerichtshofs EuGRZ 1999, 365 ff.

nen erheben, sowie gegen die ohne Anhörung des Parlaments auf Grundlage von Abs. 14 UAbs. 2 erlassenen Bestimmungen. Klagen der EZB sind nur gegen letztere Bestimmungen möglich, sofern die EZB nicht angehört wurde. Die Kommission kann gegen die Beschlüsse des Rates nach Abs. 6, 9 und 11 klagen, der Rat gegen die von der Kommission auf Grundlage des Abs. 3 erstellten Berichte. Alle Mitgliedstaaten, auch der betroffene Staat, können gegen alle genannten Handlungen mit der Nichtigkeitsklage vorgehen. Eine Untätigkeitsklage ist in folgenden Konstellationen möglich: Mitgliedstaaten und Gemeinschaftsorgane können von der Kommission die Erstellung eines Berichts nach Abs. 3 fordern. Vom Rat können sie die Entscheidung über das Bestehen eines übermäßigen Defizits gemäß Art. 104 Abs. 6 EGV, das Aussprechen von Empfehlungen gemäß Art. 104 Abs. 7, die Veröffentlichung der Empfehlungen gemäß Art. 104 Abs. 8 EGV, das In-Verzug-Setzen gemäß Art. 104 Abs. 9 EGV sowie die Verhängung von Sanktionen gemäß Art. 104 Abs. 11 EGV verlangen. Ein Vorabentscheidungsverfahren ist nur dann denkbar, wenn in einem Mitgliedstaat eine Frage des Defizitverfahrens in einem verfassungsrechtlichen Streit eine entscheidungserhebliche Rolle spielt. Insbesondere bei der Nichtigkeitsklage und bei der Untätigkeitsklage sind Ermessensspielräume der handelnden Organe zu beachten, die einer gerichtlichen Entscheidung entgegenstehen können.[508]

c) Ergebnis

Im Rahmen des Defizitverfahrens ist das Vertragsverletzungsverfahren durch Art. 104 Abs. 10 EGV weitgehend ausgeschlossen. Dies gilt insbesondere bei Verstößen der Mitgliedstaaten gegen die Pflicht zur Vermeidung übermäßiger öffentlicher Defizite aus Art. 104 Abs. 1 EGV sowie gegen die Pflicht zur Einhaltung der Haushaltsdisziplin aus Art. 104 Abs. 2 EGV. Zulässig sind Vertragsverletzungsverfahren bei Nichtbefolgung der gemäß Art. 104 Abs. 11 EGV verhängten Sanktionen. Darüber hinaus sind in verschiedenen Konstellationen Nichtigkeits- und Untätigkeitsklagen denkbar. Zulässig, wenn auch unwahrscheinlich, wäre auch ein Vorabentscheidungsverfahren vor dem EuGH.

III. Ergebnis zum 1. Kapitel

Eine europäische Währungsunion wurde bereits seit 1971 geplant; zunächst allerdings ohne konkrete Vorgaben für die Haushaltsdisziplin in den Mitgliedstaaten. Auch aus diesem Grund scheiterten die Vorläufer der WWU, sei es auf europäischer oder auf internationaler Ebene. Regelungen zur Haushaltsdisziplin finden sich zum ersten Mal im Delors-Bericht von 1989, der die Grundlage für die heutige Währungsunion darstellt. Die Entwicklung der WWU gemäß dem Vertrag von Maastricht vollzog sich in drei Stufen, wobei der Übergang von der 2. Stufe in die 3. Stufe am 1. Januar 1999 als Automatismus ausgestaltet war. Mit Vollendung der 3. Stufe ist die europäische Integration keineswegs abgeschlossen, vielmehr erfordert eine Währungsunion mittelfristig auch eine Politische Union.

---

[508] Zu den bei Art. 104 EGV bestehenden Ermessensspielräumen, vgl. oben S. 107 ff.

Die Normen des gemeinschaftsrechtlichen Defizitverfahrens sind in Art. 104 EGV sowie im Stabilitäts- und Wachstumspakt von 1997 enthalten. Dieser geht zurück auf einen Vorschlag des damaligen deutschen Bundesfinanzministers *Waigel*, der allerdings in seiner ursprünglichen Fassung nur über eine Vertragsänderung auf Grundlage des Art. 48 EUV hätte umgesetzt werden können. Der Stabilitätspakt enthält wichtige Präzisierungen gegenüber dem Primärrecht, als unzureichend ist jedoch die Auslagerung einzelner Punkte in die rechtlich unverbindliche Entschließung des Europäischen Rates zu bewerten. Das betrifft vor allem das mittelfristige Ziel eines nahezu ausgeglichenen oder einen Überschuss aufweisenden Haushalts. Dieses Ziel ist zwar für die Mitgliedstaaten verbindlich, nicht jedoch ein bestimmter Zeitpunkt, zu dem dieses Ziel erreicht werden muss. Im Bereich der Überwachung der Haushaltsdisziplin gemäß Art. 104 Abs. 2 EGV beschränkt sich der Stabilitäts- und Wachstumspakt meist darauf, unbestimmte Rechtsbegriffe des Vertrages durch andere unbestimmte Rechtsbegriffe zu ersetzen. Notwendig wäre es jedoch, anhand konkreter Regelbeispiele festzulegen, wann die Ausnahmebestimmungen einschlägig sind.

Umstritten ist die konkrete Bedeutung des Art. 104 Abs. 1 EGV. Hier ist der wortlautgetreuen Auslegung zu folgen, so dass Art. 104 Abs. 1 EGV eine Rechtspflicht zur Vermeidung von Nettofinanzierungssalden von über 3% statuiert. Sinn und Zweck einer derartigen Begrenzung der mitgliedstaatlichen Defizite ist in der wirtschaftswissenschaftlichen Literatur umstritten. Einer Reihe von Argumenten für eine Begrenzung stehen zahlreiche Gegenargumente gegenüber. Dies gilt auch für die konkreten Referenzwerte von 3% und 60%.

Der Ecofin-Rat kann aufgrund seiner umfassenden Kompetenzen als Hauptsanktionsorgan des Defizitverfahrens bezeichnet werden. Es gelten komplizierte Abstimmungsmodalitäten: die Qualifizierte Mehrheit bei Art. 104 Abs. 6 EGV ist nach Art. 205 Abs. 2 1. Spiegelstr. EGV zu berechnen; die 2/3-Mehrheit des Art. 104 Abs. 13 EGV richtet sich nach der Stimmenwägung des Art. 205 Abs. 2 EGV, wobei die weiteren Voraussetzungen dieser Norm nicht anzuwenden sind. Der Ausschluss des Rechtsschutzes über Art. 104 Abs. 10 EGV bezieht sich nur auf das Vertragsverletzungsverfahren bei Verstößen gegen die Pflichten aus Art. 104 Abs. 1 und Abs. 2 EGV. Zulässig sind damit Vertragsverletzungsverfahren bei Nichtbeachtung der Sanktionen aus Art. 104 Abs. 11 EGV. Darüber hinaus sind in verschiedenen Konstellationen Nichtigkeits- und Untätigkeitsklagen denkbar. Zulässig, wenn auch unwahrscheinlich, wäre auch ein Vorabentscheidungsverfahren vor dem EuGH.

C. Sanktionsmöglichkeiten bei Verstößen gegen die Budgetdisziplin jenseits des gemeinschaftsrechtlichen Defizitverfahrens

Ziel des zweiten Kapitels ist es, über Art. 104 EGV hinausgehende Sanktionsmöglichkeiten aufzuzeigen, die im Falle einer Missachtung der Budgetdisziplin zur Anwendung gelangen können. Sofern derartige Sanktionsverfahren eingreifen, ist die Effektivität der Haushaltsbeschränkungen in einer Gesamtschau aller in Frage kommenden Sanktionsverfahren zu beantworten. Sind neben Art. 104 EGV keine weiteren Verfahren einschlägig, steht und fällt die Budgetdisziplin mit der adäquaten Ausgestaltung dieses Sanktionssystems. Zunächst werden bestehende europarechtliche Sanktionsverfahren inhaltlich charakterisiert und auf ihre Anwendbarkeit zur Überwachung der Budgetdisziplin in den Mitgliedstaaten überprüft (dazu I.). Anschließend wird untersucht, ob der EG eine umfassende Sanktionskompetenz jenseits der Befugnisse des Art. 104 EGV zukommt (dazu II.). Schließlich wird erörtert, ob die Mitgliedstaaten die Möglichkeit haben, auf völkerrechtlicher Ebene gegen vertragsbrüchige Staaten vorzugehen (dazu III.). Nicht berücksichtigt werden Verfahren, die keine Sanktionsverfahren i.e.S. darstellen. Hierzu zählen insbesondere das Verfahren der verstärkten Zusammenarbeit gemäß Art. 43 EUV oder die Vereinbarung einer strengeren Budgetdisziplin durch einzelne Mitgliedstaaten in einem völkerrechtlichen Vertrag.[509] Beiden fehlt als konsensuales Verfahren ein Zwangselement, das ihre Einordnung als Sanktionsverfahren rechtfertigt.

I. Anwendbarkeit bestehender europarechtlicher Sanktionsverfahren

Die europarechtlichen Sanktionsverfahren können in vertraglich normierte und in richterrechtliche Verfahren unterteilt werden. Jedes in Betracht kommende Sanktionssystem wird zunächst inhaltlich charakterisiert und mit dem Verfahren des Art. 104 EGV verglichen. Anschließend wird geprüft, ob das jeweilige Verfahren zur Einhaltung der Budgetdisziplin in den Mitgliedstaaten beitragen kann.

1. Vertraglich normierte Verfahren

a) Art. 7 EUV

(1) Art. 7 EUV wurde durch den Vertrag von Amsterdam in den EUV aufgenommen und durch den Vertrag von Nizza geändert.[510] Die Vorschrift soll die Durchsetzung der in Art. 6 Abs. 1 EUV normierten fundamentalen Grundsätze der Union sichern. Diese Grundsätze bestehen aus den verfassungsrechtlichen Grundlagen der Union sowie aus den Homogenitätsanforderungen an die Mitgliedstaaten.[511] Vor In-

[509] Zu diesen Punkten vgl. *Palm* S. 198 ff. sowie S. 217 ff.; im Ergebnis allerdings teilweise zweifelhaft.

[510] Näheres zur Entstehungsgeschichte bei *Schorkopf*, Homogenität, S. 135 ff.

[511] Vgl. dazu *Kingreen*, in: Calliess/Ruffert Art. 6 EUV Rn. 1 bis 15; *Schorkopf*, Homogenität, S. 69 ff.

Kraft-Treten des Vertrages von Amsterdam wurden verschiedene Möglichkeiten diskutiert, wie auf das Abgleiten eines Mitgliedstaats in autoritäre oder totalitäre Zustände reagiert werden könnte.[512] Art. 7 EUV sieht zu diesem Zweck nunmehr einen mehrstufigen Sanktionsmechanismus vor, mit dem auf die Verletzung der in Art. 6 Abs. 1 EUV normierten Grundsätze reagiert werden kann. Mit dem Vertrag von Nizza wurde die Sanktionsmöglichkeit auf den Fall erweitert, dass eine Verletzung noch nicht eingetreten ist, jedoch eine eindeutige Gefahr der Verletzung der genannten Grundsätze besteht. Hierin ist eine Reaktion auf die Sanktionen von 14 EU-Mitgliedstaaten gegen Österreich nach der Regierungsbeteiligung der FPÖ zu sehen.[513] Die Regelung des Art. 7 EUV wird durch Art. 309 EGV und Art. 204 EAGV auf die beiden Gemeinschaften ausgedehnt.

Art. 7 EUV sieht ein dreistufiges Verfahren vor. Auf der ersten Stufe kann die Union gemäß Art. 7 Abs. 1 EUV auf die Gefahr einer schwerwiegenden Verletzung der in Art. 6 Abs. 1 EUV genannten Grundsätze reagieren. Voraussetzung ist ein begründeter Vorschlag von 1/3 der Mitgliedstaaten, des Europäischen Parlaments[514] oder der Kommission. Der Rat beschließt mit einer Mehrheit von 4/5 seiner Mitglieder, wobei der betroffene Mitgliedstaat gemäß Art. 7 Abs. 5 EUV nicht mitstimmen darf. Hierin liegt eine Veränderung gegenüber der Amsterdamer Fassung (Einstimmigkeit), die die Einleitung des Verfahrens erleichtern soll. Vor der Feststellung einer Gefahrenlage muss der Rat die Zustimmung des Europäischen Parlaments einholen und den betroffenen Mitgliedstaat anhören. Er kann auch eine unabhängige Persönlichkeit ersuchen, einen Bericht über die Lage in diesem Mitgliedstaat vorzulegen. Voraussetzung für die Entscheidung des Rates ist, dass eine eindeutige Gefahr für eine schwerwiegende Verletzung durch einen Mitgliedstaat der in Art. 6 Abs. 1 EUV genannten Grundsätze besteht. Sowohl an die Gefahr als auch an die Verletzung müssen daher hohe inhaltliche Anforderungen gestellt werden. Schwerwiegend ist eine Verletzung, wenn sie über eine einfache Vertragsverletzung hinausgeht und die europäische Integration in Frage stellt.[515] Nach der Feststellung der Verletzung kann der Rat an den Mitgliedstaat geeignete Empfehlungen richten. Auf der zweiten Stufe wird die Union tätig, wenn eine schwerwiegende und anhaltende Verletzung der in Art. 6 Abs. 1 EUV genannten Grundsätze tatsächlich vorliegt. Gegenüber der ersten Stufe ist das Europäische Parlament nicht mehr vorschlagsberechtigt. Die Beschlussfassung durch den Rat erfolgt einstimmig, wobei auch hier der betroffene Mitgliedstaat nicht abstimmen darf. Dieser muss jedoch aufgefordert werden, eine Stellung-

---

512 Näheres dazu bei *Schorkopf*, Homogenität, S. 106 ff.

513 Diese Sanktionen wurden allerdings außerhalb der EU beschlossen; ihre Rechtmäßigkeit ist umstritten. Vgl. dazu *Schorkopf*, Maßnahmen der 14 EU-Mitgliedstaaten gegen Österreich, Berlin 2002; ders., DVBl. 2000, 1036 ff.; *Schmahl*, EuR 2000, 819 ff.; *Adamovich*, EuGRZ 2001, 89 ff.; *Hummer/Obwexer*, EuZW 2000, 485 ff.; dies., ZÖR 2000, 269 ff.; *Leidenmühler*, ZÖR 2000, 298 ff.

514 Gemäß Art. 7 Abs. 6 EUV muss eine doppelte Mehrheit bestehen. Für den Vorschlag müssen 2/3 der abgegebenen Stimmen und mindestes 50% der Mitglieder stimmen.

515 *Schorkopf*, in: Grabitz/Hilf Art. 7 EUV Rn. 11.

nahme zu den Vorwürfen abzugeben. Hat der Rat eine schwerwiegende und anhaltende Verletzung fundamentaler Grundsätze festgestellt, können gemäß Art. 7 Abs. 2 EUV bestimmte Sanktionen verhängt werden. Dem Rat steht bei der Auswahl der Sanktionen ein Ermessen zu.[516] Der Vertrag bestimmt lediglich, dass der Rat „bestimmte Rechte aussetzen kann, die sich aus der Anwendung dieses Vertrages auf den betroffenen Mitgliedstaat herleiten, einschließlich der Stimmrechte des Vertreters der Regierung dieses Mitgliedstaates im Rat". Ausgesetzt werden können damit Rechte des Mitgliedstaates aus dem EUV, insbesondere aus dem Bereich der GASP und der ZBIJ. Gemäß Art. 309 Abs. 1 EGV gilt eine Aussetzung der Stimmrechte nach Art. 7 EUV automatisch auch für den EGV. Darüber hinaus kann der Rat gemäß Art. 309 Abs. 2 EGV weitere Rechte aus dem Bereich des EGV suspendieren. Art. 7 Abs. 2 Satz 3 EUV stellt klar, dass die vertraglichen Pflichten des betroffenen Mitgliedstaates durch die Sanktionen nicht ausgesetzt werden.

(2) Art. 7 EUV unterscheidet sich damit in verschiedener Weise von Art. 104 EGV. Gemeinsam ist beiden Verfahren, dass sie ein bestimmtes Verhalten der Mitgliedstaaten erzwingen wollen. Während bei Art. 104 EGV nur die Kommission ein Verfahren einleiten kann, ist das Initiativrecht im Bereich des Art. 7 EUV ausgeweitet worden und steht auch den Mitgliedstaaten und dem Europäischen Parlament zu. Herrscher des Verfahrens ist in beiden Fällen der Rat[517], wobei bei Art. 7 EUV der Rat in der Zusammensetzung der Staats- und Regierungschefs tätig wird, bei Art. 104 EGV in der Zusammensetzung der Wirtschafts- und Finanzminister (Ecofin). Auch die Abstimmungsmodalitäten sind unterschiedlich. Während im Rahmen des Art. 104 EGV bei der Feststellungsentscheidung des Abs. 6 Einstimmigkeit verlangt wird, kann die Feststellung einer Gefahrenlage nach Art. 7 Abs. 1 EUV mit 4/5-Mehrheit getroffen werden. Erst die Feststellung einer tatsächlichen Verletzung muss einstimmig erfolgen. Die Entscheidung über die konkreten Sanktionen trifft der Rat sowohl bei Art. 7 EUV als auch bei Art. 104 EGV mit qualifizierter Mehrheit. Hinter dieser Regelung steht die Idee, dass an die Verhängung von Sanktionen niedrigere Anforderungen gestellt werden können, ist der Verstoß erst einmal mit hohen Mehrheiten (Einstimmigkeit bzw. 4/5-Mehrheit) festgestellt worden. Auch in der Art der Sanktionen unterscheiden sich die beiden Verfahren. Art. 104 EGV beschreibt in den Absätzen 7 bis 11 konkret, welche Maßnahmen der Rat im Falle eines übermäßigen Defizits beschließen kann. Art. 7 EUV belässt dem Rat demgegenüber eine großes Ermessen bei der Auswahl der Sanktionen. Die Stimmrechtsaussetzung ist nur als Beispiel genannt.[518] Zusammenfassend ergibt sich damit, dass das Verfahren des Art. 7 EUV hinsichtlich Initiativrecht, Mehrheitserfordernissen und möglicher Sanktionen offener ist als Art. 104 EGV.

---

516 *Kluth*, in: Calliess/Ruffert Art. 7 EUV Rn. 20.

517 Siehe dazu oben S. 89 f.

518 Vgl. hierzu die Ausführungen auf S. 265 ff. über den Reformvorschlag, im Rahmen des Defizitverfahrens eine Stimmrechtsbeschränkung als Sanktion einzuführen.

(3) Es bleibt zu prüfen, ob Art. 7 EUV zur Sicherung der Budgetdisziplin fruchtbar gemacht werden kann. Dies setzt voraus, dass der Verstoß eines Mitgliedstaates gegen die Budgetdisziplin i.S.d. Art. 104 EGV i.V.m. dem Sekundärrecht einen Verstoß gegen einen fundamentalen Grundsatz der Union i.S.d. Art. 6 Abs. 1 EUV darstellt. Mit anderen Worten müsste die Budgetdisziplin ein fundamentaler Grundsatz der Union (bzw. der Gemeinschaft über Art. 309 EGV) sein. Dem Wortlaut des Art. 6 Abs. 1 EUV nach sind die fundamentalen Grundsätze der Union Freiheit, Demokratie, Achtung der Menschenrechte und Grundfreiheiten sowie Rechtsstaatlichkeit. Ausdrücklich ist in dieser Aufzählung die Einhaltung der Budgetdisziplin nicht genannt. Es fragt sich allerdings, ob sie nicht unter einen der genannten Begriffe subsumiert werden kann. Wie bereits dargelegt können übermäßige Defizite die Strukturprinzipien des Verfassungsstaates aushöhlen.[519] Hier ist insbesondere an eine Gefahr für das Demokratieprinzip zu denken. Eine nicht auf den Grundsätzen der Nachhaltigkeit beruhende Haushaltspolitik führt dazu, dass der Handlungsspielraum der jeweiligen Regierung aufgrund der steigenden Zins- und Tilgungsverpflichtungen zunehmend eingeschränkt wird. Die Politik wird daher mehr und mehr durch finanzielle Notwendigkeiten und weniger durch den Willen des Volkes als oberster Souverän gestaltet.[520] Darüber hinaus werden zukünftige Generationen belastet, die die Staatsverschuldung nicht demokratisch legitimiert haben.

Zu beachten ist allerdings, dass die Grenze, ab der ein Eingriff in das Demokratieprinzip angenommen werden kann, weitaus höher liegen dürfte als die Referenzkriterien des Maastricht-Vertrages.[521] Zudem ist der Zusammenhang zwischen übermäßigem Defizit und Demokratieprinzip eher mittelbarer Art. Außerdem scheitert die Anwendbarkeit des Art. 7 EUV jedenfalls daran, dass Art. 7 eine *schwerwiegende* Verletzung eines fundamentalen Grundsatzes fordert; hinter der Norm steht die Angst vor revolutionären Umstürzen oder Ereignissen ähnlicher Qualität.[522] Eine schwerwiegende Verletzung liegt nur dann vor, wenn der Wesensgehalt des Grundsatzes angegriffen[523] und die europäische Integration in Frage gestellt wird.[524] Beides muss im Fall fehlender Budgetdisziplin verneint werden.

---

519 Vgl. dazu oben S. 71 ff.

520 Als Beispiel sind Argentinien oder einige afrikanische Staaten zu nennen, die aufgrund von Überschuldung politisch und wirtschaftlich handlungsunfähig geworden sind.

521 Für die Vereinbarkeit der Staatsverschuldung mit dem Demokratieprinzip wird vorgebracht, dass der demokratische Gesetzgeber verpflichtet sei, über die Amtsperiode hinauszusehen und Vorsorge für die Zukunft zu treffen, vgl. *Höfling*, Staatsschuldenrecht, S. 95 f. Hiergegen lässt sich jedoch einwenden, dass eine übermäßige Verschuldung gerade diesen Vorsorgeaspekt missachtet. Zum anderen wird angeführt, Art. 115 GG ermächtige explizit zur Aufnahme von Schulden, die Schuldenaufnahme könne damit nicht gegen das Demokratieprinzip verstoßen, vgl. *Höfling*, Staatsschuldenrecht, S. 96 f. Hierin liegt jedoch ein Zirkelschluss; es kommt gerade darauf an, die kollidierenden Verfassungsgrundsätze Zulässigkeit der Staatsverschuldung und Demokratieprinzip miteinander in Einklang zu bringen.

522 *Oppermann* Rn. 694.

523 *Schmahl*, EuR 2000, 819/823.

Damit bleibt nur die Möglichkeit, die Budgetdisziplin über einen Analogieschluss zu den fundamentalen Grundsätzen der Union in den Anwendungsbereich des Art. 7 EUV einzubeziehen.[525] Abgesehen von der Frage, ob überhaupt eine Regelungslücke vorliegt, haben die Mitgliedstaaten die Union in eindeutiger Formulierung nur zur Sicherung der in Art. 6 Abs. 1 EUV konkret genannten Grundsätze ermächtigt. Ein Analogieschluss verstößt daher gegen das Prinzip der begrenzten Einzelermächtigung aus Art. 5 EUV und ist somit unzulässig.

Im Ergebnis kann damit Art. 7 EUV im Regelfall nicht zur Sicherung der Budgetdisziplin eingreifen. Eine unsolide Haushaltspolitik ist zwar vor dem Hintergrund des Demokratieprinzips bedenklich, eine schwerwiegende Verletzung dieses Grundsatzes liegt jedoch nicht vor. Da im Übrigen ein Analogieschluss zu den in Art. 6 Abs. 1 EUV genannten fundamentalen Grundsätzen unzulässig ist, kann eine unsolide Haushaltspolitik in einem Mitgliedstaat nicht über Art. 7 EUV sanktioniert werden.

b) Art. 228 Abs. 2 EGV

(1) Art. 228 Abs. 2 EGV wurde mit dem Vertrag von Maastricht in den EGV eingeführt und ermöglicht die Verhängung eines Pauschalbetrages oder Zwangsgeldes durch den EuGH, wenn ein Mitgliedstaat einem ihm gegenüber ergangenen Urteil nicht nachkommt. Damit ist Art. 228 Abs. 2 EGV eine der Sanktionsmöglichkeiten, mit der die Gemeinschaft gegen vertragsbrüchige Mitgliedstaaten vorgehen kann.[526]

Vor In-Kraft-Treten des Maastrichter Vertrages existierte lediglich die Möglichkeit einer „Zweitverurteilung“: Wenn ein Mitgliedstaat einem Urteil des EuGH nicht nachgekommen war, konnte die Kommission eine erneute Klage gemäß Art. 226 EGV einreichen. Der erforderliche Verstoß gegen eine Verpflichtung aus dem Gemeinschaftsrecht lag in der Nichtbeachtung des ersten Urteils.[527] Dies folgte aus Art. 228 Abs. 1 EGV, wonach der verurteilte Mitgliedstaat die Maßnahmen ergreifen muss, die sich aus dem Urteil des Gerichtshofs ergeben. Problematisch hieran ist, dass das Vertragsverletzungsverfahren gemäß Art. 228 Abs. 1 EGV ausschließlich als Feststellungsurteil konzipiert war. Damit konnte auch das zweite Urteil lediglich feststellen, dass der betreffende Mitgliedstaat gegen eine Pflicht aus dem Vertrag verstoßen hat. Weitergehende Sanktionen waren nicht möglich. Zu Beginn der Europäischen Gemeinschaft waren weitere Schritte auch nicht erforderlich, da die meisten Urteile von den Mitgliedstaaten umgesetzt wurden. Erst seit den 1980er Jahren wur-

---

524 *Schorkopf*, in: Grabitz/Hilf Art. 7 EUV Rn. 11.

525 Kritisch dazu unter Hinweis auf die erforderliche Rechtssicherheit und Bestimmtheit *Schorkopf*, Homogenität, S. 197 f., 119 f. Vgl. zur Analogie im Gemeinschaftsrecht: *Ipsen*, Europäisches Gemeinschaftsrecht, Rn. 5/82 S. 134. Allgemein zur Analogie *Larenz* S. 370/381 ff.; *Larenz/Canaris* S. 202 ff.; *Pawlowski* S. 215 ff.

526 *Oppermann* Rn. 690 ff.

527 Vgl. etwa EuGH Slg. 1980, 1319; Slg. 1988, 579.

den nicht umgesetzte Urteile zum Problem, so dass Abhilfe geschaffen werden musste.[528]

Art. 228 Abs. 2 EGV sieht nunmehr ein besonderes Verfahren vor, mit dem auf die Nichtumsetzung von Urteilen reagiert werden kann. Ist die Kommission der Auffassung, dass ein Mitgliedstaat ein Urteil nicht umgesetzt hat, gibt sie dem betreffenden Mitgliedstaat zunächst Gelegenheit zur Äußerung. Anschließend erstellt sie eine mit Gründen versehene Stellungnahme, in der sie genau darlegt, worin die Nichtumsetzung ihrer Auffassung nach liegt. Gleichzeitig setzt sie dem Mitgliedstaat eine Frist, innerhalb derer er die sich aus dem Urteil ergebenden Maßnahmen ergreifen muss. Der Vertrag enthält keine Vorgaben bezüglich der Länge der Frist; aus Sinn und Zweck der Vorschrift ergibt sich jedoch, dass sie angemessen sein muss, um die Stellungnahme befolgen zu können.[529] Kommt der Mitgliedstaat der Stellungnahme nicht nach, kann die Kommission erneut vor dem EuGH klagen. In der Klage beantragt sie einen Pauschalbetrag oder ein Zwangsgeld in ihrer Auffassung nach angemessener Höhe gegen den Mitgliedstaat. Unter einem Pauschalbetrag ist eine einmalige finanzielle Sanktion mit punitivem Charakter zu verstehen, deren Höhe von der Dauer der Nichtausführung des Urteils abhängt.[530] Ein Zwangsgeld ist die Summe der Tagessätze, die ein Mitgliedstaat zwischen dem zweiten Urteil und der Behebung des Vertragsverstoßes zu zahlen hat.[531] Die Kommission bevorzugt in der Praxis das Zwangsgeld[532], da eine im Laufe der Zeit steigende Geldbuße eher zur Umsetzung des Urteils zwingt als die Zahlung eines einmaligen Betrages. Leitlinien zu Höhe und Berechnungsmethode hat die Kommission 1997 veröffentlicht.[533] Danach richtet sich die Höhe des Zwangsgeldes nach den drei Kriterien Schwere des Verstoßes, Dauer des Verstoßes, erforderliche Abschreckungswirkung. Dazu gibt es bestimmte Koeffizienten je nach Größe und wirtschaftlicher Leistungsfähigkeit des Staates. Allerdings ist auch ein Urteil des EuGH auf Grundlage des Art. 228 Abs. 2 EGV nicht vollstreckbar. Dies ergibt sich aus Art. 244 EGV i.V.m. Art. 256 EGV.[534]

---

528 Im Jahre 1980 gab es nur zwei nicht umgesetzte Urteile, im Jahr 1998 waren es bereits 84 (vgl. zu diesen Zahlen: *Cremer*, in: Calliess/Ruffert Art. 228 EGV Rn. 8). In ihrem 18. Jahresbericht über die Anwendung des Gemeinschaftsrechts führt die Kommission sogar 100 Urteile auf, die von den Mitgliedstaaten bis zum 31.12.2000 nicht umgesetzt wurden; vgl. KOM (2001) 309 endg. Annex 5.

529 *Krück*, in: GTE (5. Auflage) Art. 169 Rn. 33. Die Frist des Art. 228 EGV ist insoweit ähnlich zu bestimmen wie die des Art. 226 EGV. Sie hängt dabei ganz von dem jeweiligen Einzelfall ab. Im Rahmen des Art. 228 EGV wird die Frist allerdings regelmäßig kurz sein können, da der betreffende Mitgliedstaat die ihm vorgeworfenen Verfehlungen kennt. In einem ähnlich gelagerten Fall hat der EuGH eine Frist von 2 Wochen für ausreichend angesehen; vgl. EuGH Slg. 1986, 1149/1165.

530 *Karpenstein/Karpenstein*, in: Grabitz/Hilf Art. 228 EGV Rn. 28.

531 Mitteilung der Kommission vom 28.02.1997 Ziff. 1; ABl. 1997 Nr. C 63/2.

532 ABl. 1996 Nr. C 242/6 Rz. 4; ABl. 1997 Nr. C 63/2.

533 ABl. 1997 Nr. C 63/2.

534 *Schwarze*, in: Schwarze Art. 244 EGV Rn. 1 sowie Art. 228 EGV Rn. 10. Seiner Ansicht nach hätte eine so weitgehende Maßnahme wie die Vollstreckung gegen Mitgliedstaaten ausdrück-

(2) Im Vergleich zu Art. 104 EGV ist das Verfahren des Art. 228 Abs. 2 EGV sowohl enger als auch weiter ausgestaltet. Weiter ist das sanktionierte Verhalten (Nichtberücksichtigung eines Urteils im Gegensatz zur Nichtberücksichtigung der Budgetdisziplin). Enger ist die mögliche Sanktion: Während Art. 228 Abs. 2 EGV nur die Verhängung von Pauschalbeträgen oder Zwangsgeldern ermöglicht, kann der Rat im Rahmen des Art. 104 EGV auf ein größeres Arsenal an Sanktionen zurückgreifen – Empfehlungen, In-Verzug-Setzen, die Maßnahmen des Art. 104 Abs. 11 EGV. Gemeinsam ist den Verfahren, dass nur die Kommission das Verfahren einleiten kann. Demgegenüber unterscheiden sich die beiden Verfahren im sanktionierenden Organ. Während dies bei Art. 104 EGV der Rat ist, ist bei Art. 228 EGV der EuGH berufen. Für eine Reform des Defizitverfahrens ist insbesondere das Zusammenspiel von ökonomischem Sachverstand der Kommission und juristischer Unabhängigkeit des EuGH interessant. Während die Kommission den Verstoß rügen und eine bestimmte Sanktion vorschlagen muss, wird die Sanktion selber vom Gericht verhängt.

(3) Ob Art. 228 Abs. 2 EGV zur Sicherung der Budgetdisziplin beitragen kann, hängt davon ab, ob ein Vertragsverletzungsverfahren im Rahmen der Defizitbegrenzung zulässig ist. Wie bereits dargelegt, schließt Art. 104 Abs. 10 EGV diese Klage im Bereich des Budgetdisziplin bis auf den Art. 104 Abs. 11 EGV aus.[535] Das bedeutet, dass ein Vertragsverletzungsverfahren nur dann möglich ist, wenn ein Staat die Sanktionen des Art. 104 Abs. 11 EGV nicht befolgt. Infolgedessen ist ein Verfahren nach Art. 228 Abs. 2 EGV denkbar, wenn der Staat das gegen ihn ergangene Urteil nicht befolgt. Ob dieses Verfahren praktisch relevant wird, ist jedoch fraglich. Bezahlt ein Staat schon die Geldbuße im Rahmen des Defizitverfahrens nicht, wird er auch kaum ein Zwangsgeld im Rahmen des Art. 228 Abs. 2 EGV zahlen. Hier stößt die Durchsetzung des Gemeinschaftsrechts mangels Zwangsollstreckungsmöglichkeit an ihre praktischen Grenzen.

Zusammenfassend ergibt sich damit, dass das Sanktionsverfahren des Art. 228 Abs. 2 EGV zwar anwendbar ist, wenn ein Staat die Sanktionen des Art. 104 Abs. 11 EGV nicht erfüllt. Mangels Zwangsvollstreckungsmöglichkeit wird sich dadurch in der Regel jedoch keine über Art. 104 EGV hinausgehende Sicherung der Budgetdisziplin erreichen lassen. Das Verfahren des Art. 228 Abs. 2 EGV stellt jedoch aufgrund seiner Konzeption (Verbindung von Kommission und EuGH) ein interessantes Vorbild für eine Reform des Defizitverfahrens dar.

---

lich angeordnet werden müssen. A.A. etwa *Wegener*, in: Calliess/Ruffert Art. 244 EGV Rn. 1. Diese Ansicht kann jedoch angesichts des eindeutigen Wortlauts des Art. 256 Abs. 1 EGV nicht überzeugen. Zum Teil wird vertreten, dass nicht bezahlte Zwangsgelder mit EG-Zuwendungen an diesen Staat verrechnet werden können; vgl. *Tesauro*, in: van Gerven/Zuleeg, S. 17/21. Da Art. 228 EGV anders als Art. 88 EGKS eine derartige Möglichkeit allerdings nicht ausdrücklich vorsieht, wird man die Zulässigkeit der Verrechnung verneinen müssen; eine analoge Anwendung des Art. 88 EGKS scheidet ebenfalls aus. Zur Zwangsvollstreckung von Geldbußen gemäß Art. 104 Abs. 11 EGV vgl. oben S. 99 ff.

[535] Vgl. dazu oben S. 116 ff.

2. Richterrechtliche Verfahren

Nicht alle Sanktionsmöglichkeiten der Gemeinschaft gegen die Mitgliedstaaten sind in den Verträgen normiert. Im Zuge seiner Rechtsentwicklung hat der EuGH Rechtsinstitute entwickelt, die in die Kategorie der Sanktionsverfahren eingeordnet werden können.

a) Grundsätze der unmittelbaren Anwendbarkeit

(1) Zunächst ist hier der Grundsatz der unmittelbaren Anwendbarkeit zu untersuchen. Gemeinschaftsrecht kann nicht nur für die Mitgliedstaaten, sondern auch für Individuen unmittelbar anwendbar sein, d.h. es kann Privaten unmittelbar Rechte verleihen und Pflichten auferlegen.[536] Dies ist nach Ansicht des EuGH immer dann der Fall, wenn die Norm einen Sachverhalt abschließend, vollständig und rechtlich perfekt regelt, d.h. wenn die Norm keinen weiteren Ausführungsakt erfordert, und wenn sie geeignet ist, unmittelbare Rechtsbeziehungen zwischen Staat und Bürger zu vermitteln.[537] Die Rechtsfolge hiervon ist, dass sich ihr Adressat unmittelbar auf die entsprechende Norm des Gemeinschaftsrechts berufen bzw. unmittelbar durch diese Norm verpflichtet werden kann. Während beim Primärrecht für jede einzelne Norm untersucht werden muss, ob sie unmittelbar anwendbar ist, ist dies bei an den einzelnen gerichteten Entscheidungen immer der Fall. Verordnungen sind nur dann unmittelbar anwendbar, wenn sie dem einzelnen konkrete Rechte verleihen. Richtlinien sind demgegenüber grundsätzlich nicht für den einzelnen unmittelbar anwendbar, da sie sich nur an die Mitgliedstaaten richten.[538]

(2) Die sanktionierende Wirkung des Grundsatzes der unmittelbaren Anwendbarkeit liegt darin, dass Mitgliedstaaten die Anwendung des Gemeinschaftsrechts nicht durch ein Unterlassen der Umsetzung verhindern können. Liegen die Voraussetzungen vor, können sich Individuen unmittelbar vor der Verwaltung oder vor Gerichten auf die Normen des Gemeinschaftsrechts berufen. Ein Vergleich mit dem Sanktionssystem des Art. 104 EGV fällt aufgrund des unterschiedlichen Ansatzes

---

536 *Borchardt* Rn. 113. Unmittelbare Anwendbarkeit wird hier im Sinne einer subjektiven Berechtigung verstanden, auch „effet direct" oder „subjektive unmittelbare Anwendbarkeit" genannt. Es geht also um die Frage, ob sich Individuen vor Gericht auf Bestimmungen des Gemeinschaftsrechts berufen können, vgl. *Kapteyn* S. 526. Von der unmittelbaren Anwendbarkeit ist die unmittelbare Geltung des Gemeinschaftsrechts zu unterscheiden. Letztere ist Ausdruck der Besonderheit der Gemeinschaftsrechtsordnung gegenüber dem Völkerrecht, dass die Normen des Gemeinschaftsrechts in jedem Mitgliedstaat ohne weiteren Umsetzungsakt unmittelbar als Recht gelten; vgl. EuGH Slg. 1978 S. 629/643 f. Rn. 14/16 – Simmenthal II. Voraussetzung für die unmittelbare Geltung ist, dass die Norm in Kraft ist. Zu Terminologie und Abgrenzung vgl. *Klein*, Unmittelbare Geltung, S. 3 ff.

537 EuGH Slg. 1963 S. 1/25 ff. – van Gend & Loos; *Borchardt* Rn. 115. Auf die zweite Voraussetzung hat der EuGH bislang nur im Fall Großkrotzenburg bei einer nicht umgesetzten Richtlinie verzichtet, Slg. 1995, I-2189/2220 f.

538 Zu dem Ausnahmefall der unmittelbaren Anwendbarkeit von Richtlinien nach Ablauf der Umsetzungsfrist vgl. etwa *Oppermann* Rn. 556 ff.

schwer. Während Art. 104 EGV die Einhaltung der Budgetdisziplin über ein positivrechtlich normiertes Sanktionsverfahren sicherstellen will, wird die Einhaltung des Gemeinschaftsrechts über den Grundsatz der unmittelbaren Anwendbarkeit damit sichergestellt, dass der Mitgliedstaat mit seiner Umsetzungsverpflichtung quasi übergangen wird.

(3) Das Defizitverfahren ist nur dann unmittelbar anwendbar, wenn Art. 104 EGV einerseits einen Sachverhalt abschließend, vollständig und rechtlich perfekt regelt und andererseits Rechtsbeziehungen zwischen Staat und Bürger vermittelt. Bestehen aufgrund der zur Sanktionierung übermäßiger Defizite erforderlichen Organbeschlüsse bereits Zweifel an der Erfüllung der ersten Voraussetzung[539], scheitert die unmittelbare Anwendbarkeit des Defizitverfahrens jedenfalls an den fehlenden Rechtsbeziehungen zwischen Staat und Bürger.[540] Art. 104 EGV enthält weder Rechte noch Pflichten für Individuen. Er verpflichtet ausschließlich die Mitgliedstaaten zur Einhaltung der Budgetdisziplin und ermächtigt die Gemeinschaftsorgane, die Haushaltsdisziplin zu überwachen und zu sanktionieren. Es handelt sich damit um staatengerichtetes Gemeinschaftsrecht.[541] Ein Individuum kann sich damit nicht vor Gericht auf ein Recht aus Art. 104 EGV berufen. Damit entfällt auch die Möglichkeit, Mitgliedstaaten mit übermäßigen Defiziten über den Grundsatz der unmittelbaren Anwendbarkeit zur Einhaltung der Haushaltsdisziplin zu zwingen.

b) Staatshaftungsansprüche

(1) Auch die Rechtsprechung des EuGH zur Staatshaftung stellt eine Sanktion im weiteren Sinne dar. Seit dem Urteil des EuGH in der Rechtssache *Francovich*[542] haften die Mitgliedstaaten für Schäden, die einzelnen dadurch entstehen, dass ein Mitgliedstaat seinen Verpflichtungen aus dem Gemeinschaftsrecht nicht nachgekommen ist. Die rechtliche Grundlage dieser Rechtsprechung liegt in Art. 10 EGV, wonach die Mitgliedstaaten die volle Wirksamkeit des Gemeinschaftsrechts sichern müssen.[543] Der Anlass für diese Fortentwicklung der Rechtsprechung bestand darin, dass im Falle von Verstößen gegen das Gemeinschaftsrecht dem Einzelnen über den Grundsatz der unmittelbaren Anwendbarkeit nur dann geholfen werden kann, wenn die verletzte Norm inhaltlich unbedingt und hinreichend klar ist.[544] Ein Verstoß gegen das Gemeinschaftsrecht sollte jedoch für die Mitgliedstaaten auch dann nicht folgenlos sein, wenn diese Voraussetzungen nicht erfüllt sind. Zwar besteht in diesen Fällen

---

539 Bejahend *Selmayr* S. 253 ff.

540 A.A. *Selmayr* S. 253 ff., der die unmittelbare Anwendbarkeit von Art. 104 EGV zugunsten von Individuen bejaht.

541 Vgl. *Hahn*, Vertrag von Maastricht, S. 55; *Hahn/Siebelt*, in: Dauses (Stand 1993) Abschnitt F I Rn. 66; *Bleckmann*, DVBl. 1992, 335/340; *Häde/Hartmann*, EWS 1994, 409/413; *Hellermann*, EuR 2000, 24/28.

542 EuGH Slg. 1991 I S. 5357/5403 ff.

543 *Koenig/Haratsch* Rn. 470.

544 St. Rspr., vgl. etwa EuGH Slg. 1970 S. 825/838 f. – Franz Grad gegen Finanzamt Traunstein.

die Möglichkeit eines Vertragsverletzungsverfahrens, dieses nützt dem Einzelnen jedoch nichts, da er nicht parteifähig ist.

Folgende Voraussetzungen hat der EuGH für einen Staatshaftungsanspruch gegen einen Mitgliedstaat aufgestellt: Der Mitgliedstaat muss gegen eine Norm des Gemeinschaftsrechts verstoßen haben[545], die die Verletzung von Rechten an einzelne bezweckt. Der Verstoß muss hinreichend qualifiziert sein, und es muss ein Schaden bei einem Individuum entstanden sein. Schließlich muss der Schaden kausal auf dem Verstoß beruhen.[546]

(2) Ein Vergleich dieser Rechtsprechung mit dem Sanktionsverfahren des Art. 104 EGV ist schwierig. Art. 104 EGV erzwingt die Einhaltung der Budgetdisziplin direkt beim Mitgliedstaat. Demgegenüber wird die Einhaltung des Gemeinschaftsrechts über die Rechtsprechung zur Staatshaftung nur mittelbar durchgesetzt. Es bedarf einer geschädigten Person als Kläger, um den Mitgliedstaat über die Pflicht zur Leistung von Schadensersatz zur Einhaltung des Gemeinschaftsrechts zu zwingen. Im Ergebnis sind beide Verfahren jedoch durchaus vergleichbar. In beiden Fällen wird der gegen Gemeinschaftsrecht verstoßende Mitgliedstaat mit finanziellen Sanktionen belegt, die ihn zur Einhaltung seiner Verpflichtungen zwingen sollen.

(3) Schließlich bleibt zu prüfen, ob der Staatshaftungsanspruch zur Einhaltung der Budgetdisziplin in den Mitgliedstaaten beitragen kann. Dann müssten die oben dargelegten Voraussetzungen dieses Anspruchs vorliegen. Ein Verstoß gegen eine Norm des Gemeinschaftsrechts liegt bereits dann vor, wenn der Mitgliedstaat ein Haushaltsdefizit von über 3,0% aufweist. In diesem Fall weist der Mitgliedstaat nämlich ein übermäßiges öffentliches Defizit auf, das er gemäß Art. 104 Abs. 1 EGV zu vermeiden hat. Darüber hinaus sind im Rahmen der Defizitbegrenzung vielseitige Verstöße gegen Gemeinschaftsrecht denkbar. Ein Verstoß liegt etwa dann vor, wenn der Mitgliedstaat das Schuldenstand-Referenzkriterium überschreitet, da er dann gegen die Haushaltsdisziplin i.S.d. Art. 104 Abs. 2 EGV verstößt.[547] Verstöße gegen Gemeinschaftsrecht liegen auch dann vor, wenn der Mitgliedstaat den gegen ihn verhängten Sanktionen nicht nachkommt oder aber im Rat gegen die Feststellung eines übermäßigen Defizits stimmt, obwohl ein solches vorliegt.[548] Auch im Bereich des sekundärrechtlichen Stabilitätspaktes sind verschiedene Verstöße möglich.

Darüber hinaus muss der Verstoß nach der Rechtsprechung des EuGH hinreichend qualifiziert sein. Ein Verstoß ist dann hinreichend qualifiziert, wenn ein Mitgliedstaat die Grenzen, die seinem Ermessen beim Vollzug oder bei der Umsetzung

---

545 Ursprünglich hatte der EuGH die Staatshaftung für den Fall nicht umgesetzter Richtlinien entwickelt. Diese Beschränkung wurde jedoch mit dem Urteil *Brasserie du pêcheur* aufgehoben; vgl. EuGH Slg. 1996 I S. 1029/1142 ff.

546 Vgl. zu den Voraussetzungen etwa EuGH Slg. 1996 I S. 5063/5101 – Denkavit II.

547 Näheres dazu oben S. 81 ff.

548 Vgl. zu den Klagemöglichkeiten S. 119 ff.

des Gemeinschaftsrechts gesetzt sind, offenkundig und erheblich überschreitet.[549] Hier ist somit danach zu unterscheiden, bei welchen Normen dem Mitgliedstaat ein Ermessen zukommt und bei welchen nicht.[550] Zumindest bei der Verpflichtung des Art. 104 Abs. 1 EGV, Defizite über 3,0% zu vermeiden, steht dem Mitgliedstaat keinerlei Ermessensspielraum zu.[551]

Weiterhin muss dem Individuum durch den Verstoß ein Schaden entstanden sein.[552] Dieser könnte zunächst einmal darin liegen, dass sich die Kreditaufnahme aufgrund steigender Zinsen verteuert, denn dies ist eine Auswirkung übermäßiger Defizite.[553] Darüber hinaus könnte ein Schaden eines Individuums darin liegen, dass der Mitgliedstaat die gegen ihn erlassenen Sanktionen in Form einer Geldbuße oder einer unverzinslichen Einlage nach Art. 104 Abs. 11 EGV über Steuererhöhungen finanziert. Problematisch an diesen beiden Schadenspositionen ist allerdings die vom EuGH geforderte Kausalität. Zinssteigerungen im Euro-Raum treten nur dann auf, wenn die EZB dies beschließt. Daher ist für den Eintritt eines Schadens die Entscheidung eines unabhängigen Dritten erforderlich, die den Kausalitätszusammenhang unterbricht. Darüber hinaus kann die EZB eine Zinserhöhung auch aus ganz anderen Gründen beschließen, beispielsweise um konjunkturelle Überhitzungserscheinungen abzudämpfen. Auch der Schaden in Form von Steuererhöhungen ist nicht zwangsläufig kausal zu der Sanktionierung durch die Gemeinschaft. Steuern werden meist aus verschiedenen Gründen erhöht, so dass die Zuordnung einer eindeutigen Ursache schwierig ist. Diese Frage muss jedoch nicht weiter erörtert werden, scheitert die Anwendung der Francovich-Rechtsprechung doch an dem Merkmal der Verleihung eines subjektiven Rechts. Art. 104 EGV und das dazu ergangene Sekundärrecht bezweckt nicht die Verleihung von Rechten an Einzelne, es handelt sich um ausschließlich staatengerichtetes Gemeinschaftsrecht.[554] Auf dieses Merkmal kann auch nicht verzichtet werden[555], da es zur Grundvoraussetzung eines jeden Schadensersatzanspruchs gehört. Damit kann der gemeinschaftsrechtliche Staatshaftungsanspruch nicht zur Sicherung der Budgetdisziplin herangezogen werden.

3. Ergebnis

Weder Art. 7 EUV noch Art. 228 Abs. 2 EGV können eine über Art. 104 EGV hinausgehende Sicherung der Budgetdisziplin bewirken. Die Anwendung von Art. 7 EUV scheitert daran, dass eine unsolide Haushaltspolitik keine schwerwiegende Ver-

---

549 EuGH Slg. 1996 I S. 1029/1149 f. – Brasserie du pêcheur; Slg. 1996 I S. 5063/5101 f. – Denkavit II.

550 Vgl. dazu ausführlich oben S. 113 ff.

551 Vgl. S. 63 ff.

552 EuGH Slg. 1991, I-5357/5415 Rn. 40 – Francovich; Slg. 1997, I-3969/4021 Rn. 46 f. – Bonifaci.

553 Zu diesem Zusammenhang vgl. oben S. 71 ff.

554 Vgl. oben Fn. 541.

555 Anders etwa bei der unmittelbaren Wirkung von nicht umgesetzten Richtlinien, vgl. EuGH Slg. 1995 I S. 2189/2220 f. – Großkrotzenburg.

letzung eines fundamentalen Grundsatzes darstellt, obwohl gewisse Auswirkungen übermäßiger Defizite auf das Demokratieprinzip nicht zu verneinen sind. Art. 228 Abs. 2 EGV kann zwar zur Anwendung gelangen, wenn ein Staat die Sanktionen des Art. 104 Abs. 11 EGV nicht befolgt. Mangels Zwangsvollstreckungsmöglichkeit wird sich dadurch jedoch keine über Art. 104 EGV hinausgehende Sicherung der Budgetdisziplin erreichen lassen. Demgegenüber sind die Grundsätze der unmittelbaren Anwendbarkeit und der Staatshaftung im Falle übermäßiger Defizite in einem Mitgliedstaat nicht anwendbar, da die Normen des Defizitverfahrens keine Rechte an Individuen verleihen.

II. Sanktionsmöglichkeiten der EG jenseits des Gemeinschaftsrechts

Wenn der EG eine umfassende Sanktionskompetenz im Fall von mitgliedstaatlichen Vertragsverstößen zukommt, könnte sie die Einhaltung der Budgetdisziplin unabhängig von den Vorgaben des Defizitverfahrens sicherstellen. In einem ersten Abschnitt wird der Zusammenhang zwischen der Sanktionskompetenz einer Internationalen Organisation und der staatlichen Souveränität erläutert (dazu 1.). Anschließend wird untersucht, ob der EG eine unbegrenzte Sanktionskompetenz zukommen kann (dazu 2.).

1. Sanktionskompetenz und Souveränität

Sanktionen einer Internationalen Organisation oder eines anderen Staates stellen einen Eingriff in die nationale Souveränität des sanktionierten Staates dar. Gleichzeitig sind Sanktionen in vielen völkerrechtlichen Verträgen vorgesehen und aus der Staatenpraxis nicht mehr wegzudenken. Daher muss zunächst das Spannungsverhältnis zwischen Sanktionsbefugnis und nationaler Souveränität erläutert und aufgelöst werden.

a) Sanktion als Eingriff in die Souveränität

Das völkerrechtliche Konzept der Souveränität kann auf eine lange Tradition zurückblicken.[556] Bereits im frühen Mittelalter wurde in Frankreich, England und Deutschland die These verteidigt, dass der Landesherr ein Fürst sei, der keinen höheren anerkennt. Später wurde mit dem Begriff der Souveränität zunehmend die gegenseitige Unabhängigkeit der Staaten verbunden.[557] Heute bedeutet Souveränität zweierlei. Zunächst, dass der Staat für die Staatsangehörigen und auf seinem Gebiet der höchste Herrschaftsverband ist, gegen dessen Anordnungen und Entscheidungen an

---

556 Vgl. zur geschichtlichen Entwicklung des Souveränitätsbegriffs *Verdross/Simma* § 31 ff.; *Steinberger*, in: EPIL, Band 10, S. 397 ff. sowie *Quaritsch*, Souveränität, 1986.

557 Im Sinne dieser Doktrin führt der StIGH im Fall Lotus aus: *„International law governs relations between independent states"* (P.C.I.J. Reports, Séries A, Nr. 10, S. 18); das Urteil ist auch teilweise abgedruckt in *Harris* S. 267 ff. Vgl. zur Definition der Unabhängigkeit bereits grundlegend *Rousseau* S. 90 ff.

keine höhere Stelle appelliert werden kann.[558] Gleichzeitig kann keine fremde Rechtsordnung direkt das Verhalten der Bürger regeln. Dieser Aspekt wird innerstaatliche Souveränität oder auch Souveränität im Staat[559] genannt. Souveränität eines Staates bedeutet ferner, dass die Staaten untereinander keiner überstaatlichen Macht, sondern lediglich dem vom zwischenstaatlichen Konsens getragenen Völkerrecht untergeordnet sind.[560] Es handelt sich dabei um die völkerrechtliche Souveränität i.S. einer ausschließlichen und alleinigen Völkerrechtsunmittelbarkeit[561], auch Souveränität des Staates[562] oder äußere Souveränität genannt. Souveränität in diesem letzteren Sinn meint die umfassende Handlungsfreiheit der Staaten.[563] Allerdings findet die Handlungsfreiheit des einen Staates seine Schranken an der Souveränität der anderen Staaten.

Die Souveränität kann weiterhin in rechtliche, politische und wirtschaftliche Souveränität unterteilt werden.[564] Souverän im vollen, d.h. die rechtliche, politische und wirtschaftliche Komponente umfassenden Sinne des Wortes ist ein Staat dann, wenn er „ausschließlich und allein dem Völkerrecht untersteht, volle Völkerrechtssubjektivität genießt und über das Schwergewicht der politischen Entscheidungsgewalt verfügt"[565]. Der Souveränitätsbegriff hat im Zuge der Weiterentwicklung des Völkerrechts einschneidende Veränderungen erlebt. Im Zusammenhang mit der Sanktionsbefugnis gegenüber einem Staat bietet es sich an, die Souveränität in einen abwehrenden, d.h. negativen Status und einen gestattenden, d.h. positiven Status zu unterteilen.[566]

Das Prinzip der äußeren Souveränität kann negativ dahingehend bestimmt werden, dass im Völkerrecht die souveränen Staaten grundsätzlich keiner übergeordneten Staatsgewalt unterworfen sind[567] *(Status negativus)*. Sanktionen beschränken jedoch die umfassende Handlungsfreiheit des sanktionierten Staates, er ist nicht mehr unabhängig. Gleichzeitig ist der sanktionierte Staat einer übergeordneten Macht, der des sanktionierenden Staates, unterworfen. Die Sanktion durch eine staatliche oder überstaatliche Einheit stellt daher eine grundsätzlich unzulässige Einschränkung der Souveränität dar. Unter Umständen handelt es sich sogar um ein völkerrechtliches Delikt in Form der Einmischung in die inneren Angelegenheiten[568] oder eines Versto-

---

558 *Bindschedler*, in: FS Guggenheim, S. 176; *Shearer* S. 90/91; *Combacau/Sur* S. 226; *Brownlie* S. 289; *Cassese* S. 89.

559 *Delbrück/Wolfrum* §23 I (S. 214 f.); *Shearer* S. 90/91.

560 *Combacau/Sur* S. 227; *Steinberger*, in: EPIL, Band 10, S. 397/408; *Brownlie* S. 289.

561 *Verdross/Simma* § 35.

562 *Delbrück/Wolfrum* §23 I (S. 214 f.).

563 *Bleckmann*, Völkerrecht, Rn. 164/165.

564 *Fischer/Köck* Rn. 284 ff.

565 *Bindschedler*, in: FS Guggenheim, S. 167/174.

566 Zu dieser Unterscheidung vgl. *Bleckmann*, Völkerrecht, Rn. 164, der die Begrifflichkeiten allerdings in etwas anderem Zusammenhang benutzt.

567 Vgl. *Dahm* S. 152.

568 *Verdross/Simma* § 39.

ßes gegen das Gewaltverbot aus Art. 2 Ziff. 4 UN-Charta. Sofern die Sanktion nicht gerechtfertigt ist, darf auf sie vom sanktionierten Staat mit Hilfe der Repressalie reagiert werden. Unter dem *status negativus* ist damit die Eigenschaft der Souveränität zu verstehen, wonach ein Eingriff grundsätzlich unzulässig ist. Aus der Unzulässigkeit eines Eingriffs folgt zudem, dass der Eingriff abgewehrt werden darf.

Andererseits folgt aus der Souveränität aber auch, dass Staaten unter gewissen Voraussetzungen Sanktionen ergreifen dürfen *(Status positivus)*. Das Recht zur Sanktion ist Bestandteil der Souveränität. Insbesondere aus dem Fehlen einer übergeordneten Rechtsetzungs- und Durchsetzungsinstanz folgt, dass die Staaten die Durchsetzung ihrer Rechte selbst organisieren müssen. Sanktionen durch einen Staat sind wegen des notwendigen und erwünschten Eingriffs in eine andere Souveränität jedoch nur dann legitim, wenn sie durch einen völkerrechtlichen Rechtfertigungsgrund gestattet sind. Die nationale Souveränität begründet (*status positivus*) und begrenzt (*status negativus*) damit gleichzeitig die Sanktionsbefugnis gegenüber einem Staat.

b) Übertragung von Sanktionskompetenzen auf Internationale Organisationen

Einschränkungen der Souveränität existieren rechtlich und faktisch auf verschiedene Art und Weise. Unfreiwillige Souveränitätseinschränkungen ergeben sich immer dann, wenn der Staat das Ziel von Gewaltmaßnahmen wird, seien diese völkerrechtlich zulässig oder nicht. Andererseits kann der Staat auch freiwillig seine Souveränität beschränken[569], indem er einzelne Hoheitsrechte auf eine Internationale Organisation überträgt.[570] Die Internationale Organisation ist nur dann Träger von Überwachungs- und Sanktionskompetenzen, wenn die Mitgliedstaaten sowohl der zu überwachenden Verpflichtung als auch dem Sanktionssystem zugestimmt haben.[571] Im Hinblick auf das Völkergewohnheitsrecht[572] und der Entstehung von *ius cogens*[573] kann diese Aussage in ihrer Allgemeinheit nicht mehr vertreten werden. Bei der Begründung der Sanktionskompetenz von Internationalen Organisationen hat sie jedoch noch immer ihre Berechtigung, da Verpflichtungen aus Gründungsverträgen i.d.R. kein zwingendes Recht darstellen. Für die Sanktionskompetenz ist damit zweierlei erforderlich: Der Staat muss der zu überwachenden Verpflichtung zustimmen, indem er den Gründungsvertrag ratifiziert. Zusätzlich muss er die Überwachung dieser Ver-

---

569 Der betreffende Mitgliedstaat verzichtet nicht auf seine Souveränität, sondern verzichtet für die Zeit seiner Zugehörigkeit zu der Internationalen Organisation auf die Ausübung eines Teils seiner souveränen hoheitlichen Rechte; vgl. *Seidl-Hohenveldern/Loibl* Rn. 0106.

570 *Brownlie* S. 292. Im Folgenden wird die Bezeichnung „Übertragung" (vgl. Art. 23 GG) beibehalten, obwohl die Staaten nicht ihre Kompetenzen übertragen, sondern die Internationale Organisation mit eigenen Kompetenzen ausstatten; vgl. dazu *Seidl-Hohenveldern/Loibl* Rn. 0107 sowie *Murswiek*, Der Staat 1993, S. 161 ff.

571 *Charpentier*, in: FS Burdeau, S. 999/1004; vgl. aber *Klein*, AVR 30 (1992), S. 101/104 hinsichtlich der Sanktionskompetenz der UN gegenüber Nicht-Mitgliedstaaten.

572 Vgl. dazu *Graf Vitzthum*, in: Graf Vitzthum, 1. Abschnitt, Rn. 131 ff.

573 Vgl. *Verdross/Simma* § 524 ff.

pflichtung akzeptieren.[574] Unzulässig ist der Schluss von der Zustimmung zur Verpflichtung auf die Zustimmung zur Überwachung, da der Staat grundsätzlich frei bleibt, die Reichweite seiner Verpflichtung selbst zu bestimmen.[575] Die Überwachungs- und Sanktionskompetenz ist somit durch diesen Zustimmungsakt, über den Hoheitsbefugnisse auf die Organisation übertragen werden, beschränkt. Eine umfassende allgemeine Sanktionskompetenz steht der Organisation nicht zu.

Im Rahmen des gemeinschaftsrechtlichen Defizitverfahrens sind beide Zustimmungs- und Übertragungsakte erfolgt. Die Mitgliedstaaten haben durch die Ratifikation des Vertrages von Maastricht der Verpflichtung zur Einhaltung der Haushaltsdisziplin über Art. 104 Abs. 1 EGV und der Überwachung dieser Haushaltsdisziplin über Art. 104 Abs. 3 bis 11 EGV zugestimmt. Die Souveränität der Mitgliedstaaten ist insoweit eingeschränkt.

2. Unbegrenzte Sanktionskompetenz der EG?

Abweichend von den bisherigen Ausführungen könnte der EG jedoch eine umfassende und unbegrenzte Sanktionskompetenz[576] zukommen, wenn die Gemeinschaft nicht mehr eine klassische Internationale Organisation darstellt, sondern als staatliches Gebilde zu qualifizieren ist. Wie im vorigen Abschnitt dargelegt, ist die Sanktionskompetenz als *status positivus* Bestandteil der staatlichen Souveränität. Wäre die Gemeinschaft ein staatliches Gebilde, stünde ihr eine umfassende Sanktionskompetenz zu.

a) Rechtsnatur der EG

Die EWG war im Unterschied zur EGKS[577] ursprünglich als klassische Internationale Organisation konzipiert. Eine Internationale Organisation ist ein auf völkerrechtlichem Vertrag beruhender mitgliedschaftlich strukturierter Zusammenschluss von zwei oder mehreren Völkerrechtssubjekten (meist aber nicht notwendigerweise Staaten), der mit eigenen Organen Angelegenheiten von gemeinsamem Interesse besorgt.[578] Dabei ist es grundsätzlich unerheblich, ob die Internationale Organisation auch die Bezeichnung „Organisation" führt. In der Praxis treten vielfältige Namen auf.[579] Allerdings wurde die Bezeichnung „*Europäische* (Wirtschafts-)*Gemeinschaft*" nicht zufällig gewählt. Dadurch sollte einerseits die besondere Zielsetzung der Orga-

---

574 Dies ist unproblematisch, wenn der Gründungsvertrag ausdrücklich die Sanktionskompetenz vorsieht. Fraglich ist die Rechtslage, wenn ein Organ der Internationalen Organisation mit Hilfe von „Sekundärrecht" Überwachungs- und Sanktionskompetenzen schafft. Zu denken ist dabei z.B. an den UN-Sicherheitsrat; vgl. hierzu *Charpentier*, in: FS Burdeau, S. 999/1006.

575 *Charpentier*, in: FS Burdeau, S. 999/1004.

576 Allgemein zur Sanktionskompetenz der Gemeinschaft *Appel*, DVBl. 1995, 280 ff.; *Böse*, Strafen und Sanktionen im Europäischen Gemeinschaftsrecht, 1996; *Mecking*, EuR 1995, 141 ff.; *Oppermann* Rn. 689 ff.; *Pache*, EuR 1993, 173 ff.; *Teske*, EuR 1992, 265 ff.

577 Der EGKS-Vertrag lief am 23.07.2002 aus (Art. 97 EGKSV).

578 *Klein*, in Graf Vitzthum, 4. Abschnitt, Rn. 12.

579 Siehe *Seidl-Hohenveldern/Loibl* Rn. 0126 f.

nisation zum Ausdruck gebracht werden, nämlich die Herbeiführung einer regionalen Integration, andererseits sollte ihrer die Mitglieder bindenden Rechtsetzungskompetenz Rechnung getragen werden.[580] Daher spricht bereits der Name „Europäische Gemeinschaft" gegen die Einordnung als „normale" Internationale Organisation. Hinzu kommen die umfangreichen Reformen, die die EG seit ihrer Gründung verändert haben. Ob die EG in ihrem heutigen Integrationsstand als Internationale Organisation, als Bundesstaat[581], als Staatenbund oder als etwas anderes qualifiziert werden muss, ist hochgradig umstritten.

(1) Rechtsprechung

Der EuGH hat sich mehrmals grundlegend zur Rechtsnatur der EG geäußert, vor allem in den Rechtssachen „Van Gend & Loos" und „Costa/ENEL".

Im Urteil „Van Gend & Loos"[582] vom 5. Februar 1963 ging es um ein Vorlageverfahren im Rahmen eines niederländischen Rechtsstreits über die gemeinschaftsrechtliche Zulässigkeit einer Erhöhung des niederländischen Zollsatzes. Hiergegen wehrte sich die Transportfirma Van Gend & Loos mit dem Argument, die Erhöhung verstoße gegen Art. 12 EWGV (jetzt Art. 25 EGV). Der EuGH nahm dieses Verfahren zum Anlass, sich grundlegend zur Rechtsnatur der EG zu äußern. Er führt aus:

> *„Das Ziel des EWG-Vertrages ist die Schaffung eines gemeinsamen Marktes, dessen Funktionieren die der Gemeinschaft angehörigen Einzelnen unmittelbar betrifft; damit ist zugleich gesagt, dass der Vertrag mehr ist als ein Abkommen, das nur wechselseitige Verpflichtungen zwischen den vertragsschließenden Staaten begründet. (...) Aus alledem ist zu schließen, dass die Gemeinschaft eine* neue Rechtsordnung des Völkerrechts *darstellt, zu deren Gunsten die Staaten, wenn auch in begrenztem Rahmen, ihre Souveränitätsrechte eingeschränkt haben (...)."*[583]

Indem der Gerichtshof die EG als neue Rechtsordnung des Völkerrechts bezeichnet, trifft er damit gleichzeitig eine Aussage zur Rechtsnatur der EG als Institution und zum EG-Recht als von der EG geschaffene Rechtsordnung. Beide Fragen sind jedoch voneinander zu trennen. Bezüglich der Rechtsnatur der EG als Institution besagt die zitierte Passage, dass die Gemeinschaft aufgrund des teilweisen Verzichts der Mitgliedstaaten auf ihre Souveränitätsrechte bzw. aufgrund der Übertragung von Hoheitsrechten auf die Gemeinschaft mehr ist als eine klassische Internationale Organisation. Diese begründet nämlich Rechte und Pflichten nur für die vertragsschließenden Staaten, während die EG Rechte und Pflichten auch für den Einzelnen begründet.

---

580 *Dicke* S. 317 f.

581 Vgl. *Murswiek*, Der Staat 1993, 161/168 ff. zu der Frage, ob Art. 23 GG überhaupt zum Beitritt zu einem europäischen Bundesstaat ermächtigt. Dies wird mit dem Argument bezweifelt, dass die Gliedstaaten eines Bundesstaates nicht souverän sind. Die Souveränität Deutschlands könne jedoch wegen Art. 79 III GG nicht bzw. nur über eine Volksabstimmung abgeschafft werden.

582 EuGH Slg. 1963, 1 ff – Van Gend & Loos.

583 EuGH Slg. 1963, 1/24 f.; Hervorhebung durch den Verfasser.

Im Urteil „Costa/ENEL“[584] vom 15. Juli 1964 ging es um ein Vorlageverfahren im Rahmen eines italienischen Rechtsstreits zwischen Herrn Costa als Aktionär einer privaten Elektrizitätsgesellschaft und dem staatlichen Elektrizitätswerk E.N.E.L. anlässlich der Übertragung der Betriebsanlagen im Zuge der Verstaatlichung der italienischen Elektrizitätsversorgung. Der EuGH führt aus:

„Zum Unterschied von gewöhnlichen internationalen Verträgen hat der EWG-Vertrag eine eigene Rechtsordnung *geschaffen, die (...) in die Rechtsordnung der Mitgliedstaaten aufgenommen worden und von ihren Gerichten anzuwenden ist. Durch die Gründung einer Gemeinschaft für unbegrenzte Zeit, die mit eigenen Organen, mit Rechts- und Geschäftsfähigkeit, mit internationaler Handlungsfähigkeit und insbesondere mit echten, aus der Beschränkung der Zuständigkeit der Mitgliedstaaten oder der Übertragung von Hoheitsrechten der Mitgliedstaaten auf die Gemeinschaft herrührenden Hoheitsrechten ausgestattet ist, haben die Mitgliedstaaten ihre Souveränitätsrechte beschränkt und so einen Rechtskörper geschaffen, der für ihre Angehörigen und sie selbst verbindlich ist“*[585].

Auch diese Äußerungen zielen primär auf die Rechtsnatur des EG-Rechts. Der EuGH schließt jedoch von den Besonderheiten des EG-Rechts auf die Besonderheit der EG an sich. Die Besonderheit des EG-Rechts als eigene Rechtsordnung, die Ausstattung mit Organen, die Übertragung von Hoheitsrechten und die Beschränkung der Zuständigkeit der Mitgliedstaaten machen aus der EG einen eigenständigen Herrschaftsverband[586], der sich sowohl von klassischen Internationalen Organisationen als auch von bundesstaatsähnlichen Gebilden unterscheidet.

Das BVerfG hat grundlegende Äußerungen zur Rechtsnatur der EG im Solange I - Urteil getroffen. Darin hat es die (Bundes-)Staatsqualität der Gemeinschaft abgelehnt und die EG als *„eine im Prozess fortschreitender Integration stehende* Gemeinschaft eigener Art“ qualifiziert.[587] Im Maastricht-Urteil vom 12. Oktober 1993[588] hat sich das BVerfG zur Rechtsnatur der EU geäußert. Dabei hat es die EU in einer sprachlichen Neuschöpfung als Staatenverbund bezeichnet.[589] Damit stellt das BVerfG klar, dass die EU weder eine klassische Internationale Organisation noch ein Staatenbund oder gar ein Bundesstaat ist.[590] Die Staatlichkeit der EU hat es unter Hinweis auf das Fehlen eines europäischen Staatsvolkes abgelehnt, andererseits hat

---

584 EuGH Slg. 1964, 1253 ff. – Costa/ENEL.

585 EuGH Slg. 1964, 1253/1269; Hervorhebung durch den Verfasser.

586 *Borchardt* Rn. 86.

587 BVerfGE 37, 271/277 f. – Solange I.

588 BVerfGE 89, 155 ff. – Maastricht.

589 BVerfGE 89, 155/188. Das BVerfG hat den Begriff des Staatenverbundes vermutlich vom Berichterstatter *Kirchhof* übernommen, der damit die EG charakterisiert hat, vgl. *Dörr*, EuR 1995, 334/348 Rn. 59 m.w.N.

590 Im Bundesstaat liegt der Schwerpunkt der Souveränität beim Zentralstaat. Dieser setzt sich im Fall von Konflikten gegenüber den Gliedstaaten durch, z.B. mit Hilfe des Vorrangs seiner Rechtsordnung. Ein Staatenbund ist dagegen ein lockerer Zusammenschluss von Staaten mit einer über die gewöhnliche Internationale Organisation hinausgehende Integrationsdichte. Bei einem Staatenbund liegt der Schwerpunkt der Souveränität bei den Gliedstaaten. Mit dem Begriff Staatenbund wird oftmals der Deutsche Bund von 1815 mit seiner gemeinsamen Verteidigungspolitik assoziiert. Vgl. allgemein zu den Begrifflichkeiten Staatenbund und Bundesstaat *Breitenmoser*, ZaöRV 55 (1995), S. 951 ff.

es die gegenständlich beschränkten Kompetenzen der EU betont.[591] Nach Ansicht des BVerfG ist die EU damit zwischen einem Bundesstaat und einem Staatenbund angesiedelt.[592] Zusammenfassend folgt aus den Urteilen Solange I und Maastricht, dass EG und EU weder eine klassische Internationale Organisation noch ein wie auch immer geartetes staatliches Gebilde sind.

(2) Literatur

In der Literatur wird die EG meist als „supranationale Gemeinschaft" oder „supranationale Organisation" bezeichnet.[593] Damit wird ausgedrückt, dass sich die EG von einer klassischen Internationalen Organisation entfernt hat, ohne jedoch den Sprung zu einem staatlichen Gebilde geschafft zu haben.[594] Charakteristika einer supranationalen Gemeinschaft sind die Ersetzung der staatlichen durch eine gemeinschaftliche Hoheitsgewalt im Wege der Übertragung von Hoheitsrechten von den Mitgliedstaaten auf die Gemeinschaft, sowie die gesteigerte Möglichkeit der Gemeinschaft, verbindliche Beschlüsse für die Mitgliedstaaten auch gegen deren Willen zu fassen.[595]

Als Argument gegen einen Bundesstaat wird hauptsächlich angeführt, dass die EG nach derzeitigem Integrationsstand keinen Staat darstellt.[596] Die Staatlichkeit des Gesamtstaates ist jedoch ein Wesensmerkmal des Bundesstaates.[597] Mehrere Argumente werden gegen die Staatsqualität der EG angeführt. Das wichtigste, das auch das BVerfG im Maastricht-Urteil anführt, besteht darin, dass kein europäisches Staatsvolk existiere.[598] Art. 1 Abs. 2 EUV spreche von einer „engeren Union der Völker Europas", nicht von einem europäischen Volk. Außerdem sei das Verhältnis zwischen den Mitgliedstaaten und der EG nicht abschließend durch das EG-Recht festgelegt. Vielmehr bleibe auch das nationale Verfassungsrecht maßgebend.[599] Weiterhin

---

[591] BVerfGE 89, 155/184 bzw. 192 f. – Maastricht.

[592] Fraglich ist, ob dies auch für die EG als Teil der EU gilt. Beide Institutionen sind voneinander unabhängig und dürfen nicht miteinander vermischt werden. Jedenfalls hat das BVerfG seine Aussagen aus dem Solange I – Urteil bislang nicht revidiert. Allgemein zur Rechtsnatur der EU: *Dörr*, EuR 1995, 334 ff. sowie *Blanke*, DÖV 1993, 412 ff.

[593] *Herdegen*, Europarecht, Rn. 79; das BVerfG gebraucht diesen Begriff u.a. im Maastricht-Urteil BVerfGE 89, 155/182. Der Begriff der Supranationalität stammt aus dem Französischen und bedeutet „Überstaatlichkeit". Im EGKSV war in Art. 9 Abs. 5 und 6 die Bezeichnung *überstaatliche Gemeinschaft* enthalten. Diese Absätze wurden allerdings 1965 gestrichen.

[594] *Herdegen*, Europarecht, Rn. 79 ff. m.w.N.; *Constantinesco* Rn. 238.

[595] *Streinz* Rn. 116.

[596] *Bleckmann*, Europarecht, Rn. 142 ff.; *Streinz* Rn. 121; *Herdegen*, Europarecht, Rn. 79. Zu beachten ist, dass die Diskussion um die Staatlichkeit meist in Zusammenhang mit der EU geführt wird. Die EU ist jedoch aufgrund der intergouvernementalen Zusammenarbeit in der zweiten und dritten Säule noch weiter von der Staatlichkeit entfernt als die stärker integrierte EG.

[597] *Isensee*, in: HdbStR § 98 Rn. 63.

[598] *Klein*, in: Holtmann/Riemer S. 261/268 ff.; *Herdegen*, Völkerrecht, S. 82.

[599] *Herdegen*, Europarecht, Rn. 85.

verhindere das Prinzip der begrenzten Einzelermächtigung die Annahme einer sog. Kompetenz-Kompetenz. Der EG fehle damit ein Wesensmerkmal der Staatsgewalt, nämlich die unbeschränkte Souveränität.[600] Die Souveränität der EG ist gegenständlich beschränkt. Schließlich sei der Vorrang des EG-Rechts auch vor nationalem Verfassungsrecht nicht allgemein anerkannt. Das BVerfG hat sich ein – wenn auch als Ausnahmefall konzipiertes – Letztentscheidungsrecht zugebilligt. Erst dann, wenn der Grundsatz „Gemeinschaftsrecht bricht nationales Recht" ohne jede Einschränkung gelte, könne von einem Bundesstaat gesprochen werden.[601]

Die Literatur stimmt damit – in aller Allgemeinheit – der Rechtsprechung darin zu, dass die EG ein besonderes Gebilde ist. Diese Besonderheit wird durch die Begriffe „Staatenverbund" und „Supranationalität" charakterisiert. Neben dieser herrschenden Auffassung existiert eine Vielzahl von Meinungen, die sich z.T. nur in Begrifflichkeiten, zum Teil jedoch auch in der Konzeption unterscheiden.[602]

(3) Stellungnahme

Fraglich ist, ob die herkömmliche Auffassung zur Rechtsnatur der EG auch heute noch ihre Berechtigung hat. Zweifel daran ergeben sich aufgrund der Fortentwicklung der EG im Zuge des Amsterdamer Vertrages und vor allem im Rahmen der WWU. Das erste Argument gegen die Qualifikation der EG als bundesstaatliches Gebilde ist das Fehlen eines europäischen Staatsvolkes. Zwar spricht Art. 1 Abs. 3 EUV von den „Völkern" Europas und nicht von dem europäischen Volk. Hiergegen lässt sich einwenden, dass diese Formulierung den Ist-Zustand 1993 bezeichnet. Aufgabe der EU ist es jedoch laut diesem Absatz, die Beziehungen zwischen den Völkern zu gestalten. Nicht ausgeschlossen ist dadurch, dass diese Gestaltung zu einem europäischen Volk führt. So wachsen die Völker Europas im Zuge der fortschreitenden Durchdringung der nationalen Rechtsordnungen durch das Gemeinschaftsrecht mehr und mehr zu einer „europäischen Öffentlichkeit" zusammen. Indizien sind dafür z.B. europaweit gemeinsam organisierte Streiks und Demonstrationen. Hierdurch entsteht im Laufe der Zeit eine gemeinsame europäische Identität. Diese wird nunmehr durch die Europäische Grundrechtecharta auf gewisse Rechtsprinzipien fokussiert und findet ihren Niederschlag auch im einberufenen Verfassungskonvent. Art. I-8 des Konventsentwurfes vom 18. Juli 2003[603] bekräftigt die Existenz einer „Unionsbürgerschaft", die neben die nationale Staatsangehörigkeit treten soll. Die Abwesenheit eines europäischen Staatsvolkes kann daher nicht mehr als Argument gegen die Annahme eines Bundesstaates angeführt werden.

---

600 *Bleckmann*, Europarecht, Rn. 143.

601 *Herdegen*, Europarecht, Rn. 85.

602 Vgl. hierzu weiterführend *Constantinesco* Rn. 233 ff. Für die Einordnung der EG als „bundesstaatsähnlich" *Ophüls*, NJW 1963, 1697/1698; *Schlochauer*, JZ 1951, 290 ff. (zur EGKS). Für die Einordnung als Internationale Organisation: *Berber/Goerdeler* § 32 IV S. 318 ff. sowie aus neuerer Zeit *Dörr*, EuR 1995, 334/337 und *Streinz* Rn. 121a a.E.

603 Entwurf eines Vertrages über eine Verfassung für Europa vom 18. Juli 2003.

Das zweite Argument gegen den Bundessstaat ist die fehlende Souveränität der EG. Hiergegen lässt sich einwenden, dass die EG insbesondere im Rahmen der WWU nach dem Übergang in die 3. Stufe umfassende Kompetenzen erhalten hat. Art. 101 bis 104 EGV wirken auf die staatliche Haushaltspolitik ein und beeinflussen damit zwangsläufig die gesamte Fiskalpolitik. Infolgedessen verlieren die Mitgliedstaaten die rechtlichen und tatsächlichen Möglichkeiten, „lebenswichtige Entscheidungen mit wirtschaftlichem Einschlag selbst zu treffen“[604]. Bereits aus diesem Grund wird die EU vereinzelt als föderales Gebilde qualifiziert.[605] Hinzu kommen die vollständige Vergemeinschaftung der Währungspolitik und die Beschränkung der allgemeinen Wirtschaftspolitik über Art. 99 EGV. Auch die Pflicht zur Vorlage von Stabilitätsprogrammen sowie deren Bewertung durch Kommission und Rat schränken die Kompetenzen der Mitgliedstaaten zu Lasten der Gemeinschaft ein.

Allerdings ist fraglich, ob man aus der Schwäche der Mitgliedstaaten im Bereich der WWU den Schluss auf die Staatlichkeit der EG ziehen kann. Staatlichkeit eines Gebildes setzt Souveränität in Form von unabgeleiteter (originärer) Staatsgewalt voraus.[606] Hieran mangelt es der EG bislang, sie ist auf die Übertragung von Kompetenztiteln durch die Mitgliedstaaten angewiesen. Darüber hinaus fehlt der Gemeinschaft die Möglichkeit, Entscheidungen zwangsweise durchzusetzen.[607] Daher ist trotz der weitreichenden Kompetenzen im Bereich der WWU ein föderaler Charakter der Gemeinschaft zu verneinen. Ein Staatenbund liegt ebenfalls nicht vor, da die Integration der EG über den lockeren Zusammenschluss eines Staatenbundes hinausgeht. Insoweit bleibt aus Mangel an Begriffen nur der Weg, die EG als etwas Besonderes, Neues zu begreifen. Umschreibungen hierfür sind die bereits angeführten Begriffe Staatenverbund und Supranationalität. Für das theoretische Fundament einer Sanktionsbefugnis der EG gegenüber Mitgliedstaaten bedeutet dies, dass sich diese wie bei klassischen Internationalen Organisationen aus der Übertragung von Hoheitsrechten auf die Organisation legitimiert. Der Übergang zu einem Staat – und damit zur umfassenden Sanktionsbefugnis – ist (noch) nicht vollzogen.

b) Prinzip der begrenzten Einzelermächtigung

Nach dem soeben Gesagten kann die Gemeinschaft nur dann tätig werden, wenn ihr die Kompetenz hierzu durch das Gemeinschaftsrecht zugewiesen wurde. Das in Art. 5 UAbs. 1, 7 Abs. 1 EGV und Art. 5 EUV niedergelegte Prinzip der begrenzten Einzelermächtigung zählt damit zu den grundlegenden Prinzipien der Gemeinschaft. Hiernach ist der Gemeinschaft keine Kompetenz-Kompetenz eingeräumt. Allerdings stehen ihr neben den ausdrücklich zugewiesenen Kompetenzen auch sog. subsidiäre[608]

---

[604] *Müller*, DVBl. 1992, 1249/1255.

[605] So z.B. *Müller*, DVBl. 1992, 1249/1255.

[606] *Maunz*, in: HdbStR § 94 Rn.3.

[607] *Klein*, in: Holtmann/Riemer S. 261/276.

[608] Vgl. Art. 308 EGV.

und implizite[609] Kompetenzen zu.[610] Im Bereich des Defizitverfahrens kann die Gemeinschaft somit nur nach Maßgabe der in Art. 104 EGV sowie im dazugehörigen Sekundärrecht ausdrücklich oder implizit enthaltenen Handlungsermächtigungen tätig werden.

3. Ergebnis

Da die EG den Schritt zur Staatlichkeit (noch) nicht vollzogen hat, stehen ihr nur die durch das Gemeinschaftsrecht vorgesehenen Sanktionskompetenzen unter Beachtung des Prinzips der begrenzten Einzelermächtigung zu. Damit gilt der Grundsatz *nulla sanctio sine lege*[611]. Da im Gemeinschaftsrecht neben Art. 104 EGV keine weiteren Sanktionskompetenzen zur Sicherung der Budgetdisziplin vorhanden sind, ist die Gemeinschaft auf das Verfahren des Art. 104 EGV angewiesen. Folglich ist eine effektive Gestaltung des Defizitverfahrens für die Sicherung der Geldwertstabilität durch die Gemeinschaft essentiell.

III. Sanktionsmöglichkeiten der Mitgliedstaaten jenseits des Gemeinschaftsrechts

Als nächstes stellt sich die Frage, ob die Mitgliedstaaten im Fall einer Missachtung der Budgetdisziplin durch einen Mitgliedstaat auf völkerrechtliche Sanktionsmöglichkeiten zurückgreifen können.[612] Hierzu werden zunächst die völkerrechtlichen Grundlagen dieser Fragestellung erörtert. Anschließend werden die Besonderheiten dargestellt, die sich aus der spezifischen Rechtsnatur des Gemeinschaftsrechts ergeben.

1. Völkerrechtliche Grundlagen

Abstrahiert man die Frage, in welcher Weise Mitgliedstaaten der EG auf den Verstoß eines Mitgliedstaates gegen die Budgetdisziplin reagieren können, von den Besonderheiten des EG-Rechts und führt man sie auf ihre völkerrechtlichen Grundlagen zurück, sind zwei Bereiche auseinander zu halten. Zum einen stellt sich der Verstoß gegen die Budgetdisziplin als ein Verstoß eines Staates gegen einen völkerrecht-

---

609 Eine solche besteht dann, wenn sie zu Erfüllung der ausdrücklich normierten Kompetenzen notwendig ist. Vgl. dazu *Mögele*, BayVBl. 1993, 129/134 mit einem Beispiel, wie die Kompetenz zum Erlass von Verwaltungssanktionen vom EuGH als implizite Kompetenz im Rahmen der Gemeinsamen Agrarpolitik entwickelt wurde.

610 Damit ist die Bezeichnung „Einzelermächtigung" eigentlich ungenau, es müsste „Prinzip der begrenzten Ermächtigung" heißen. Der Begriff Einzelermächtigung hat sich jedoch allgemein durchgesetzt.

611 *Schorkopf*, Homogenität, S. 123.

612 Davon zu unterscheiden ist die Frage, ob die Mitgliedstaaten auf gemeinschaftsrechtlicher Grundlage Sanktionen gegen einen Mitgliedstaat verhängen dürfen, wenn hierzu eine Kompetenz der Gemeinschaft besteht; vgl. dazu *Kluth*, in: Calliess/Ruffert Art. 7 EUV Rn. 5.

lichen Vertrag dar, so dass danach zu fragen ist, welche Rechte den anderen Vertragspartnern in diesem Fall zustehen (dazu a)). Zum anderen sind die Besonderheiten eines self-contained-regime zu berücksichtigen (dazu b)).

a) Reaktionsmöglichkeiten auf Vertragsverstöße

Die Missachtung von vertraglichen Verpflichtungen durch einen Vertragsstaat stellt einen Verstoß gegen den Grundsatz *pacta sunt servanda* aus Art. 26 WVK dar.[613] Die Verletzung dieses Grundsatzes konstituiert grundsätzlich ein völkerrechtliches Delikt und zieht die Staatenverantwortlichkeit nach sich.[614] Dies gilt gleichermaßen bei der Missachtung des Gründungsvertrages einer Internationalen Organisation. Gründungsverträge stellen insoweit normale völkerrechtliche Verträge dar.[615] Konsequenterweise ist daher auch das Wiener Übereinkommen über das Recht der Verträge (WVK)[616] auf derartige Gründungsverträge anwendbar (vgl. Art. 5 WVK).[617]

Im Fall der Missachtung eines völkerrechtlichen Vertrages können die anderen Vertragsstaaten entweder auf vertragsrechtlicher oder auf deliktsrechtlicher Ebene gegen den vertragsbrüchigen Staat vorgehen.[618] Auf vertragsrechtlicher Ebene haben sie die Möglichkeit, entweder Vertragserfüllung zu verlangen[619] oder die Rechte aus der WVK geltend zu machen. Die Reaktionsmöglichkeiten der anderen Vertragsparteien im Falle einer erheblichen Vertragsverletzung sind in Art. 60 WVK normiert. Diese Norm kodifiziert den völkerrechtlichen Grundsatz *inadimplenti non est adimplendum.* Im Fall eines mehrseitigen Vertrages können die anderen Vertragsparteien gemäß Art. 60 Abs. 2 WVK den Vertrag ganz oder teilweise suspendieren oder

---

613 Gemäß Art. 4 WVK gilt die WVK nur für Verträge, die nach In-Kraft-Treten des Übereinkommens geschlossen werden, d.h. nach 1980. Die meisten Bestimmungen der WVK stellen allerdings kodifiziertes Gewohnheitsrecht dar, so dass sie sinngemäß anwendbar sind. Dies gilt insbesondere für den Grundsatz *pacta sunt servanda;* vgl hierzu *Buergenthal/Doehring/Kokott/Maier* Rn. 210.

614 *Dailler/Pellet* Rn. 472.

615 *Klein,* in: Graf Vitzthum, 4. Abschnitt, Rn. 32. Gründungsverträge weisen allerdings eine Doppelnatur auf. Neben ihrem Charakter als völkerrechtlicher Vertrag zwischen den Gründungsmitgliedern regeln sie das Innenleben der Internationalen Organisation und werden daher auch als „Verfassung" der Organisation bezeichnet.

616 Übereinkommen vom 23.05.1969; BGBl. 1985 II S. 926. Dieses Übereinkommen kodifiziert weitgehend bestehendes Gewohnheitsrecht und gilt daher i.d.R. mittelbar auch für solche Staaten, die das Übereinkommen nicht ratifiziert haben.

617 Da es sich bei Gründungsverträgen von Internationalen Organisationen um Verträge zwischen Staaten handelt, findet auf Verstöße gegen derartige Verträge nicht das Wiener Übereinkommen über das Recht der Verträge zwischen Staaten und Internationalen Organisationen oder zwischen Internationalen Organisationen vom 21.03.1986 Anwendung.

618 Diesen Unterschied betont *Klein,* Statusverträge, S. 226.

619 *Kimminich/Hobe* S. 207.

beenden.[620] Nicht geregelt ist, welche Rechte den anderen Vertragspartnern im Fall einer nicht erheblichen Vertragsverletzung zustehen. Vor In-Kraft-Treten der WVK war umstritten, ob nur eine wesentliche oder jede Vertragsverletzung ein Rücktritts- oder Suspendierungsrecht begründet.[621] Indem Art. 60 WVK eine erhebliche Verletzung fordert, folgt daraus, dass bei nicht-erheblichen Verletzungen der Vertrag jedenfalls nicht suspendiert oder beendet werden kann. Nicht erhebliche Vertragsverletzungen sind damit von den anderen Vertragsparteien hinzunehmen.

Diese können jedoch auf deliktsrechtlicher Ebene auf den Vertragsverstoß reagieren.[622] Da ein Vertragsverstoß ein völkerrechtliches Delikt darstellt, ist insbesondere an die Reaktion in Form einer Repressalie zu denken.[623] Dies gilt sowohl für erhebliche als auch nicht erhebliche Vertragsverstöße. Zu beachten sind allerdings die speziellen Zulässigkeitsvoraussetzungen der Repressalie, insbesondere der Grundsatz der Verhältnismäßigkeit.[624] Mit der Repressalie wird die Wiederherstellung des *status quo ante* angestrebt, sie ermöglicht i.d.R. nicht die Beendigung des Vertrages.[625]

b) Besonderheiten im Rahmen eines self-contained-regime

Etwas anderes gilt jedoch dann, wenn der zur Sanktion führende Vertragsverstoß im Rahmen eines self-contained-regime stattfindet. Dann kann nur auf die Sanktionen zurückgegriffen werden, die das System selbst vorsieht.

(1) Begriff des self-contained-regimes

Unter einem self-contained-regime versteht man solche völkerrechtlichen Verträge, die die Rechtsfolgen der Nichterfüllung des Vertrages selbst vorsehen.[626] In diesem Fall ist bei Vertragsverstößen der Rückgriff auf allgemeine völkerrechtliche Reaktionsmöglichkeiten, z.B. des Art. 60 WVK, nicht möglich. Vielmehr ist ausschließlich auf die vertraglich vorgesehenen Sanktionsmöglichkeiten zurückzugreifen. Die

---

620 Das zu beachtende Verfahren richtet sich nach Art. 65 WVK, wonach der Vertrag weder nichtig ist noch einseitig aufgehoben werden kann. Die Aufhebung des Vertrags kann nur unter Berücksichtigung eines bestimmten Verfahrens geltend gemacht werden.

621 Indem die Rechte der verletzten Partei auf Fälle erheblicher Vertragsverletzung (material breach) beschränkt werden, soll verhindert werden, dass Staaten bereits kleinste Verstöße zum Anlass nehmen, sich von ungeliebten Verträgen zu lösen. Vgl. hierzu *Wetzel/Rauschning* S. 412.

622 Vgl. hierzu ausführlich *Simma*, ÖZöffR 20 (1977), S. 5/11 ff.; siehe auch *Klein*, Statusverträge, S. 226 f.

623 Art. 73 WVK bestimmt insoweit, dass das Repressalienrecht durch die WVK nicht berührt wird; vgl. *Klein*, Statusverträge, S. 226.

624 Vgl. Art. 51 der ILC Draft Articles vom 12.12.2001, abgedruckt als Annex zu *Tams*, ZaöRV 2002, 759/797 ff.

625 *Klein*, Statusverträge, S. 226.

626 IGH, Teheraner Geisel-Fall, ICJ Reports 1980, 40. Allerdings sind sowohl Begriff als auch Rechtsfolgen des self-contained-regimes umstritten, vgl. zu den verschiedenen Ansätzen *Marschik* S. 74 ff. m.w.N. Kritisch *Zemanek*, ZaöRV1987, 32/40 f.

Frage, wann ein self-contained-regime anzunehmen ist, ist weitgehend ungeklärt.[627] Grundsätzlich ist dies jedoch durch Auslegung des entsprechenden Vertrages zu ermitteln. Die im Gründungsvertrag vorgesehenen Sanktionsmöglichkeiten können als *lex specialis* zu Art. 60 WVK angesehen werden. Sie werden daher auch als organisationsrechtliche Repressalie[628] bezeichnet. Mit diesem Ausdruck wird darauf hingewiesen, dass die Sanktion eigentlich eine Repressalie als Reaktion auf einen Vertragsverstoß darstellt. Gleichzeitig ist die Reaktion organisationsrechtlich modifiziert, da sie nur nach dem im Gründungsvertrag normierten Verfahren durchgesetzt werden kann.

(2) Entstehung der Doktrin von den self-contained-regimes

Die Rechtsfigur der self-contained-regimes wurde zum ersten Mal vom IGH im Teheraner Geisel-Fall erwähnt.[629] In diesem Fall sind die USA gegen den Iran vorgegangen, als diplomatisches Personal in der US-Botschaft in Teheran als Geisel genommen wurde. Die iranische Regierung ist zwar vor dem IGH nicht aufgetreten, hat ihre Position jedoch dem Gericht mitgeteilt. Danach berief sich der Iran zur Rechtfertigung seiner Handlungen auf das angeblich durch die USA in den vorangegangenen 25 Jahren begangene Unrecht gegenüber dem Iran.[630] Die USA argumentierten demgegenüber, dass der Iran lediglich die beschuldigten Personen gemäß dem Wiener Übereinkommen über diplomatische Beziehungen vom 18. April 1961[631] zur *persona non grata* hätte erklären oder diese ausweisen können. In ihrem Schriftsatz führten die USA aus:

> *„It would be clear as a matter of customary international law (...) that the sole remedy available to Iran as against such supposed unlawful activities by foreign diplomatic agents would be to notify the United States that the accused persons were persona non grata and thus to require their recall to the US."*[632]

Der IGH folgte der amerikanischen Argumentation und befand, dass die den USA vorgeworfenen Handlungen keine Rechtfertigung für den Iran böten, weil

> *„diplomatic law itself provides necessary means of defence against, and sanction for, illicit activities by members of diplomatic or consular missions".*[633]

Der IGH stellt sich damit auf den Standpunkt, dass das Wiener Übereinkommen über diplomatische Beziehungen ein self-contained-regime darstellt. Verstöße gegen Diplomatenrecht könnten damit auch nur im Rahmen der Möglichkeiten geahndet werden, die das Übereinkommen selbst vorsieht. Hierzu zählen die Erklärung einer Person als *persona non grata*[634] oder auch der Abbruch der diplomatischen Beziehun-

---

627 *Doehring*, Völkerrecht, Rn. 834.

628 *Klein*, in: Graf Vitzthum, 4. Abschnitt, Rn. 84.

629 IGH, *Affaire relative au personnel diplomatique et consulaire des Etats-Unis à Téhéran*, ICJ Reports 1980, 40.

630 ICJ Reports 1979, 11.

631 BGBl. 1964 II S. 959.

632 *Simma*, NYIL 16 (1985), S. 111/112.

633 ICJ Reports 1980, 38.

634 Art. 9 des Übereinkommens.

gen.[635] Darüber hinausgehende allgemeine völkerrechtliche Reaktionsmöglichkeiten sind unzulässig.

Etwa zur gleichen Zeit wurde die Rechtsfigur des self-contained-regime auch vom Spezialberichterstatter *Riphagen* in seine Berichte für die ILC aufgenommen.[636] Danach zieht jeder Völkerrechtsverstoß die Verantwortlichkeit des Staats nach sich, woraufhin der verletzte Staat mit „normalen“ (general) Sanktionen reagieren kann, es sei denn, es handelt sich um spezielle Regime und Streitbeilegungsmechanismen. In diesem Fall ist der Rückgriff auf normale Sanktionen ausgeschlossen.

(3) Voraussetzungen eines self-contained-regime

Das Vorliegen eines self-contained-regime ist durch Auslegung des betreffenden Vertrages zu ermitteln.[637] Es handelt sich dann um ein self-contained-regime, wenn die Auslegung des Vertrages ergibt, dass das durch den Vertrag begründete juristische System insoweit abgeschlossen ist, als Verstöße gegen dieses System nur über die im System vorgesehenen Reaktionsmöglichkeiten geahndet werden können.[638] Ein self-contained-regime ist damit ein System von Regeln, das in der Absicht errichtet wurde, die normalen Rechtsfolgen von Rechtsverstößen auszuschließen.[639] Umstritten ist, ob es mit dem Konzept des self-contained-regime vereinbar ist, dass in Ausnahmefällen der Rückgriff auf die „normalen“ Rechtsfolgen eines Völkerrechtsverstoßes möglich ist.[640]

Als self-contained-regime ist nach dem Urteil des IGH insbesondere das Wiener Übereinkommen über diplomatische Beziehungen anerkannt. Darüber hinaus wird das Vorhandensein eines self-contained-regime bei menschenrechtlichen Verträgen[641] sowie bei der WTO[642] diskutiert.

---

635 Art. 45 des Übereinkommens.

636 Vgl. Rapport Préliminaire sur le contenu, les formes et les degrés de la responsabilité internationales, Annuaire CDI 1980 II 1 S. 105-127; später dann 2. Bericht: Annuaire CDI 1981 II 1 S. 81-105; 3. Bericht: Annuaire CDI 1982 II 1 S. 25-60; 4. Bericht: Annuaire CDI 1983 II 1 S. 3-25; 5. Bericht: Annuaire CDI 1984 II 1 S. 1-4; 6. Bericht: Annuaire CDI 1985 II 1 S. 3-20; 7. Bericht: Annuaire CDI 1986 II 1 S. 1-20; zur Analyse der Reports siehe *Marschik* S. 47 ff. Zum ILC-Entwurf vom Juli 2001 vgl. *Tams* ZaöRV 62 (2002), S. 759 ff.

637 *Simma*, NYIL 16 (1985), S. 111/127.

638 *Fischer*, in: Ipsen, Völkerrecht, § 59 Rn. 47; *Simma*, NYIL 16 (1985), S. 111/114.

639 *Simma*, NYIL 16 (1985), S. 111/117 f.

640 *Schröder*, in: Graf Vitzthum, 7. Abschnitt, Rn. 30. *Marschik*, S. 74 ff., verwendet den Begriff des self-contained-regime nur für „geschlossene Subsysteme“, d.h. für Systeme, in denen ein Rückgriff auf allgemeines Völkerrecht nicht möglich ist. Demgegenüber bezeichnet er Systeme, in denen ausnahmsweise auf allgemeines Völkerrecht zurückgegriffen werden kann, als „offene Subsysteme“.

641 *Simma*, NYIL 16 (1985), S. 111/129 ff.; *Kimminich/Hobe* S. 235.

642 *Seidl-Hohenveldern/Stein* Rn. 1753.

c) Zwischenergebnis

Auf Verstöße eines Staates gegen einen Gründungsvertrag einer Internationalen Organisation kann grundsätzlich mit allen Mitteln reagiert werden, die völkerrechtlich zulässig sind. Auf vertragsrechtlicher Ebene ist im Fall von erheblichen Vertragsverletzungen Art. 60 Abs. 2 WVK einschlägig und erlaubt die Suspendierung und Beendigung des Vertrages. Eine deliktsrechtliche Reaktion in Form der Repressalie ist demgegenüber sowohl bei erheblichen als auch bei nicht erheblichen Vertragsverstößen möglich. Hierbei sind jedoch die speziellen Voraussetzungen der Repressalie zu beachten. Etwas anderes gilt immer dann, wenn der Vertragsverstoß innerhalb eines self-contained-regime begangen wird. Dann sind nur die Reaktionen zulässig, die das System selbst vorsieht.

2. Zulässigkeit des Rückgriffs auf Völkerrecht durch die EG-Mitgliedstaaten

Wendet man die soeben erläuterten völkerrechtlichen Grundlagen ohne Einschränkung auf das Defizitverfahren an, könnten die anderen Mitgliedstaaten im Fall einer erheblichen Verletzung der Defizitbegrenzung die Art. 60 WVK zugrundeliegenden gewohnheitsrechtlichen Rechte geltend machen, d.h. den EGV suspendieren oder beenden. Auch das Repressalienrecht könnte vorbehaltlich des Vorliegens seiner weiteren Voraussetzungen von den Mitgliedstaaten ausgeübt werden, um einen Mitgliedstaat zur Einhaltung der Budgetdisziplin zu zwingen. Etwas anderes würde nur dann gelten, wenn die EG ein self-contained-regime darstellte. Im Folgenden wird daher untersucht, ob die völkerrechtlichen Grundlagen tatsächlich auf die EG übertragen werden können. Dies hängt einerseits davon ab, ob der EG-Vertrag als normaler völkerrechtlicher Vertrag qualifiziert werden kann (dazu a)), andererseits ob die EG ein self-contained-regime darstellt (dazu b)).

a) Rechtsnatur des Gemeinschaftsrechts

Die völkerrechtlichen Grundsätze über die Reaktionsmöglichkeiten auf Vertragsverstöße durch einen Vertragsstaat sind nur dann ohne weiteres auf das Defizitverfahren übertragbar, wenn das Gemeinschaftsrecht Völkerrecht darstellt. Die Frage nach der Rechtsnatur des Gemeinschaftsrechts ist eng mit der bereits erörterten Frage der Rechtsnatur der Gemeinschaft als Institution verknüpft.[643] Allerdings liegt der Schwerpunkt anders, da mit der Einordnung der EG als Internationale Organisation oder supranationale Gemeinschaft noch nichts über die Qualität des EG-Rechts ausgesagt ist. Die Rechtsnatur des Gemeinschaftsrechts ist hochgradig umstritten. Da diese Debatte bereits ausführlich zusammengefasst wurde[644], genügt hier ein Abriss über die Eckpunkte dieser Diskussion.

---

643 Siehe dazu bereits S. 143 ff.

644 Siehe etwa *Meng* S. 162 ff.

(1) Literatur

In der Literatur wird die Frage nach der Rechtsnatur des EG-Rechts unterschiedlich beantwortet.[645] Zwei Hauptströmungen können unterschieden werden. Nach Auffassung der *Traditionalisten*[646] handelt es sich beim EG-Recht um geringfügig modifiziertes Völkerrecht.[647] Zur Unterstützung dieser These wird angeführt, dass die EG durch einen völkerrechtlichen Vertrag gegründet sei und eine Abnabelung von diesem Ursprung nicht stattgefunden habe.[648] Es sei zulässig, vom vertraglichen Entstehungsgrund auf die vertragliche Natur des dadurch begründeten Rechtsverhältnisses zu schließen.[649]

Demgegenüber stellt das EG-Recht nach Ansicht der *Autonomisten* eine eigenständige Rechtsordnung *sui generis* dar.[650] Die Vertreter dieser Auffassung erkennen zwar an, dass das Gemeinschaftsrecht völkerrechtlichen Ursprungs ist[651], sind jedoch der Auffassung, dass von dieser vertraglichen Grundlage nicht ohne weiteres auf den vertraglichen Inhalt der Ordnung geschlossen werden kann.[652] Viele auf dem Weg der Vertragsauslegung durch den EuGH entwickelten Prinzipien sprächen gegen eine völkerrechtliche Rechtsnatur, so z.B. die Grundsätze des Vorrangs[653] und der unmittelbaren Anwendbarkeit[654] des Gemeinschaftsrechts. Auch die umfangreiche Übertra-

---

645 Dem Streit um die Rechtsnatur des EG-Rechts liegt ein grundsätzlicher Streit über die Qualifikation von Innenrecht einer Internationalen Organisation zugrunde, vgl. *Epping*, in: Ipsen, Völkerrecht, § 31 Rn. 43. Zum Teil wird die Völkerrechtsqualität von Innenrecht abgelehnt, vgl. *Klein*, in: Graf Vitzthum, 4. Abschnitt, Rn. 114; *Frowein*, in: Starck S. 187/192 f. Hierfür wird angeführt, dass das Innenrecht nicht zwischen Völkerrechtssubjekten gilt, sondern in seiner Geltung nach innen gerichtet ist. Es sei mehr organisatorischer Natur und habe eigene Rechtssetzungsmechanismen. Weiterhin gelte es unmittelbar auch für die innerstaatlichen Rechtssubjekte und trage daher Züge von innerstaatlichem Staatsrecht. Innenrecht sei daher ein Recht *sui generis*, vgl. *Rudolf* S. 43 f.; *Schermers/Blokker* § 1196. Zum Teil wird das Innenrecht jedoch als Völkerrecht qualifiziert, da die Abtrennung des einen vom anderen als künstlich und willkürlich angesehen wird, vgl. *Klein*, in: Graf Vitzthum, 4. Abschnitt, Rn. 115 f. Die Besonderheiten des Innenrechts führten nicht dazu, dass es seine Völkerrechtsqualität verliert. Vielmehr sei das Innenrecht eben besonderes Völkerrecht. Auch wenn sich der Verdacht aufdrängt, dass es sich bei dem Streit primär um einen Streit um Begrifflichkeiten handelt, ist die Einordnung als Völkerrecht oder als Recht *sui generis* wichtig für die Frage, ob das Innenrecht vom IGH angewendet werden kann. Gemäß Art. 38 IGH-Statut kann der IGH nur Völkerrecht anwenden.

646 Zu den Begrifflichkeiten vgl. *Schweitzer/Hummer* Rn. 74.

647 Vgl. dazu die schon etwas in die Jahre gekommenen Ausführungen von *Berber/Goerdeler* § 32 IV S. 318 ff. sowie *Bindschedler*, in: FS Guggenheim, S. 167/176.

648 *Klein*, in: Graf Vitzthum, 4. Abschnitt, Rn. 117.

649 *Schweitzer/Hummer* Rn. 74.

650 *Meng* S. 164.

651 *Oppermann* Rn. 466.

652 *Schweitzer/Hummer* Rn. 75.

653 *Borchardt* Rn. 86.

654 *Oppermann* Rn. 468 unter Hinweis auf EuGH Slg. 1978, 629 ff. – Simmenthal.

gung von Kompetenzen auf die EG[655] und die Besonderheit der EG als „supranationale Gemeinschaft"[656] sprächen dafür, das Recht der EG weder dem Völkerrecht noch dem Staatsrecht zuzuweisen.

(2) Rechtsprechung

Der EuGH hat die EG in der bereits zitierten Entscheidung „Van Gend & Loos"[657] zunächst als *neue Rechtsordnung des Völkerrechts* bezeichnet. Damit hat er den Schwerpunkt auf den völkerrechtlichen Ursprung der Gemeinschaft gelegt und das Gemeinschaftsrecht als besonderes Völkerrecht qualifiziert. In der späteren Entscheidung „Costa/ENEL"[658] hat der Gerichtshof seine Formulierung geändert und das Gemeinschaftsrecht nunmehr als *eigene Rechtsordnung* charakterisiert. Seitdem betont der EuGH die Eigenständigkeit des Gemeinschaftsrechts vom allgemeinen Völkerrecht.

Das BVerfG hat sich in dem Urteil „Solange I"[659] der Ansicht des EuGH angeschlossen und das Gemeinschaftsrecht als *eigenständige Rechtsordnung* qualifiziert. Demgegenüber finden sich in den anderen „Europa-Urteilen"[660] des BVerfG keine Aussagen zur Rechtsnatur des Gemeinschaftsrechts.

(3) Stellungnahme

Der Auffassung, die das EG-Recht als besonderes Völkerrecht begreift, ist zuzugeben, dass eine überzeugende theoretische Begründung der „Abnabelung" des EG-Rechts vom Völkerrecht bisher nicht geglückt ist. Aber das Gemeinschaftsrecht unterscheidet sich mittlerweile in vielfältiger Weise vom „normalen" Völkerrecht. Hier ist insbesondere der Grundsatz der unmittelbaren Anwendbarkeit, die Existenz subjektiver Rechte sowie das Rechtsschutzsystem zu nennen. Darüber hinaus erzeugt das Gemeinschaftsrecht – anders als das klassische Völkerrecht – unmittelbar Rechte und Pflichten für Individuen.

Die Argumente, die in der Literatur für die Autonomiethese beim Innenrecht Internationaler Organisationen angeführt werden, treffen in besonderem Maße auf das Gemeinschaftsrecht zu. Insbesondere die Durchgriffswirkung auf innerstaatliche Rechtssubjekte ist in der EG stark ausgeprägt. Gegen das Argument, dass bei Verneinung der Völkerrechtsqualität ein Umschlag in staatsrechtliche Kategorien vorauszusetzen ist[661], lässt sich anführen, dass EG-Recht nicht entweder Völkerrecht oder Staatsrecht sein muss. Vielmehr kann es auch etwas Drittes darstellen. Eine Einord-

---

655 Dazu *Barav*, CML Rev. 1975, 369 ff.

656 Siehe dazu oben S. 143 ff.

657 EuGH Slg. 1963, 1/24 f. - van Gend & Loos.

658 EuGH Slg. 1964, 1253/1269 – Costa/ENEL.

659 BVerfGE 37, 271/277 f. – Solange I.

660 Etwa BVerfGE 52, 187 – Vielleicht; BVerfGE 58, 1 – Eurocontrol; BVerfGE 73, 339 – Solange II.

661 *Klein*, in: Graf Vitzthum, 4. Abschnitt, Rn. 117.

nung als Völkerrecht ist nur noch unter Hervorhebung der „Besonderheit“ des EG-Rechts möglich, so dass der Unterschied zur Autonomiethese nur noch gering ist. Deshalb ist es konsequenter, das Gemeinschaftsrecht als etwas Eigenes zu qualifizieren. Dies hat die Folge, dass europarechtliche Grundsätze nicht auf ihre völkerrechtliche Herkunft hin überprüft werden müssen. Die überkommene Fixierung auf die staatliche Souveränität, die dem Völkerrecht eigen ist, kann so durch die Hervorhebung der Integrationsfreundlichkeit der Gemeinschaftsverträge ersetzt werden. Das Gemeinschaftsrecht ist somit als eigenständige Rechtsordnung zu qualifizieren, die sich zwischen nationalem Recht und Völkerrecht ansiedelt.

b) EG als self-contained-regime?

Aus dieser Feststellung ergibt sich jedoch noch keine endgültige Antwort auf die Frage, ob die Mitgliedstaaten bei Vertragsverstößen auf Völkerrecht zurückgreifen dürfen.[662] Hierzu muss das Gemeinschaftsrecht daraufhin analysiert werden, ob es – als eigenständige Rechtsordnung – den Rückgriff auf das Völkerrecht erlaubt oder ob es als self-contained-regime qualifiziert werden muss. Die Frage, ob die EG ein self-contained-regime darstellt, ist eng mit der Frage der Rechtsnatur des Gemeinschaftsrechts verbunden und mindestens ebenso umstritten. Sie stellt sich mit besonderer Dringlichkeit, wenn das Gemeinschaftsrecht, wie in dieser Arbeit vertreten wird, nicht mehr dem Völkerrecht zuzuordnen ist, sondern eine eigene Rechtsordnung begründet. In diesem Fall bedeutet der Rückgriff auf allgemeine völkerrechtliche Reaktionsmöglichkeiten nicht nur die Umgehung vertraglicher Vereinbarungen, sondern darüber hinaus die Anwendung einer anderen Rechtsordnung.

Die Antwort ist für den Fortgang der Untersuchung von zentraler Bedeutung. Wenn der EGV ein in sich abgeschlossenes System darstellt, sind Gemeinschaft und Mitgliedstaaten im Fall der Missachtung der Budgetdisziplin durch einen Staat auf die Verfahren des EGV beschränkt, insbesondere auf Art. 104 Abs. 3 bis 11 EGV. In diesem Fall steht und fällt die effektive Überwachung der Budgetdisziplin mit der adäquaten Ausgestaltung des Art. 104 EGV als Kontroll- und Sanktionsmechanismus. Ist jedoch auch innerhalb der EG ein Rückgriff auf allgemein-völkerrechtliche Sanktionsmöglichkeiten zulässig, könnten diese im Falle der Ineffektivität von Art. 104 EGV subsidiär eingreifen und die Sicherung der Haushaltsdisziplin ermöglichen.

(1) Literatur

Einigkeit besteht in der Literatur darüber, dass das Gemeinschaftsrecht, soweit es die Beziehungen der Mitgliedstaaten zueinander regelt, als *lex specialis* der Anwendung des allgemeinen Völkerrechts vorgeht.[663] Umstritten ist und bleibt, ob darüber hinaus – nach erfolglosem Durchlaufen der gemeinschaftsrechtlichen Verfahren – der Rückgriff auf das allgemeine Völkerrecht zulässig ist. Dazu können zwei

---

662 Ausführlich dazu *Jakob* S. 126 ff.

663 *Schwarze*, EuR 1983, 1/5.

Hauptströmungen unterschieden werden.[664] Auf der einen Seite stehen die Vertreter einer *integrationsfreundlichen Auffassung*, die neben dem europäischen Gemeinschaftsrecht für das allgemeine Völkerrecht keinen Anwendungsraum sehen.[665] Für diese Ansicht sprechen im Wesentlichen folgende Gründe: Der Rückgriff auf Völkerrecht sei wegen der strukturellen Unterschiede zum Gemeinschaftsrecht nicht möglich und beinhalte die Gefahr der Desintegration.[666] Bildlich gesprochen soll vermieden werden, dass mit dem Völkerrecht ein „Trojanisches Pferd" in das Gemeinschaftsrecht eingeführt wird.[667] Die EG und ihr Recht seien autonom gegenüber dem Völkerrecht.[668] Auf Vertragsverstöße der Mitgliedstaaten könne mit der Anrufung des EuGH reagiert werden[669]; insbesondere über die Art. 226 ff. EGV bestünde in der EG ein eigenes Rechtsschutzsystem. Weiterhin könne der Vertragsverstoß auf politischer Ebene im Minister-Rat oder im Europäischen Rat behandelt werden.[670] Dadurch seien politische Gegenmaßnahmen gegen den vertragsbrüchigen Staat möglich. Schließlich könne die Gemeinschaft Sekundärrecht erlassen, das sich auf den Vertragsverstoß bezieht und diesen bewertet oder einem erneuten Verstoß verbeugt.[671] Für die Annahme eines self-contained-regimes spreche auch die unmittelbare Wirkung des Gemeinschaftsrechts, da dadurch die Durchsetzung des Gemeinschaftsrechts in den Mitgliedstaaten gesichert sei. Aus alledem folge, dass der EG-Vertrag sämtliche Folgen von Vertragsverstößen selbst vorsehe. Auf Vertragsverstöße der Mitgliedstaaten könne nur mit den Mechanismen des EGV reagiert werden, allgemeine völkerrechtliche Maßnahmen seien unzulässig. In diesem Sinne bestimme auch Art. 292 EGV, dass „Streitigkeiten über die Auslegung und Anwendung des Vertrages nicht anders als hierin vorgesehen zu regeln" sind.[672]

Die Gegenposition, die die Eigenschaft der EG als self-contained-regime ablehnt, kann als *völkerrechtsfreundliche Auffassung* bezeichnet werden.[673] Hierfür wird einerseits vorgebracht, dass auch beim EG-Recht die „Nabelschnur" zu seinen völ-

---

664 Vgl. allgemein *Simma*, NYIL 16 (1985), S. 111/123 ff.; *Jakob* S.129 ff.

665 Hierzu zählen insbesondere *Ipsen*, Gemeinschaftsrecht, S. 531; *Pescatore*, L'ordre juridique, S. 165; *Everling*, in: FS Mosler, S. 173/181-183; *Constantinesco* S. 180 ff.; *Schwarze*, EuR 1983, 1/22 ff., 30; *Teske*, EuR 1992, 265/266 f.; *Pühs* S. 264 ff.

666 *Pescatore*, L'ordre juridique, S. 165.

667 *Pescatore*, in: FS Mosler, S. 661/663 Fn. 5.

668 Siehe zu diesem Aspekt *Everling*, in : FS Mosler, S. 173/180. Zur Autonomie des EG-Rechts vgl. bereits oben S. 155 f.

669 Vgl. *Simma*, NYIL 16 (1985), S. 111/125.

670 Vgl. *Simma*, NYIL 16 (1985), S. 111/125.

671 Vgl. *Simma*, NYIL 16 (1985), S. 111/125.

672 Womit freilich noch nicht gesagt ist, was der Vertrag hinsichtlich des Rückgriffs auf das Völkerrecht vorsieht.

673 Bezeichnung nach *Jakob* S. 131. Vertreter dieser Auffassung sind u.a. *Meng* S.162 ff.; *Bleckmann*, DÖV 1978, 391 ff.; *Klein*, RIW 1985, 291/296; im Ergebnis auch *Simma*, NYIL 16 (1985), S. 111/128 f.; *Jakob* S. 126/154 f.

kerrechtlichen Ursprüngen nicht durchschnitten sei.[674] Ein Rückgriff auf das Völkerrecht müsse daher in Ausnahmefällen möglich sein. Andererseits wird mit den fehlenden Zwangsvollstreckungsmöglichkeiten der Gemeinschaft argumentiert.[675] Im Falle eines Vertragsverstoßes durch einen Mitgliedstaat bestehe keine Möglichkeit, das daraufhin ergangene Urteil zu vollstrecken.[676] Die Durchsetzungskraft von EuGH-Urteilen sei damit auf den guten Willen der Mitgliedstaaten angewiesen. Gemäß Art. 228 Abs. 2 EGV bestehe zwar seit dem Vertrag von Maastricht die Möglichkeit für die Kommission, im Falle der Nichtbefolgung eines EuGH-Urteils die Zahlung eines Pauschalbetrages oder Zwangsgeldes beim EuGH zu beantragen.[677] Doch ein vom EuGH verhängtes Zwangsgeld könne von der Gemeinschaft ebenfalls nicht vollstreckt werden. Die Vertreter der integrationskritischen Auffassung argumentieren, dass die integrationsfreundliche Auffassung in einem solchen Fall dazu führe, dass völkerrechtliche Gegenmaßnahmen z.B. nach Art. 60 WVK unzulässig sind.[678] Dadurch würde jedoch die EG insgesamt geschwächt. Daher müsse bei Erfolglosigkeit der gemeinschaftsrechtlichen Durchsetzungsmechanismen als ultima ratio der Rückgriff auf allgemein-völkerrechtliche Sanktionsmaßnahmen zulässig sein.[679]

(2) Rechtsprechung

Der EuGH hat in einem als Klassiker zu bezeichnenden Urteil[680] die Zulässigkeit individueller und einseitiger Gegenmaßnahmen außerhalb des EuGH-Rechtsschutzsystems verneint. Belgien und Luxemburg hatten sich in dem gegen sie angestrengten Vertragsverletzungsverfahren mit dem Einwand verteidigt, dass der Gemeinschaft selbst eine Vertragsverletzung zur Last zu legen sei und sie deswegen gegen den EGV verstoßen dürften. Der EuGH entschied, dass es den Mitgliedstaaten verboten

---

674 *Klein*, in: Graf Vitzthum, 4. Abschnitt, Rn. 117.

675 Siehe *Bleckmann*, RIW/AWD 1978, 91 ff.

676 Vgl. zur Zwangsvollstreckung von Urteilen auch S. 133 f.. Anders war die Rechtslage im EGKS-Vertrag, wo nach Art. 88 Abs. 3 die Kommission bestimmte Zwangsmaßnahmen anwenden konnte. Eine analoge Anwendung dieser außer Kraft getretenen Vorschrift scheidet jedoch aus. Vgl. *Jakob* S. 103 ff.

677 Daneben kann aber auch ein Mitgliedstaat ein erneutes Verfahren gemäß Art. 227 EGV einleiten, vgl. Art. 228 Abs. 2 Satz 5 EGV. In dem darauf ergehenden Feststellungsurteil dürfen jedoch keine Sanktionen verhängt werden.

678 Dass die Gefahr der Nichtbeachtung von EuGH-Urteilen nicht abwegig ist, zeigt die Tatsache, dass bis zum 31.12.2000 insgesamt 100 Urteile von den Mitgliedstaaten nicht umgesetzt wurden; vgl. dazu oben Fn. 528.

679 *Bleckmann*, RIW 1978, 91/94; *Oppermann* Rn. 689; *Jakob* S. 126/154 f.; *Herdegen*, Europarecht, Rn. 76. Anders *Schwarze*, EuR 1983, 1/31, der bei nachhaltigem Vertragsbruch ein Ausschlussrecht aus der EG kraft Gemeinschaftsrecht bejaht. Ob damit letztlich nicht doch auf völkerrechtliche Prinzipien in anderem Namen zurückgegriffen wird, muss dahingestellt bleiben.

680 EuGH Slg. 1964 S. 1329 ff. – Kommission/Großherzogtum Luxemburg und Königreich Belgien.

ist, sich selbst ihr Recht zu verschaffen.[681] Dies gelte auch dann, wenn die Gemeinschaft ihren Verpflichtungen nicht nachkommt. Hieraus folgt, dass sich die Mitgliedstaaten bei Vertragsverstößen an die im EGV vorgesehenen Verfahren halten müssen. Ein Rückgriff auf völkerrechtliche Prinzipien ist nicht möglich. Der EuGH hat es auch in anderen Urteilen bewusst vermieden, Anleihen bei dem allgemeinen Völkerrecht aufzunehmen.[682]

(3) Stellungnahme

Grundsätzlich ist davon auszugehen, dass die EG ein self-contained-regime darstellt. Dafür spricht insbesondere die Gefahr der Desintegration durch den Rückgriff auf Völkerrecht. Beispielsweise steht das abgestufte Sanktionsverfahren des Art. 104 EGV für eine besonders hohe Integrationsdichte in der Gemeinschaft. Könnten nun Mitgliedstaaten im Fall der Missachtung dieses Sanktionssystems auf völkerrechtliche Repressalien zurückgreifen, würde dem Gemeinschaftsrecht über die Gefahr der Eskalation noch größerer Schaden zugefügt als durch den Vertragsbruch eines Mitgliedstaates.[683] Damit können z.B. die in Art. 60 WVK vorgesehenen völkerrechtlichen Regeln im Gemeinschaftsrecht keine Geltung beanspruchen.

Allerdings kann dies nicht unbegrenzt gelten. Ein zentrales Argument für den Ausschluss völkerrechtlicher Sanktionen ist das Vorhandensein eines gemeinschaftsrechtlichen Rechtsschutzsystems. Im Bereich der Defizitbeschränkung ist die Klagemöglichkeit jedoch gemäß Art. 104 Abs. 10 EGV beschränkt.[684] Daraus könnte gefolgert werden, dass die EG in diesem Bereich mangels Rechtsschutzmöglichkeit eben kein self-contained-regime darstellt. Andererseits ist bei der Frage, ob ein effektives Rechtsschutzsystem besteht, auf die Gemeinschaft insgesamt abzustellen. Dass der Rechtsschutz im Einzelfall beschränkt ist, muss als „gesetzgeberische Wertung" betrachtet werden und spricht noch nicht für die Möglichkeit eines Rückgriffs auf das Völkerrecht. Das entscheidende Argument für die ausnahmsweise Zulässigkeit völkerrechtlicher Sanktionen liegt jedoch in der Sicherung der Funktionsfähigkeit der EG. Mangels Zwangsvollstreckungsmöglichkeit der Gemeinschaft muss auf eine schwere und permanente Verletzung des Gemeinschaftsrechts mit wirksamen Mitteln reagiert werden können.[685] In diesem Fall sollte als ultima ratio der Rückgriff auf allgemein-völkerrechtliche Sanktionsmöglichkeiten zugelassen werden.[686] Dies ist mit

---

681 EuGH Slg. 1964, 1329/1344.

682 Siehe *Schwarze*, EuR 1983, 1/35 m.w.N.

683 So auch *Schwarze*, EuR 1983, 1/24: „Die durch den praktischen Gebrauch von Retorsion und Repressalie hervorgerufene Gefahr der Eskalation im Verhältnis der Mitgliedstaaten zueinander (scheint) ungleich größer zu sein als ihr Nutzen für die Sicherung der Legalität des Gemeinschaftsrechts".

684 Siehe dazu ausführlich oben S. 116 ff.

685 So auch *Klein*, RIW 1985, 291/296 („gemeinschaftsrechtswahrende Funktion der Repressalie").

686 Nach *Marschik* S. 259 ff. handelt es sich deswegen um ein „offenes Subsystem", d.h. um kein self-contained-regime.

der Konzeption eines self-contained-regime vereinbar. Zu fordern bleibt jedoch, dass das vorgesehene gemeinschaftsrechtliche Sanktionssystem erfolglos durchlaufen wurde. Die Gefahr einer Eskalation wird dadurch reduziert, dass Gegenmaßnahmen dem Verhältnismäßigkeitsgrundsatz entsprechen und damit im Einzelfall erforderlich und angemessen sein müssen. Eine solche ultima ratio Situation besteht etwa dann, wenn ein Mitgliedstaat trotz der Verhängung von Geldbußen gemäß Art. 104 Abs. 11 EGV sein Defizit nicht reduziert und auch die Geldbußen nicht begleicht.

3. Ergebnis

Gemeinschaftsrecht ist kein reines Völkerrecht mehr, sondern stellt eine eigenständige Rechtsordnung dar. Bereits aus diesem Grund sind die allgemeinen völkerrechtlichen Sanktionsmechanismen im Gemeinschaftsrecht grundsätzlich nicht anwendbar. Darüber hinaus ist das Gemeinschaftsrecht als self-contained-regime zu qualifizieren. Ein Rückgriff auf völkerrechtliche Sanktionen ist den Mitgliedstaaten bei Missachtung der Budgetdisziplin durch einen oder mehrere Staaten grundsätzlich verwehrt. Lediglich bei anhaltenden und schweren Verstößen kann, subsidiär nach erfolglosem Durchlaufen aller gemeinschaftsrechtlichen Mechanismen, aufgrund der fehlenden Zwangsvollstreckungsmöglichkeit als ultima ratio auf allgemeine völkerrechtliche Sanktionsmöglichkeiten zurückgegriffen werden.

IV. Ergebnis zum 2. Kapitel

Jenseits des gemeinschaftsrechtlichen Defizitverfahrens stehen keine Sanktionsmöglichkeiten bei Verstößen der Mitgliedstaaten gegen die Budgetdisziplin zur Verfügung. Dies gilt insbesondere für bestehende europarechtliche Sanktionsverfahren: Art. 7 EUV ist im Regelfall nicht anwendbar, da übermäßige Defizite keine schwerwiegende Verletzung des Demokratieprinzips darstellen. Eine Verurteilung eines Mitgliedstaates nach Art. 228 Abs. 2 EGV ist gegenüber der Sanktion aus Art. 104 EGV nicht weiterführend, da Pauschalbetrag und Zwangsgeld ebenso wie eine Geldbuße nicht vollstreckbar sind. Die Grundsätze der unmittelbaren Anwendbarkeit und der Staatshaftung greifen bei übermäßigen Defiziten nicht ein, da sich der Einzelne nicht auf die Ge- und Verbote des Art. 104 EGV berufen kann. Es handelt sich insoweit um staatengerichtetes Gemeinschaftsrecht.

Sanktionen der EG sind nur unter Beachtung des Prinzips der begrenzten Einzelermächtigung möglich, da die Gemeinschaft den Schritt zur Staatlichkeit auch nach Übergang in die 3. Stufe der WWU (noch) nicht vollzogen hat. Sie kann damit auf übermäßige Defizite in den Mitgliedstaaten nur im Wege des gemeinschaftsrechtlichen Defizitverfahrens reagieren. Auch die Mitgliedstaaten dürfen zur Sanktionierung eines übermäßigen Defizits grundsätzlich nicht auf das Völkerrecht zurückgreifen. Ein derartiger Schritt ist nur als ultima ratio nach erfolglosem Durchlaufen der gemeinschaftsrechtlichen Mechanismen denkbar.

Aufgrund dieser konzeptionellen Ausschließlichkeit des Defizitverfahrens ist es notwendig, das Kontroll- und Sanktionsverfahren des Art. 104 EGV so auszugestalten, dass auf Vertragsverstöße in adäquater und effektiver Weise reagiert werden kann. Im vierten Kapitel dieser Arbeit werden das Verfahren des Art. 104 EGV auf seine gegenwärtige Adäquanz zu Sicherung der Budgetdisziplin überprüft und Reformvorschläge erarbeitet.

D. Innerstaatliche Implikationen der Defizitbeschränkung

Die Defizitbegrenzung des Art. 104 EGV kann in föderal geprägten Mitgliedstaaten zu innerstaatlichen Problemen bei der Umsetzung führen. Dieses Problem resultiert daraus, dass nur der Zentralstaat Mitgliedstaat der EG ist, d.h. nur der Zentralstaat hat sich völkerrechtlich zur Einhaltung der Referenzwerte des Art. 104 EGV verpflichtet. Gleichzeitig umfasst das gemäß Art. 104 EGV zu vermeidende Defizit das gesamtstaatliche Defizit, d.h. die Defizite aller Gebietskörperschaften sowie der Sozialversicherungen.[687] In föderalen Verfassungen ist jedoch oftmals vorgesehen, dass die Gliedstaaten in ihrer Haushaltswirtschaft unabhängig vom Zentralstaat sind, wobei die rechtliche und tatsächliche Unabhängigkeit von Mitgliedstaat zu Mitgliedstaat variiert. Daher wird befürchtet, dass die Gliedstaaten ihr Defizit beliebig steigern und damit dem Zentralstaat die Einhaltung der Referenzkriterien unmöglich machen könnten. Fraglich ist, wie dieses Dilemma gelöst werden kann. Hierzu wird zunächst die Rechtslage in Deutschland, anschließend in Frankreich und in Österreich untersucht. Die Ausführungen beschränken sich auf die genannten Länder, weil eine umfassende Erörterung aller Mitgliedstaaten den Rahmen dieser Arbeit sprengen würde.[688] Die genannten Länder wurden beispielhaft ausgewählt, weil einerseits Deutschland ein ausgeprägt föderal strukturierter Mitgliedstaat, andererseits Frankreich ein traditionell zentralistisch geprägter Staat ist. An beiden Ländern können daher die unterschiedlichen Auswirkungen des Defizitverfahrens aufgezeigt werden. Darüber hinaus wird Österreich in die Untersuchung aufgenommen, weil es aufgrund einer Reform im Jahre 2001 als Vorbild für die anderen Mitgliedstaaten fungieren könnte.

Das EG-Recht wird mit dem Begriff der „Landesblindheit" charakterisiert.[689] Das bedeutet, dass der EG-Vertrag es jedem Mitgliedstaat überlässt, wie er seine gemeinschaftsrechtlichen Verpflichtungen erfüllt. Ein Staat kann sich nicht auf innerstaatliche Rechtsvorschriften berufen, um die Nichtbeachtung von Gemeinschaftsrecht zu rechtfertigen.[690] Weiterhin nimmt das Gemeinschaftsrecht keine Rücksicht auf die innerstaatliche Kompetenzverteilung. Es gilt und wirkt gegenüber allen staatlichen Ebenen, an die es gerichtet ist.[691] Diese Konzeption führt dazu, dass die Zentral-Regierung eines bundesstaatlich aufgebauten Mitgliedstaates über ihre Mitwirkung im Ministerrat einen Rechtsakt erlassen kann, der nach der innerstaatlichen Zuständigkeitsverteilung eigentlich einer regionalen Gebietskörperschaft zugewiesen ist. Es obliegt dem Mitgliedstaat, innerstaatliche Regeln aufzustellen, die einem Konflikt zwischen den verschiedenen Ebenen entgegenwirken.

---

687 Vgl. Art. 2 Defizit-Protokoll (oben Fn. 168).

688 Vgl. jedoch die Kurz-Übersicht über alle Euro-Staaten von *Europäische Kommission*, European Economy 3/2001, S. 54 ff. sowie BMF Monatsbericht 6/2002, S. 61 ff.

689 *Ipsen*, in: FS Hallstein, S. 248/256 ff.

690 Stetige Rechtsprechung des EuGH. Vgl. nur EuGH Slg. 1986, S. 599/609; EuGH Slg. 1987, S. 2995/3002; EuGH Slg. 1988, S. 3987/3993.

691 Vgl. *Koenig/Haratsch* Rn. 12, 278 ff.

Aus europarechtlicher Sicht sind die Mitgliedstaaten daher verpflichtet, die Referenzkriterien des Art. 104 EGV einzuhalten, selbst wenn ihre Gliedstaaten haushaltspolitisch unabhängig sind. Wie die Mitgliedstaaten die Haushaltsdisziplin in ihren Gliedstaaten sicherstellen, ist allein ihre Sache. Aus innerstaatlicher Sicht kann eine verfassungsrechtlich garantierte haushaltsrechtliche Autonomie der Gliedstaaten die Durchsetzung der Haushaltsdisziplin durch den Zentralstaat allerdings erschweren. Im Zentrum der Untersuchung steht damit die Frage, ob die gemeinschaftsrechtliche Defizitbegrenzung aus verfassungsrechtlicher Sicht innerstaatliche Umsetzungsakte erforderlich macht und wie diese ggf. aussehen könnten.

I. Deutschland

1. Problemstellung

Die Umsetzung der haushaltspolitischen Vorgaben des Gemeinschaftsrechts in Deutschland ist seit In-Kraft-Treten des Vertrages von Maastricht Gegenstand der wissenschaftlichen Diskussion, ohne dass dieses Problem bis heute gelöst worden ist.[692] Deutschland weist gemäß Art. 20 Abs. 1 GG als Bundesstaat eine föderale Struktur auf.[693] Das Wesen eines Bundesstaates besteht in der Zusammenfassung von Staaten zu einem Verband, der einen Gesamtstaat bildet, ohne dass die Gliedstaaten ihre Staatlichkeit verlieren.[694] Prägendes Merkmal des Bundesstaates ist damit die Staatsqualität der Gliedstaaten. Gegenüber dem Staatenbund wird der Bundesstaat dahingehend abgegrenzt, dass die Völkerrechtssubjektivität im Bundesstaat in der Regel ausschließlich beim Zentralstaat liegt.[695] Obwohl Art. 20 Abs. 1 GG das Bundesstaatsprinzip als ein Leitprinzip der Verfassung statuiert[696], enthält das Grundgesetz keine näheren Angaben zum Inhalt des Bundesstaatsprinzips.[697] Die föderale Struktur der Bundesrepublik Deutschland konkretisiert sich jedoch in verschiedenen Verfassungsbestimmungen. Zentraler Bestandteil dieser bundesstaatlichen Regelungen ist die Kompetenzverteilung zwischen Bund und Ländern. Gemäß Art. 30 GG ist die Ausübung der staatlichen Befugnisse Sache der Länder, soweit das Grundgesetz

---

692 Vgl. etwa *Häde*, JZ 1997, 269 ff.; *Hartmann*, Europäische Union und die Budgetautonomie der deutschen Länder, 1994; *Sannwald*, ZRP 1993, 103/108 f.; *Schemmel*, Defizitbegrenzung im Bundesstaat, 1997; *Stern*, in: FS Everling, S. 1469 ff.; *Wissenschaftlicher Beirat beim BMF*, Zur Bedeutung der Maastricht-Kriterien für die Verschuldungsgrenze von Bund und Ländern, Bonn 1994 sowie aus jüngster Zeit BMF Monatsbericht 6/2002, S. 61 ff.; *Kerber*, Die Umsetzung des europäischen Stabilitätspaktes, 2002; *Sturm*, in: Caesar/Scharrer 2001, S. 115 ff.; *Vesper*, DIW Wochenbericht 8/2002, S 121 ff; *Kloepfer/Rossi*, Die Verschuldung der Bundesländer im Verfassungs- und Gemeinschaftsrecht, 2002.

693 Zum begrifflichen Unterschied zwischen Föderalismus und Bundesstaatsprinzip vgl. *Kimminich*, in: HdBStR I § 26 Rn. 1 ff. Der Föderalismus umfasst außer dem Bundesstaat auch den Staatenbund.

694 BVerfGE 1, 14/34; 34, 9/19 f.; *Sachs*, in: Sachs Art. 20 Rn. 55; *Stern*, Staatsrecht 1, S. 644 f.

695 *Kimminich*, in: HdBStR I § 26 Rn. 6.

696 Vgl. bereits BVerfGE 1, 14/34 .

697 *Kimminich*, in: HdBStR I § 26 Rn. 36.

nichts anderes bestimmt oder zulässt.[698] Dieses allgemeine Prinzip wird vom Grundgesetz durch Spezialregelungen ergänzt, so Art. 70 GG für die Gesetzgebung und Art. 83 GG für die Gesetzesausführung.

Aus dem Bundesstaatsprinzip folgt jedoch nicht nur eine Kompetenzaufteilung zwischen Bund und Ländern, vielmehr bedingt die unabgeleitete Staatlichkeit der Bundesländer darüber hinaus deren rechtliche Eigenständigkeit.[699] Diese äußert sich im Bereich der Haushaltswirtschaft in Art. 109 GG. Gemäß Art. 109 Abs. 1 GG sind Bund und Länder in ihrer Haushaltswirtschaft selbständig und voneinander unabhängig. Dasselbe gilt auch für die Gemeinden, die allerdings als Teil der Länder deren Aufsicht unterstellt und von daher nicht völlig unabhängig sind. Art. 109 GG verbietet ein finanzielles „Hineinregieren" des Bundes in das Haushaltsgebaren der Länder.[700] Der Begriff der Haushaltswirtschaft ist in seiner näheren Bedeutung umstritten, er umfasst nach herkömmlicher Definition alle auf die staatlichen Einnahmen und Ausgaben bezogenen Vorgänge.[701] Die Unabhängigkeit von Bund und Ländern in der Haushaltswirtschaft ist nicht grenzenlos gewährleistet, das Grundgesetz sieht gewisse Durchbrechungen dieses Grundsatzes vor.[702] Darüber hinaus gehende Durchbrechungen sind jedoch unzulässig.[703] Zusammenfassend ergibt sich damit, dass in Deutschland Bund und Länder gemäß Art. 109 GG als Ausfluss des Bundesstaatsprinzips in ihrer Haushaltswirtschaft grundsätzlich unabhängig sind.

Auf der anderen Seite weisen Art. 23 Abs. 1 S. 2, 24 Abs. 1 GG die Integrationsgewalt dem Bund zu.[704] Dies bedeutet, dass nur der Bund Hoheitsrechte auf die EG übertragen kann.[705] Konsequenterweise ist daher auch nur der Bund Mitgliedstaat der EG, nicht die Bundesländer.[706] Damit ist auch nur der Bund für die Einhaltung der gemeinschaftsrechtlichen Verpflichtungen verantwortlich. Zwar kann Gemeinschafts-

---

698 Zu Art. 30 GG siehe beispielsweise *Erbguth*, in: Sachs Art. 30 Rn. 1 ff.; *Stern*, Staatsrecht 1, S. 672 ff.; *Bleckmann*, DVBl. 1985, 832 ff.

699 BVerfGE 1, 14/34.

700 *Kloepfer*, Jura 1979, 13/14.

701 *Maunz*, in: Maunz/Dürig Art. 109 Rn. 3, *Jarass*, in: Jarass/Pieroth Art. 109 Rn. 1; kritisch *Siekmann*, in Sachs Art. 109 Rn. 4.

702 Vgl. Art. 104a, Art. 105-108 sowie Art. 109 Abs. 3, 4 GG.

703 *Siekmann*, in: Sachs Art. 109 Rn. 8.

704 Vgl. zur Integrationsgewalt des Bundes *Pernice*, in: HStR VIII § 191; *Streinz*, in: Sachs Art. 23 Rn. 60 ff. Zum alten Art. 24 GG siehe auch *Klein*, VVDStRl 50 (1991), S. 56 ff. Art. 23 GG ist lex specialis zu Art. 24 GG und Art. 32 GG; siehe *Streinz*, in: Sachs Art. 23 Rn. 9 m.w.N.

705 Dazu, dass die Formulierung „Übertragung" missglückt ist, vgl. *Randelzhofer*, in: Maunz/Dürig Art. 24 Rn. 1 m.w.N.; *Jarass*, in: Jarass/Pieroth Art. 24 Rn. 5. Die Hoheitsrechte werden nicht im wörtlichen Sinne auf die EG übertragen, vielmehr „öffnet sich die deutsche Rechtsordnung derart, dass der ausschließliche Herrschaftsanspruch der Bundesrepublik Deutschland im Geltungsbereich des Grundgesetzes zurückgenommen und der unmittelbaren Geltung und Anwendbarkeit eines Rechts aus anderer Quelle innerhalb des staatlichen Herrschaftsbereichs Raum gelassen wird"; vgl. BVerfGE 37, 271/280 – Solange I; 58, 1/28 - Eurocontrol; 73, 339/374 f. – Solange II.

706 *Koenig/Haratsch* Rn. 120.

recht auch unmittelbar interne Gebietskörperschaften des Mitgliedstaates verpflichten; dies setzt jedoch voraus, dass sich das Gemeinschaftsrecht an diese Gebietskörperschaft richtet.[707] In diesem Fall wären Länder und Gemeinden zwar dem Bund gegenüber in ihrer Haushaltswirtschaft weiterhin unabhängig, gegenüber der Europäischen Gemeinschaft wären sie jedoch zur Einhaltung der Haushaltsdisziplin i.S.d. Art. 104 EGV verpflichtet. Art. 104 EGV verpflichtet seinem Wortlaut nach jedoch ausschließlich „die Mitgliedstaaten", mithin den Bund, übermäßige öffentliche Defizite zu vermeiden. Es handelt sich damit um sog. staatenverpflichtendes Gemeinschaftsrecht.[708] Länder, Kommunen und erst recht die Sozialversicherungen sind nicht Mitgliedstaaten der EG und damit nicht unmittelbar an Art. 104 EGV gebunden.[709] Hieran ändert auch Art. 2 des Defizit-Protokolls nichts, wonach das öffentliche Defizit aus den Defiziten aller Gebietskörperschaften besteht. Diese Bestimmung führt dazu, dass der Bund für alle Körperschaften haftet, nicht jedoch, dass diese Gebietskörperschaften unmittelbar durch das Gemeinschaftsrecht verpflichtet werden.

Allerdings sind die Länder nicht völlig frei in ihrem Haushaltsgebaren. Ihre Mitwirkung bei der europäischen Integration gemäß Art. 23 GG bewirkt eine stärkere Verantwortlichkeit der Bundesländer. Da der Bundesrat dem Maastrichter Vertrag mit Zweidrittelmehrheit zugestimmt hat[710], können sich die Länder den aus dem Maastrichtvertrag folgenden Konsequenzen nicht verschließen.[711] In Art. 2 dieses Zustimmungsgesetzes wird festgestellt, dass es im Hinblick auf die Verpflichtungen des Art. 104 EGV „einer Abstimmung zwischen Bund und Ländern" bedarf.[712] Zu dieser Abstimmung ist es bisher jedoch nur ansatzweise gekommen.[713]

---

707 Vgl. *Oppermann* Rn. 651.

708 *Häde*, JZ 1997, 269/270; *Häde/Hartmann*, EWS 1994, 409/413; *Hartmann* S. 69; *Kirchhof*, in: FS Klein, S. 61/70; vgl. auch *Bleckmann*, DVBl. 1992, 335/340.

709 Dies bekräftigt auch Art. 3 des Defizit-Protokolls (Fn. 168); vgl. auch *Sturm*, in: Caesar/Scharrer 2001, S. 115/116. Eine andere Frage ist, ob die Länder innerstaatlich aufgrund des Prinzips der Bundestreue an die Vorgaben des Art. 104 EGV gebunden sind, vgl. dazu unten S. 183. A.A. *Kloepfer/Rossi* S. 20 f., die eine unmittelbare Bindung der Länder an Art. 104 EGV annehmen.

710 Gesetz zum Vertrag vom 07.02.1992 über die Europäische Union vom 28.12.1992; BGBl. 1992 II S. 1251 ff.

711 *Sannwald*, ZRP 1993, 103/108.

712 Anlässlich der Ratifizierung des Maastricht-Vertrages wurde eine Änderung des Art. 109 GG angedacht, scheiterte letztlich jedoch am Widerstand der Länder. Die Formulierung im Zustimmungsgesetz über die „erforderliche Abstimmung zwischen Bund und Ländern" stellte den Kompromissvorschlag dar, mit dem der Bund hoffte, ohne Verfassungsänderung mehr Einfluss auf die Länderfinanzen nehmen zu können; vgl. dazu *Sannwald*, ZRP 1994, 103/108.

713 Siehe dazu den Beschluss des Finanzplanungsrates, unten S. 188 ff. Zur skeptischen Einstellung der Bundesländer gegenüber einem nationalen Stabilitätspakt vgl. *Schemmel* S. 19, *BMF*, Innerstaatliche Umsetzung, S. 3; *Sachverständigenrat*, Gutachten 1996/1997 Rn. 284; *Häde*, JA 1994, 80/82 f.; *Sannwald*, ZRP 1993, 103/108; *Die Zeit* vom 28.02.2002 S. 22.

Damit bleibt der Konflikt zwischen Art. 109 GG und Art. 104 EGV bestehen.[714] Dieses Dilemma der Unvereinbarkeit gemeinschaftsrechtlicher Verpflichtungen mit verfassungsrechtlicher Autonomie ist in letzter Zeit auch tatsächlich auf politischer Ebene virulent geworden. Anlässlich der Diskussionen um einen „blauen Brief" für Deutschland im Februar 2002 haben sowohl der deutsche Bundesfinanzminister als auch Kommission und Rat angedeutet, dass die Schwierigkeiten Deutschlands bei der Einhaltung der Referenzkriterien auf eine unsolide Haushaltspolitik insbesondere in einigen Bundesländern zurückzuführen ist.[715] Tatsächlich weisen sowohl Schuldenstand also auch Haushaltssalden in Bund und Ländern signifikante Unterschiede in Höhe und Zusammensetzung auf. In den folgenden Tabellen ist das Defizit der einzelnen Gebietskörperschaften sowie der Sozialversicherungen dargestellt.

Tabelle: Haushaltssaldo des Jahres 2000 in % des BIP

Bund	Bundesländer	Gemeinden	Sozialversicherung	Gesamt
- 1,19	- 0, 40	+ 0,23	+ 0,03	- 1,33

Baden-Württemberg	+ 0,20		Niedersachsen	- 0,44
Bayern	+ 0,45		Nordrhein-Westfahlen	- 0,32
Berlin	- 2,65		Rheinland-Pfalz	- 0,74
Brandenburg	- 1,04		Saarland	+ 0,04
Bremen	- 0,65		Sachsen	+ 0,45
Hamburg	- 0,92		Sachsen-Anhalt	- 1,94
Hessen	+ 0,16		Schleswig-Holstein	- 0,41
Mecklenburg-Vorpommern	- 1,58		Thüringen	- 1,61

Quelle: DIW-Wochenbericht 8/2002, S. 122 sowie S. 125.

Diese Zusammenstellung zeigt, dass Bund und Länder sowie die Länder untereinander höchst unterschiedliche Haushaltssalden aufweisen. Das höchste Defizit hatte im Jahr 2000 das Land Berlin mit – 2,65% des BIP (Deutschlands), während gleichzeitig Bayern und Sachsen einen Überschuss von 0,45% des BIP aufwiesen. Diese tatsächlichen Unterschiede in der Haushaltsführung sind Ausfluss der haushaltsrechtlichen Autonomie der Bundesländer. Diese aus dem Bundesstaatsprinzip folgende staatliche Eigenständigkeit der deutschen Bundesländer steht im Mittelpunkt der verfassungsrechtlichen Probleme, die die gemeinschaftsrechtliche Defizitbegrenzung in Deutschland hervorruft.

---

714 Vgl. *Häde*, JA 1994, 80/82 f.

715 Vgl. SZ vom 20.03.2002, S. 2; Pressemitteilung der Kommission vom 30.01.2002 IP/02/164 S. 2 sowie Stellungnahme des Rates vom 12.02.2002; ABl. 2002 Nr. C 51/1-2.

Eine Lösung des Problems könnte sich nach verbreiteter Ansicht bereits aus dem Anwendungsvorrang des Gemeinschaftsrechts ergeben.[716] Nach diesem Prinzip setzt sich das Gemeinschaftsrecht im Kollisionsfall gegenüber dem nationalen Recht durch[717], auch gegenüber nationalem Verfassungsrecht.[718] Art. 104 EGV führe damit zu einer Verfassungsänderung ohne ausdrückliche Änderung des Wortlauts.[719] Das Prinzip des Anwendungsvorrangs hilft bei genauerer Betrachtung allerdings nicht weiter. Anwendungsvorrang bedeutet, dass sich das Gemeinschaftsrecht gegenüber entgegenstehendem nationalem Recht durchsetzt.[720] Im vorliegenden Fall besteht ein derartiger Kollisionsfall aber nicht.[721] Art. 109 Abs. 1 GG kollidiert nicht mit der gemeinschaftsrechtlichen Verpflichtung zur Einhaltung der Haushaltsdisziplin. Dies wäre etwa dann der Fall, wenn Art. 109 Abs. 1 GG zu einer verschwenderischen Haushaltspolitik verpflichten würde. Demgegenüber besteht kein logischer Widerspruch zwischen der haushaltswirtschaftlichen Unabhängigkeit der Länder und der Verpflichtung zur Einhaltung der Budgetdisziplin. Vielmehr führt Art. 109 Abs. 1 GG in seiner aktuellen Fassung lediglich dazu, dass der Bund seine gemeinschaftsrechtlichen Verpflichtungen intern nicht durchsetzen kann. Diese Situation stellt jedoch keinen Kollisionsfall i.S.d. Anwendungsvorrangs dar. Darüber hinaus würde das Prinzip des Anwendungsvorrangs auch nicht die spezifischen Probleme lösen, die das Verfahren des Art. 104 EGV in einem bundesstaatlich organisierten Mitgliedstaat hervorruft. Es reiche nicht aus, wenn die Verpflichtung zur Einhaltung der Haushaltsdisziplin auch gegenüber Ländern und Gemeinden gälte. Unklar bliebe nämlich weiterhin, wie das gesamtstaatlich zulässige Defizit sowie eventuelle Sanktionen zwischen Bund und Ländern bzw. zwischen den einzelnen Ländern aufzuteilen wären.[722]

Zusammenfassend ergibt sich damit, dass der Grundsatz des Anwendungsvorrangs die Probleme des Art. 109 GG im Zusammenhang mit Art. 104 EGV nicht lösen kann. Damit stellt sich weiterhin die Frage, wie der Bund seine gemeinschaftsrechtlichen Verpflichtungen aus Art. 104 EGV gegenüber den Ländern durchsetzen kann. Die Diskussion dreht sich dabei primär um inhaltliche Anforderungen und rechtliche Umsetzungsmöglichkeiten eines nationalen Stabilitätspaktes zwischen den Gebietskörperschaften. Beide Punkte sollen im Folgenden erörtert werden.

---

716 *Siekmann*, in: Sachs Art. 109 Rn. 53; *Schäffer*, ZÖR 2001, 145/167 f.; *Kloepfer/Rossi* S. 22; a.A. *Heun*, in: Dreier Art. 109 Rn. 6 Fn. 25 a.E. Zum Anwendungsvorrang allgemein, vgl. *Koenig/Haratsch* Rn. 122 ff.

717 EuGH Slg. 1964, S. 1251/1269 f. – Costa/ENEL.

718 EuGH Slg. 1970, S. 1125/1135 – Internationale Handelsgesellschaft.

719 *Häde*, JZ 1997, 269/274; a.A. *Heun*, in: Dreier Art. 109 Rn. 6 Fn. 25 a.E.

720 *Oppermann* Rn. 632.

721 A.A. wohl *Kloepfer/Rossi* S. 22.

722 *Hellermann*, EuR 2000, 24/28 f.

2. Inhaltliche Anforderungen an eine Lösung

Die Lösung des Konfliktes zwischen Art. 109 GG und Art. 104 EGV liegt in einer verbindlichen Aufteilung der gemeinschaftsrechtlich zulässigen Defizit- und Schuldenstandsobergrenzen im Rahmen eines nationalen Stabilitätspaktes. Ein solcher Pakt müsste – unabhängig von seiner Rechtsform – mehrere Voraussetzungen erfüllen. Einerseits müsste er die festgelegten Verschuldungs- und Defizitobergrenzen auf die einzelnen Gebietskörperschaften nach ökonomisch adäquaten Kriterien aufteilen. Andererseits müsste er klären, wen eventuell verhängte Sanktionen im Ergebnis treffen. Darüber hinaus ist zu überlegen, in wie weit der Bund bereits im Vorfeld einer Überschreitung der Referenzwerte Einfluss auf die Haushalte von Ländern und Kommunen nehmen kann. Zu untersuchen ist auch, ob die innerstaatliche Umsetzung des Defizitverfahrens eine institutionelle Absicherung erfordert.

a) Vertikale Aufteilung

Unter der vertikalen Aufteilung der zulässigen Schuldenstands- und Defizitobergrenzen ist die Aufteilung zwischen den verschiedenen Ebenen Bund, Länder, Gemeinden und Sozialversicherungen zu verstehen. Dabei werden meistens die Haushalte der Sozialversicherungen dem Bund, die Haushalte der Gemeinden den Ländern zugewiesen.[723] Hierfür spricht, dass dem Bund die Gesetzgebungskompetenz für die Sozialversicherungen zukommt und er damit deren Defizit unmittelbar beeinflussen und regeln kann. Andererseits sind die Gemeinden rechtlich und tatsächlich eng mit den Ländern verflochten[724], z.B. über die Aufsichtsvorschriften der Gemeindeordnungen[725], so dass die Zuordnung der Gemeindehaushalte zum Haushalt der Länder gerechtfertigt erscheint.

(1) Für die vertikale Aufteilung zwischen den Ebenen sind verschiedene Konzepte denkbar. Eine bisher wenig untersuchte Lösung stellt die Versteigerung von Defizit- oder Verschuldungszertifikaten dar.[726] Bei diesem aus dem Umweltrecht[727]

---

[723] Vgl. etwa *Häde*, JZ 1997, 269/272; *Vesper*, DIW Wochenbericht 8/2002, S. 121/123

[724] Vgl. hierzu *Peffekoven*, Finanzarchiv NF 45 (1987), S. 181/195 f.

[725] Beispielsweise bedarf die Kreditaufnahme der Gemeinden nach fast allen Gemeindeordnungen der aufsichtsbehördlichen Genehmigung, vgl. *von Mutius* Rn. 488. Die Kreditaufnahme von Gemeinden ist darüber hinaus nach dem sog. Subsidiaritätsprinzip nur ausnahmsweise zulässig, wenn andere Finanzierungsmöglichkeiten nicht zur Verfügung stehen; vgl. etwa § 75 BbgGO. Siehe hierzu auch *Gern* Rn. 680 sowie *von Mutius* Rn. 491.

[726] Dazu *Wissenschaftlicher Beirat beim BMF* S. 25 ff.; *Eijffinger/de Haan* S. 95; *Schröder*, Wirtschaftsdienst 1999, 412 ff.

[727] Im Umweltrecht wird etwa der Emissionsrechtehandel diskutiert. Emissionsrechte erlauben ihrem Inhaber, die Umwelt in einem bestimmten Umfang zu verschmutzen; sie können zwischen den Staaten gehandelt werden. Eingeführt wurde der Handel mit Emissionsrechten auf internationaler Ebene durch das Kyoto-Protokoll von 1997; am 23.10.2001 hat die Kommission einen Richtlinienvorschlag für den Handel mit Treibhausgasemissionen in der Gemeinschaft vorgestellt. Vgl. etwa *Corino/Jones/Hawkes*, EuZW 2002, 165 ff.; *Wustlich* S. 94 ff., 288 f., 314 ff.

stammenden Vorschlag müssten die Gebietskörperschaften vor einer Nettoneuverschuldung in Höhe der geplanten Summe Zertifikate erwerben. Diese Zertifikate verbriefen die zulässige Gesamthöhe der Verschuldung und würden bereits bei der Ausgabe versteigert. Damit hängt der Preis der Zertifikate ausschließlich von der Nachfrage ab, da die Menge immer gleich bleibt. Für diese Lösung spricht, dass den einzelnen Gebietskörperschaften trotz insgesamt eingeschränkten Verschuldungs- und Defizitspielräumen eine größere Freiheit bei ihrer individuellen Verschuldung verbleibt.[728] Schließlich kann jede Gebietskörperschaft selber entscheiden, wie wichtig ihr eine Neuverschuldung ist. Die Versteigerung von Verschuldungszertifikaten ist allerdings mit gewichtigen Einwänden konfrontiert. Zunächst ist zu beachten, dass die Gebietskörperschaft, bei der das Bedürfnis nach Verschuldung am dringendsten ist, meist nicht über die notwendigen Mittel für die Ersteigerung eines Zertifikats verfügt. Dies wird eher wohlhabenden, unverschuldeten Körperschaften gelingen. Auch wenn sich hiergegen einwenden lässt, dass genau dies der Zweck der Versteigerung ist, besteht die Gefahr, dass die erforderlichen Mittel zur Ersteigerung eines Zertifikats über eine noch größere Verschuldung erworben werden. Damit wäre das Versteigerungsverfahren kontraproduktiv. Außerdem ist die disziplinierende Wirkung der (kostspieligen) Versteigerung nicht sicher. Hohe Prämien könnten dazu führen, dass die Gebietskörperschaften auf andere Finanzierungsarten ausweichen.[729] Dieses Verfahren ist daher, ungeachtet der Probleme bei der praktischen Umsetzung, nicht geeignet, eine vertikale Aufteilung zwischen den Gebietskörperschaften durchzuführen.

(2) Daher bietet es sich an, die Aufteilung der zulässigen Verschuldungs- und Defizitobergrenzen über die Festlegung eines prozentualen Anteils der Ebenen durchzuführen. Dieser prozentuale Anteil könnte entweder ad hoc auf dem Verhandlungswege bzw. durch ein Expertengremium oder aber im Voraus festgelegt werden. Für die Aufteilung auf dem Verhandlungswege spricht, dass damit auf die jeweils konkrete Situation der betreffenden Ebene eingegangen werden kann. Konjunkturelle Krisen wirken sich auf die einzelnen Ebenen mit zusätzlichen Ausgaben oder Steuerausfällen unterschiedlich stark aus. So treffen höhere Ausgaben für die Arbeitslosenunterstützung hauptsächlich den Bund, während Ausfälle bei der Gewerbesteuer hauptsächlich die Kommunen treffen.[730] Gegen eine flexible Aufteilung spricht allerdings, dass eine jährliche Neufestsetzung der zulässigen Defizitquoten Gegenstand von ständigen Diskussionen zwischen den beteiligten Parteien sein kann.[731] Dabei steht zu befürchten, dass auch der allgemeine Finanzausgleich zwischen Bund und Ländern zum Gegenstand der Diskussion gemacht wird.[732] Zu beachten ist ebenfalls,

---

728 Dazu *Wissenschaftlicher Beirat beim BMF* S. 26.

729 Als Beispiel wird die Leasingfinanzierung öffentlicher Investitionen genannt; vgl. *Wissenschaftlicher Beirat beim BMF* S. 28.

730 *Vesper*, DIW Wochenbericht 8/2002, S. 121/123.

731 Siehe *Sturm*, in: Caesar/Scharrer 2001, S. 115/119.

732 *Schemmel* S. 42. Vgl. zur Diskussion um eine Reform des Finanzausgleichs *Peffekoven*, Finanzarchiv 51 (1994), S. 281 ff.

dass sich der Bund wegen seiner alleinigen gemeinschaftsrechtlichen Verantwortung als erpressbar erweisen könnte.[733] Außerdem wirken automatische Stabilisatoren[734] umso besser, je weniger in diskretionärer Weise Einfluss auf das makroökonomische Umfeld genommen wird. Schließlich besteht die Möglichkeit, die zulässigen Verschuldungs- und Defizitobergrenzen durch ein unabhängiges Expertengremium aufteilen zu lassen (z.B. den Finanzplanungsrat nach § 51 HGrG[735]). Hiergegen wird eingewendet, dass die Entscheidung über die konkrete Aufteilung letztlich politisch getroffen werden müsste.[736] Dieses Argument kann nicht überzeugen, könnte doch eine unabhängige Instanz die Aufteilung streng anhand ökonomischer Parameter und nicht aufgrund politischer „Deals" vornehmen.[737] Allerdings besteht auch bei der Aufteilung durch ein Expertengremium das Problem, dass dadurch in diskretionärer Weise auf die Wirtschaftslage Einfluss genommen wird und damit die automatischen Stabilisatoren nicht wirken können.

(3) Die genannten Nachteile werden vermieden, wenn die Aufteilung im Voraus und dauerhaft anhand fester Prozentzahlen durchgeführt wird. In der Diskussion ist eine Aufteilung von 45-50% für Bund und Sozialversicherungen und 50-55% für Länder und Gemeinden.[738] Die Zuständigkeit des Bundes für die Defizite der Arbeitslosenversicherung spricht dafür, dem Bund einen höheren Anteil am Gesamtdefizit zuzugestehen. Außerdem sollte es dem Bund in Grenzen möglich sein, eine aktive – und damit kostenträchtige – Konjunkturpolitik zu betreiben.[739] Andererseits sind Länder und Gemeinden stärker von konjunkturell bedingten Schwankungen des Steueraufkommens betroffen.[740] Bei einer 50:50-Aufteilung könnten Bund und Sozialversicherungen einerseits sowie Länder und Gemeinden andererseits je maximal 1,5% Defizit auf sich vereinen. Eine andere in der Diskussion stehende Aufteilung beträgt 45% für Bund und Sozialversicherungen und 55% für Länder und Gemeinden.[741] Viele Länder vertreten eine Aufteilung von 60% für die Länder und 40% für den Bund. Letztlich ist die genaue Aufteilung nicht so wichtig. Wichtig ist, dass es zu einer verbindlichen und dauerhaften Aufteilung kommt.

b) Horizontale Aufteilung

Schwieriger ist die Lage bei der horizontalen Aufteilung der zulässigen Obergrenzen für Defizit und Verschuldung. Unter horizontaler Aufteilung ist die Auftei-

---

733 *Schemmel* S. 42.

734 Zur Wirkungsweise automatischer Stabilisatoren, vgl. oben S. 71 ff.

735 Näheres dazu unten S. 188 ff.

736 *Sachverständigenrat*, Jahresgutachten 1996/1997, Rn. 285.

737 Vgl. dazu die Einwände gegen die Zuständigkeit des Ecofin als politisches Organ bei der Überwachung der Haushaltsdisziplin gemäß Art. 104 EGV, unten S. 253 ff.

738 *Vesper*, DIW Wochenbericht 8/2002, S. 121/123.

739 Zu den Risiken einer aktiven Konjunkturpolitik, vgl. oben S. 71 ff.

740 *Vesper*, DIW Wochenbericht 8/2002, S. 121/123.

741 Siehe BMF Monatsbericht 6/2002, S. 61/68.

lung zwischen den einzelnen Bundesländern zu verstehen.[742] Problematisch ist insbesondere, dass die Haushaltsdefizite in den einzelnen Ländern trotz der nivellierenden Wirkung des Finanzausgleichs immer noch sehr unterschiedlich sind.[743] Verschiedene Parameter bieten sich als Grundlage für die Aufteilung an, so z.B. das absolute Volumen des Haushaltes, die Höhe bisheriger Schuldenstände, der Anteil des regionalen BIP am Gesamt-BIP, der Anteil der Bevölkerung an der Gesamtbevölkerung oder eine Mischung dieser Kriterien.

(1) Als ungeeignet müssen das absolute Volumen des Haushaltes und die Höhe bisheriger Schuldenstände eingestuft werden, da sie nachhaltige Haushaltspolitik in der Vergangenheit bestrafen würden. Eine Aufteilung nach dem Volumen des Haushaltes würde Länder belohnen, die das Volumen des Haushaltes über eine massive Ausgabenerhöhung aufblähen. Andererseits kann das Schuldenstandskriterium aber nicht völlig vernachlässigt werden, da Länder mit einem hohen Schuldenstand einen größeren Anteil des Haushalts für Zins- und Tilgungsleistungen aufbringen müssen. Diese Tatsache darf nicht missachtet werden, auch wenn es nicht leicht fällt, haushaltspolitische Unverantwortlichkeit in der Vergangenheit über einen größeren Anteil faktisch zu belohnen.[744] Nicht jeder Schuldenstand eines Bundeslandes ist jedoch durch unverantwortliches Handeln der Regierung entstanden.

(2) Für eine Anknüpfung an den regionalisierten BIP-Anteil spricht, dass auch der EGV das BIP als Referenzkriterium festgelegt hat. Allerdings scheint es zurzeit aus technischen Gründen nicht möglich zu sein, das BIP jedes Bundeslandes exakt festzustellen.[745] Weiterhin gibt es Verzerrungen durch Arbeits- und Wohnungspendler vor allem im Bereich der Stadtstaaten. Schließlich hätten die ostdeutschen Länder mit ihrem niedrigen BIP große Einschnitte auf der Ausgabenseite zu verkraften[746], was politisch nicht gewollt sein kann.

(3) Weiterhin ist eine Aufteilung nach der Bevölkerungszahl möglich. Diese ist einfach festzustellen und belohnt weder vergangenes noch aktuelles haushaltspolitisches Fehlverhalten.[747] Auch im Bereich des Länderfinanzausgleichs wird gemäß Art. 107 Abs. 1 S. 4 GG das Kriterium der Einwohnerzahl als Aufteilungsschlüssel verwendet.[748] Problematisch an der Aufteilung auf Grundlage der Bevölkerungszahl ist

---

742 Nicht weiter ausgeführt wird die Aufteilung zwischen Bund und Sozialversicherungen sowie zwischen Ländern und Gemeinden. Da sowohl der Bund den Haushalt der Sozialversicherungen als auch die Länder die Haushalte der Gemeinden beeinflussen können, ist eine verbindliche Aufteilung zwischen diesen Ebenen nicht zwingend notwendig.

743 Vgl. dazu die Tabelle auf S. 167.

744 *Sturm*, in: Caesar/Scharrer 2001, S. 115/119.

745 *Sachverständigenrat,* Jahresgutachten 1996/1997, Rn. 285; *Sturm*, in: Caesar/Scharrer 2001, S. 115/120.

746 *Vesper*, DIW Wochenbericht 8/2002, S. 121/124.

747 *Wissenschaftlicher Beirat beim BMF* S. 38; *BMF*, Innerstaatliche Umsetzung, S. 6 f.

748 Vgl. dazu *Huber*, in: von Mangoldt/Klein/Starck Art. 107 Rn. 79 ff; *Korioth* S. 526 ff. Allgemein zum Finanzausgleich *Wendt*, in: HdBStR IV § 104 Rn. 72 ff.

allerdings, dass wirtschaftliche Unterschiede in den Bundesländern nicht berücksichtigt werden. Wirtschaftlich schwachen Ländern muss jedoch ein höheres Defizit und ein höherer Schuldenstand zugestanden werden. Insoweit bietet sich eine Gewichtung der Bevölkerungszahl anhand ökonomischer Parameter an. Darüber hinaus kann die Höhe des Schuldenstandes wegen dessen Auswirkungen in Form von Zins- und Tilgungsleistungen nicht völlig außer Acht gelassen werden. Deshalb scheint bis zum Abbau der Schuldenstände als Übergangslösung ein Mischschlüssel aus den Kriterien Einwohnerzahl und Schuldenstand die beste Lösung zu sein.[749]

c) Aufteilung der Sanktionen

Ein nationaler Stabilitätspakt sollte auch klären, wer eventuelle finanzielle Sanktionen nach Art. 104 Abs. 11 EGV zu tragen hat.[750] Europarechtlich gesehen ist nur der Bund für die Zahlung der Sanktion verantwortlich. Hieran ändert auch ein nationaler Stabilitätspakt nichts.[751] Allerdings müssten Länder und Gemeinden auch ohne nationalen Stabilitätspakt dem Bund im Wege eines Regresses von diesem an die EG gezahlte Sanktionen anteilig erstatten, wenn sie für die Überschreitung der Referenzkriterien verantwortlich sind. Dies ergibt sich aus dem Prinzip der Bundestreue sowie aus Art. 2 des Zustimmungsgesetzes zum Maastrichtvertrag.[752] Ein Verfahren vor dem BVerfG zur Durchsetzung dieser Pflichten wäre jedoch mit großen Unsicherheiten über die genaue Aufteilung der Sanktion behaftet, so dass eine konkrete Aufteilung im nationalen Stabilitätspakt für alle Beteiligten vorteilhaft ist.

Es bietet sich an, die Aufteilung nach dem Verursacherprinzip[753] vorzunehmen. Das bedeutet, dass die Gebietskörperschaft, die ihren zulässigen Defizitanteil überschritten und dadurch das Defizitverfahren verursacht hat, die finanzielle Sanktion zu tragen hat. Der Vorteil dieser Lösung ist, dass es keinerlei *bail-out*-Bestrebungen gibt, d.h. die Gebietskörperschaften werden nicht durch die Aussicht auf eine gemeinschaftliche Zahlung der Sanktionen zu einer unsoliden Haushaltsplanung verleitet. Solange es noch keine festen Regeln über das zulässige Defizit in den einzelnen Gebietskörperschaften gibt, könnte die Sanktion aus Praktikabilitätsgründen zur Hälfte zwischen Bund und Ländern aufgeteilt werden.[754] Ungeeignet scheint jedenfalls der Vorschlag zu sein, die Sanktionen in gleicher Weise wie die vertikale und horizontale Aufteilung der Defizit- und Verschuldungsgrenzen vorzunehmen.[755] Schließlich ist es inkonsequent, einerseits genau festzulegen, welche Gebietskörperschaft welches De-

749 So auch *Vesper*, DIW Wochenbericht 8/2002, S. 121/126.

750 Vgl. zu der in dieser Frage bestehenden Kontroverse zwischen Bund und Ländern FR vom 29.12.2002, S. 4: „Eichel will Länder an EU-Strafe beteiligen".

751 Missverständlich *Sturm*, in: Caesar/Scharrer 2001, S. 115/121, der davon auszugehen scheint, dass ein nationaler Stabilitätspakt auch im Außenverhältnis zur EG gilt.

752 *Häde*, JA 1994, 80/82 f.; *Sannwald*, ZRP 1993, 103/109; näheres zum Prinzip der Bundestreue unten S. 183 ff. sowie zu den Verpflichtungen aus Art. 2 des Zustimmungsgesetzes S. 184 ff.

753 "Whoever does the crime, pays the fine", vgl. *Sturm*, in: Caesar/Scharrer 2001, S. 115/121.

754 *BMF*, Innerstaatliche Umsetzung, S. 9.

755 So aber anscheinend *Vesper*, DIW Wochenbericht 8/2002, S. 121/124.

fizit haben darf, andererseits im Falle eines Verstoßes gegen diese Festlegung durch einen Beteiligten die Sanktion anteilig allen Ebenen zuzuweisen. Dann wäre eine Aufteilung der Defizit- und Verschuldungsgrenzen eigentlich überflüssig.

Problematisch ist allerdings selbst bei Anwendung des Verursacherprinzips, dass die den finanziellen Sanktionen vorausgehenden Maßnahmen des Ecofin (Empfehlungen, In-Verzug-Setzen, Veröffentlichung zusätzlicher Angaben vor der Emission von Schuldverschreibungen etc.)[756] nur den Bund treffen. Wenn das übermäßige Defizit aber durch ein Land verursacht wird, könnte der Bund nach Vereinbarung eines nationalen Stabilitätspaktes bestrebt sein, untätig zu bleiben, da er die finanziellen Sanktionen letztlich nicht zu tragen hat. Der Pakt müsste also auch ein Verfahren vorsehen, wie bereits die den finanziellen Sanktionen vorausgehenden Maßnahmen innerstaatlich umzusetzen sind. So können die zusätzlichen Angaben bei der Emission von Schuldverschreibungen auch durch die Länder getätigt werden, aufgrund des eher geringen Anteils regionaler Schuldverschreibungen liegt darin jedoch keine ausreichende Erfüllung der Sanktion nach Art. 104 Abs. 11 EGV.[757] Vielmehr müsste auch der Bund die zusätzlichen Angaben veröffentlichen. Anders sieht es bei den Empfehlungen und beim In-Verzug-Setzen aus. Diese Maßnahmen der Gemeinschaft können nahezu unverändert an die Länder weitergegeben werden.

Zusammenfassend lässt sich damit sagen, dass der nationale Stabilitätspakt Mechanismen vorsehen muss, wie die finanziellen und nicht-finanziellen Sanktionen an die Verursacher des Defizits weitergegeben werden können. Sofern die Sanktionen aufgrund ihres spezifischen Charakters nicht weitergegeben werden können, ist an die Aufnahme von Schadensersatzansprüchen des Bundes zu denken.[758]

d) Präventive Einwirkungsmöglichkeiten

Die Aufteilung der Defizit- und Verschuldungsgrenzen sowie der potentiellen Sanktionen stellt im Ergebnis ein Verfahren dar, das – mit Ausnahme einer gewissen Abschreckungswirkung – erst dann eingreift, wenn es bereits zu einer untragbaren Haushaltslage gekommen ist. Darüber hinaus ist jedoch ein Verfahren erforderlich, das die Existenz eines übermäßigen Defizits bereits im Vorfeld verhindert. Dies kann über präventive Einwirkungsmöglichkeiten des Bundes auf die Finanzen der Länder erreicht werden. Denkbar ist die verstärkte Koordinierung der Haushaltspolitiken in

---

756 Vgl. zu den Sanktionen ausführlich oben S. 99 ff.

757 Allerdings greifen die Bundesländer vermehrt auf Anleihen zur Deckung des Kapitalbedarfs zurück. Im Jahr 2002 haben die 16 Bundesländer Anleihen im Gegenwert von ca. 50 Mrd. € ausgegeben, vgl. *Simons* Wertpapier 21/2002 S. 40. Der Nachteil der Länder-Anleihen gegenüber den Bundes-Anleihen liegt in ihrer geringen Liquidität aufgrund des geringen Emissionsvolumens.

758 Der Schaden könnte etwa darin bestehen, dass der Bund bei der Ausgabe von Schuldverschreibungen aufgrund der gemeinschaftsrechtlichen Sanktionen einen Risikoaufschlag in Form von höheren Zinsen zahlen muss. Diesen Schaden müsste sich der Bund von dem Bundesland, das die Überschreitung der Referenzkriterien verantwortlich ist, erstatten lassen können.

einem gemischten Gremium, beispielsweise dem Finanzplanungsrat.[759] Zu überlegen ist auch, das mittelfristige Ziel eines nahezu ausgeglichenen Haushalts in eine Vereinbarung zwischen Bund und Ländern aufzunehmen. Dieses Ziel ist zwar auf Gemeinschaftsebene aktuell nur in einer rechtlich unverbindlichen Entschließung des Europäischen Rates enthalten.[760] Aufgrund seiner wirtschaftspolitischen Bedeutung[761] sollte dieses Ziel allerdings in rechtlich verbindlicher Weise in den EGV übernommen werden.[762] In diesem Fall müsste überlegt werden, wie die innerstaatliche Haushaltspolitik im Hinblick auf dieses Ziel koordiniert werden kann.

e) Institutionelle Absicherung

Die Möglichkeit einer präventiven Einwirkungsmöglichkeit auf die Länderfinanzen erfordert letztlich auch eine institutionelle Absicherung dieser Einwirkungsmöglichkeit, d.h. es ist ein Organ erforderlich, das die Einhaltung der vereinbarten Defizit- und Schuldenstandsobergrenzen überwacht. Für eine derartige Institutionalisierung der Finanzpolitik spricht auch die Tatsache, dass Haushaltspolitik wegen ihrer politischen Dimension und den notwendigen Ausnahmebestimmungen nur begrenzt rechtlich steuerbar ist. Dieses regulatorische Manko kann durch eine effektive institutionelle Absicherung ausgeglichen werden.[763] Als überwachende Institution kommt insbesondere der Finanzplanungsrat gemäß § 51 HGrG in Betracht. Gegenüber seiner aktuellen Ausgestaltung als Koordinationsinstitution müsste der Rat allerdings um Eingriffskompetenzen erweitert werden.

3. Rechtliche Umsetzungsmöglichkeiten

Fraglich ist, wie die skizzierten inhaltlichen Anforderungen an einen nationalen Stabilitätspakt verbindlich in innerstaatliches Recht umgesetzt werden können. Hierbei bieten sich mehrere Möglichkeiten an. Einerseits könnte ein nationaler Stabilitätspakt in Form eines Bundesgesetzes erlassen werden. In Betracht käme jedoch auch eine Abstimmung zwischen Bund und Ländern in Form eines Staatsvertrages. Schließlich ist zu untersuchen, ob der Bund in dem Fall, dass ein nationaler Stabilitätspakt nicht existiert, auch einseitig die erforderlichen Maßnahmen durchsetzen kann.

---

759 Zum Finanzplanungsrat vgl. unten S. 188 ff.

760 ABl. 1997 Nr. C 236/1. Vgl. dazu oben S. 59.

761 Vgl. dazu oben S. 65.

762 Vgl. dazu unten S. 239 ff.

763 Die Bedeutung der institutionellen Absicherung von Finanzvorgaben betont *Blankart* S. 23 ff. unter Hinweis auf die finanztheoretischen Untersuchungen von *Wicksell*. Siehe auch *Wyplosz*, Fiscal Discipline in EMU: Rules or Institutions? 2002, S. 9 ff., der die Gründung von unabhängigen *Fiscal Policy Committees* in den Mitgliedstaaten vorschlägt, die die Nachhaltigkeit der Finanzpolitik gewährleisten sollen, abrufbar unter http://heiwww.unige.ch/~wyplosz (29.05.2004).

a) Bundesgesetz

Die Aufteilung der zulässigen Defizit- und Verschuldungsgrenzen auf Bund und Länder sowie eventueller Sanktionen in Form eines Bundesgesetzes weist mehrere Vorteile auf. Einerseits kann damit die Aufteilung bereits im Voraus, d.h. vor Entstehen einer konkreten Streitigkeit, definitiv und eindeutig festgelegt werden. Dadurch wird die Legitimität der Aufteilung gesteigert und werden Diskussionen über die Aufteilung im Fall eines Verstoßes verhindert. Andererseits bewirkt die Einbindung der Länder in den Gesetzgebungsprozess, dass auch sie politisch und rechtlich zur Einhaltung der beschlossenen Grenzen verpflichtet werden. Der nationale Stabilitätspakt könnte entweder als eigenes Gesetz oder als Änderungsgesetz zu bestehenden Gesetzen beschlossen werden. Im finanzpolitischen Kontext ist dabei insbesondere an das Stabilitätsgesetz[764] oder das Haushaltsgrundsätzegesetz[765] zu denken. Ein Bundesgesetz über einen nationalen Stabilitätspakt setzt wegen der grundsätzlichen Landeszuständigkeit und wegen des Eingriffs in die Haushaltsautonomie der Länder eine Gesetzgebungskompetenz[766] des Bundes voraus. Der Hauptstreitpunkt im Zusammenhang mit dem nationalen Stabilitätspakt liegt darin, ob das Grundgesetz eine entsprechende Kompetenz aufweist oder nicht.

(1) Übersicht zum Meinungsstand

Hierzu existiert in der rechtswissenschaftlichen Literatur ein breites Meinungsspektrum. Nach einer Ansicht könnte ein nationaler Stabilitätspakt auf eine bzw. sogar auf zwei Gesetzgebungskompetenzen gestützt werden[767], nach anderer Ansicht ist dies nur für einen Teil dieses Paktes der Fall.[768] Schließlich wird auch die Auffassung vertreten, wonach das Grundgesetz überhaupt keine Kompetenz für den Bund enthält.[769]

---

764 StabG (Gesetz zur Förderung der Stabilität und des Wachstums der Wirtschaft) vom 08.06.1967, BGBl. I S. 582 i.d.F. vom 30.08.1971, BGBl. I S. 1426 und vom 18.03.1975, BGBl. I 705/710.

765 HGrG vom 19.08.1969, BGBl. I S. 1273 i.d.F. vom 18.07.1990, BGBl. I S. 1446.

766 Vereinzelt wird dieser Punkt auch unter der Bezeichnung Ermächtigungs- bzw. Rechtsgrundlage diskutiert, vgl. *Stern*, in: FS Everling, S.1469/1485 f. Dies ist allerdings ungenau, da es nicht um eine Ermächtigung zum Erlass von Vorschriften mit unmittelbarer Außenwirkung geht, sondern um die Kompetenz des Bundes zum Erlass eines Gesetzes, das in die Zuständigkeit der Länder eingreift. Vgl. *Siekmann*, in: Sachs (3. Auflage) Art. 109 Rn. 44.

767 So *BMF*, Innerstaatliche Umsetzung, S. 10 ff.

768 So etwa *Heun*, in: Dreier Art. 109 Rn. 7 ff., *Littwin*, ZRP 1997, 325/330 und *Häde*, JZ 1997, 269/276.

769 So *Schemmel* S. 73; *Höfling*, ZRP 1997, 231/234, *Mehde*, DÖV 1997, 616/623; *Schleußer*, Handelsblatt Nr. 90 vom 13.05.1997; *Wissenschaftlicher Beirat beim BMF* S. 48; *Brockmeyer*, in: Schmidt-Bleibtreu/Klein, Art. 109 Rn. 20c.

(2) Art. 109 Abs. 3 GG

Als Gesetzgebungskompetenz für einen nationalen Stabilitätspakt kommt zunächst Art. 109 Abs. 3 GG in Betracht. Nach dieser Norm können durch (zustimmungsbedürftiges) Bundesgesetz für Bund und Länder gemeinsam geltende Grundsätze aufgestellt werden, und zwar für 1. das Haushaltsrecht, 2. eine konjunkturgerechte Haushaltswirtschaft und 3. eine mehrjährige Finanzplanung. Damit ein nationaler Stabilitätspakt auf Art. 109 Abs. 3 GG gestützt werden kann, müssten damit zwei Voraussetzungen gegeben sein: Der Pakt müsste in einen der genannten Regelungsbereiche fallen (a) und es müsste sich um „gemeinsam geltende Grundsätze" handeln (b).

(a) Innerhalb der genannten Regelungsbereiche existiert ein Spezialitätsverhältnis. Der Begriff des Haushaltsrechts ist am weitesten und umfasst die beiden anderen Begriffe.[770] Somit ist zuerst zu prüfen, ob ein nationaler Stabilitätspakt in die spezielleren Regelungsbereiche fällt. Der Begriff der konjunkturgerechten Haushaltswirtschaft ist im Zusammenhang mit Art. 109 Abs. 2 GG zu sehen und wurde in das Grundgesetz aufgenommen, um eine antizyklische Finanzpolitik verfassungsrechtlich abzusichern.[771] Der Begriff der Haushaltswirtschaft umfasst dabei die Gesamtheit der auf die staatlichen Einnahmen und Ausgaben bezogenen Vorgänge, soweit sie nach dem geltenden bundesstaatlichen Verfassungsrecht eigenständiger haushaltspolitischer Entscheidung unterliegen.[772] Während die Aufteilung der zulässigen Defizit- und Verschuldungsgrenzen auf die verschiedenen Ebenen unmittelbar die staatlichen Einnahmen und Ausgaben betrifft und damit vom Begriff der Haushaltswirtschaft umfasst ist, handelt es sich jedoch nicht um „konjunkturgerechte" Maßnahmen. Im Gegenteil, die Beschränkung der mitgliedstaatlichen Verschuldung kann durchaus prozyklisch wirken und eine lahmende Konjunktur weiter schwächen.[773] Der Pakt unterfällt damit nicht dem Regelungsbereich der konjunkturgerechten Haushaltswirtschaft.

Als nächstes kommt die Ermächtigung zur Aufstellung einer mehrjährigen Finanzplanung in Betracht.[774] Damit soll eine längerfristige Planung und Koordinierung der Haushaltswirtschaft in Bund und Ländern erreicht werden.[775] Ein nationaler Stabilitätspakt kann sich jedoch nicht auf die Planung und Koordinierung beschränken, vielmehr muss er feste Obergrenzen für die Neuverschuldung in den einzelnen Gebietskörperschaften festlegen. Diese zwingenden Festlegungen gehen über eine Planung und Koordinierung hinaus. Damit bleibt nur noch die Ermächtigung zur Regelung des Haushaltsrechts als Auffangtatbestand übrig. Das Haushaltsrecht umfasst

---

770 *Fischer-Menshausen*, in: von Münch/Kunig III Art. 109 Rn. 11.

771 *Heun*, in Dreier Art. 109 Rn. 35.

772 *Heun*, in: Dreier Art. 109 Rn. 14 m.w.N.

773 Siehe dazu oben S. 76 ff.

774 Kritisch zur aktuellen Situation dieser mehrjährigen Finanzplanung über §§ 9, 14 StabG und § 50 HGrG *Heun*, in: Dreier Art. 109 Rn. 36.

775 *Heun*, in Dreier Art. 109 Rn. 36.

alle rechtlichen Regeln, welche sich auf die Haushaltswirtschaft öffentlich-rechtlicher Rechtsträger beziehen.[776] Die Festlegung verbindlicher Vorgaben in Bezug auf Defizit und Schuldenstand für die Haushalte von Bund und Ländern ist eine rechtliche Regel, die sich auf die Haushaltswirtschaft öffentlich-rechtlicher Rechtsträger bezieht und somit dem Haushaltsrecht unterfällt.[777] Etwas anderes gilt jedoch für die Aufteilung potentieller Sanktionen. Diese regeln nicht den Haushalt selber, sondern betreffen die Konsequenzen eines Verstoßes einer Gebietskörperschaft gegen die Haushaltsregeln. Damit ist es fraglich, ob die Aufteilung der Sanktionen unter den Begriff des Haushaltsrechts subsumiert werden kann.

(b) Eine Entscheidung dieser Frage erübrigt sich jedoch, da Art. 109 Abs. 3 GG mangels Vorliegen der zweiten Voraussetzung als Gesetzgebungskompetenz insgesamt ausscheidet. Art. 109 Abs. 3 GG ermächtigt nämlich nur zum Erlass von „für Bund und Länder gemeinsam geltenden Grundsätzen". Bei dieser Grundsatzgesetzgebungskompetenz handelt es sich um eine inhaltlich beschränkte Kompetenz. Der Bundesgesetzgeber darf die in Abs. 3 aufgeführten Sachgebiete nicht erschöpfend regeln.[778] Dem Adressaten der Regelung muss ein Spielraum zugestanden werden.[779] Die Aufteilung der zulässigen Defizit- und Verschuldungsquoten sowie der potentiellen Sanktionen muss jedoch zwangsläufig präzise und konkrete Vorgaben für die verschiedenen Haushalte enthalten. Einen Spielraum bei der Erfüllung der Vorgaben darf es nicht geben. Bei einem nationalen Stabilitätspakt handelt es sich mithin um eine Detailregelung, die nicht mehr auf die Grundsatzgesetzgebungskompetenz aus Art. 109 Abs. 3 GG gestützt werden kann.[780]

Hieran ändert auch das Urteil des BVerfG vom 27. Mai 1992[781] zur „extremen Haushaltsnotlage" in Bremen und im Saarland nichts. Dort hat das BVerfG entschieden, dass Art. 109 Abs. 3 GG den Bund ermächtigt, das Entstehen von „extremen Haushaltsnotlagen" zu verhindern sowie bereits entstandene „extreme Haushaltsnotlagen" abzubauen.[782] Ob diese Entscheidung über seine Aussagen zur extremen Haushaltsnotlage hinaus verallgemeinerungsfähig ist, erscheint überaus fraglich.[783] Das

---

776 *Heun*, in: Dreier Art. 109 Rn. 34.

777 A.A. *Siekmann*, in: Sachs Art 109 Rn. 29.

778 *Maunz*, in: Maunz/Dürig Art. 109 Rn. 51; *Hahn*, Vertrag von Maastricht, S. 138. Die Kompetenz des Art. 109 Abs. 3 GG ist insoweit vergleichbar mit der Rahmengesetzgebungskompetenz gemäß Art. 75 GG; vgl. *Hillgruber*, in: von Mangoldt/Klein/Starck Art. 109 Rn. 111 ff.

779 *Fischer-Menshausen*, in: von Münch/Kunig III Art. 109 Rn. 17.

780 So auch *Wissenschaftlicher Beirat beim BMF* S. 48; *Brockmeyer*, in: Schmidt-Bleibtreu/Klein Art. 109 Rn. 20c; *Häde*, EuZW 1992, 171/177; *Kerber*, Umsetzung, S. 4 ff.; *Stern*, in: FS Everling, S. 1469/1486; a.A. *Heun*, in: Dreier Art. 109 Rn. 7; *BMF*, Innerstaatliche Umsetzung, S. 11 f. sowie *Hartmann* S. 178 ff., der zwar die Aufteilung der Defizit- und Schuldenstandsobergrenzen auf Art. 109 Abs. 3 GG stützen, hieraus jedoch keine Sanktionsbefugnis für den Bund ableiten will.

781 BVerfGE 86, 148 ff.

782 BVerfGE 86, 148/265.

783 Aufgeworfen (und verneint) z.B. von *Kerber*, Umsetzung, S. 6 f.

BVerfG leitet die Handlungspflicht des Bundes aus der Pflicht zur bundesstaatlichen Hilfeleistung ab. Ziel dieser Hilfspflicht ist es, einem Glied der bundesstaatlichen Ordnung Hilfe zu leisten, damit dieses Glied seine politische Autonomie wiedererlangt.[784] Ein nationaler Stabilitätspakt hätte jedoch nicht das Ziel, die politische Autonomie der Länder wiederherzustellen, vielmehr soll die Autonomie auf Dauer eingeschränkt werden. Deshalb kann das BVerfG-Urteil im Fall des nationalen Stabilitätspaktes nicht weiterhelfen. Darüber hinaus führt die Entscheidung auch nicht zum Entstehen einer neuen Eingriffskompetenz, vielmehr müssten bestehende Kompetenznormen im Sinne einer aus dem Bundesstaatsprinzip folgenden Hilfspflicht ausgelegt werden.[785] Wie dargelegt eignet sich Art. 109 Abs. 3 GG wegen seiner Beschränkung auf Grundsatzregelungen nicht zur verbindlichen Aufteilung von Verschuldungsobergrenzen und Sanktionslasten. Damit kann auch aus der Entscheidung des BVerfG keine Gesetzgebungskompetenz für einen nationalen Stabilitätspakt geschlossen werden.

(3) Art. 109 Abs. 4 GG

Weiterhin kommt Art. 109 Abs. 4 GG als Gesetzgebungskompetenz des Bundes in Betracht. Diese Norm ermächtigt den Bund zum Erlass von (zustimmungsbedürftigen) Gesetzen, die Vorschriften über die Kreditaufnahme der Gebietskörperschaften und Zweckverbände enthalten, sowie zum Erlass von Verpflichtungen für Bund und Länder, unverzinsliche Guthaben bei der Deutschen Bundesbank zu unterhalten. Unzutreffend ist jedenfalls die Ansicht, dass auch Art. 109 Abs. 4 GG auf die Regelung von Grundsätzen beschränkt ist.[786] Dafür gibt der Wortlaut keinen Anhaltspunkt, im Gegenteil, Vorschriften über Höchstbeträge, Bedingungen und Zeitfolge der Kreditaufnahme sind notwendigerweise detailliert. Als Rechtsgrundlage für einen nationalen Stabilitätspakt kommt insbesondere Art. 109 Abs. 4 Nr. 1 GG in Betracht.

Voraussetzung hierfür ist zunächst, dass das Gesetz der Abwehr einer Störung des gesamtwirtschaftlichen Gleichgewichts dient. Der Begriff des gesamtwirtschaftlichen Gleichgewichts wird im Grundgesetz nicht definiert, in § 1 StabG jedoch durch das „magische Viereck" der Preisniveaustabilität, des hohen Beschäftigungsstandes, des außenwirtschaftlichen Gleichgewichts und des stetigen und angemessenen Wirtschaftswachstums einfachgesetzlich präzisiert.[787] Gleichwohl bleibt der Begriff des gesamtwirtschaftlichen Gleichgewichts offen für neue Erkenntnisse der Wirtschaftswissenschaften.[788] Die über Art. 104 EGV bezweckte Disziplinierung der mitgliedstaatlichen Haushalte dient u.a. der Sicherung der Preisniveaustabilität.[789] Insofern

---

784 BVerfGE 86, 148/264 f.

785 Der Schluss von einer Aufgabe auf die Kompetenz ist unzulässig, vgl. BVerfGE 86, 148/265.

786 So aber wohl *Wissenschaftlicher Beirat beim BMF* S. 48, der Abs. 3 und Abs. 4 zusammen abhandelt.

787 § 1 Stabilitätsgesetz; BGBl. 1967 I S. 582.

788 BVerfGE 79, 311/336.

789 Siehe dazu bereits oben S. 67 ff.

stellt ein übermäßiges öffentliches Defizit durchaus eine Gefahr für das gesamtwirtschaftliche Gleichgewicht dar.[790] Art. 109 Abs. 4 EGV beschränkt die Eingriffsbefugnisse des Bundes auch nicht auf Maßnahmen nach Eintritt der Störung. Ein derart enges Verständnis findet keine Stütze im Wortlaut der Norm. Auch präventiv kann eine Störung abgewehrt werden[791], so dass dies kein Grund ist, den nationalen Stabilitätspakt nicht unter Art. 109 Abs. 4 GG zu subsumieren.

Allerdings ist zu berücksichtigen, dass auch Art. 109 Abs. 4 EGV die rechtspolitische Vorstellung zu Grunde liegt, über antizyklische Maßnahmen könnte die Konjunkturentwicklung beeinflusst werden.[792] Art. 109 Abs. 4 GG zielt auf den Abbau konjunktureller Überhitzungserscheinungen.[793] Diese normimmanente Zielrichtung ist mit dem Zweck des nationalen Stabilitätspaktes, der Geldwertstabilität Priorität vor anderen Zielen einzuräumen, nicht kompatibel. Die Geldwertstabilität muss nach Art. 104 EGV in jeder Konjunkturphase prioritär gesichert werden. Die gemeinschaftsrechtliche Defizitbegrenzung verbietet den Mitgliedstaaten auch in wirtschaftlich schwierigen Zeiten eine expansive Budgetpolitik, sie führt somit zu einer prozyklischen Wirtschaftspolitik. Dies ist mit Sinn und Zweck der Ermächtigung des Art. 109 Abs. 4 EGV nicht vereinbar. Hier führt auch die gemeinschaftsrechtskonforme Auslegung des Begriffs „gesamtwirtschaftliches Gleichgewicht" nicht weiter.[794] Denn die Ausnahmevorschrift des Art. 109 Abs. 4 GG ist im Hinblick auf die grundsätzliche haushaltswirtschaftliche Autonomie von Bund und Ländern eng auszulegen.[795] Durch die Beschränkung der Kreditaufnahme kann eine Störung des gesamtwirtschaftlichen Gleichgewichts eher noch verschärft werden, so dass eine gemeinschaftsrechtskonforme Auslegung mit dem Wortlaut des Art. 109 Abs. 4 EGV nicht mehr vereinbar ist.

Darüber hinaus scheidet Art. 109 Abs. 4 Nr. 1 GG als Kompetenznorm für einen nationalen Stabilitätspakt auch deshalb aus, weil diese Norm nur zur Regelung der Höchstbeträge, Bedingungen und Zeitfolge der Kreditaufnahme ermächtigt. Diese spezifischen konjunkturpolitischen Maßnahmen sind jedoch bei der Umsetzung des Art. 104 EGV nicht ausreichend.[796] Ein Pakt muss außer der Defizitgrenze auch den zulässigen Schuldenstand und eventuell verhängte Sanktionen zwischen den Gebietskörperschaften aufteilen. Zwar wird vertreten, dass die Aufteilung der Sanktionen „kraft Sachzusammenhangs" auf Art. 109 Abs. 4 GG gestützt werden könnte, da sie

---

[790] Ebenso *BMF*, Innerstaatliche Umsetzung, S. 10 f.; *Häde*, JZ 1997, 269/275.

[791] *Heun*, in: Dreier Art. 109 Rn. 37 m.w.N.

[792] *Brockmeyer*, in: Schmidt-Bleibtreu/Klein Art. 109 Rn. 1.

[793] *Maunz*, in: Maunz/Dürig Art. 109 Rn. 34.

[794] So aber *Wissenschaftlicher Beirat beim BMF* S. 47 f.

[795] *Schemmel* S. 71 f.

[796] *Heun*, in: Dreier Art. 109 Rn. 8, der allerdings Art. 109 Abs. 3 GG als Ermächtigungsgrundlage heranzieht; *Hartmann*, Budgetautonomie, S. 172; *Stern*, in: FS Everling, S. 1469/1485 ff; a.A. *Häde*, JZ 1997, 269/276, der die Aufteilung der Defizit- und Verschuldungsgrenzen, nicht aber der Sanktionen auf Art. 109 Abs. 4 GG stützen will.

zur verbindlichen Durchsetzung der Aufteilung von Schuldenstand und Defizit erforderlich sei.[797] Hiergegen ist einzuwenden, dass ungeschriebene Gesetzgebungskompetenzen eng auszulegen sind, da sie eine Ausnahme sowohl vom Grundsatz der Länderkompetenzen aus Art. 70 GG als auch vom Grundsatz der ausdrücklichen Kompetenzzuweisung darstellen.[798] Sie sind nur dann anzunehmen, wenn ihr Fehlen zu untragbaren Ergebnissen führen würde.[799] Hieran bestehen hinsichtlich der Sanktionsaufteilung durchgreifende Zweifel, kann doch die rechtspolitische Erforderlichkeit einer Regelung nicht zur Begründung grundgesetzlicher Regelungskompetenzen führen. Art. 109 Abs. 4 EGV kommt daher als Gesetzgebungskompetenz nicht in Betracht.

(4) Gesetzgebungskompetenz im Gemeinschaftsrecht

Schließlich ist es denkbar, eine Bundeskompetenz unmittelbar aus dem Gemeinschaftsrecht abzuleiten. Folgt man diesem Ansatz, könnte ein nationaler Stabilitätspakt auf Art. 104 EGV gestützt werden. Da der Anwendungsvorrang des Gemeinschaftsrechts auch vor nationalem Verfassungsrecht gilt, liegt diese Möglichkeit durchaus nahe. Allerdings lässt das Gemeinschaftsrecht die innerstaatliche Kompetenzordnung grundsätzlich unberührt.[800] Gemeinschaftsrecht ist innerstaatlich auf Grundlage der bestehenden Bundes- und Landeskompetenzen umzusetzen. Aus der gemeinschaftsrechtlichen Pflicht des Art. 104 EGV folgt daher keine neue Ermächtigungsgrundlage des Bundes für Eingriffe in die Haushaltsautonomie der Bundesländer. Ein nationaler Stabilitätspakt kann somit nicht unmittelbar auf Art. 104 EGV gestützt werden.

(5) Zwischenergebnis

De lege lata besteht keine Gesetzgebungskompetenz des Bundes für einen nationalen Stabilitätspakt. Art. 109 Abs. 3 GG scheidet aus, weil der Pakt nicht auf die Regelung von Grundsätzen reduziert werden kann. Art. 109 Abs. 4 GG scheidet aus, weil der Pakt nicht der Abwehr einer Störung des gesamtwirtschaftlichen Gleichgewichts dient. Ein Bundesgesetz zur Umsetzung der gemeinschaftsrechtlichen Vorgaben des Art. 104 EGV erfordert daher eine vorherige Verfassungsänderung.[801]

---

[797] So insbesondere *BMF*, Innerstaatliche Umsetzung, S. 11 und *Bleckmann*, DVBl. 1992, 335/340; kritisch dazu *Häde*, JZ 1997 269/275 f. Zum Begriff der Kompetenz kraft Sachzusammenhangs allgemein *Rengeling*, in: HdBStR IV § 100 Rn. 55 ff.

[798] *Grabitz*, AöR 111 (1986), S. 1/26 ff.

[799] *Grabitz*, AöR 111 (1986), S. 1/26.

[800] *Häde*, JZ 1997, 260/276; *Streinz*, HdBStR VII § 182 Rn. 44 ff.; *Grabitz*, AöR 111 (1986), S. 1/10 ff.

[801] Ebenso *Schemmel* S. 73; *Höfling*, ZRP 1997, 231/234, *Mehde*, DÖV 1997, 616/623 f.; *Littwin*, ZRP 1997, 325/330; *Schleußer*, Handelsblatt Nr. 90 vom 13.05.1997; *Wissenschaftlicher Beirat* beim BMF S. 48; *Brockmeyer*, in: Schmidt-Bleibtreu/Klein Art. 109 Rn. 20c. Näheres dazu unten S. 186 ff.

b) Staatsvertrag

Verträge sind das klassische Instrument der Kooperation zwischen Staaten.[802] Da die Bundesländer eigenständige Staaten sind[803], können auch sie auf diese Form der Kooperation zurückgreifen.[804] Folgende Formen vertraglicher Kooperation haben sich in Deutschland herausgebildet: Staatsverträge, Verwaltungsabkommen und Koordinationsabsprachen.[805] Aufgrund der Auswirkungen eines nationalen Stabilitätspaktes auf das Haushaltsrecht der Bundes- und Landesparlamente kommt allein ein Staatsvertrag als Kooperationsinstrument in Frage. Nur er ermöglicht die Mitwirkung der Legislative in Form eines (Zustimmungs-)Gesetzes.[806]

Der Vorteil einer staatsvertraglichen Umsetzung der Defizitbegrenzung liegt darin, dass die Länderkompetenzen nicht durch einen über ein Bundesgesetz erfolgenden Eingriff eingeschränkt werden. Vielmehr wird der Föderalismus durch den insoweit konsensual verabschiedeten Staatsvertrag nicht angetastet. In dem Staatsvertrag müsste ebenso wie in dem oben beschriebenen Gesetz geregelt werden, wie die zulässigen Obergrenzen für Defizit und Schuldenstand sowie eventuell verhängte Sanktionen zwischen Bund und Ländern aufgeteilt werden. Aus diesem Grund ist es erforderlich, dass der Staatsvertrag zwischen der Gesamtheit der Länder und dem Bund abgeschlossen wird. Ein Vertrag allein zwischen den Ländern würde nicht ausreichen, da damit die Gefahr von Beschlüssen zu Lasten des Bundes besteht.[807] Ein weiterer Vorteil liegt darin, dass Bund und Länder über die Verhandlungen zum Staatsvertrag zu einer einvernehmlichen Lösung kommen. Eine von allen Beteiligten mitgetragene Lösung hat größere Chancen, später auch eingehalten zu werden, als eine Verpflichtung durch ein Bundesgesetz.

Die staatsvertragliche Lösung sieht sich allerdings mit im Ergebnis durchgreifenden Einwänden konfrontiert. Zunächst erfordert ein Staatsvertrag die Zustimmung von allen beteiligten Staaten. Damit ist eine Zustimmung der Bundesregierung, der Landesregierungen[808] sowie des Bundestages und sämtlicher Landtage erforderlich.[809] Damit ist der Abschluss eines Staatsvertrages sehr viel unwahrscheinlicher als ein verfassungsänderndes Bundesgesetz. Diesem müssen nämlich gemäß Art. 79 Abs. 2

---

802 *Rudolf*, in: HdBStR IV § 105 Rn. 49.

803 Vgl. zu dieser teilweise bestrittenen Ansicht *Maunz*, in: HdBStR IV § 94 Rn. 3, 14 ff.; *Vogel*, in: Benda/Maihofer/Vogel § 22 Rn. 27 ff. Siehe dazu auch oben S. 164.

804 *Schneider*, VVDStRL 19 (1961), S. 1 ff. Vgl. auch schon *Schneider*, DÖV 1957, 644 ff.

805 *Rudolf*, in: HdBStR IV § 105 Rn. 51.

806 Vgl. *Rudolf*, in: HdBStR IV § 105 Rn. 54 m.w.N.

807 *Schemmel* S. 75. Ein Vertrag zu Lasten Dritter wäre unzulässig.

808 Genaue Bestimmungen zur Vertretungsbefugnis enthalten die Landesverfassungen. In der Regel ist die Landesregierung zum Abschluss von Staatsverträgen befugt. In Bayern liegt diese Kompetenz beim Ministerpräsidenten; vgl. die Übersicht bei *Rudolf*, in: HdBStR IV § 105 Rn. 54.

809 *Rudolf*, in: HdBStR IV § 105 Rn. 54.

GG „nur“ 2/3 der Mitglieder des Bundestages und 2/3 der Stimmen des Bundesrates zustimmen.

Neben diesen praktischen Gesichtpunkten stößt die staatsvertragliche Lösung auf ein rechtliches Hindernis. Die Vereinbarung verbindlicher Obergrenzen für Defizit- und Schuldenstand sowie die Aufteilung eventuell verhängter Sanktionen greift in die durch Art. 109 Abs. 1 GG garantierte haushaltswirtschaftliche Autonomie der Bundesländer ein. Daran ändert auch die Zustimmung der Länder zu einem Staatsvertrag nichts. Mit Hilfe eines Staatsvertrages kann das Grundgesetz jedoch nicht geändert werden.[810] Dies ist nur über Art. 79 GG und insbesondere über die dort normierten Mehrheiten möglich. Eine Zustimmung von 2/3 der Mitglieder des Bundestages wird bei einem Zustimmungsgesetz zu einem Staatsvertrag i.d.R. nicht vorliegen. Weiterhin sind die formalen Voraussetzungen des Art. 79 Abs. 1 GG nicht erfüllt. Die Grundgesetzänderung muss den Wortlaut des Grundgesetzes ausdrücklich ändern, sog. Nebenverfassungen sind unzulässig.[811] Damit wäre die Änderung des Art. 109 GG selbst bei Vorliegen der verfassungsändernden Mehrheiten im Wege eines Staatsvertrages zwischen Bund und Ländern unzulässig. Ein Staatsvertrag setzt damit, ähnlich wie das unter (1) beschriebene Bundesgesetz, eine vorherige Verfassungsänderung voraus. Da jedoch selbst nach einer Verfassungsänderung ein Staatsvertrag immer eine einstimmige Entscheidung erfordert, ist diese Umsetzungsmöglichkeit nicht weiter zu verfolgen.

c) Einseitige Durchsetzung durch den Bund

Schließlich könnte der Bund außer über die konsensualen Lösungen Bundesgesetz und Staatsvertrag auch einseitig eine Umsetzung der Defizitbegrenzung durchsetzen. Diese Frage stellt sich insbesondere dann, wenn Bund und Länder auf dem Verhandlungsweg zu keiner Einigung kommen, gleichzeitig jedoch die Defizite in den Ländern derart steigen, dass der Bund die Referenzkriterien des Art. 104 EGV nicht mehr einhalten kann.

(1) Klage vor dem BVerfG

Hier ist zunächst an eine Klage des Bundes vor dem Bundesverfassungsgericht zur Umsetzung der gemeinschaftsrechtlichen Defizitbegrenzung zu denken. Als statthafte Klageart kommt der Bund-Länder-Streit gemäß Art. 93 Abs. 1 Nr. 3 GG, § 13 Nr. 7 BVerfGG in Betracht. Dies setzt eine „Meinungsverschiedenheit über Rechte und Pflichten des Bundes und der Länder“ voraus. Die streitigen Rechte und Pflich-

---

810 *Klein*, in: Benda/Klein Rn. 1066. Dies übersieht der *Sachverständigenrat*, Jahresgutachten 1996/1997, Rn. 284. Insoweit ist die Rechtslage vergleichbar wie beim sog. Lindauer Abkommen, das allerdings nicht in den Formen eines Staatsvertrages geschlossen wurde. Die verfassungsrechtliche Zulässigkeit des Lindauer Abkommens ist umstritten; vgl. *Streinz*, in: Sachs (3. Auflage) Art. 32 Rn. 39; *Kempen*, in: von Mangoldt/Klein/Stark Art. 32 Rn. 60 ff. m.w.N., *Stern*, Staatsrecht I, S. 696. Für die Vereinbarkeit mit dem Grundgesetz spricht, dass das Lindauer Abkommen die Gesetzgebungszuständigkeiten unangetastet lassen möchte.

811 *Lücke*, in: Sachs Art. 79 Rn. 1.

ten der Parteien müssen sich aus dem Grundgesetz ergeben.[812] Hier ist insbesondere an eine Pflicht der Länder zur Einhaltung der Budgetdisziplin sowie zur Umsetzung der gemeinschaftsrechtlichen Vorgaben aus Art. 104 EGV zu denken. Diese Pflicht könnte sich aus dem Prinzip der Bundestreue ergeben.[813] Das Prinzip der Bundestreue folgt aus dem Bundesstaatsprinzip.[814] Es umfasst die Pflicht der Länder, Kompetenzen nicht „missbräuchlich“[815] auszuüben. Die Länder dürfen den Bund nicht dadurch schädigen, dass sie Maßnahmen ausschließlich nach ihren Interessen treffen.[816]

Hieraus folgt, dass die Länder sich nicht auf ihre Unabhängigkeit gemäß Art. 109 Abs. 1 GG berufen können, um den Bund zu schädigen. Vielmehr müssen sie in ihrer Haushaltswirtschaft Rücksicht auf die Verpflichtungen des Bundes aus Art. 104 EGV nehmen. Eine vorsätzlich expansive Haushaltswirtschaft in den Ländern, die zu einer Überschreitung der gemeinschaftsrechtlichen Referenzkriterien führt, wäre damit ein Verstoß gegen das Prinzip der Bundestreue. Darüber hinaus liegt ein Verstoß gegen das Prinzip der Bundestreue bereits dann vor, wenn sich die Länder weigern, mit dem Bund in Verhandlungen über die Umsetzung der gemeinschaftsrechtlichen Vorgaben aus Art. 104 EGV zu treten. Denn auch in der Weigerung, einer verbindlichen Aufteilung der zulässigen Defizit- und Verschuldungsobergrenzen sowie eventuell verhängter Sanktionen zuzustimmen, liegt ein Verstoß gegen die Pflicht zum bundesfreundlichen Verhalten. Eine Klage vor dem BVerfG wäre damit erfolgreich.

Problematisch ist allerdings, dass die Grenze zwischen der legitimen Durchsetzung von Verhandlungspositionen und einer gegen die Bundestreue verstoßenden Verweigerung der Zustimmung nur schwer zu ziehen ist. Auch die Zurechnung des Scheiterns von Verhandlungen zwischen Bund und Ländern zu einem Verursacher dürfte in der Praxis kaum möglich sein. Schließlich ist auch der Nachweis einer vorsätzlich expansiven Haushaltspolitik eines Landes zum Nachteil des Bundes nur schwer möglich. Damit bestehen an der Wirksamkeit der einseitigen Durchsetzung eines nationalen Stabilitätspaktes im Wege einer Klage vor dem BVerfG erhebliche Zweifel.

(2) Bundeszwang

Weiterhin ist an eine einseitige Umsetzung der gemeinschaftsrechtlichen Vorgaben über den Bundeszwang gemäß Art. 37 GG zu denken. Der Bundeszwang stellt

---

812 *Klein*, in: Benda/Klein Rn. 1063.

813 *Häde*, JA 1994, 80/82 f.; *Sannwald*, ZRP 1993, 103/109. Dazu, dass sich verfassungsrechtliche Pflichten für Bund und Länder aus dem Grundsatz der Bundestreue ergeben können, vgl. *Klein*, in: Benda/Klein Rn. 1065. Da sich die Pflichten aus dem Grundgesetz ergeben müssen, kann hier nicht auf eine gemeinschaftsrechtliche Pflicht zur Umsetzung der Defizitbegrenzung abgestellt werden; vgl. dazu unten S. 187 f.

814 BVerfGE 1, 299/315; 34, 9/20; 43, 291/348; *Stern*, Staatsrecht I, S. 700 f.

815 BVerfGE 14, 197/215; auch der Bund darf seine Kompetenzen nicht missbräuchlich zu Lasten der Länder ausüben, vgl. BVerfGE 12, 205/239.

816 BVerfGE 43, 291/348; *Stern*, Staatsrecht I, S. 703.

das „schneidigste Schwert“ dar, um gegen ein renitentes Bundesland vorzugehen[817], kommt jedoch nur als *ultima ratio* in Betracht. Aus politischer Sicht ist daher vor Einsatz des Bundeszwangs eine Klage vor dem BVerfG opportun, eine rechtliche Verpflichtung hierzu besteht allerdings nicht. Vielmehr steht es im nicht überprüfbaren Ermessen der Bundesregierung, für welchen der beiden Wege sie sich entscheidet.[818]

Voraussetzung für ein Vorgehen der Bundesregierung auf Grundlage des Art. 37 GG ist, dass ein Land „die ihm nach dem Grundgesetze oder einem anderen Bundesgesetze obliegenden Bundespflichten nicht erfüllt“. Es stellt sich damit die Frage, ob und ggf. woraus eine Bundespflicht der Länder zur Einhaltung einer bestimmten Budgetdisziplin besteht. Art. 109 Abs. 1 GG spricht zunächst einmal gegen die Annahme einer derartigen Pflicht. Denn es ist mit der haushaltswirtschaftlichen Unabhängigkeit der Länder nicht zu vereinbaren, die Länder zur Einhaltung bestimmter Obergrenzen für Defizit und Schuldenstand zu verpflichten. Dies ist das genaue Gegenteil von haushaltswirtschaftlicher Unabhängigkeit. Eine derartige Bundespflicht kann sich jedoch aus anderen Bestimmungen und Grundsätzen des Grundgesetzes ergeben. Hier ist wiederum an das Prinzip der Bundestreue zu denken, aus dem sich sowohl eine Pflicht zum Abschluss eines nationalen Stabilitätspaktes als auch zur Vermeidung einer den Bund schädigenden Haushaltswirtschaft ergibt. Eine derartige Pflicht folgt auch aus Art. 2 des Zustimmungsgesetzes[819] zum Maastricht-Vertrag. Darin wird festgestellt, dass es im Hinblick auf die Verpflichtungen des Art. 104 EGV „einer Abstimmung zwischen Bund und Ländern“ bedarf. Eine Haushaltspolitik, die zum Überschreiten der Referenzkriterien führt, verstößt jedoch gegen eine derartige Abstimmungspflicht.

Als Rechtsfolge ermöglicht Art. 37 GG der Bundesregierung, mit Zustimmung des Bundesrates die notwendigen Maßnahmen zu treffen. Diese weite Formulierung erlaubt der Bundesregierung, ihr Eingreifen ganz auf den speziellen Fall auszurichten.[820] Eine Grenze liegt im Verhältnismäßigkeitsgrundsatz, wie der Wortlaut „notwendig“ nahe legt. Als Maßnahmen anerkannt sind beispielsweise die Einsetzung eines Bundesbeauftragten mit allgemeiner oder spezieller Vollmacht oder die vorübergehende Ausübung administrativer oder legislativer Gewalt durch den Bund in dem jeweiligen Land.[821] Somit könnte der Bund ausnahmsweise den Haushalt eines Landes beschließen mit dem Ziel, übermäßige Defizite in diesem Land abzubauen. Auch die Entsendung eines Bundesbeauftragten zur Neuordnung der Landesfinanzen wäre denkbar (sog. Sparkommissar). Schließlich besteht die Möglichkeit, dass der Bund unter Anwendung des Bundeszwangs die Zustimmung eines oder mehrerer

---

817 *Erbguth*, in: Sachs Art. 37 Rn. 2; *Stern*, Staatsrecht I, S. 715. Allgemein dazu *Mombaur*, Bundeszwang und Bundestreue, 1964.

818 BVerfGE 7, 367/372; *Erbguth*, in: Sachs Art. 37 Rn. 5.

819 BGBl. 1992 II S. 1251; vgl. dazu *Hartmann*, Budgetautonomie, S. 191 ff.

820 *Gubelt*, in: von Münch/Kunig II Art. 37 Rn. 23.

821 *Erbguth*, in: Sachs Art. 37 Rn. 12; *Gubelt*, in: von Münch/Kunig II Art. 37 Rn. 13.

Länder zu einem Bundesgesetz über einen nationalen Stabilitätspakt erzwingt.[822] Damit würde das Umsetzungsproblem nicht nur kurzfristig, sondern dauerhaft gelöst. Die Anerkennung dieser Möglichkeiten darf jedoch nicht darüber hinwegtäuschen, dass es sich bei der Anwendung des Bundeszwangs um eine *ultima ratio* handelt, die politisch schweren Schaden anrichten kann und in der bisherigen Geschichte der Bundesrepublik Deutschland aus gutem Grund noch nicht angewendet wurde.[823] Ferner ist überaus fraglich, ob damit die Einsicht der Länder in die Notwendigkeit einer nachhaltigen und gesunden Haushaltswirtschaft erreicht werden kann.

(3) Zwischenergebnis

Sollten Bund und Länder zu keiner Einigung über einen nationalen Stabilitätspakt kommen, könnte der Bund entweder mit einen Bund-Länder-Streit vor das BVerfG ziehen oder die notwendigen Maßnahmen über den Bundeszwang aus Art 37 GG selbst beschließen. Beide Möglichkeiten sind jedoch mit Nachteilen behaftet, die ein derartiges Vorgehen als nicht empfehlenswert erscheinen lassen.

d) Ergebnis

Die beste Lösung zur innerstaatlichen Umsetzung der gemeinschaftsrechtlichen Vorgaben aus Art. 104 EGV ist ein Bundesgesetz, das die zulässigen Defizit- und Schuldenstände und eventuelle Sanktionen zwischen den Gebietskörperschaften aufteilt sowie präventive Einwirkungsmöglichkeiten und eine institutionelle Absicherung enthält. Alternativ wäre auch ein Staatsvertrag zwischen Bund und Ländern zwar denkbar, dieser ist jedoch wegen der erforderlichen Einstimmigkeit nicht empfehlenswert. Beide Lösungen erfordern eine vorherige Grundgesetzänderung, die eine entsprechende Gesetzgebungskompetenz in Art. 109 GG einfügt. Ohne Grundgesetzänderung könnte der Bund die Umsetzung einseitig durchführen. Sowohl der Bund-Länder-Streit als auch ein Vorgehen auf Grundlage des Bundeszwangs sind jedoch mit derartigen Nachteilen behaftet, dass sie keine sinnvolle Alternative für ein Bundesgesetz darstellen.

4. Verfassungsänderung

a) Inhaltliche Anforderungen an eine Verfassungsänderung

Der Inhalt des nationalen Stabilitätspaktes sollte nicht unmittelbar in die Verfassung aufgenommen werden, da die Verteilungsschlüssel aufgrund der wirtschaftli-

---

[822] Zum Teil wird eingewandt, dass die Ausübung des Stimmrechts eines Landes im Bundesrat keine zulässige Maßnahme im Rahmen des Bundeszwangs sei, da dies mit dem föderalen Aufbau des Grundgesetzes nicht vereinbar sei; vgl. *Evers*, in Bonner Kommentar, Art. 37 Rn. 67. Hiergegen spricht jedoch, dass auch die Ausübung sonstiger Landeskompetenzen mit dem bundesstaatlichen Aufbau nicht vereinbar ist. Erlaubt der Bundeszwang ausnahmsweise die Übernahme der administrativen oder legislativen Kompetenzen des Landes durch die Bundesregierung, muss dies auch die Ausübung des Stimmrechts im Bundesrat umfassen.

[823] Vgl. *Erbguth*, in: Sachs Art. 37 Rn. 3.

chen Entwicklung veränderbar bleiben müssen. Die Verfassungsänderung muss damit eine zusätzliche Gesetzgebungskompetenz in Art. 109 GG aufnehmen. Voraussetzung für die Verfassungsänderung ist gemäß Art. 79 Abs. 2 GG, dass dieses Gesetz die Zustimmung von 2/3 der Mitglieder des Bundestages und 2/3 der Stimmen des Bundesrates erhält. In der wissenschaftlichen Diskussion existieren bereits Vorschläge für einen geänderten Art. 109 GG. Nach Ansicht des Wissenschaftlichen Beirates des BMF sollte Art. 109 GG in Zukunft lauten[824]:

Absatz 2: Bund und Länder haben bei ihrer Haushaltswirtschaft den Erfordernissen des gesamtwirtschaftlichen Gleichgewichts und der Verpflichtungen der BRD im Rahmen der EU Rechnung zu tragen.

Absatz 3: Durch Bundesgesetz, das der Zustimmung des Bundesrates bedarf, können für Bund und Länder gemeinsam geltende Grundsätze für das Haushaltsrecht, für eine konjunkturgerechte Haushaltswirtschaft und für eine mehrjährige Finanzplanung aufgestellt sowie Vorschriften zur Vermeidung eines übermäßigen öffentlichen Defizits erlassen werden.

Problematisch an diesem Vorschlag ist, dass Abs. 3 weiterhin die Beschränkung auf eine Grundsatzgesetzgebung enthält. Wie bereits dargelegt, liegt in dieser Beschränkung jedoch nach bisheriger Rechtslage das Haupthindernis für eine verbindliche Aufteilung der zulässigen Defizit- und Verschuldungsgrenzen sowie eventueller Sanktionen auf die verschiedenen Gebietskörperschaften. Um dieses Problem zu umgehen, sollte Abs. 3 in zwei Sätze aufgeteilt und eine konkrete Referenz an die EG-Defizitbegrenzung aufgenommen werden. Abs. 3 könnte damit folgendermaßen lauten:

Absatz 3: Durch Bundesgesetz, das der Zustimmung des Bundesrates bedarf, können für Bund und Länder gemeinsam geltende Grundsätze für das Haushaltsrecht, für eine konjunkturgerechte Haushaltswirtschaft und für eine mehrjährige Finanzplanung aufgestellt werden. In gleicher Weise können Vorschriften erlassen werden, um die gemeinschaftsrechtlichen Regelungen zur Vermeidung eines übermäßigen öffentlichen Defizits einschließlich der Sanktionen innerstaatlich umzusetzen.

Darüber hinaus stellt sich jedoch die Frage, ob eine derartige Grundgesetzänderung nicht wegen Art. 79 Abs. 3 GG unzulässig ist. Dies ist der Fall, wenn die haushaltswirtschaftliche Unabhängigkeit der Länder zu den Grundvoraussetzungen der Staatlichkeit der Länder gehört. Die Aufhebung der Staatlichkeit der Länder würde einen Eingriff in das Bundesstaatsprinzip aus Art. 20 Abs. 1 GG bedeuten und wäre gemäß Art. 79 Abs. 3 GG unzulässig. Hiergegen ist jedoch einzuwenden, dass auch nach geltender Rechtslage die Unabhängigkeit der Länder in der Haushaltswirtschaft nicht unbegrenzt ist; vielmehr erlauben Art. 109 Abs. 3 und Abs. 4 GG Eingriffe in die Unabhängigkeit. Eine partielle Erweiterung dieser Eingriffsbefugnisse hebt die grundsätzliche haushaltswirtschaftliche Unabhängigkeit der Länder nicht auf. Sie kann damit auch nicht zur Aufhebung der Staatlichkeit der Länder führen.

b) Pflicht zur Verfassungsänderung?

Fraglich ist, ob eine gemeinschaftsrechtliche Verpflichtung zur Verfassungsänderung besteht. Einerseits reicht es aus Sicht des Gemeinschaftsrechts aus, wenn der Bund für die Verpflichtung aus Art. 104 EGV einsteht, denn aufgrund der bereits zi-

---

824 *Wissenschaftlicher Beirat beim BMF* S. 48; siehe auch *Stern*, in FS Everling, S. 1469/1488.

tierten „Landesblindheit“[825] kümmert sich das Gemeinschaftsrecht nicht um die innerstaatliche Umsetzung dieser Verpflichtung. Andererseits führt jedoch die haushaltswirtschaftliche Autonomie von Bund und Ländern gemäß Art. 109 GG dazu, dass Deutschland die Erfüllung seiner gemeinschaftsrechtlichen Verpflichtung nicht sicherstellen kann. Zwar muss zunächst der Bund für verhängte Sanktionen aufkommen. Das Defizitverfahren hat einen Schwerpunkt jedoch mehr bei der präventiven Verhinderung des Entstehens eines übermäßigen Defizits. Diese Verpflichtung kann in Deutschland nicht umgesetzt werden, da dem Bund wie dargelegt konkrete Einwirkungsmöglichkeiten auf die Länder fehlen. Art. 10 EGV bestimmt jedoch, dass die Mitgliedstaaten alle geeigneten Maßnahmen zur Erfüllung der gemeinschaftsrechtlichen Verpflichtungen treffen müssen. Dies bedeutet, dass der nationale Gesetzgeber verpflichtet ist, das nationale Recht so zu novellieren, dass die Vorgaben des Gemeinschaftsrechts ihre volle praktische Wirksamkeit (effet utile) entfalten können.[826] Hieraus folgt, dass Deutschland Maßnahmen treffen muss, um bereits präventiv die Einhaltung der Budgetdisziplin und repressiv die Aufteilung der Sanktionen auf die Gebietskörperschaften sicherstellen zu können. Da dies nur über eine Verfassungsänderung möglich ist, folgt aus Art. 10 EGV eine Pflicht zur Änderung des Art. 109 GG.

5. Bewertung der bisherigen Reformen

Nach den Diskussionen um einen „blauen Brief“ für Deutschland im Februar 2002 haben sich Bund, Länder und Gemeinden auf einem „Finanzgipfel“ am 21. März 2002 auf einen schärferen Sparkurs für alle öffentlichen Haushalte geeinigt. Diese Vereinbarung wurde im Rahmen des Finanzplanungsrates getroffen. Der Finanzplanungsrat hat nach § 51 HGrG die Aufgabe, die Finanzplanung von Bund, Ländern und Gemeinden zu koordinieren. Teilnehmer sind der Bundesfinanzminister, die Länderfinanzminister, Vertreter der Gemeinden und Vertreter der Bundesbank. Er tritt zweimal jährlich zusammen. Der Beschluss vom 21. März 2002 enthält folgende Punkte[827]: Anerkennung der Notwendigkeit eines nationalen Stabilitätspaktes, Rückführung der gesamtstaatlichen Ausgaben (für den Bund um 0,5% pro Jahr, die Länder begrenzen ihr Ausgabenwachstum auf 1% pro Jahr), Aufteilung des gesamtstaatlich zulässigen Defizits zwischen Bund und Ländern nach einer festgelegten Quote. In den Jahren 2004 bis 2006 können Bund und Sozialversicherungen 45% ausschöpfen, die Länder und Gemeinden 55%.

Darüber hinaus ist am 1. Juli 2002, zweieinhalb Jahre früher als geplant, § 51a HGrG über die Rückführung der Nettoneuverschuldung in Kraft getreten. Die Formulierung dieses Paragraphen ist allerdings vage. So heißt es in Absatz 1:[828]

---

825 Oben S. 163 ff.

826 *Kahl*, in: Calliess/Ruffert Art. 10 Rn. 19.

827 Vgl. Pressemitteilung des BMF vom 21.03.2002 über die 95. Sitzung des Finanzplanungsrates.

828 Siehe BGBl. 2001 I S. 3961 – Hervorhebungen durch den Autor.

„Bund und Länder kommen ihrer Verantwortung zur Einhaltung der Bestimmungen in Artikel 104 EGV und des europäischen Stabilitäts- und Wachstumspaktes nach und streben *eine Rückführung der Nettoneuverschuldung mit dem Ziel ausgeglichener Haushalte* an."

Vom Bundesfinanzministerium sowie in Teilen der Literatur wurde der Beschluss vom 21. März 2002 als nationaler Stabilitätspakt gewertet.[829] Ein nationaler Stabilitätspakt, der diesen Namen verdient, setzt jedoch verbindliche und wirksame Vorgaben für alle staatlichen Ebenen voraus. Insbesondere müssen konkrete Regelungen über eine vertikale und eine horizontale Aufteilung der Defizit- und Verschuldungsgrenzen sowie eventueller Sanktionen getroffen werden. Der Beschluss vom 21. März 2002 sieht lediglich vor, dass die Länder sich von 2003 an dem Europäischen Stabilitätspakt konform verhalten sollen und teilt das zulässige Defizit zwischen Bund und der Ländergesamtheit auf. Die einzige Sanktionsmöglichkeit für den Fall, dass sich die Länder nicht an diese Verpflichtung halten, besteht darin, dass der Finanzplanungsrat gemäß § 51a Abs. 3 HGrG Empfehlungen zur Wiederherstellung der Haushaltsdisziplin erteilen kann. Eine weitergehende Sanktionsbefugnis steht ihm nicht zu. Darüber hinaus enthält der Beschluss weder konkrete Vorgaben für die zulässige Gesamtverschuldung der einzelnen Gebietskörperschaften, noch eine Aufteilung der zulässigen Defizit- und Schuldenstände innerhalb der Länder. Auch die Verteilung eventuell von der Kommission verhängter Sanktionen wurde ebenso wenig geregelt wie präventive Einwirkungsmöglichkeiten auf die Länderhaushalte. Insofern kann der Beschluss nicht als Stabilitätspakt auf nationaler Ebene gewertet werden.[830] Es handelt sich vielmehr um eine Zusammenstellung politischer Absichtserklärungen.

Der Beschluss vom 21. März 2002 ist somit nur ein kleiner Schritt auf dem Weg zu einem nationalen Stabilitätspakt; die notwendige tiefgreifende Reform der deutschen Finanzverfassung steht noch aus. Bemerkenswert ist allerdings, dass die Länder zum ersten Mal anerkannt haben, dass auch sie Beschränkungen ihrer Haushalte akzeptieren müssen. Dies wurde bisher mit dem Hinweis abgelehnt, die Länder hätten dem Stabilitätspakt nicht zugestimmt. Hier zeigt sich das positive Nebenergebnis des Tauziehens um den „blauen Brief".

6. Ergebnis

Zusammenfassend ergeben sich damit in Deutschland folgende innerstaatliche Konsequenzen. Aufgrund des bundesstaatlichen Aufbaus besteht ein Spannungsverhältnis zwischen Art. 104 EGV und Art. 109 Abs. 1 GG. Der Bund ist einerseits der Gemeinschaft gegenüber zur Einhaltung der Defizitbegrenzung verpflichtet, andererseits kann er keinen Einfluss auf die Haushalte der Länder nehmen, deren Defizite bei

---

829 Monatsbericht BMF 6/2002, S. 61/66 ff.; *BMF*, Aktualisiertes Stabilitätsprogramm Dezember 2002, S. 17; SZ vom 22.03.2002, S. 19: „Nationaler Stabilitätspakt in Grundzügen beschlossen". Siehe auch *Schwarze/Snelting*, Wirtschaftsdienst 2002, 272 ff.

830 So auch *Vesper*, DIW Wochenbericht 8/2002, S. 121/123; vgl. auch *Göbel*, FAZ vom 25.03.2002, S. 13. Kritisch auch *Europäische Kommission*, European Economy 3/2002, S. 170 sowie *Kloepfer/Rossi* S. 27.

der Berücksichtigung des gesamtstaatlichen Defizits mitgezählt werden. Erforderlich ist daher eine vertikale Aufteilung der zulässigen Verschuldungs- und Defizitgrenzen zwischen Bund und Ländern nach festen Prozentzahlen. Auf der horizontalen Ebene bietet sich eine Aufteilung zwischen den Ländern auf Grundlage eines Mischschlüssels aus Einwohnerzahl und Gesamtschuldenstand an. Eventuell verhängte Sanktionen sind dem Bund nach dem Verursacherprinzip durch die Gebietskörperschaft zu ersetzen, die für die Überschreitung der Referenzkriterien verantwortlich war. Darüber hinaus sind präventive Einwirkungsmöglichkeiten auf die Haushalte sowie eine institutionelle Absicherung der Beschlüsse erforderlich.

Zur rechtlichen Umsetzung dieser Maßnahmen ist eine Grundgesetzänderung erforderlich, da dem Bund bislang keine Gesetzgebungskompetenz für diesen Eingriff in die Länderautonomie zusteht. Idealerweise sollte ein nationaler Stabilitätspakt in Form eines Bundesgesetzes beschlossen werden, möglich wäre jedoch auch ein Staatsvertrag zwischen Bund und Ländern. Sollten die Länder zu einer einvernehmlichen Lösung nicht bereit sein, steht dem Bund die nicht zu empfehlende Möglichkeit zu, die erforderlichen Maßnahmen im Wege eines Bund-Länder-Streits vor dem BVerfG bzw. über den Bundeszwang gemäß Art. 37 GG durchzusetzen.

II. Frankreich

Frankreich ist das Musterbeispiel eines zentralistischen Staates.[831] Ein Wesensmerkmal des Einheitsstaates ist, dass es grundsätzlich nur einen einzigen Haushalt gibt.[832] In ihm sind alle staatlichen Einnahmen und Ausgaben aufgeführt. Allerdings hat sich diese Situation in Frankreich im Zuge der Dezentralisierungsbestrebungen in den 80er Jahren des letzten Jahrhunderts gewandelt. Im Folgenden wird dargestellt, wie die Dezentralisierung fortgeschritten ist und inwieweit die Gebietskörperschaften in Frankreich heute unabhängig sind. Sollte der Staat weiterhin die Möglichkeit haben, auf die Budgets der Gebietskörperschaften Einfluss zu nehmen, ergibt sich insoweit kein Problem im Zusammenhang mit Art. 104 EGV. Frankreich könnte damit unproblematisch die Verpflichtung aus Art. 104 EGV einhalten. Zunächst muss jedoch darauf eingegangen werden, welche Wirkung Art. 104 EGV in Frankreich hat und welche Stellung er in der Normenhierarchie einnimmt. Dies ist wichtig für die Frage, ob ein Haushaltsgesetz unmittelbar an Art. 104 EGV zu messen ist und daher vor Gericht mit dem Argument angegriffen werden kann, es sehe eine über den Referenzwerten liegende Verschuldung vor.

1. Stellung des Art. 104 EGV in der französischen Normenhierarchie

Grundsätzlich gibt es in Frankreich keine richterliche Kontrolle der Vereinbarkeit eines Gesetzes mit einem völkerrechtlichen Vertrag.[833] Der Verfassungsrat (*Con-*

---

831 *Rivero/Waline* S. 319.

832 Vgl. *Wendt*, in: HdBStR § 104 Rn. 14.

833 *Philip* S. 34; *Lavrov* S. 182 ff.; *Pactet* S. 485 ff.

seil Constitutionnel) überprüft lediglich die Vereinbarkeit eines Gesetzes mit der Verfassung, und auch das nur präventiv vor dessen In-Kraft-Teten.[834] Im Zuge der Ratifizierung des Vertrages von Maastricht wurde jedoch im Jahre 1992 die französische Verfassung geändert. Mit dem verfassungsändernden Gesetz Nr. 92-554 vom 25. Juni 1992 wurde ein Titel XV über die EG und die EU in die Verfassung eingefügt. Gemäß Art. 88-2 überträgt Frankreich die zur Errichtung der WWU erforderlichen Kompetenzen an die EG. Somit wurden die Bestimmungen der WWU in die Verfassung integriert.[835] Die Vorgabe der Vermeidung eines übermäßigen Defizits ist damit Bestandteil der Verfassung. Jedes Haushaltsgesetz ist daher direkt an diesen Vorgaben zu messen und kann vor dem Verfassungsrat auf die Vereinbarkeit mit Art. 104 EGV überprüft werden.

2. Unabhängigkeit der Gebietskörperschaften

Seit der 1. Republik war Frankreich ein zentralistischer Einheitsstaat.[836] Gebietskörperschaften existierten nur in Form von Departements als Verwaltungsuntergliederung des Staates. Diese hatten jedoch keine eigenständigen Aufgaben und Kompetenzen vergleichbar der deutschen Selbstverwaltungsgarantie. Erst mit den Dezentralisierungsbestrebungen unter Präsident *Mitterand* bekamen die lokalen Gebietskörperschaften eine gewisse Eigenständigkeit. Für den Fortgang der Untersuchung ist daher die Situation vor der Dezentralisierung von der Situation danach zu unterscheiden. Bis 1914 gab es in Frankreich nur ein einziges Budget, das des Staates. Nach dem ersten Weltkrieg bekamen die Gebietskörperschaften ein eigenes Budget, standen dabei jedoch unter umfassender Aufsicht des Staates. Eine haushaltspolitische Autonomie bestand nicht. Diese Situation war nach herrschender Auffassung zwingende Folge des Prinzips der Einheit der Republik.[837] Danach hat nur der Staat die Kompetenz, ein Budget zu erstellen. Diese Situation änderte sich erst mit dem Gesetz vom 2. März 1982 über die Rechte und Pflichten der Kommunen, Départements und Regionen (*Loi Defferre*).[838] Dieses Dezentralisierungsgesetz umfasste folgende Reformen: Die *a priori* Verwaltungsaufsicht („tutelle") durch den *Préfet* über die Gebietkörperschaften wurde abgeschafft. Exekutivkompetenzen wurden vom *Préfet* auf den *Conseil Général* bzw. den *Conseil Régional* übertragen und die Region wurde

---

834 *Burdeau/Hamon/Troper* S. 700/703 ff.; *Lavrov* S. 158 ff. Zur Verfassung zählen zwar nicht nur der jeweilige Verfassungstext, sondern auch andere, unter der Bezeichnung „bloc de constitutionnalité" zusammengefasste Normen und Prinzipien. Der Verfassungsrat hat jedoch entschieden, dass völkerrechtliche Verträge nicht zum „bloc de constitutionnalité" gehören, Urteil vom 15.01.1975 – IVG. In diesem Fall hatte sich der Verfassungsrat geweigert, die Vereinbarkeit eines Gesetzes über den Schwangerschaftsabbruch mit der EMRK zu überprüfen. Vgl. dazu *Lavrov* S. 182 ff.

835 *Philip* S. 34.

836 *Rivero/Waline* S. 319 ff.

837 *Martinez* S. 40.

838 Gesetz 82-213 vom 02.03.1982 (JORF 03.03.1982 S. 730), aktuell i.d.F. des Gesetzes 96-142 vom 21.02.1996 (JORF 24.02.1996 S. 2992).

von einer Verwaltungsuntergliederung in eine rechtlich eigenständige Gebietskörperschaft umgewandelt. Darüber hinaus beinhaltete es eine Kompetenzaufteilung zwischen den verschiedenen staatlichen Ebenen[839] und führte zu einer grundsätzlichen Autonomie der einzelnen Gebietskörperschaften. Die Übertragung von haushaltswirtschaftlichen Kompetenzen wurde durch die Übertragung von Ressourcen komplettiert. So haben die Gebietskörperschaften ein eigenes (inhaltlich begrenztes) Besteuerungsrecht erhalten, und es wurde eine Art horizontaler und vertikaler Finanzausgleich eingeführt.[840] Jede Gebietskörperschaft hat seitdem ein eigenes Budget.[841] Ebenfalls enthielt das Gesetz das Recht der Gebietskörperschaften zur Kreditaufnahme. Grundsätzlich besteht daher volle haushaltswirtschaftliche Autonomie. Im Gegensatz zu Deutschland ist die Autonomie jedoch nicht in der Verfassung garantiert. Sie erfolgt durch einfaches Gesetz und kann daher jederzeit modifiziert oder zurückgenommen werden.[842]

Der Grundsatz der haushaltswirtschaftlichen Autonomie wird jedoch durch zahlreiche Einschränkungen und Ausnahmen relativiert. So wurde die *a priori*-Kontrolle durch den *Préfet* durch eine *a posteriori*-Kontrolle durch das Verwaltungsgericht ersetzt.[843] Das Budget muss innerhalb von 15 Tagen an den *Préfet* weitergeleitet werden. Ist dieser der Auffassung, dass Irregularitäten bestehen, ruft er das Verwaltungsgericht an. Dieses ist beim Vorliegen folgender Klagegründe[844] zuständig: 1. Fristversäumnis bei der Aufstellung des Budgets, 2. Fehlen einer Pflichtaufgabe, 3. Defizit des *compte administratif*, 4. Nicht-Ausgeglichenheit des Budgets.

Die lokalen Haushaltspläne stehen weiterhin unter der Aufsicht des *Comité des finances locales* (CFL). Das CFL hat die Aufgabe, die Ausgaben der lokalen Gebietkörperschaften zu beobachten, insbesondere die Entwicklung der Einnahmen und Ausgaben längerfristig zu verfolgen. Es erstellt in regelmäßigen – i.d.R. jährlichen – Abständen einen Bericht, den es der Regierung vorlegt.[845] Das CFL hat somit eine überwachende Funktion, ein unmittelbares Eingriffsrecht besteht nicht. Eine weitere Einschränkung der Haushaltsautonomie besteht dadurch, dass die lokalen Gebiets-

---

839 Seitdem gibt es in Frankreich 26 Regionen, 100 Départements und ca. 36763 Kommunen.

840 *Martinez* S. 50.

841 Damit existieren 36889 Budgets allein der Gebietskörperschaften. Hinzu kommen die Budgets der anderen Körperschaften des öffentlichen Rechts wie etwa der Sozialversicherungen.

842 Die Dezentralisierung ist in Frankreich ein hochsensibles politisches Dossier. Grundsätzlich ist jedoch davon auszugehen, dass auch in Zukunft eher mehr Bereiche dezentralisiert als Kompetenzen an den Staat zurückübertragen werden. Diese Bestrebungen decken sich mit dem Konzept „Europa der Regionen", dass die EG ins Leben gerufen hat; vgl. hierzu *Tomuschat*, Mitsprache der dritten Ebene in der Europäischen Integration, 1995; *Bullmann* S. 15 ff.; *Knemeyer* S. 11 ff.

843 *Bouvier/Esclassan/Lassale* S. 751.

844 Das französische Verwaltungsrecht ist vom System der Klagegründe geprägt. Im Gegensatz zum deutschen Recht wird weniger auf das Vorhandensein subjektiver Rechte des Klägers geachtet. Ob eine Klage zulässig ist, richtet sich danach, ob ein Klagegrund erfüllt ist.

845 Art. L1211-1 bis 4 des *Code général des collectivités locales*.

körperschaften nur in geringem Maße eigene Einnahmen haben[846]. Der größte Teil der Einnahmen stammt aus Zuweisungen aus dem staatlichen Budget, wodurch der Staat sich seine Einflussmöglichkeiten sichert.

3. Ergebnis

Mit dem Gesetz aus dem Jahre 1982 besteht auch in Frankreich eine grundsätzliche haushaltswirtschaftliche Autonomie der lokalen Gebietskörperschaften. Diese Autonomie ist jedoch durch zahlreiche Ausnahmen eingeschränkt. Insbesondere die konkreten Vorgaben zur Ausgeglichenheit des Budgets und die Möglichkeit, bei Verstoß gegen die Vorgaben das Verwaltungsgericht anzurufen, zwängen die Autonomie in ein enges Korsett. Der Staat besitzt somit ausreichende Einflussmöglichkeiten auf die lokalen Gebietskörperschaften, um seine Verpflichtungen aus Art. 104 EGV umzusetzen. Sollte auf kommunaler, départementaler oder regionaler Ebene ein übermäßiges Defizit auftreten, können diese Haushaltspläne gerichtlich angegriffen und zu Fall gebracht werden. Die Vorgaben aus Art. 104 EGV können daher von Frankreich ohne innerstaatliche Probleme zumindest vom rechtlichen Standpunkt aus eingehalten werden.[847]

III. Österreich

Österreich ist gemäß Art. 2 Abs. 1 der österreichischen Verfassung (B-VG)[848] ein Bundesstaat.[849] Der bundesstaatliche Charakter Österreichs ergibt sich materiell aus der Gliederung des Staates in Bund und Länder, der Einrichtung einer relativ autonomen Landesgesetzgebung sowie der Mitwirkung der Länder einerseits an der Gesetzgebung des Bundes durch den österreichischen Bundesrat und andererseits an der Vollziehung der Bundesgesetze. Allerdings ist das Bundesstaatsprinzip in Österreich relativ schwach ausgebildet, da ein Großteil der Gesetzgebungskompetenzen beim Bund liegt und der Einfluss des Bundesrates auf die Gesetzgebung gering ist.[850] Eine Bestimmung wie Art. 109 GG, die die Autonomie der Länder im Bereich der Haushaltswirtschaft normiert, findet sich in der österreichischen Verfassung nicht. Das Problem der innerstaatlichen Umsetzung stellt sich in Österreich daher in geringerem Umfang. Im Gegensatz zu Deutschland gab es in Österreich bereits frühzeitig Bestrebungen zum Abschluss eines nationalen Stabilitätspaktes.[851]

---

846 *Martinez* S. 56.

847 Eine andere Frage ist, ob die Einhaltung auch politisch gewünscht ist. Zur politischen Diskussion in Frankreich über die Defizitbegrenzung vgl. S. 57 sowie S. 207 ff.

848 Bundes-Verfassungsgesetz in der Fassung von 1999, Ö-BGBl 1999 Nr. 194.

849 Näheres zur Eigenschaft des Bundesstaates vgl. oben S. 164 ff.

850 *Walter/Mayer* Rn. 161.

851 Ausführlich zur Entstehungsgeschichte des Stabilitätspaktes von 1999 *Schäffer*, ZÖR 2001, 145/168 ff. sowie S. 192 ff.

1. Darstellung des österreichischen Stabilitätspaktes

In der Verfassung Österreichs ist die Möglichkeit vorgesehen, dass Bund und Länder untereinander Vereinbarungen über Angelegenheiten ihres jeweiligen Wirkungsbereichs schließen können (Art. 15a B-VG). Nachdem bereits 1995 ein Übereinkommen zwischen Bund, Ländern und Gemeinden zur Vermeidung öffentlicher Defizite geschlossen wurde[852], entstand 1999 der erste nationale Stabilitätspakt.[853] Dieser wurde im Jahre 2001 grundlegend reformiert.[854] Rechtsgrundlage des aktuellen Stabilitätspaktes sind zwei Bundesverfassungsgesetze[855] von 1998.[856] Die Umsetzung der gemeinschaftsrechtlichen Vorgaben beruht in Österreich *de lege lata* auf zwei Regelungen. Ein Konsultationsmechanismus[857] soll vor dem Erlass rechtssetzender Maßnahmen ein Einvernehmen über die Tragung der zusätzlich verursachten Kosten herstellen.[858] Hierdurch wird eine präventive Koordinierung der Politiken zwischen Bund und Ländern erreicht. Auf der anderen Seite enthält ein Stabilitätspakt konkrete Vorgaben für Bund, Länder und Gemeinden hinsichtlich der zulässigen Defizitobergrenzen. Aufgrund seines innovativen Charakters – soweit ersichtlich handelt es sich um die erste verbindliche Vereinbarung dieser Art in Europa – soll der Pakt im Folgenden kurz dargestellt werden.

Die offizielle Bezeichnung des österreichischen Stabilitätspaktes lautet *Vereinbarung zwischen dem Bund, den Ländern und den Gemeinden über eine Verstärkung der stabilitätsorientierten Budgetpolitik (Österreichischer Stabilitätspakt 2001).*[859] Es handelt sich damit um eine Art Staatsvertrag, an dem allerdings auch die Gemeinden beteiligt sind. Der Pakt enthält in Art. 1 die Verpflichtung für Bund, Länder und Gemeinden, die Vorgaben aus Art. 104 EGV sowie dem dazu ergangenen Sekundärrecht einzuhalten. Zu diesem Zweck haben Bund, Länder und Gemeinden zu erbringende Stabilitätsbeiträge vereinbart. Gemäß Art. 2 umfasst der Stabilitätsbeitrag des Bundes die Zusicherung, dass das Defizit im Bundeshaushalt im Jahre 2001 2,05% des BIP und in den Jahren 2002 bis 2004 0,75% des BIP nicht übersteigt. Der Stabilitätsbei-

---

852 Vgl. dazu *Schemmel* S. 76 f.

853 Ö-BGBl. I 1999 Nr. 101. Vgl. dazu *Häde*, in: C/R Art. 104 EGV Rn. 75 f. sowie *Schäffer*, ZÖR 2001, 145/168 ff.

854 Vgl. dazu BMF Monatsbericht 6/2002, S. 65.

855 In Österreich existieren zwei Ebenen von Verfassungsrecht; einfaches Bundesverfassungsrecht, das aus sog. Bundesverfassungsgesetzen besteht, und die verfassungsrechtliche Grundordnung, das B-VG. Beide Ebenen unterscheiden sich in der Art ihrer Erzeugung; vgl. dazu *Walter/Mayer* Rn. 481 ff.

856 Es handelt sich um das Bundesverfassungsgesetz über die Ermächtigung von Bund, Ländern und Gemeinden zum Abschluss von Vereinbarungen über einen Konsultationsmechanismus und einen Stabilitätspakt (Ö-BGBl. I 1998 Nr. 61) sowie das Bundesverfassungsgesetz über Ermächtigungen des Österreichischen Gemeindebundes und des Österreichischen Städtebundes (Ö-BGBl. 1998 I Nr. 68).

857 Ö-BGBl. I 1999 Nr. 35.

858 Vgl. dazu *Walter/Mayer* Rn. 284.

859 Ö-BGBl. 2002 I Nr. 39, S. 207.

trag der Länder besteht darin, dass sie in den Jahren 2001 bis 2004 einen jährlichen Haushaltsüberschuss von mindestens 0,75% des BIP erwirtschaften. Dieser Stabilitätsbeitrag wird in Art. 3 Abs. 2 auf die einzelnen Bundesländer aufgeteilt, wobei die Aufteilung ungefähr auf Grundlage der Bevölkerungszahl vorgenommen wurde.[860] Gewisse Über- und Unterschreitungen dieser Beträge sind zulässig, müssen jedoch in den Folgejahren ausgeglichen werden.

Tabelle: Aufteilung der Stabilitätsbeiträge auf die Bundesländer

Bundesland	**Bevölkerungszahl 1991**	**Anteil an 0,75% des BIP**	**Stabilitätsbeitrag (Mindestbeitrag)**
	in % der Gesamtbevölkerung	in %	in Mio. Euro
Burgenland	3,47470	2,866	47,90
Kärnten	7,02685	6,592	110,19
Niederösterreich	18,90525	18,210	304,37
Oberösterreich	17,10514	17,870	298,70
Salzburg	6,18751	6,464	108,05
Steiermark	15,19693	14,458	241,66
Tirol	8,09937	8,462	141,44
Vorarlberg	4,25194	4,442	74,25
Wien	19,75231	20,636	344,92
Summe	100,00000	100,000	1 671,48

Quelle: Österreichischer Stabilitätspakt 2001, Art. 3 Abs. 2 (Auszug)

Die Gemeinden verpflichten sich in Art. 4 des Paktes, als Stabilitätsbeitrag für die Jahre 2001 bis 2004 einen ausgeglichenen Haushalt vorzuweisen. Überschüsse in den jeweiligen Gebietskörperschaften können per Vereinbarung auf andere Gebiete übertragen werden. Die Einhaltung der Stabilitätsbeiträge wird durch ein Koordinierungskomitee überwacht. Gegenstand der Koordinierung zwischen den Gebietskörperschaften sind darüber hinaus sämtliche Bereiche der Haushaltswirtschaft. Zur Absicherung der Stabilitätsverpflichtungen wird gemäß Art. 11 ein komplizierter Sanktionsmechanismus eingerichtet. Bei Nichterbringung eines Stabilitätsbeitrags kann nach Anrufung eines Schlichtungsgremiums gegenüber dem Verursacher ein Sanktionsbeitrag nach Maßgabe des Art. 12 verhängt werden. Hierfür wurde ein detailliertes Sanktionsverfahren normiert.

2. Stellungnahme

Der österreichische Stabilitätspakt von 2001 erfüllt nahezu alle Voraussetzungen, die für die nationale Umsetzung der gemeinschaftsrechtlichen Vorgaben aufge-

---

860 Es erfolgte nur eine geringe Gewichtung auf Grundlage eines bestimmten Koeffizienten.

stellt wurden.[861] Er sieht eine verbindliche Aufteilung der zulässigen Haushaltssalden für alle Gebietskörperschaften vor und enthält ein Sanktionssystem im Falle einer Missachtung der Verpflichtungen, bei dem das Verursacherprinzip gilt. Aber auch die Koordination der Haushaltspolitiken als präventives Element wird über das Koordinierungskomitee sowie den Konsultationsmechanismus sichergestellt. Es fehlt lediglich eine Vereinbarung über den Schuldenstand. Dies kann jedoch als entbehrlich angesehen werden, sind doch die Defizit-Ziele so ehrgeizig gewählt, dass der Schuldenstand automatisch abnehmen wird. Der österreichische Stabilitätspakt kann damit als Vorbild für einen deutschen Stabilitätspakt dienen. Zwar kann die konkrete Aufteilung zwischen Bund, Ländern und Gemeinden aufgrund der unterschiedlichen Kompetenzen in Deutschland und der unterschiedlichen Gestaltung des Finanzausgleichs nicht wörtlich übernommen werden, das dahinterstehende Prinzip jedoch schon. Insbesondere die vertikale Aufteilung nach konkreten Prozentzahlen (wobei die Verpflichtung zur Erwirtschaftung von Überschüssen von den deutschen Bundesländern sicherlich nicht mitgetragen wird) sowie die horizontale Aufteilung innerhalb der Länder auf Grundlage der Bevölkerungszahl stellen eine optimale Lösung dar.

IV. Ergebnis zum 3. Kapitel

Innerstaatlich führt die Defizitbegrenzung vor allem in föderalen Mitgliedstaaten zu Umsetzungsproblemen. In Deutschland ist deshalb ein sog. nationaler Stabilitätspakt erforderlich, der bislang nur in rudimentären Ansätzen existiert. Er müsste eine vertikale Aufteilung der zulässigen Defizit- und Schuldenstände zwischen Bund, Ländern und Gemeinden, eine horizontale Aufteilung zwischen den einzelnen Bundesländern und eine Aufteilungsregel für eventuell verhängte Sanktionen enthalten. Darüber hinaus muss der nationale Stabilitätspakt präventive Einwirkungsmöglichkeiten auf die Länderhaushalte und eine institutionelle Absicherung vorsehen. Idealerweise sollte ein nationaler Stabilitätspakt in Form eines Bundesgesetzes umgesetzt werden. Möglich wäre jedoch auch die Umsetzung über einen Staatsvertrag oder die einseitige Durchsetzung durch den Bund. Bislang existiert keine Gesetzgebungskompetenz für einen nationalen Stabilitätspakt in Form eines Bundesgesetzes, aus dem Gemeinschaftsrecht folgt jedoch eine Pflicht zur Änderung des Art. 109 GG. In Frankreich bestehen aufgrund zentralstaatlicher Einflussmöglichkeiten auf die Budgets der Gebietskörperschaften keine Umsetzungsprobleme. In Österreich stellt sich die Lage ähnlich wie in Deutschland dar. Dort haben sich allerdings Bund, Länder und Gemeinden im Jahr 2001 auf einen nationalen Stabilitätspakt geeinigt, der Vorbildfunktion auch für Deutschland entfalten kann.

---

[861] Vgl. S. 169 ff.

E. Die Sicherung der Budgetdisziplin *de lege ferenda*

Da das Defizitverfahren eine Monopolstellung bei der Reaktion auf unsolide Haushaltspraktiken genießt, muss es effektiv konzipiert und gestaltet sein. Anhand von Beispielen aus der politischen Praxis wird daher untersucht, ob das System des Art. 104 EGV in seiner jetzigen Form zur Sicherung der Budgetdisziplin geeignet oder ob eine Reform des Defizitverfahrens notwendig ist (dazu I.). Anschließend sollen Sanktionssysteme in anderen Internationalen Organisationen daraufhin analysiert werden, ob sie als Vorbilder für eine Reform des Defizitverfahrens in Frage kommen (dazu II.). Danach werden konkrete Vorschläge für eine Reform des Defizitverfahrens dargestellt (dazu III.). Hierzu sollen die Kritik an einzelnen Elementen des Defizitverfahrens umfassend diskutiert sowie Reformvorschläge auf ihre rechtlichen Umsetzungsmöglichkeiten untersucht werden. Das Kapitel schließt mit einem Ausblick auf die Wahrscheinlichkeit einer Verwirklichung der Reformansätze (dazu IV.)

I. Notwendigkeit einer Reform des Defizitverfahrens

Eine Reform des Defizitverfahrens ist notwendig, wenn es die Einhaltung der Budgetdisziplin in den Mitgliedstaaten nicht sicherstellen kann. Dies ist dann der Fall, wenn in einem Mitgliedstaat ein übermäßiges Defizit besteht oder droht, aber Kommission und/oder Ecofin untätig bleiben. In diesem Fall führen die ex ante Sicherungsvorkehrungen nicht zu einem Schutz gegen ex post Opportunismus. Im Wege einer empirisch-beschreibenden Herangehensweise werden zunächst einige Beispiele aus der Rechtspraxis des Defizitverfahrens vorgestellt, anhand derer die Effektivität bzw. Ineffektivität des Defizitverfahrens nachgewiesen werden kann (dazu 1.). Anschließend wird erörtert, inwiefern auch der mangelnde Konsens über das aktuelle Defizitverfahren ein Argument für dessen Reform darstellen kann (dazu 2.) Allerdings soll auch ein Hoffnungsschimmer nicht unterschlagen werden, nämlich die Existenz sogenannter Vorfeldwirkungen (dazu 3.)

1. Ineffektivität des Defizitverfahrens

a) Beispiel 1: Die Entscheidung über die Aufnahme in die 3. Stufe

Die Entscheidung über die Aufnahme in die 3. Stufe der Währungsunion[862] stellt streng genommen keine Entscheidung im Rahmen des Defizitverfahrens dar. Sie ist als vorbereitende Entscheidung der WWU allerdings mit dem Defizitverfahren eng verknüpft und weist hinsichtlich ihres politischen Charakters und bezüglich ihrer konkreten Modalitäten – es handelt sich um eine Rats-Entscheidung mit qualifizierter Mehrheit – durchaus Parallelen zum Verfahren des Art. 104 EGV auf. Dies rechtfertigt die Heranziehung dieser Entscheidung zur Frage der Ineffektivität des Defizitverfahrens.

---

862 Vgl. dazu etwa *Becker-Neetz*, EWS 1996, 369/370 ff.; *Kortz*, Entscheidung, S.23/171 ff., *Kortz*, EuR 1996, 80 ff.

Die Entscheidung, welche Mitgliedstaaten an der 3. Stufe der WWU teilnehmen, erging auf Grundlage von Art. 121 Abs. 4 EGV.[863] Der Rat entschied am 3. Mai 1998, dass Belgien, Deutschland, Finnland, Frankreich, Irland, Italien, Luxemburg, die Niederlande, Österreich, Portugal und Spanien die Konvergenzkriterien und damit die notwendigen Voraussetzungen für die Einführung des Euro zum 1. Januar 1999 erfüllten.[864] Problematisch an dieser Entscheidung war allerdings, dass auch Belgien und Italien in die 3. Stufe aufgenommen wurden, obwohl der Schuldenstand 1997 in Belgien 122,2% und in Italien 121,6% betrug[865]. Damit lag der Schuldenstand in beiden Ländern deutlich über dem Referenzwert von 60%. Legt man eine rein formelle Betrachtung zu Grunde, scheint die Entscheidung des Rates trotzdem rechtmäßig zu sein. Gemäß Art. 121 Abs. 1 EGV besteht das zweite Konvergenzkriterium nämlich aus einer „auf Dauer tragbaren Finanzlage der öffentlichen Hand, ersichtlich aus einer öffentlichen Haushaltslage ohne übermäßiges Defizit im Sinne des Art. 104 Abs. 6 EGV“. Eine u.a. Belgien und Italien betreffende Entscheidung über das Bestehen eines übermäßigen Defizits nach Art. 104 Abs. 6 EGV wurde am 1. Mai 1998 aufgehoben[866], d.h. zwei Tage vor der Entscheidung über die Aufnahme in die 3. Stufe. Wird Art. 121 Abs. 1 EGV so ausgelegt, dass ein hoher Grad an dauerhafter Konvergenz erreicht ist, sofern keine Entscheidung nach Art. 104 Abs. 6 EGV besteht, stand der Aufnahme Belgiens und Italiens nichts mehr im Wege.

Allerdings lässt sich bereits aufgrund der zeitlichen Nähe zwischen der Aufhebungsentscheidung bezüglich Belgien und Italien und der Entscheidung über deren Aufnahme in die 3. Stufe vermuten, dass die Aufhebungsentscheidung allein deswegen getroffen wurde, um die Teilnahme dieser beiden Staaten zu ermöglichen.[867] Darüber hinaus durfte sich der Rat in seiner Auswahlentscheidung nicht auf eine formelle Betrachtung – besteht eine Entscheidung nach Art. 104 Abs. 6 EGV oder nicht – beschränken. Art. 121 Abs. 1 EGV besagt nämlich, dass ein hoher Grad an dauerhafter Konvergenz erreicht ist, wenn eine auf Dauer tragbare Finanzlage der öffentlichen Hand besteht. Diese wiederum ist ersichtlich aus einer öffentlichen Haushaltslage ohne übermäßiges Defizit im Sinne des Art. 104 Abs. 6 EGV. Damit stellt Art. 121 Abs. 1 EGV nicht etwa auf das formelle Bestehen einer Ecofin-Entscheidung ab, sondern auf die materiellen Kriterien des Art. 104 Abs. 6 EGV. Der Rat in der Zusammensetzung der Staats und Regierungschefs hätte damit am 3. Mai 1998 prüfen müssen, ob in den Mitgliedstaaten ein übermäßiges Defizit i.S.d. Art. 104 Abs. 6 EGV bestand. Damit oblag dem Rat bei seiner Entscheidung über die Aufnahme in die 3. Stufe eine materielle Prüfungspflicht bezüglich der Haushaltslage der Mitgliedstaaten.[868] Er hätte damit zumindest prüfen müssen, ob die Aufhebungsentscheidun-

---

863 Zur Frage, ob es sich dabei um einen Automatismus handelt vgl. S. 41 ff.

864 ABl. 1998 Nr. L 139/30; vgl. dazu bereits oben S. 43.

865 Zu den Zahlen vgl. *Europäisches Währungsinstitut*, Konvergenzbericht, März 1998, S. 29.

866 ABl. 1998 Nr. L 139/9 bezüglich Belgien, ABl. 1998 Nr. L 139/15 bezüglich Italien.

867 Vgl. *Palm* S. 86.

868 So insbesondere *Häde*, JZ 1998, 1088/1089 sowie *Häde*, in: Calliess/Ruffert Art. 121 EGV Rn. 9.

gen im Rahmen des Art. 104 Abs. 6 EGV rechtmäßigerweise ergangen sind. Stattdessen hat der Rat lediglich festgestellt, dass keine Entscheidung gemäß Art. 104 Abs. 6 EGV gegen einen Mitgliedstaat besteht. Diese Prüfungspflicht gilt umso mehr, als es keine Organidentität zwischen den beiden Entscheidungsträgern gibt. Die Entscheidung nach Art. 104 Abs. 6 EGV trifft der Ecofin, die Entscheidung nach Art. 121 Abs. 4 EGV der Rat in der Zusammensetzung der Staats- und Regierungschefs.

Um die Frage der Rechtmäßigkeit der Aufnahme Belgiens und Italiens zu klären, muss damit in materieller Hinsicht untersucht werden, ob in beiden Ländern ein übermäßiges Defizit bestand oder nicht. Dabei führt das Überschreiten des Schuldenstands-Referenzwertes von 60% nicht zwangsläufig zur Feststellung eines übermäßigen Defizits. Vielmehr sind auch die Ausnahmebestimmungen des Art. 104 Abs. 2 EGV zu prüfen, d.h. ob der Schuldenstand hinreichend rückläufig ist und sich rasch genug dem Referenzwert nähert.[869] Die Schuldenstände von Belgien und Italien waren jedoch nur geringfügig rückläufig, in Italien ist er von 1990 bis 1994 sogar von ca. 98% auf etwa 125% gestiegen und war danach nur leicht rückläufig.[870] Damit blieb als einzige Rechtfertigung für die Aufhebungsentscheidung die Argumentation übrig, dass „die Gesamtlage“ i.S.d. Art. 104 Abs. 6 EGV gegen die Annahme eines übermäßigen Defizits spricht. Hinweise, welche Faktoren diese Annahme stützen könnten, enthalten die Ratsentscheidungen jedoch nicht.[871] Bei einer Überschreitung der Referenzwerte um über 100% erscheint es überaus fraglich, ob derartige Faktoren überhaupt denkbar wären. Der Beurteilungsspielraum des Rates bei der Auslegung dieses unbestimmten Rechtsbegriffs ist über die Verpflichtung auf die Preisniveaustabilität eingeschränkt.[872] Aus diesem Grund spricht vieles dafür, die Rats-Entscheidung vom 1. Mai 1998 als rechtswidrig anzusehen, da die Finanzlage in Belgien und Italien nicht auf Dauer tragbar war. Beide Staaten hätten nicht in die 3. Stufe der WWU aufgenommen werden dürfen.

Dass Italien und Belgien gleichwohl von Beginn an in die 3. Stufe aufgenommen wurden, zeigt, dass der Rat in der Zusammensetzung der Staats- und Regierungschefs in seiner Entscheidung vom 3. Mai 1998 sich nicht an den rechtlichen Erwägungen des EGV orientiert hat. Im Vordergrund der Entscheidung stand vielmehr die politische Frage, welche Staaten als Teilnehmerstaaten erwünscht waren. Die Entscheidung über das Bestehen eines übermäßigen Defizits in Belgien und Italien wurde am 1. Mai 1998 aufgehoben, um beiden Staaten die Teilnahme an der WWU zu ermöglichen, und nicht etwa weil kein übermäßiges Defizit mehr bestand. Bereits hier zeigt sich, dass eine Entscheidungskompetenz des Rates aufgrund seiner

---

869 Vgl. dazu oben S. 81 ff.

870 Vgl. *Häde*, JZ 1998, 1088/1090.

871 Sie enthalten lediglich die Aussage, dass beide Regierungen den Primärüberschuss von 6% halten wollen. Auf diese Weise würden beide Länder nach Berechnungen des EWI jedoch bis zum Jahr 2012 brauchen, um die 60% - Grenze zu erreichen; vgl. *Europäisches Währungsinstitut*, Konvergenzbericht, März 1998, S. 57 (Tabelle 7b) und Abbildung 5) und S. 175 (Tabelle 7b))

872 Vgl. dazu oben S. 113 ff.

politischen Zusammensetzung anfällig ist für sachfremde Erwägungen. Ein Entscheidungsverfahren, das von den Entscheidungsträgern nicht beachtet wird, kann nicht als effektiv bezeichnet werden. Aufgrund seiner großen Ähnlichkeit ist damit bereits die Aufnahmeentscheidung von 1998 ein Indiz dafür, dass das Defizitverfahren durch den EGV nicht effektiv ausgestaltet ist.

b) Beispiel 2: Das übermäßige Defizit in Deutschland

(1) 1. Fallstudie (Winter 2002)

Der Jahresbeginn 2002 war in Deutschland durch ein äußerst schwaches Wirtschaftswachstum gekennzeichnet. Die Prognose für das gesamte Jahr 2002 lautete nur noch auf ein Wachstum von 0,75 bis 1%. Infolgedessen war bereits zu Jahresbeginn damit zu rechnen, dass das Defizit im Laufe des Jahres auf 2,5% des BIP ansteigt.[873]

(a) Die Entscheidung der Kommission vom 30. Januar 2002

Am 30. Januar 2002 hat die Kommission auf Grundlage der Verordnung 1466/97/EG eine Empfehlung an den Ecofin beschlossen.[874] Dieser solle eine frühzeitige Warnung an Deutschland im Rahmen einer förmlichen Stellungnahme abgeben. Grundlage der Empfehlung war eine Bewertung des aktualisierten deutschen Stabilitätsprogramms für den Zeitraum 2002 – 2005. Die Kommission war der Auffassung, dass eine Überschreitung des Defizitreferenzwertes von 3% im Laufe des Jahres 2002 möglich sei. Daher schlug die Kommission dem Rat vor, eine frühzeitige Warnung an Deutschland auszusprechen. Nach dem Stabilitätsprogramm soll bei einem Wirtschaftswachstum von jährlich 2% das Haushaltsdefizit 2002 etwa 2% erreichen und danach stetig zurückgehen, bis 2004 ein ausgeglichener Haushalt erreicht wird.

Tabelle: aktualisiertes deutsches Stabilitätsprogramm (zentrales Szenario), Januar 2002

	2001	2002	2003	2004	2005
BIP-Wachstum (Veränderung in %)	0,75%	1,25%	2,5%	2,5%	2,5%
Defizit (in % des BIP)	- 2,5%	- 2%	- 1%	0%	0%
Schuldenstand (in % des BIP)	60%	60%	59%	57%	55,5%

Quelle: Pressemitteilung der Kommission vom 30.01.2002, IP/02/164.

Die Kommission kritisiert dieses Szenario als allzu optimistisch. Bei einem Wirtschaftswachstum von weniger als 1%, wie es für das Jahr 2002 prognostiziert

873 Wobei allerdings streitig ist, ab wann und mit welcher Gewissheit dies erkennbar war. Dies führte zur Einsetzung des sog. „Wahlbetrugs-Untersuchungsausschusses" im Deutschen Bundestag; vgl. zu dessen erster Sitzung am 31.01.2003, SZ vom 31.01.2003, S. 6.

874 Pressemitteilung vom 30.01.2002, IP/02/164. Vgl. dazu *Hefeker*, Wirtschaftsdienst 2002, 64; *Kommission*, European Economy 3/2002, S. 45 ff.

wurde, werde sich das Defizit auf über 2,5% ausweiten. Es bestehe sogar die Gefahr, dass das Defizit den Referenzwert von 3% übersteigt. Die Kommission berücksichtigt dabei, dass die Stabilitätsprogramme die ökonomische Lage des Landes nicht immer zutreffend wiedergeben. Mangels konkreter Vorgaben sind die Staaten frei, sich auf optimistische Prognosen zu stützen und die Situation dadurch zu beschönigen. Die Gründe für das Ansteigen des deutschen Defizits sieht die Kommission hauptsächlich in der unerwarteten Konjunkturabschwächung. Die gesamtstaatlichen Ausgaben entwickelten sich im Großen und Ganzen entsprechend den Vorgaben. Problematisch seien allerdings Ausgaben im Gesundheitswesen sowie auf der Ebene bestimmter Bundesländer. Um zu verhindern, dass das Defizit die Grenze von 3% übersteigt, müsse Deutschland zusätzliche Sparmaßnahmen beschließen, sobald die Konjunkturerholung gesichert sei. Die Kommission kritisiert in vorsichtigen Worten, dass der gesetzliche Rahmen in Deutschland wohl nicht ausreichend sei, um alle staatlichen Ebenen zur Einhaltung der mittelfristigen Haushaltsziele zu bewegen. Aus diesen Gründen schlägt die Kommission dem Rat vor, auf Grundlage der Verordnung 1466/97/EG eine frühzeitige Warnung an Deutschland zu richten.

Die Empfehlung der Kommission ist auf Grundlage des Frühwarnsystems der Verordnung 1466/97/EG[875] getroffen worden, wobei die Kommission keine konkrete Rechtsgrundlage genannt hat. In Betracht kommt Art. 5 Abs. 3 i.V.m. Art. 5 Abs. 2 der Verordnung, wonach die Kommission die aktualisierten Stabilitätsprogramme der teilnehmenden Staaten bewertet und eine Empfehlung an den Rat richtet. Dabei stellt sich die Frage, warum die Kommission nicht unmittelbar auf Grundlage des Art. 104 EGV vorgegangen ist. Gemäß Art. 104 Abs. 3 UAbs. 2 EGV kann die Kommission einen Bericht erstellen, wenn sie der Auffassung ist, dass in einem Mitgliedstaat die Gefahr eines übermäßigen Defizits besteht. Da die Kommission in ihrer Empfehlung eine Überschreitung des Defizitreferenzwertes von 3% im Laufe des Jahres 2002 durch Deutschland für möglich hielt, hätte sie den Bericht auch auf der primärrechtlichen Rechtsgrundlage erstellen können.

Hierzu ist anzumerken, dass das sekundärrechtliche Frühwarnsystem und die primärrechtlichen Kompetenzen nicht in einem Ausschließlichkeitsverhältnis stehen. Das Frühwarnsystem der Verordnung 1466/97/EG ist auf Grundlage des Art. 99 Abs. 5 EGV (Art. 103 Abs. 5 EGV a.F.) beschlossen wurde. Es handelt sich somit um eine Maßnahme zur Überwachung der Koordinierung der Wirtschaftspolitiken. Gemäß dem 6. Erwägungsgrund ist die Verordnung auf Art. 99 EGV gestützt, damit eine umfassende Beobachtung der ganzen Breite der wirtschaftlichen Entwicklung möglich ist. Gemäß dem 16. Erwägungsgrund führen die Stabilitätsprogramme zu der Erfüllung der Voraussetzungen des Art. 104 EGV, mithin der Vermeidung eines übermäßigen Defizits. Das Frühwarnsystem kommt damit vor Art. 104 EGV zum Zuge.[876]

---

875 ABl. 1997 Nr. L 209/1; näheres dazu siehe oben S. 60 sowie S. 86 ff.

876 Als Sekundärrecht dürfte die Entscheidung der Kommission nicht gegen Primärrecht verstoßen. Auch Art. 104 EGV ermöglicht ein Vorgehen der Gemeinschaft bereits dann, wenn die

Dies schließt jedoch nicht aus, dass die Kommission gleichzeitig auch auf Grundlage des Primärrechts vorgeht, wenn dessen Voraussetzungen erfüllt sind. Damit hätte die Kommission wegen der Gefahr der Überschreitung des Defizit-Referenzkriteriums zusätzlich auch einen Bericht gemäß Art. 104 Abs. 3 UAbs. 2 EGV erstellen können.

Fraglich ist, wie diese Konkurrenz der Rechtsgrundlagen zwischen Art. 104 EGV und dem Stabilitäts- und Wachstumspakt zu bewerten ist. Grundsätzlich ist das durch den Stabilitäts- und Wachstumspakt eingeführte Frühwarnsystem positiv zu beurteilen, wenn damit die Koordination der Haushaltspolitiken verstärkt und übermäßige Defizite bereits im Vorfeld vermieden werden. Anders ist die Situation jedoch dann einzuschätzen, wenn die Kommission auch auf Grundlage des Art. 104 EGV handeln kann. Ein Vorgehen auf primärrechtlicher Basis hätte zur Folge, dass die Sanktionen des Art. 104 EGV schneller verhängt werden können. Das Frühwarnsystem des Stabilitäts- und Wachstumspaktes wirkt in diesem Fall wie eine zusätzliche Verfahrensinstanz, die den zeitlichen Zusammenhang zwischen drohendem übermäßigen Defizit und Sanktion zerstört. Daher sollte das Frühwarnsystem dahingehend reformiert werden, dass bei Existenz einer primärrechtlichen Rechtsgrundlage ausschließlich auf dieser Grundlage vorgegangen werden muss.

(b) Die Entscheidung des Ecofin vom 12. Februar 2002

Der Ecofin hat auf seiner Tagung am 12. Februar 2002 in Brüssel einstimmig beschlossen, keine frühzeitige Warnung an Deutschland zu richten.[877] Er begnügt sich in seiner auf Art. 5 Abs. 3 der Verordnung 1466/97/EG gestützten Entscheidung mit mehreren Zusagen der Bundesregierung. Unter anderen verpflichtet sich diese, die Nichtüberschreitung des Referenzwertes von 3% sicherzustellen, die Gesamtverschuldung zurückzuführen und Vereinbarungen mit den Ländern und Kommunen zu treffen. Außerdem hat sich die Bundesregierung verpflichtet, bis 2004 einen ausgeglichenen Haushalt vorzuweisen. Den in der Empfehlung der Kommission zum Ausdruck gebrachten Bedenken sei damit nach Ansicht des Rates in wirksamer Weise Rechnung getragen worden.[878] Die Empfehlung der Kommission wurde nicht zur Abstimmung gestellt, das Verfahren war damit abgeschlossen.

Vorangegangen war ein diplomatisches Tauziehen, bei dem Deutschland die EU-Mitgliedstaaten auf seine Seite gezogen hat.[879] Zu Beginn der Ratssitzung hatten sich insbesondere Österreich, Finnland, Belgien und die Niederlande dafür ausgesprochen, den sogenannten „blauen Brief" zu versenden, d.h. die Frühwarnung auszusprechen. Nach 5 Stunden Ratssitzung wurde dann jedoch einstimmig beschlossen, keine Abstimmung über die Empfehlung der Kommission durchzuführen, sondern

---

Überschreitung der Referenzwerte lediglich *droht*. Die Bewertung der Stabilitätsprogramme ist damit primärrechtskonform.

877 Ratsdokument C/02/28; vgl. auch ABl. 2002 Nr. C 51/1.

878 Vgl. Punkt 2 der Erklärung des Rates zur Haushaltslage in Deutschland.

879 Siehe hierzu SZ vom 13.02.2002, S. 2 und S. 4.

das Verfahren zu beenden. Die großen Mitgliedstaaten hatten zuvor durchblicken lassen, dass keine qualifizierte Mehrheit für die Frühwarnung zustande kommen würde und damit der Kommission eine sichere Niederlage prophezeit. Insofern war die Kommission zufrieden, dass die Bundesregierung Zusagen zur Einhaltung seines Sparkurses gemacht und der Rat eine Erklärung zur Haushaltslage in Deutschland abgegeben hat.

(c) Bewertung

Die skizzierte Entscheidung über die Nichtversendung eines „blauen Briefes" ist ein Musterbeispiel dafür, welche unterschiedlichen Interessen die Kommission und der Rat bei ihren Entscheidungen verfolgen. Die Empfehlung der Kommission war an den rechtlichen Kriterien des Art. 104 EGV sowie des Stabilitätspaktes ausgerichtet, da das aktualisierte deutsche Stabilitätsprogramm auf unrealistischen ökonomischen Annahmen beruhte. Auch bestand die Gefahr der Überschreitung des Referenzwertes bei einem prognostizierten Defizit von über 2,5%.[880] Die Kommission erfüllte damit ihre Aufgabe als Hüterin der Verträge.

Trotzdem ist der Ecofin nicht der Einschätzung der Kommission gefolgt. Dies kann einerseits damit begründet werden, dass der Rat primärrechtlich andere Vorgaben für seine Entscheidung hat als die Kommission. Während die Kommission gemäß Art. 104 Abs. 5 EGV darüber entscheidet, ob in einem Mitgliedstaat ein übermäßiges Defizit *besteht* oder *sich ergeben könnte*, kann der Ecofin gemäß Art. 104 Abs. 6 EGV lediglich feststellen, ob *nach Prüfung der Gesamtlage* ein übermäßiges Defizit *besteht*. Da dem Rat hierbei über den unbestimmten Rechtsbegriff „Gesamtlage" ein großes Ermessen eingeräumt ist, muss er nicht zwangsläufig zum selben Ergebnis gelangen wie die Kommission. Wie bereits dargelegt, kann der Rat das Bestehen eines übermäßigen Defizits feststellen, selbst wenn dieses laut Kommission erst droht.[881] Die Entscheidung des Ecofin ist allerdings nicht auf Grundlage des Primärrechts, sondern nach Maßgabe des Stabilitäts- und Wachstumspaktes getroffen worden. Gemäß Art. 5 Abs. 3 i.V.m. Art. 5 Abs. 1 der Verordnung 1466/97/EG hätte der Rat prüfen müssen, ob das mittelfristige Haushaltsziel des Stabilitätsprogramms eine Sicherheitsmarge vorsieht, um sicherzustellen, dass kein übermäßiges Defizit entsteht, ob die ökonomischen Annahmen, auf denen das Programm beruht, realistisch sind, und ob die laufenden und/oder geplanten Maßnahmen ausreichen, um den angestrebten Anpassungspfad in Richtung auf das mittelfristige Haushaltsziel sicherzustellen. Insbesondere an der zweiten Vorgabe bestanden erhebliche Zweifel. So geht die Bundesregierung von einem BIP-Wachstum von 1,25% für das Jahr 2002 und danach von einem jährlichen Wachstum von 2,5% aus. Infolgedessen rechnete die Bundesregierung mit einem Defizit von 2,0% für 2002, von 1,0% für 2003 und

---

880 Das tatsächliche Defizit lag 2002 sogar bei 3,6%, vgl. Pressemitteilung von Eurostat vom 17.03.2003, STAT/03/30.

881 Näheres dazu siehe oben S. 93 ff.

mit einem ausgeglichenen Haushalt im Jahre 2004. Tatsächlich ergaben sich für das Jahr 2002 ein BIP-Wachstum von 0,2%[882] und ein Defizit von 3,6%[883]. Dass diese Entwicklung bereits zur Zeit der Erstellung des Stabilitätsprogramms ersichtlich war, ergibt sich neben der Bewertung durch die Kommission auch aus den Gutachten der Wirtschaftsforschungsinstitute.[884] Damit hätte der Rat ein erhebliches Abweichen der tatsächlichen Haushaltslage von dem mittelfristigen Haushaltsziel feststellen und gemäß Art. 6 Abs. 2 der Verordnung 1466/97/EG eine frühzeitige Warnung an Deutschland richten müssen.

Eine Erklärungsmöglichkeit für die (Fehl-)Entscheidung des Rates ist, dass der Ecofin die Kommission „auflaufen“ lassen wollte. In die Entscheidung des Rates fließen nämlich auch die Sorgen der anderen Staaten ein, selber in Zukunft Adressat einer Warnung aus Brüssel zu werden. Um hier keinen Präzedenzfall entstehen zu lassen, haben sich die europäischen Finanzminister hinter die Bundesregierung gestellt. Es hat sich auch gezeigt, welche diplomatischen Energien ein Mitgliedstaat freisetzen kann, wenn er aus innenpolitischen Gründen eine Sanktion verhindern will. Insbesondere in Wahlkampfzeiten werden die großen Staaten alles daran setzen, jede Kritik aus Brüssel zu vermeiden. Das Entscheidungsverfahren der qualifizierten Mehrheit erweist sich in der Praxis als wirkungslos, solange die sanktionierenden Staaten die potentiellen sanktionierten Staaten sind. Dies zeigt, dass ein Sanktionsverfahren, bei dem der Rat das letzte Wort hat, nicht zur Überwachung von rechtlichen Verpflichtungen aus dem EGV geeignet ist. Der ex post Opportunismus kann sich in diesem Fall gegenüber den ex ante Sicherungsmechanismen durchsetzen. In der internationalen Presse wurde die Ratsentscheidung als schwerer Rückschlag für den Stabilitätspakt gewertet. Darüber hinaus kam insbesondere in der französischen Presse eine gewisse Schadenfreude darüber zum Ausdruck, dass ausgerechnet Deutschland als Initiator des ungeliebten Stabilitätspaktes dessen erstes Opfer wurde.[885]

Ob die Ratsentscheidung tatsächlich das Ende des Stabilitätspaktes bedeutet, wird die Zukunft zeigen. Wahrscheinlicher ist, dass ein Präzedenzfall geschaffen wurde, die Vorgaben zur Haushaltsdisziplin nicht allzu streng auszulegen. Dies wiederum könnte eine Diskussion über die Reform des Sanktionssystems des Art. 104 EGV in Gang setzen. Auch innerstaatlich hatte das Verfahren gegen Deutschland große Auswirkungen. Auf einem „Finanzgipfel“ am 21. März 2002 haben sich Bund, Länder und Gemeinden im Rahmen des Finanzplanungsrates auf einen schärferen Sparkurs für alle öffentlichen Haushalte geeinigt.[886] Dass es sich dabei nicht um einen

882 Statistisches Bundesamt, www.destatis.de (29.05.2004).

883 Pressemitteilung von Eurostat vom 17.03.2003, STAT/03/30.

884 Beispielsweise geht das Frühjahrsgutachten der sechs führenden Wirtschaftsforschungsinstitute von einem realen BIP-Wachstum von lediglich 0,9% für das Jahr 2002 aus, vgl. DIW-Wochenbericht 17-18/2002, S. 260.

885 *Delhommais*, in : *Le Monde* vom 10/11.03.2002 S. 32 « L'Allemagne tue le pacte de stabilité ».

886 Näheres zum Finanzplanungsrat und zu den Beschlüssen des 21.03.2002, vgl. oben S. 188 ff.

verbindlichen nationalen Stabilitätspakt, sondern um nicht justiziable politische Absichtserklärungen handelt, wurde bereits erörtert.[887]

Die Ratsentscheidung vom 12. Februar 2002 zeigt damit, wie wenig der Ecofin-Rat als politisches Organ zur Sicherung der Preisstabilität geeignet ist. Obwohl das Vorhandensein eines übermäßigen Defizits in Deutschland für das Jahr 2002 vorhersehbar war und letztlich auch eingetreten ist, hat der Rat aus politischen Gründen darauf verzichtet, eine frühzeitige Warnung an Deutschland zu richten. Das Defizitverfahren kann jedoch nur dann effektiv wirken, wenn an der Verhängung der Sanktionen keine Zweifel bestehen.

(2) 2. Fallstudie (Herbst 2002)

Nachdem Bundesfinanzminister *Eichel* im Herbst 2002 eingeräumt hatte, dass Deutschland im Jahr 2002 ein Defizit von über 3,0% aufweisen wird[888], hat die Kommission einen erneuten Versuch unternommen, das Defizitverfahren auf Deutschland anzuwenden. Sie ist dabei anders als im Frühjahr 2002 unmittelbar auf primärrechtlicher Basis vorgegangen. Zunächst hat die Kommission auf Grundlage von Art. 104 Abs. 3 EGV einen Bericht erstellt, wonach sie der Auffassung ist, dass Deutschland die Referenzkriterien für Defizit und Schuldenstand im Jahr 2002 nicht erfüllt.[889] Am 29. November 2002 hat der Wirtschafts- und Finanzausschuss seine nach Art. 104 Abs. 4 EGV vorgesehene Stellungnahme abgegeben. Darauf hin hat die Kommission am 8. Januar 2003 dem Rat eine Stellungnahme auf Grundlage des Art. 104 Abs. 5 EGV vorgelegt, wonach sie der Auffassung ist, dass in Deutschland ein übermäßiges Defizit besteht.[890] Gleichzeitig hat sie dem Rat eine Empfehlung auf Grundlage des Art. 104 Abs. 6 EGV vorgelegt, dieses übermäßige Defizit förmlich festzustellen. Darüber hinaus empfiehlt sie dem Rat, eine Empfehlung gemäß Art. 104 Abs. 7 EGV an Deutschland zu richten, wonach Deutschland sein übermäßiges Defizit bis zum 21. Mai 2003 abbauen muss. Anders als im Frühjahr 2002 hat dann auch der Ecofin-Rat am 21. Januar 2003 auf Grundlage des Art. 104 Abs. 6 EGV förmlich festgestellt, dass in Deutschland ein übermäßiges Defizit besteht sowie Empfehlungen gemäß Art. 104 Abs. 7 EGV an Deutschland gerichtet. Danach soll Deutschland bis zum 21. Mai 2003 wirksame Maßnahmen ergreifen, um sein übermäßiges Defizit abzubauen.

Sowohl Kommission als auch Rat haben damit die Vorgaben des Primärrechts und des Stabilitäts- und Wachstumspaktes respektiert. Gemäß Art. 3 Abs. 2 der Verordnung 1467/97/EG hat die Kommission die Stellungnahme gemäß Art. 104 Abs. 5 EGV sowie die Empfehlung nach Art. 104 Abs. 6 EGV gleichzeitig zu treffen. Art. 3

---

887 Näheres zum nationalen Stabilitätspakt in Deutschland, siehe oben S. 164 ff.

888 SZ vom 24.10.2002, S. 1. Im aktualisierten deutschen Stabilitätsprogramm vom Dezember 2002 ging die Bundesregierung von einem Defizit von 3,75% für das Jahr 2002 aus. Tatsächlich belief sich das Defizit laut Eurostat auf 3,6% (vgl. Pressemitteilung STAT/03/30).

889 SZ vom 14.11.2002, S. 19. Vgl. auch Pressemitteilung der Kommission vom 08.01.2003, IP/03/12.

890 Vgl. Pressemitteilung der Kommission vom 08.01.2003, IP/03/12.

Abs. 4 der Verordnung sieht vor, dass dem betreffenden Mitgliedstaat eine Frist von vier Monaten für das Ergreifen wirksamer Maßnahmen zu setzen ist. Hiervon ist die Kommission abgewichen, indem sie Deutschland eine Frist von 4 Monaten zum Abbau des übermäßigen Defizits setzen wollte. Der Rat hat dies jedoch dahingehend abgeändert, dass innerhalb von 4 Monaten wirksame Maßnahmen zu treffen sind, wobei er der Auffassung war, dass diese Maßnahmen bereits getroffen wurden.

Die Ecofin-Entscheidung vom 21. Januar 2003 widerlegt jedoch nicht die These von der Ineffektivität des Defizitverfahrens. Angesichts der Tatsache, dass das deutsche Defizit weit über dem Referenzwert von 3% lag, hätte der Rat ohne offenen Rechtsbruch keine andere Entscheidung treffen können. Weder waren die Ausnahmebestimmungen des Art. 104 Abs. 2 EGV einschlägig, noch sprach die Gesamtlage im Sinn des Art. 104 Abs. 6 EGV gegen eine derartige Feststellung. Die Entscheidung ist damit aufgrund der überdeutlichen Sachlage kein Beleg dafür, dass das Verfahren auch in kritischen Situationen und bei knappen Mehrheitsverhältnissen funktionsfähig ist.

(3) 3. Fallstudie (Herbst 2003)

Nachdem der Rat am 21. Januar 2003 ein übermäßiges Defizit in Deutschland festgestellt und Empfehlungen zum Defizitabbau ausgesprochen hatte, setzte die Kommission im Herbst 2003 das Defizitverfahren fort. Die Kommission war der Auffassung, dass Deutschland die Empfehlungen des Rates nicht ausreichend umgesetzt habe. Nach den Haushaltsvorausschätzungen steuerte Deutschland auf ein Defizit von etwa 4% zu. Die Kommission sah hierin einen Verstoß gegen die Ratsempfehlung vom 21. Januar 2003 und empfahl dem Rat, Deutschland gemäß Art. 104 Abs. 9 EGV in Verzug zu setzen.[891] Der Rat teilte die Auffassung der Kommission nicht. In der Sitzung vom 25. November 2003 fand sich keine qualifizierte Mehrheit für eine Fortführung des Verfahrens, weder für einen Beschluss nach Absatz 8 (Veröffentlichung), noch für ein In-Verzug-Setzen nach Absatz 9.[892] Daher beschloss der Rat, das Defizitverfahren gegen Deutschland und Frankreich auszusetzen und die gesetzte Frist zur Reduzierung des Defizits um ein Jahr zu verlängern.

Die Weigerung des Rates, das Defizitverfahren gegen Deutschland fortzusetzen, zeigt einmal mehr, dass der Rat als Sanktionsorgan ungeeignet ist. Insbesondere die Angst vieler Staaten vor eigenen übermäßigen Defiziten führte zu dieser ablehnenden Entscheidung. So stimmten gegen eine Fortsetzung des Verfahrens unter anderem Frankreich und Italien, gegen die ebenfalls ein Defizitverfahren läuft bzw. droht.

Die Entscheidung des Rates verstößt auch gegen Primär- und Sekundärrecht.[893] Gemäß Art. 9 der Verordnung 1467/97 ist das Ermessen des Rates im Rahmen seiner

---

891 Pressemitteilung der Kommission IP/03/1560.

892 Pressemitteilung des Rates Nr. 14492/03 (Presse 320).

893 EuGH, Urteil vom 13.07.2004, Rs. C-27/04. Die Kommission hatte am 28.01.2004 gegen den Beschluss des Rates Klage vor dem EuGH eingereicht und wegen besonderer Dringlichkeit die Behandlung im beschleunigten Verfahren gemäß Art. 62a EuGH-Verfahrensordnung beantragt.

Beschlussfassung reduziert. Er kann danach ein Ruhen des Verfahrens nur dann anordnen, wenn der Mitgliedstaat gemäß den Empfehlungen nach Art. 104 Abs. 7 EGV tätig wird. Dies war hier nicht der Fall, da auch der Rat anerkannt hatte, dass Deutschland zusätzliche Maßnahmen ergreifen müsse, um das übermäßige Defizit zu reduzieren.[894] Weiterhin hätte dem Beschluss des Rates eine Empfehlung der Kommission vorausgehen müssen. Schließlich hätte der Rat die Abstimmungsregeln des Art. 104 Abs. 7 EGV anwenden müssen und nicht jene des Art. 104 Abs. 9 EGV. Nach dem Urteil ist der Rat verpflichtet, den Beschluss vom 25. November 2004 unter Beachtung der Rechtsauffassung des EuGH zu wiederholen. Eine Aussetzung des Verfahrens dürfte dann nicht mehr möglich sein.

c) Beispiel 3: Das übermäßige Defizit in Frankreich

Auch das Beispiel Frankreich zeigt die mangelhafte Ausgestaltung des Defizitverfahrens *de lege lata*. Die neue französische Regierung hat schon bald nach ihrer Wahl am 17. Juni 2002 erklärt, bis 2004 keinen ausgeglichenen Haushalt aufweisen zu können. Der Grund dafür ist, dass die Regierung nicht auf die im Wahlkampf versprochenen Steuersenkungen verzichten, gleichzeitig jedoch die Ausgaben für Militär und innere Sicherheit erhöhen möchte. Nachdem Präsident *Chirac* nach längerer Diskussion kurzzeitig dazu gebracht werden konnte, am Ziel 2004 festzuhalten, hat er es im Sommer 2002 endgültig aufgegeben. Weiterhin hat die französische Regierung für 2003 einen Haushaltsentwurf ohne jede Sparanstrengung vorgelegt. Obwohl das vermutete Defizit für 2002 mit 2,6% nur knapp unter dem Referenzwert bleibt, plante Paris für 2003 ein genauso hohes Defizit.[895] Dass hierin ein Affront gegen die Brüsseler Haushaltsaufsicht liegt, steht außer Zweifel.

Wie bereits dargelegt, ist das Ziel, mittelfristig einen nahezu ausgeglichenen oder einen Überschuss aufweisenden Haushalt vorzulegen, rechtlich verbindlich, nicht jedoch ein bestimmtes Datum, zu dem dieses mittelfristige Haushaltsziel zu erreichen ist.[896] Damit ist es der französischen Regierung nicht verwehrt, gegebene Zusagen zu widerrufen und einen ausgeglichenen Haushalt erst später anzustreben. In der Öffentlichkeit entsteht jedoch der Eindruck, dass sich die Mitgliedstaaten willkürlich über die Vereinbarungen des Stabilitäts- und Wachstumspaktes hinwegsetzen. Aus diesem Grund sollte zukünftig ein bestimmtes Datum für das mittelfristige Haushaltsziel in rechtlich verbindlicher Weise in das Defizitverfahren eingefügt werden. Dies gilt umso mehr, als es sich bei dem mittelfristigen Haushaltsziel um eine der wichtigsten inhaltlichen Errungenschaften des Stabilitätspaktes handelt.

Der EuGH bestätigte im Wesentlichen die Einwände der Kommission und erklärte den Beschluss für nichtig, soweit er die Aussetzung des Verfahrens herbeiführt. Vgl. zur Klage der Kommission *Palm*, EuZW 2004, 71 ff.; *Streinz/Ohler/Herrmann*, NJW 2004, 1553 ff. Zur Zulässigkeit der Klage vgl. Fn. 487.

894 Siehe Nr. 3 und 4 des Rats-Beschlusses, Pressemitteilung des Rates Nr. 14492/03 (Presse 320).

895 Vgl. SZ vom 09.10.2002, S. 23: „Euro-Staaten rügen Frankreich".

896 Vgl. dazu oben S. 65 ff.

Mit ihrem Ziel, 2,6% Defizit in 2003 aufzuweisen, verstößt die französische Regierung jedoch auch gegen rechtlich verbindliche Normen. So hat der Ecofin-Rat am 21. Januar 2003 auf Grundlage von Art. 6 Abs. 2 der Verordnung 1466/97/EG eine frühzeitige Warnung an Frankreich gerichtet.[897] Der Rat war der Auffassung, dass ein „erhebliches Abweichen" vom mittelfristigen Haushaltsziel und dem Anpassungspfad in Richtung auf dieses Ziel vorliegt. So ging die französische Regierung in ihrem aktualisierten Stabilitätsprogramm für 2002 von einem Defizit von 1,8% für 2002 und von 1,3% für 2003 aus. Nach Ansicht der Kommission (und auch Frankreichs) droht jedoch ein Defizit von 2,7% bis 2,8% in 2002, so dass ein erhebliches Abweichen vorliegt. Darüber hinaus rügt der Rat die Gefahr einer Überschreitung des Defizitreferenzwertes von 3% in 2003.

Das französische Beispiel zeigt daher zweierlei. Einerseits reicht es nicht aus, das mittelfristige Ziel eines ausgeglichenen Haushaltes in einer rechtlich unverbindlichen Entschließung zu normieren. Die Mitgliedstaaten fühlen sich hieran nicht gebunden. Andererseits hat das Defizitverfahren seine Abschreckungswirkung verloren. Obwohl der Haushaltsentwurf zu vorhersehbaren Sanktionen von Kommission und Rat führte, hielt die französische Regierung an ihm fest.

d) Beispiel 4: Das übermäßige Defizit in Portugal

Das Haushaltsdefizit Portugals lag 2001 bei 4,1% und damit deutlich über dem Referenzwert von 3%.[898] Daraufhin hat die Kommission am 16. Oktober 2002 auf Grundlage von Art. 104 Abs. 6 EGV dem Ecofin-Rat empfohlen, festzustellen, dass in Portugal ein übermäßiges Defizit besteht.[899] Gleichzeitig hat die Kommission dem Rat empfohlen, Empfehlungen gemäß Art. 104 Abs. 7 EGV an Portugal zu richten. Der Ecofin-Rat hat am 5. November 2002 offiziell gemäß Art. 104 Abs. 6 EGV festgestellt, dass in Portugal ein übermäßiges Defizit besteht. Gleichzeitig hat er Empfehlungen nach Abs. 7 an Portugal gerichtet. Danach mussten die portugiesischen Behörden die Budgetpläne für 2002, die eine Rückführung des Defizits auf 2,8% vorsehen, „entschlossen umsetzen".[900] Nachdem das Defizit in Portugal 2003 wieder unter 3% lag, hat der Rat am 11. Mai 2004 die Entscheidung über das Bestehen eines übermäßigen Defizits gemäß Art. 104 Abs. 12 EGV aufgehoben und damit das Defizitverfahren beendet.

Das Verfahren gegen Portugal war das erste offizielle Sanktionsverfahren in der 3. Stufe der Währungsunion. Die Kommission war der Meinung, dass das Defizit weder auf ein außergewöhnliches Ereignis noch auf einen starken Wirtschaftsabschwung zurückzuführen ist. Damit war der Referenzwert von 3% nicht nur ausnahmsweise i.S.d. Art. 104 Abs. 2 EGV i.V.m. der Verordnung 1467/97/EG überschritten worden. Vielmehr sei das Überschreiten des Referenzwertes auf Probleme

---

[897] Pressemitteilung des Ecofin-Rates vom 21.01.2003, Nr. 5506/03.

[898] SZ vom 27./28.07.2002, S. 1 sowie FAZ vom 02.07.2002, S. 12.

[899] Pressemitteilung von Kommissar *Solbes* vom 16.10.2002, DN: SPEECH/02/486.

[900] NZZ vom 06.11.2002, S. 10.

bei der statistischen Berechnung in Portugal sowie auf strukturelle Probleme zurückzuführen. Portugal habe somit nicht nur den Referenzwert, sondern mangels Einschlägigkeit einer Ausnahmebestimmung auch das Defizitreferenzkriterium überschritten. Damit musste die Kommission dem Rat eine Empfehlung nach Art. 104 Abs. 6 i.V.m. Art. 104 Abs. 5 EGV vorlegen.

Zur Entscheidung des Ecofin gemäß Art. 104 Abs. 6 EGV ist Folgendes anzumerken. Zum einen handelt es sich bei Portugal um einen kleinen und armen Mitgliedstaat, der wenig politisches Gewicht besitzt. Zum anderen war die Überschreitung mit 4,1% zu deutlich, als dass eine kontroverse Diskussion über das Vorliegen eines übermäßigen Defizits möglich gewesen wäre. Es kann daher keineswegs als gesichert gelten, dass der Ecofin im Falle einer geringeren Überschreitung durch einen größeren Mitgliedstaat ähnlich entscheiden wird. Hieran sind aufgrund der Erfahrungen mit dem Frühwarnsystem erhebliche Zweifel angebracht.

Die Entscheidung des Ecofin vom 5. November 2002 ist zu kritisieren, weil der Rat keine eigenen Empfehlungen an Portugal gerichtet hat. Die Empfehlung, die vom Mitgliedstaat beschlossenen Maßnahmen „entschlossen umzusetzen", beschränkt sich in ihrer inhaltlichen Aussage darauf, dem Mitgliedstaat bei der Rückführung des Defizits freie Hand zu lassen. Diese Empfehlung mag formell den Vorgaben des Art. 104 Abs. 7 EGV i.V.m. Art. 3 Abs. 3 der Verordnung 1467/97/EG entsprechen, materiell setzen Empfehlungen jedoch einen eigenen inhaltlichen Gehalt voraus. Der Ecofin hätte damit Portugal konkrete Vorschläge machen müssen, wie das Defizit zurückgeführt werden kann. Die Absegnung der von Portugal getroffenen Maßnahmen ist für eine Empfehlung nach Art. 104 Abs. 7 EGV nicht ausreichend. Bemerkenswert am portugiesischen Defizit ist weiterhin, dass Portugal zunächst von einem Defizit von 1,1% für 2001 ausgegangen war. Dies nährt den Verdacht, dass entweder Zahlen bewusst manipuliert wurden oder aber die portugiesische Regierung keinen Überblick über ihre Haushaltslage hatte.

e) Keine Verhängung von „harten Sanktionen"

Das Gerangel im Februar 2002 um den „blauen Brief" für Deutschland ist symptomatisch für das Sanktionssystem des Art. 104 EGV. Während die Kommission ihre Aufgaben erfüllt und sich als Hüterin der Euro-Stabilität profiliert, kann der Rat in seiner Rolle als Defizitwächter nicht überzeugen. Obwohl es nicht an kritischen Berichten der Kommission zu den Stabilitätsprogrammen der Mitgliedstaaten mangelt, ist es bislang noch zu keinen Sanktionen durch den Ecofin gekommen. Bis zum Herbst 2002 datierten die letzten Entscheidungen des Ecofin nach Art. 104 Abs. 6 EGV aus dem Jahre 1998.[901] Inzwischen existieren mit den Verfahren gegen Portugal und Deutschland auch nach Übergang in die dritte Stufe Entscheidungen nach Art. 104 Abs. 6 EGV. Diese waren aufgrund der großen Überschreitung des Defizitreferenzkriteriums jedoch kaum zu vermeiden. Hinzu kommen bei Portugal das geringe

[901] ABl. 1998 Nr. L 139/9-20. Diese wurden jedoch bald darauf nach Art. 104 Abs. 12 EGV aufgehoben.

politische Gewicht des Landes und bei Deutschland das Signal, ein Verfahren aus Brüssel zu akzeptieren.[902]

Zur Anwendung der „harten Sanktionen" des Art. 104 Abs. 11 EGV ist es jedoch bis zum heutigen Tag noch nicht gekommen. Zwar kann dies so interpretiert werden, dass das Verfahren eben primär präventiv wirke, die Verhängung von Sanktionen daher nicht erforderlich sei. Dem muss entgegnet werden, dass die Präventivwirkung angesichts der schlechten Haushaltslage in mehreren Mitgliedstaaten nur in Zeiten eines gesunden wirtschaftlichen Wachstums vorhanden ist. Ein Sanktionssystem kann nur dann erfolgreich präventiv wirken, wenn an der Durchsetzung der Sanktionen kein Zweifel besteht. Dass die Entscheidung gegen Portugal den Willen der politischen Akteure in Europa zeigt, das Defizitverfahren effektiv umzusetzen und anzuwenden, darf bezweifelt werden. Vielmehr sollte an diesem kleinen Land der (in Wirklichkeit nicht vorhandene) gute Wille zur Einhaltung des Verfahrens manifestiert werden.

f) Ergebnis

Die Analyse der Fallbeispiele hat gezeigt, dass die Kommission i.d.R. ihren vertraglichen Aufgaben nachgekommen ist und unsolide Haushaltspraktiken in den Mitgliedstaaten gerügt hat. Demgegenüber sind die Entscheidungen des Rates von politischen Gesichtspunkten geprägt. Zwar hat der Rat das Defizitverfahren gegenüber Deutschland und Portugal angewendet. Es steht zu vermuten, dass dies jedoch nur aufgrund der eindeutigen Überschreitung der Referenzkriterien der Fall war. In anderen, politisch umstritteneren Fällen, wurden rechtswidrige oder zumindest zweckwidrige Entscheidungen getroffen, so bei der Entscheidung über die Aufnahme in die dritte Stufe oder bei der Bewertung des deutschen Stabilitätsprogramms im Februar 2002. Damit zeigt sich, dass das Defizitverfahren nach aktueller Konzeption nicht zufriedenstellend funktioniert.

2. Mangelnder Konsens über die Defizitbegrenzung

Die Notwendigkeit einer Reform des Defizitverfahrens folgt auch daraus, dass sich das Defizitverfahren seit einiger Zeit permanent in der politischen Diskussion befindet. Im Jahre 2002 verging kaum ein Tag, an dem die Medien nicht über den Stabilitäts- und Wachstumspakt berichtet hätten. Zur politischen Diskussion kommt der wirtschaftswissenschaftliche Streit über die Sinnhaftigkeit der Defizitbeschränkung, der nach einer kurzen Zeit des vermeintlichen Konsenses wieder ausgebrochen ist.[903] Budgetregeln können jedoch nur dann effektiv wirken, wenn Konsens über die Regeln besteht. Aus diesem Grund ist die bloße Diskussion über das Verfahren des

---

902 Deutschland hat dementsprechend auch für die Beschlüsse des Rates gestimmt. Hiermit sollte vermutlich bezweckt werden, innerstaatlich Unterstützung für geplante Reformvorhaben zu erhalten.

903 Zu den Argumenten für und gegen eine Defizitbeschränkung, vgl. bereits oben S.71 ff.

Art. 104 EGV bereits ein Argument für dessen Reform – unabhängig von der Stichhaltigkeit der Argumente, die für die Reform hervorgebracht werden.

3. Die positiven „Vorfeldwirkungen“ der Reformdiskussion

Allerdings sind die politischen und ökonomischen Diskussionen über das Defizitverfahren nicht nur negativ zu bewerten. Zwar mindern sie bereits durch ihre bloße Existenz die Fähigkeit des Defizitverfahrens zur Sicherung der Stabilität. Andererseits zeigt sich an diesen Diskussionen, dass sich nicht mehr nur bestimmte Fachkreise mit der Budgetdisziplin beschäftigen. Vielmehr ist die Einhaltung der Maastricht-Kriterien in den Mittelpunkt der öffentlichen Diskussion gelangt. Der internationale Image-Schaden für Länder, die in Gefahr sind, die Referenzwerte zu überschreiten, ist in Zeiten der Standort-Konkurrenz groß. Zu der internationalen Blamage kommt die innenpolitische Kritik. Damit steigen die politischen Kosten übermäßiger Defizite.[904] Es ist nicht auszuschließen, dass das Manöver der deutschen Bundesregierung zur Verhinderung der Rüge aus Brüssel dazu beigetragen hat, dass sie vor den Bundestagswahlen schlechte Umfragewerte erhalten hat. Darüber hinaus liegt es nahe anzunehmen, dass Bundesfinanzminister Eichel nicht ohne Grund bis nach den Bundestagswahlen im Herbst 2002 mit seinem Eingeständnis gewartet hat, dass Deutschland vermutlich den Defizitreferenzwert überschreiten wird.[905] Zu groß war die Angst, dass dieses Eingeständnis Wählerstimmen gekostet hätte. Damit hat das Sanktionssystem des Art. 104 EGV zumindest ein Ziel erreicht, nämlich die Öffentlichkeit für die Einhaltung einer tragbaren Haushaltslage zu sensibilisieren. Diese Effekte des Sanktionsverfahrens können als Vorfeldwirkungen bezeichnet werden, da die budgetdisziplinierende Wirkung der öffentlichen Meinung im Vorfeld einer Sanktion nach Art. 104 EGV geschieht. Vorfeldwirkungen alleine sind allerdings zur Sicherung der Haushaltsdisziplin nicht ausreichend.

4. Ergebnis

Zusammenfassend sprechen damit folgende Gründe für eine Reform des Defizitverfahrens: Die Analyse der Anwendung des Verfahrens in der Praxis führte zu dem Ergebnis, dass Art. 104 EGV *de lege lata* nicht ausgereift ist und unter konzeptionellen Mängeln leidet. Dies hat sich in mehreren Situationen gezeigt, in denen auf Grundlage des Defizitverfahrens rechtswidrige Beschlüsse gefasst wurden. Hier ist insbesondere die Verhinderung des „blauen Briefes“ für Deutschland im Januar/Februar 2002 durch den Ecofin-Rat zu nennen, aber auch diverse andere Entscheidungen der letzten Jahre. Für eine Reform des Defizitverfahrens spricht darüber hinaus der mangelnde Konsens in der wirtschafts- und politikwissenschaftlichen Diskussion über die Defizitbeschränkung. Positiv sind einzig die unerwarteten Vorfeldwirkungen in der Öffentlichkeit zu vermerken. Diese vermögen jedoch das Ergebnis, dass eine Reform des Defizitverfahrens erforderlich ist, nicht zu ändern.

---

[904] Näheres dazu bei ***Sturm*** S. 24.

[905] Zu diesem überraschenden Eingeständnis vgl. SZ 18.10.2002, S. 1.

II. Vorbilder für eine Reform

Als Vorbilder für ein reformiertes Defizitverfahren werden bestehende Sanktionsverfahren in Internationalen Organisationen analysiert. Derartige Sanktionssysteme sind in den meisten Gründungsverträgen von Internationalen Organisationen enthalten und kommen in vielfältigen Formen und Modalitäten vor.[906] So erfolgt z.B. in der UNO gemäß Art. 19 CVN ein automatischer Verlust des Stimmrechts, wenn ein Mitgliedstaat mit seinen finanziellen Verpflichtungen mehr als zwei Jahresbeiträge im Rückstand ist. Ohne die Sanktionen im Einzelnen darstellen zu wollen, ergeben sich doch gewisse allgemeingültige Strukturen. Das Herausarbeiten dieser Strukturen und das Aufzeigen von Schwächen und Stärken bestimmter Sanktionssysteme sind Gegenstand des folgenden Abschnitts.

1. Begriff der Sanktion

In der vorliegenden Arbeit wird der Begriff der Sanktion in einem umfassenden Sinne verstanden als Reaktion einer Internationalen Organisation auf Verstöße der Mitgliedstaaten gegen Verpflichtungen, die ihnen durch die Gründungsverträge auferlegt werden.[907] Er umfasst damit einerseits die Sanktionen im engeren Sinne als das Ende des Verfahrens, den abschließenden Akt, durch den dem Mitgliedstaat ein rechtlicher oder tatsächlicher Nachteil zugefügt wird. Andererseits ist auch das vorgelagerte Kontroll- und Durchsetzungsverfahren umfasst, mit dem Internationale Organisationen auf Vertragsverstöße der Mitgliedstaaten reagieren.[908] Im Europarecht liegt der Schwerpunkt der Ausführungen oftmals auf dem Verfahren, hierbei insbesondere auf dem Vertragsverletzungsverfahren der Art. 226, 227 EGV. Doch auch die Zufügung eines rechtlichen oder tatsächlichen Nachteils z.B. einer Geldbuße gemäß Art. 104 Abs. 11 EGV als Abschluss eines Kontrollverfahrens ist von zentraler Bedeutung. Somit muss der Begriff der Sanktion beide Elemente enthalten, das Kontrollverfahren und die eigentliche Sanktion als Abschluss des Kontrollverfahrens. Im Fall des Art. 104 EGV ist also nicht nur die Möglichkeit der Verhängung einer Geldbuße von Bedeutung, sondern das gesamte System, das die Mitgliedstaaten zur Einhaltung der Budgetdisziplin anhalten soll.

Der Begriff der Sanktion kann nicht auf Reaktionen auf Verstöße gegen die Gründungsverträge beschränkt werden. Neben den Gründungsverträgen bestehen in

---

906 Vgl. dazu die Übersicht von *Oldenhage*, Die Reaktionsmaßnahmen internationaler Organisationen gegen Pflichtverletzungen ihrer Mitgliedstaaten, 1963.

907 In Anlehnung an *Leben* S. 22 ff. und *Scelle* S. 41.

908 Enger insoweit *Steiger* S. 650 f., der politische Kontrollmechanismen vom Begriff der Sanktion ausnehmen und diesen auf formelle rechtlich geordnete Kontrollverfahren beschränken will. Diese Unterteilung ist jedoch in der Rechtswirklichkeit nicht immer durchzuhalten, da manche Verfahren zwar formell rechtlich geordnet sind, allerdings auch Elemente politischer Opportunität enthalten. Auch diese Kontrollverfahren stellen Sanktionen dar und sind als solche Gegenstand der Untersuchung.

den meisten Internationalen Organisationen aus diesen abgeleitete Verpflichtungen, indem Organen der Organisation die Kompetenz zum Erlass von Rechtsnormen übertragen wird. So entstehen z.B. durch bestimmte Resolutionen des UNO-Sicherheitsrates rechtlich bindende Verpflichtungen für die Adressaten der Resolution.[909] Auch Reaktionen auf Verstöße gegen dieses „Sekundärrecht" fallen unter den Begriff der Sanktion. Unter Sanktionen sind damit alle Verfahren zu verstehen, mit denen eine Internationale Organisation auf Verstöße gegen Gründungsverträge und aus diesen abgeleiteten sonstigen Verpflichtungen reagieren kann. Schließlich umfasst der Begriff Sanktion nicht nur die Sanktionen der Internationalen Organisation gegenüber den Mitgliedstaaten, sondern auch die Sanktionen der anderen Mitgliedstaaten gegenüber dem vertragsbrüchigen Staat.

2. Initiativrecht

Unter dem Initiativrecht ist die Frage zu verstehen, wer ein Sanktionsverfahren einleiten kann. Hieran lässt sich erkennen, in welchem Umfang die Staaten ihre Hoheitsrechte aufgeben d.h. inwieweit sie auf ihre Selbstentscheidung zugunsten einer Fremdentscheidung durch die Organisation verzichten.[910] Je mehr Initiativrechte bei der Organisation liegen, desto höher ist die Übertragung der Hoheitsrechte. Es lassen sich drei Kategorien bilden. Einerseits gibt es Organisationen, in denen ausschließlich die Staaten berechtigt sind, ein Sanktionssystem einzuleiten.[911] Andererseits gibt es Fälle, in denen ausschließlich die Organisation zur Einleitung berechtigt ist. Schließlich können sowohl Organisation als auch Mitgliedstaaten zur Einleitung berechtigt sein. Am effektivsten sind dabei die Organisationen, in denen das Initiativrecht zumindest auch bei der Organisation liegt, da dann eine unabhängige Instanz über die mitgliedstaatlichen Verpflichtungen wacht.[912] Sind nur Staaten zur Einleitung des Verfahrens berechtigt, wird das Verfahren viel seltener durchgeführt, da die Staaten aus Angst vor einer potentiellen eigenen Sanktion zurückhaltend reagieren.

Schließlich kann danach unterschieden werden, ob die Organisation zur Einleitung eines Verfahrens verpflichtet ist oder nicht. In den meisten Internationalen Organisationen besteht ein Ermessen der zuständigen Organe[913], das sich über „kann" - Formulierungen äußert. Problematisch ist insoweit, dass im Falle einer Ermessensentscheidung das zuständige Organ meist aus Vertretern der Mitgliedstaaten besteht. Damit ist zwar grundsätzlich die Organisation für die Einleitung des Verfahrens zuständig, faktisch handelt es sich jedoch um ein zwischenstaatliches Verfahren. Nach *Steiger* ist in diesem Fall die Selbstentscheidung der Staaten durch eine Mitentscheidung ersetzt worden, ohne dass der Übergang zu einer echten Fremdentscheidung

---

909 Zur rechtlichen Verbindlichkeit von Resolutionen des UNO-Sicherheitsrats vgl. *Klein*, in: Graf Vitzthum, 4. Abschnitt, Rn. 150.

910 *Steiger* S. 652.

911 Z.B. Art. 84 ICAO, Art. 31 EFTA.

912 *Steiger* S. 653.

913 Z.B. Art. 5 CVN, Art. XXVI Abschnitt 2 FUND, Art. 26 ILO, Art. VI Abschnitt 2 BANK.

stattgefunden hat.[914] Eine empirische Untersuchung über den Zusammenhang zwischen Initiativrecht und Anzahl der Verfahren liegt nicht vor, es darf jedoch als gesicherte Erkenntnis gelten, dass die Zahl der Verfahren steigt, je größer das Initiativrecht der Organisation ist und je weniger Ermessen das entscheidende Organ besitzt.[915]

3. Unterteilung des Verfahrens

Die Sanktionsmechanismen in den Gründungsverträgen sehen unterschiedliche Verfahren vor. Hierbei ist insbesondere die Frage von Bedeutung, in wie viele Stufen das Verfahren untergliedert ist. Es können ein- und mehrstufige Verfahren unterschieden werden, wobei ein differenziert ausgestaltetes Systeme besser in der Lage ist, auf Vertragsverstöße zu reagieren.[916] Als Beispiel für ein einstufiges Verfahren wird z.T. das Verfahren des Sicherheitsrates im Rahmen des Kapitels VII CVN angeführt.[917] Dies ist allerdings fraglich, da der Sicherheitsrat zunächst gemäß Art. 39 CVN die Gefahrensituation feststellen muss, bevor er Sanktionen nach Art. 40 bis 42 CVN beschließen kann. Die Einordnung als einstufiges Verfahren kann auch nicht dadurch gerechtfertigt werden, dass beide Beschlüsse vom selben Organ getroffen werden müssen. Der Feststellung einer Gefahrensituation nach Art. 39 CVN kommt eine eigenständige Rechtswirkung nach außen zu. Der betroffene Staat kann sein Verhalten ändern und dadurch die Verhängung von Sanktionen gemäß Art. 40 bis 42 CVN verhindern. Daher ist das Kapitel VII – Verfahren nicht als einstufig zu qualifizieren. Beispiele für einstufige Verfahren sind der Entzug des Stimmrechts wegen Beitragsrückstand in der UNO gemäß Art. 19 CVN sowie in der Weltbank gemäß Art. VI Abschnitt 2 BANK. Die Stimmrechts-Suspendierung in der Weltbank wird allerdings erst nach einem Jahr wirksam. Dies soll Spielraum für Verhandlungen lassen. Daher ist das Verfahren nur als unechtes einstufiges Verfahren zu qualifizieren.

Als nächste Kategorie sind zweistufige Verfahren zu untersuchen. Zweistufige Verfahren sind weit verbreitet. Sie können in mehrere Untergruppen unterteilt werden. Einerseits fallen darunter Regelungen, die zueinander im Verhältnis von Vorbereitungs- und Entscheidungsverfahren stehen. Die Vorbereitungshandlung hat dann

---

914 *Steiger* S. 655.

915 Beispielsweise sind in der EG die von der Kommission eingeleiteten Vertragsverletzungsverfahren gemäß Art. 226 EGV weitaus häufiger als die durch die Mitgliedstaaten eingeleiteten Verfahren nach Art. 227 EGV. In der Geschichte der EG wurde bisher nur eine Staatenklag vom EuGH durch Urteil entscheiden, gegenüber 731 Verfahren nach Art. 226 EGV (bis 1989); vgl. *Krück*, in GTE (4. Auflage) Art. 170 Rn. 6. Im Jahr 2001 wurden 80 Urteile in Verfahren gefällt, die auf Art. 226 EGV gestützt wurden, kein einziges in Verfahren nach Art. 227 EGV (Vgl. Jahresbericht des EuGH 2001). A.A. ist *Leben* S. 300 ff. Er ist der Meinung, dass die Organisationen sehr zurückhaltend mit der Einleitung von Verfahren sind. Diese Ansicht mag sich aus dem Erscheinungsjahr 1979 erklären, außerdem setzt *Leben* den Schwerpunkt seiner Ausführungen auf politische Organe mit Einleitungsermessen. Die Aussage ist in dieser Allgemeinheit heute sicher nicht mehr zutreffend.

916 *Steiger* S. 655.

917 *Steiger* S. 656.

keine eigenständige Rechtsfolgen gegenüber dem Mitgliedstaat. Dies ist z.B. beim Ausschlussverfahren gemäß Art. 6 CVN der Fall, bei dem der Ausschluss aus der UNO durch die Generalversammlung auf Empfehlung des Sicherheitsrats beschlossen wird. Die Empfehlung des Sicherheitsrates hat keine eigenständige Rechtsfolge. Andererseits fallen solche Regelungen darunter, die auf jeder Stufe eigenständige Rechtsfolgen für den Mitgliedstaat vorsehen. Ein Beispiel hierfür ist das Sanktionsverfahren des IWF, bei dem dieser von einem Staat verlangen kann, mit dem Abkommen unvereinbare Beschränkungen abzustellen. Kommt der Staat diesem Verlangen nicht nach, kann er vom Zugang zum Fonds ausgeschlossen werden.[918] Die zweistufigen Verfahren können auch danach unterschieden werden, ob auf beiden Stufen das gleiche Organ beteiligt ist oder nicht. Diese Frage ist jedoch von untergeordneter Bedeutung, da sich hieran keine typischen Rechtsfolgen anknüpfen.

Schließlich existieren Verfahren, die aus drei oder mehr Stufen bestehen. In der Regel ist hierbei ein gerichtliches Organ beteiligt, das beim Scheitern der ersten Stufe eingeschaltet wird. Die dritte Stufe bildet die Durchsetzung des Gerichtsurteils durch ein weiteres Organ.[919] Beispielsweise sind in der ILO der gerichtlichen Phase zwei Phasen der praktischen Streitbeilegung zwischen Organisation und Mitgliedstaat vorgeschaltet. So kann zunächst der Verwaltungsrat versuchen, den Mitgliedstaat umzustimmen. Ist das erfolglos, setzt er eine Untersuchungskommission ein, die tatsächliche Feststellungen trifft und Empfehlungen ausspricht.[920] Wenn die Staaten mit den Empfehlungen nicht einverstanden sind, können sie die Angelegenheit vor den IGH bringen.[921] Der Vorteil der mehrstufigen Verfahren liegt darin, dass der Druck auf den vertragsbrüchigen Mitgliedstaat langsam – je nach Erforderlichkeit – gesteigert werden kann. Außerdem besteht die Möglichkeit, das Verfahren nach jeder Stufe anzuhalten. Dadurch entstehen „rechtlich geordnete Zwischenlagen“[922]. Der größte Gewinn gegenüber einstufigen Verfahren liegt jedoch darin, dass eine gerichtliche Instanz eingebunden werden kann, die das Recht gegenüber den politischen Einflüssen in der Organisation sichert.

4. Organe des Verfahrens

An Sanktionsverfahren in Internationalen Organisationen sind verschiedene Organe beteiligt. Zur ersten Kategorie gehören die Organe, deren Mitglieder weisungsgebundene Vertreter der Regierungen der Mitgliedstaaten sind. Dies ist z.B. bei Vollversammlungen der Fall sowie im Sicherheitsrat der Vereinten Nationen. Das Problem dieser Organe besteht darin, dass sie primär politisch-diplomatisch und weniger

---

918 Art. XIV Abschnitt 3 FUND; vgl. allgemein zum Sanktionssystem des FUND *Gold*, AJIL Bd. 66 (1972), S. 737/744 ff.

919 *Steiger* S. 659.

920 Art. 28 ILO.

921 Art. 29 Abs. 2 ILO.

922 *Steiger* S. 664.

anhand der rechtlichen Vorgaben agieren.[923] Entscheidend für das Verfahren ist bei diesen Organen ebenfalls, ob der zu sanktionierende Staat in dem Sanktionsverfahren mitwirkt oder ob ihm das Stimmrecht entzogen wird. Die Frage der Mitwirkung des betroffenen Staates bei der Abstimmung über seine Sanktion wird unterschiedlich beurteilt. Durch die Beteiligung an der Abstimmung wird der Staat zum Richter in eigener Sache.[924] Für die Möglichkeit der Mitwirkung spricht zunächst die staatliche Souveränität. Solange Staaten über Staaten urteilen, müsse der betroffene Staat mitentscheiden können. Eine völlige Aufhebung der Selbstentscheidung sei ausgeschlossen.[925] Weiterhin ermöglicht die Teilnahme an der Abstimmung die Anhörung seiner Argumente. Gegen die Mitwirkung spricht andererseits, dass der Staat nach innerstaatlichem Verständnis hochgradig befangen ist. Die Teilnahme an der Abstimmung führt dazu, dass der zu sanktionierende Staat die Möglichkeit hat, bis zuletzt auf die anderen Mitgliedstaaten einzuwirken. Damit wird dem politischen „Kuhhandel" eine offene Plattform geliefert. Aber auch aus rechtlichen Gesichtspunkten ist die Teilnahem des Staates an der Abstimmung problematisch. Es wird vertreten, dass eine Teilnahme gegen den allgemeinen Rechtsgrundsatz, wonach keine Personalunion zwischen Richter und Angeklagtem bestehen dürfe, verstoße.[926] Eine Begründung, aus welchen Normen dieser Rechtsgrundsatz folgt, fehlt jedoch. In der UNO z.B. ist ein Ausschluss eines Staates nur auf Empfehlung des Sicherheitsrates möglich (Art. 6 CVN). Im Sicherheitsrat kann jedes ständige Mitglied eine Abstimmung durch sein Veto blockieren. Ein Ausschluss eines ständigen Mitglieds des Sicherheitsrates ist daher faktisch nicht möglich. Die Mitwirkung des zu sanktionierenden Staates ist daher auch in so prominenten Organisationen wie der UNO vorgesehen. Sie kann damit wohl nicht gegen einen allgemeinen Rechtsgrundsatz verstoßen. Trotzdem ist die Mitwirkungsmöglichkeit nicht opportun. Sie führt zu einer Lähmung des Verfahrens und damit zum Scheitern des Sanktionssystems. Ob der zu sanktionierende Staat mitwirken darf, ist z.B. in Art. 104 EGV je nach Verfahrensabschnitt unterschiedlich geregelt.

Die zweite Kategorie bilden Organe, deren Mitglieder wegen ihrer Sachkenntnis und ihrer Unabhängigkeit bestellt werden.[927] Sie sind unabhängig von Weisungen der Mitgliedstaaten und nehmen zumeist technische Aufgaben wahr. Beispiele sind die Kommission der EG sowie Untersuchungskommissionen.[928] Die dritte Kategorie schließlich wird von gerichtlichen Organen gebildet. Hier ist zunächst an den IGH im Rahmen der Vereinten Nationen zu denken, aber auch andere Internationale Organisationen besitzen eigene Gerichte. Beispiele dafür sind das Common Market Tribunal

---

923 *Steiger* S. 668.

924 *Ruzié* S. 50 ff.

925 *Steiger* S. 667.

926 *Ruzié* S. 52 f. Gegen diesen Rechtsgrundsatz verstieße auch das Defizitverfahren des Art. 104 EGV, da der zu sanktionierende Staat gemäß Art. 104 Abs. 6 EGV an der Abstimmung teilnehmen darf. Zur Kritik hieran vgl. unten S. 245 ff.

927 *Steiger* S. 668.

928 Z.B. Art. 33 EFTA.

der EAC, der EuGH der EG oder auch Schiedsgerichte wie die Panels im Rahmen des GATT. Die Mitglieder der Gerichte sind formell unabhängig von Weisungen der Staaten. Allerdings ist die Unabhängigkeit nicht immer konsequent abgesichert, da auch die Richter auf Zeit ernannt werden und wiederberufen werden können[929]. Dadurch können Abhängigkeiten zwischen Staat und Richter entstehen.

Es lässt sich nicht ohne weiteres sagen, dass eine Kategorie von Organen besser als Sanktionsorgan geeignet ist als eine andere Kategorie. Dies hängt von vielen verschiedenen politischen und juristischen Einzelfragen ab. Die Unterschiede der Sanktionssysteme, je nach dem welche Organe beteiligt sind, sind allerdings groß.[930] Allgemein gilt, dass die Zuständigkeit von Organen der zweiten und dritten Kategorie ein Zeichen für eine verstärkte Kooperation innerhalb der Internationalen Organisation ist. Während die politischen Organe der ersten Kategorie quasi eine institutionalisierte Konferenz der Mitgliedstaaten mit all ihren politisch-diplomatischen Implikationen darstellen, steigt das Gewicht der Organisation beim Vorhandensein von Organen der zweiten und dritten Kategorie. Von großer Bedeutung ist auch die Kompetenzverteilung zwischen den Organen bei mehrstufigen Sanktionsverfahren. In weniger weit entwickelten Organisationen obliegt die Verhängung der Sanktion einem politischen Organ, während die Feststellung des Vertragsverstoßes einem technisch-unabhängigen Organ überlassen sein kann.[931] Indem das politische Organ das letzte Wort über die Verhängung der Sanktion hat, sichern sich die Mitgliedstaaten die Beeinflussung des Sanktionsprozesses.

Dies kann nicht nur negativ bewertet werden, da Staaten eher zu Konzessionen bereit sind, wenn sie die Folgen ihres Engagements übersehen können. Bis zu einer gewissen Ebene der internationalen Kooperation hat dieses System daher durchaus seine Legitimation. Eine qualitativ andere Stufe erreicht die Internationale Organisation jedoch dann, wenn gerichtliche Organe effektiv eingebunden werden.[932] Es findet dann ein Übergang vom Primat der Politik zum Primat des Rechts statt. Die Einbindung gerichtlicher Organe setzt jedoch voraus, dass die rechtlichen Vorgaben ausreichend verdichtet sind.[933] Dies bedeutet, dass der Einsatz von Gerichten nur dann sinn-

---

929 Siehe Art. 2, 13 IGH-Statut. Im Rahmen der WWU stellt sich das Problem der Absicherung der Unabhängigkeit der EZB. Zwar dürfen die Mitglieder des Direktoriums gemäß Art. 112 Abs. 2 EGV nicht wiederernannt werden, gleiches gilt jedoch nicht zwangsläufig für die Präsidenten der nationalen Zentralbanken, die im EZB-Rat ebenfalls vertreten sind, vgl. unten S. 45. Dies wird als Mangel in der Konzeption der Unabhängigkeit der EZB angesehen; dazu *Häde*, in: Calliess/Ruffert Art. 108 EGV Rn. 17 m.w.N.

930 *Steiger* S. 669.

931 Etwas anders stellt sich die Situation im Rahmen des Art. 104 EGV dar, da dort sowohl die Kommission als technisch-unabhängiges Organ als auch der Rat darüber entscheiden, ob ein übermäßiges Defizit vorliegt. Der Rat ist dabei nicht an die Einschätzung der Kommission gebunden, vgl. oben S. 93 ff.

932 *Leben* S. 269 ff: « Sa réalisation (le recours judiciaire) dès lors dépend encore d'une évolution importante de la société internationale ».

933 *Steiger* S. 672.

voll ist, wenn die Verpflichtungen für die Staaten hinreichend klar und präzise sind, dass darüber ein Gericht urteilen kann. Bestehen die Verpflichtungen für die Staaten nur aus politischen Absichtserklärungen, unbestimmten Rechtsbegriffen und Ermessensnormen, kann auch ein Gericht keine Verbindlichkeit „herbeizaubern“. In diesem Fall ist der Einsatz eines politischen Organs sinnvoll.

5. Art der Sanktion

Schließlich können die Sanktionssysteme auch nach der Art der zu verhängenden Sanktion unterschieden werden. Die mildeste und am häufigsten vorgesehene Sanktion im Fall von Verstößen gegen den Gründungsvertrag besteht in der Suspendierung von Stimmrechten des betreffenden Mitgliedstaates.[934] Diese kann automatisch erfolgen oder einen vorherigen Beschluss erfordern sowie sämtliche oder nur einige spezielle Bereiche umfassen.[935] Neben den Stimmrechten können auch andere Rechte und Privilegien der betreffenden Mitgliedstaaten aus dem Gründungsvertrag suspendiert werden.[936] Weiterhin kommen Wirtschaftssanktionen[937] in Betracht, dies ist z.B. in Art. 41 CVN vorgesehen. Diese können dabei in der Unterbrechung wirtschaftlicher Austauschbeziehungen oder in der Verhängung finanzieller Sanktionen bestehen. Im Rahmen der Vereinten Nationen ist darüber hinaus die militärische Durchsetzung der Vertragspflichten auf Grundlage von Kapitel 7 CVN möglich.

Von den bisherigen Sanktionen ist der Ausschluss des betreffenden Staates aus der Organisation oder aus besonderen Unterorganen zu unterscheiden. Hierbei handelt es sich um die drastischste Sanktionsmöglichkeit, die eine Internationale Organisation ergreifen kann. Sie ist mit dem Problem behaftet, dass nach Durchführung der Sanktion der Kontakt zu dem betreffenden Mitgliedstaat verloren geht.[938] Daher ist diese Sanktionsart nicht sehr häufig vorgesehen.[939]

---

934 Vgl. *Schermers/Blokker* § 1455 ff. Als Beispiel sei hier Art. 19 CVN und Art. 13.4 ILO genannt.

935 Am Beispiel der UNO zeigt sich, dass automatische Sanktionen mit gewissen Nachteilen verbunden sind. Während der 19. Sitzung der Generalversammlung hätten eigentlich die Stimmrechte von Frankreich und der Sovietunion auf Grundlage von Art. 19 CVN suspendiert werden müssen. Dies war jedoch politisch nicht durchsetzbar, so dass die Anwendung von Art. 19 CVN dadurch umgangen wurde, dass Peace-Keeping-Einsätze zukünftig aus einem speziellen Budget bezahlt wurden.

936 So wurde etwa 1974 das Recht Südafrikas auf Teilnahme an den Sitzungen der Generalversammlung und ihrer Ausschüsse suspendiert. Kritisch zur Rechtmäßigkeit dieses Beschlusses unter Hinweis auf das Fehlen einer Rechtsgrundlage *Klein*, Vereinten Nationen 1975, 51 ff.

937 Vgl. dazu *Schneider*, Wirtschaftssanktionen, 1999.

938 *Schermers/Blokker* § 1475. Vgl. dazu auch *Zeidler*, Der Austritt und Ausschluss von Mitgliedern aus den Sonderorganisationen der Vereinten Nationen, 1990.

939 Vgl. aber Art. 6 CVN und Art. 8 Satzung des Europarates.

6. Ergebnis

Sanktionssysteme in Internationalen Organisationen existieren in den verschiedensten Ausprägungen. Sie sind kategorial zwischen formlosen dezentralen Durchsetzungsmechanismen des allgemeinen Völkerrechts und den formellen Verfahren zur Durchsetzung von Bundesrecht in einem Bundesstaat angesiedelt. Aufgrund der Verschiedenheit der Internationalen Organisationen ist es nicht möglich, bestimmte Sanktionsverfahren bestimmten Typen von Organisationen zuzuordnen.[940] Allerdings sind gewisse Parallelen erkennbar. Je stärker der politische Wille zu einer fortschreitenden Integration in der betreffenden Organisation ausgeprägt ist, desto mehr Kompetenzen werden auf technisch-unabhängige Organe sowie auf Gerichte übertragen und desto ausgefeilter ist das Sanktionssystem. Besteht nur ein geringes Interesse an Integration, verbleiben die Kompetenzen bei politischen Organen, meist kombiniert mit einem einstufigen Sanktionssystem.

Für die Reform des Defizitverfahrens können damit die Regelungen zum Initiativrecht, zur Unterteilung und zu den Organen des Verfahrens sowie zu der Art der Sanktion durchaus als Vorbild verwendet werden. Bislang ist das Defizitverfahren wegen der hauptsächlichen Zuständigkeit des Ecofin-Rates als politisches Sanktionssystem ausgestaltet. Soll jedoch die Effizienz des Defizitverfahrens und damit europäische Integration insgesamt gesteigert werden, müssen die Kompetenzen von technisch-unabhängigen Organen und von Gerichten vergrößert werden.

III. Die Reformvorschläge für das Defizitverfahren

In diesem Abschnitt werden konkrete Vorschläge für eine Reform des Defizitverfahrens dargestellt und analysiert. Die Ausführung erschöpft sich jedoch nicht in der Erörterung bestehender Vorschläge, sondern möchte der Reformdiskussion auch neue Ansätze hinzufügen. Bevor diese Ansätze im Einzelnen analysiert werden, sollen zunächst einige Bemerkungen zur Methode, zu den spezifisch rechtlichen Aspekten der Reformdiskussion, zu den allgemeinen Anforderungen an Budgetregelung und zu der möglichen Zielrichtung einer Reform vorangestellt werden.

1. Vorbemerkungen

a) Methodische Ansätze der Untersuchung

Das gemeinschaftsrechtliche Defizitverfahren kann unter verschiedenen Gesichtspunkten analysiert und bewertet werden. Da es sich bei der Überwachung der mitgliedstaatlichen Budgetdisziplin um eine Schnittstelle zwischen Rechts- und Wirtschaftswissenschaften handelt, sind insbesondere die Untersuchungsmethoden interessant, die beide Bereiche miteinander verknüpfen und füreinander fruchtbar ma-

---

940 *Steiger* S. 674. Vgl. zur Frage einer „allgemeinen Theorie des Internationalen Organisationen" auch *Reuter*, in: FS Bindschedler, S. 491 ff.

chen. Aus diesem Grund wird zunächst die Ökonomische Analyse des Rechts und die sog. Institutionenökonomik vorgestellt, bevor auf allgemeinere rechtspolitische und rechtsdogmatische Ansätze eingegangen wird.

(1) Ökonomische Analyse des Rechts

Die Ökonomische Analyse des Rechts ist ein von Ökonomen entwickelter Ansatz, aus wirtschaftswissenschaftlicher Sicht Aufgaben des Rechts und Anforderungen an das Rechtssystem zu umschreiben.[941] Ziel dieser Lehrrichtung ist es, Rechtsänderungen in Richtung auf einen ökonomischen Optimalzustand zu bewirken.[942] Meist wurden dabei Regelungen des Zivilrechts untersucht, aber auch das Öffentliche Recht wird zunehmend zum Gegenstand der wissenschaftlichen Betrachtung gemacht.[943] Insoweit erhebt die Ökonomische Analyse des Rechts den Anspruch auf einen umfassenden Anwendungsbereich. Alle Lebensbereiche, die rechtlich gestaltet oder gestaltbar sind, können nach ökonomischen Kriterien untersucht, erklärt und mit Verbesserungsvorschlägen versehen werden.[944] Es muss gleich zu Beginn der Ausführungen klargestellt werden, dass es sich bei der Ökonomischen Analyse des Rechts nicht um eine juristische Methodenlehre im engeren Sinne handelt, sondern vielmehr um eine Beschreibung und Bewertung der ökonomischen Folgen einer rechtlichen Regelung.

Die Bewertung rechtlicher Regelungen nach ökonomischen Kriterien bedeutet, dass Rechtsnormen auf Grundlage wirtschaftswissenschaftlicher Grundprinzipien analysiert werden. Unter Zugrundelegung dieser Grundprinzipien ermittelt die Ökonomische Analyse des Rechts die durch Rechtsnormen und gerichtliche Standards ausgelösten Folgen in der Rechtswirklichkeit.[945] Anschließend bewertet sie diese Folgen danach, ob sie einem in bestimmter Weise definierten Effizienzkriterium genügen.[946] Hieraus lassen sich dann gegebenenfalls rechtspolitische Änderungsvorschläge an den Gesetzgeber formulieren.

---

941 *Korioth* S. 261. Allgemein zur Ökonomischen Analyse des Rechts vgl. *Behrens* S. 6 ff., 81 ff.; *Burow*, JuS 1993, 8 ff.; *Eidenmüller* S. 4 ff., 17 ff., 414 ff.; *Kaplow/Shavell*, in: Auerbach/Feldstein, S. 1661 ff.; *Kirchgässner*, JZ 1991, 104 ff.; *Koboldt/Lederer/Schmidtchen*, in: Berthold, S. 355 ff.; *Kübler*, in: FS Steindorff, S. 687 ff.; *Ott/Schäfer*, JZ 1988, 213 ff.; *Posner* S. 3 ff. sowie den Sammelband von *Assmann/Kirchner/Schanze* (Hrsg.). Zur Analyse der Staatsverschuldung vgl. *Höfling*, in: Engel/Morlok, S. 85 ff. Zur Analyse des Zivilrechts vgl. *Schäfer/Ott* S. 15 ff.; 109 ff.; 365 ff. Kritisch zur Ökonomischen Analyse des Rechts *Fezer*, JZ 1986, 817 ff. sowie JZ 1988, 223 ff.

942 *Fezer*, JZ 1986, 817/820.

943 Vgl. dazu etwa *Engel/Morlok* (Hrsg.) Die Begegnung der deutschen Staatsrechtslehre mit der Konstitutionellen Politischen Ökonomie, 1998.

944 *Korioth* S. 260.

945 *Eidenmüller* S. 41.

946 In der Wohlfahrtsökonomie sind verschiedene Effizienzkriterien gebräuchlich, etwa das *Pareto*-Kriterium (ein Zustand ist dann Pareto-optimal, wenn es keinen anderen Zustand gibt, den zumindest ein Individuum vorzieht und den alle anderen zumindest nicht ablehnen), das *Kal-*

Die praktische Anwendung dieses Ansatzes auf die Regelungen des Defizitverfahrens erscheint zunächst schwierig. Während es etwa im Kartellrecht einsichtig ist, die Normen des UWG/GWB daraufhin zu untersuchen, ob Kartelle in optimaler Weise verhindert werden oder ob es effizientere Möglichkeiten gibt, ist dies im Bereich gemeinschaftsrechtlicher Regelungen für die nationale Haushaltspolitik schwierig. Soweit ersichtlich, wurde die Anwendung der Ökonomischen Analyse des Rechts auf konstitutionelle Budgetregeln bisher nicht unternommen.[947] Es erscheint jedoch möglich, die gemeinschaftsrechtlichen Budgetregeln insoweit ökonomisch zu analysieren, als das Wirtschaftlichkeitskriterium als relevantes Effizienzkriterium gewählt wird.[948] Wenn das Ziel des gemeinschaftsrechtlichen Defizitverfahrens als „Sicherung der Geldwertstabilität" definiert wird, muss danach gefragt werden, ob die aktuellen Rechtsnormen dieses Ziel in effizienter Weise, d.h. unter möglichst geringem Ressourceneinsatz, erreichen. Hieran sind deswegen Zweifel angebracht, weil das Verfahren des Art. 104 EGV bisher nicht zu einer Disziplinierung der mitgliedstaatlichen Haushalte geführt hat, obwohl umfassende rechtliche Regelungen und institutionelle Vorkehrungen getroffen wurden. So ist der Aufwand der Kommission bei der Überwachung und Bewertung der Stabilitätsprogramme enorm, die disziplinierende Wirkung dieses Aufwandes ist bislang allerdings gering.[949] Eine Reform des Defizitverfahrens bzw. einzelner Aspekte dieses Normkomplexes erscheint aus ökonomischer Sicht dann erforderlich, wenn gewisse mit dem Verfahren verfolgte Ziele nicht erreicht bzw. unter geringerem Ressourceneinsatz effektiver erreicht werden könnten. Im Sinne der Pareto-/bzw. Kaldor/Hicks-Kriterien ist eine verbesserte Budgetdisziplinierung daraufhin zu untersuchen, wer durch diese Reformen einen Vorteil hat und ob dieser Vorteil eventuell entstehende Nachteile übersteigt.

(2) Institutionenökonomische Bewertung

Die Institutionenökonomik kann als eigenständige Disziplin der Wirtschaftswissenschaften aufgefasst werden, z.T. wird sie jedoch auch als Untergruppe der ökonomischen Analyse des Rechts angesehen.[950] Das grundsätzliche Anliegen dieses in

---

dor/Hicks-Kriterium (ein Zustand X kann gegenüber einem anderen Zustand Y auch dann eine Verbesserung bedeuten, wenn Individuen im Zustand X schlechter gestellt sind, sofern die Vorteile der Gewinner so groß sind, dass diese die Nachteile der Verlierer kompensieren können), das Reichtumsmaximierungsprinzip (ein Zustand X ist besser als ein Zustand Y, wenn der Reichtum in X höher ist als in Y) oder auch das Wirtschaftlichkeitskriterium (eine Regelung ist effizient, wenn sie das Ziel mit möglichst wenig Ressourceneinsatz erreicht). Vgl. zu diesen Kriterien *Eidenmüller* S. 47 ff.

947 Vgl. aber *Posner* S. 613 ff., der einige Verfassungsgrundsätze (Föderalismus, Nichtdiskriminierung, Marktfreiheit) untersucht.

948 Vgl. Fn. 946.

949 Siehe dazu das Fallbeispiel auf S. 200 ff.

950 Allgemein zur Institutionenökonomik vgl.: *Richter/Bindseil*, in: Berthold, S. 317 ff.; *Richter/Furubotn* S. 1 ff.; *Willeke* S. 25 ff.; *Reuter*, ZWS 114 (1994), S. 5 ff.; *Richter*, ZWS 110 (1990), S. 571 ff. Speziell zur institutionenökonomischen Analyse der Wirtschafts- und Währungsunion *Richter*, Kredit und Kapital 1999, S. 159 ff.

den 1960er und 1970er Jahren entwickelten Ansatzes, und damit auch seine Abgrenzung zur ökonomischen Analyse des Rechts, besteht in der verstärkten und ausdrücklichen Einbeziehung von Institutionen in die wirtschaftswissenschaftliche Analyse.[951] Die Vertreter dieser Disziplin betonen die Bedeutung von Institutionen für den Ablauf politischer Prozesse, da die Institutionen durch die von ihnen geschaffenen Anreizstrukturen das menschliche Verhalten nachhaltig beeinflussen.[952] Im Zentrum der Institutionenökonomik steht die Frage, welche Bedeutung Transaktionskosten für die Herausbildung „optimaler" institutioneller und organisatorischer Formen haben. Die Institutionenökonomik geht dabei anders als die neoklassische Theorie von einer Welt aus, die von opportunistischen und in ihrer Rationalität begrenzten Menschen bewohnt wird.[953] Auch wenn eine einheitliche Definition von Transaktionskosten bislang fehlt, handelt es sich allgemein gesprochen um die Kosten, die entstehen, wenn Individuen in Austauschbeziehungen treten, insbesondere die Kosten der Einrichtung, Erhaltung oder Veränderung von Institutionen.[954] Anders ausgedrückt sind Transaktionskosten die Kosten eines Austauschvorgangs auf dem Markt.[955] Beispiele für Transaktionskosten sind Informationskosten, Verhandlungskosten, Kontrollkosten sowie Kosten für die Rechtsdurchsetzung.[956] Transaktionskosten beeinflussen die Struktur der Institution und die Entscheidungen der in ihr vertretenen Menschen.[957] Die Senkung von Transaktionskosten wird dabei als der entscheidende Antrieb einerseits für die Entstehung von Institutionen, andererseits für den Wandel und die Reform bestehender Institutionen herausgestellt. Die Institutionenökonomik versucht, die Kosten von Institutionen im wirtschaftlichen, politischen und internationalen Bereich mit dem Nutzen derselben zu vergleichen. Außerdem untersucht sie die Gründe für das Scheitern oder das mangelhafte Funktionieren von Institutionen. Ein Schwerpunkt liegt dabei auf der Frage, wie gut die Konzeption der Institution vor nachträglichem Opportunismus der Vertragsparteien schützt.[958]

Eine Institution im Sinne der Institutionenökonomik ist ein System formeller und informeller Regeln einschließlich der Vorkehrungen zu deren Durchsetzung.[959] Als Beispiele sind das Eigentum, die Ehe, das Münzwesen oder die Gewerbefreiheit zu nennen. Von den Institutionen sind die Organisationen abzugrenzen. Organisationen sind Institutionen samt der daran beteiligten Personen; d.h. die „persönliche Seite der Institution"[960]. Beide Begriffe werden z.T. parallel benutzt. Institutionen dienen

---

951 *Willeke* S. 25.

952 *Sturm* S. 10 unter Verweis auf *Brennan/Buchanan* S. 1 ff.

953 *Richter*, ZWS 110 (1990), S. 571/573. Die neoklassische Theorie hat demgegenüber in ihren Analysen einen idealtypischen Menschen vorausgesetzt, den es in der Wirklichkeit nicht gibt.

954 *Richter/Furubotn* S. 49. Zum Begriff der Transaktionskosten vgl. auch *Eidenmüller* S. 97 ff.

955 *Fezer*, JZ 1986, 817/820.

956 *Willeke* S. 36.

957 *Richter/Furubotn* S. V; allgemein zu Transaktionskosten auch S. 45 ff.

958 Vgl. *Bofinger/Hefeker/Pfleger* S. 111 ff.

959 So bereits *Schmoller* S. 61 f.

960 *Schmoller* S. 62.

i.d.R. der Optimierung eines bestimmten Ziels. Diese wird nur dann gewährleistet, wenn adäquate Institutionen eingerichtet werden.[961] Entscheidend ist daher, schon bei der Konzeption der Institution das geeignete Verfahren zu bestimmen, damit die Institution tatsächlich zu einer Optimierung führt. Eine Optimierung ist erreicht, wenn die Institution die Aufgaben effizienter erledigt als es ohne Institution geschehen würde. Effizient ist dabei nach wirtschaftswissenschaftlicher Logik, was Kosten reduziert und Profite maximiert.[962] Kernstück des festzulegenden Verfahrens ist das Verfahren der Entscheidungsfindung innerhalb der Institution. Nur wenn dieses an das zu erreichende Ziel angepasst ist, kann eine Optimierung erreicht werden.

Aus Sicht der Institutionenökonomik lassen sich sowohl Märkte als auch politische Systeme als Institutionen begreifen. Auch die internationale Kooperation stellt eine Institution dar. Problematisch hierbei ist, dass die Ordnung der internationalen Beziehungen nicht durch eine übergeordnete Weltautorität garantiert ist. Sie ist grundsätzlich anarchisch und selbst-ordnend. Die Unsicherheit dieser grundsätzlich anarchischen Beziehung kann jedoch durch Bündnisse verringert werden. So stellt die UNO als Internationale Organisation eine Weltinstitution zur Optimierung des Ziels „Sicherung des Weltfriedens" dar.[963] Aus dieser Sichtweise kann man die EU als Institution begreifen, mit der die Risiken der europäischen Staaten verringert werden sollen, die sich aus der Unvorhersehbarkeit der Handlungen der anderen Staaten ergeben. Ursprünglich als reine Wirtschaftsgemeinschaft konzipiert, sollte die EG die Wirtschaftspolitiken der europäischen Staaten koordinieren und liberalisieren. Kommission und Ecofin wiederum sind spezielle Institutionen im Inneren der EU, denen bestimmte Rechtsetzungs- und Überwachungsaufgaben zugewiesen sind. Aus institutionenökonomischer Sicht stellt sich daher einerseits die Frage, welche Transaktionskosten in den Organen anfallen, andererseits, ob das mit dem Sanktionssystem verfolgte Ziel optimiert wird. Wird dies verneint, sind alternative Institutionen zu überlegen. Aus institutionenökonomischer Sicht muss eine Reform des Defizitverfahrens daher zu einer Verringerung der in diesem System anfallenden Transaktionskosten und zu einer Optimierung der institutionellen Ausgestaltung der Entscheidungsfindung führen.[964]

(3) Rechtsdogmatik und Rechtspolitik

Außer über die genannten wirtschaftswissenschaftlich orientieren Methoden ist es auch möglich, das Defizitverfahren und hierzu ergangene Reformkonzepte unter allgemein rechtsdogmatischen und rechtspolitischen Aspekten zu analysieren.

---

961 *Frey/Kirchgässner* S. 30.

962 *Reuter*, ZWS 114 (1994), S. 5/9. Vgl. auch die in Fn. 946 genannten weiteren Effizienzkriterien.

963 Dies ist jedenfalls das Hauptziel der Vereinten Nationen, vgl. Art. 1 Nr. 1 Charta der VN.

964 Vgl. *Richter*, Kredit und Kapital, S. 159/178 ff. Siehe auch *Eichengreen*, Intereconomics 2003, 7 ff.

Auf den ersten Blick erscheint es nicht besonders naheliegend, sich der Reform des Defizitverfahrens aus dogmatischer Sicht anzunehmen. Einerseits wird unter Dogmatik oftmals lediglich die Anwendung eines Gesetzes nach bestimmten allgemeingültigen Theorien verstanden, d.h. die Dogmatik bietet Anhaltspunkte für die konkrete Auslegung einer bestimmten Norm.[965] Im Rahmen der Erörterung der Reform des Defizitverfahrens steht jedoch nicht de Anwendung und Auslegung sondern die zukünftige Ausgestaltung eines bestimmten Verfahrens im Mittelpunkt. Zum anderen steht die Rechtsdogmatik an sich seit längerem in der Kritik.[966] So wird eingewandt, dass eine dogmatisch korrekte Anwendung des Gesetzes keine Gewähr für die Richtigkeit der Entscheidung biete.[967]

Für die Zwecke der vorliegenden Arbeit kann die Rechtsdogmatik aus einer etwas anderen Sicht jedoch durchaus fruchtbar gemacht werden. Versteht man Dogmatik als Systematisierung des Rechts[968], stellt sich die Frage nach der Vereinbarkeit des aktuellen und des zukünftigen Defizitverfahrens mit dem „Gesamtsystem EG". Unter diesem Gesichtspunkt ist etwa danach zu fragen, ob die aktuelle Konzeption des Defizitverfahrens in die dogmatische Konzeption des EGV passt. Hier ist insbesondere an die Zuordnung der Haushaltspolitik zur (lediglich koordinierten) Wirtschaftspolitik bei gleichzeitiger Vergemeinschaftung der Überwachung oder an die Rechtfertigung von Geldbußen als Sanktion gegen souveräne Staaten zu denken. Darüber hinaus können auch die Reformvorschläge aus dogmatischer Sicht danach bewertet werden, wie sie sich in das Gesamtsystem des EGV einordnen.

Zum anderen soll hier ein Schwerpunkt auf die rechtspolitischen Aspekte der Reform des Defizitverfahrens gelegt werden, d.h. auf die Verbindung von Recht und Politik.[969] Aus rechtspolitischer Sicht stellt sich die Frage, welchen Einfluss eine bestimmte politische Einstellung auf das geltende Recht hat und aus welchen Motiven heraus bestimmte Reformvorschläge geäußert werden. Hier ist zu berücksichtigen, dass das gemeinschaftsrechtliche Defizitverfahren ein Spielball der verschiedensten politischen Grundüberzeugungen ist. So steht etwa die verstärkte Vergemeinschaftung der Haushaltspolitik im Spannungsfeld von Zentralisierung und Subsidiarität; und die dem Defizitverfahren zugrundeliegende Stabilitätspolitik muss sich gegenüber Verfechtern einer Inflationspolitik durchsetzen. Freilich liegt den folgenden Ausführungen eine strikte Trennung des rechtspolitisch Wünschenswerten von dem rechtlich Möglichen zugrunde. So kann eine Reform, die auf der Grundlage des geltenden Rechts nicht zu verwirklichen ist und von daher eine Vertragsänderung vor-

---

965 Vgl. *Harenburg* S. 42 ff. Zur Geschichte der Rechtsdogmatik siehe *Herberger* S. 1 ff.

966 Vgl. *Meyer-Cording* S. 32 ff.

967 *Pawlowski* Rn. 759.

968 So *Pawlowski* Rn. 782: „Rechtsdogmatische Theorien sind systematisch-begriffliche Begründungszusammenhänge, die erkennen lassen, was auf einem bestimmten Gebiet richtig und damit Recht ist".

969 Vgl. *de With*, in: de With S. 9.

aussetzt, nur dann befürwortet werden, wenn ihr aus rechtspolitischer Sicht eine überragende Bedeutung zukommt.

(4) Stellungnahme und Ergebnis

So nahe der Rückgriff auf wirtschaftswissenschaftliche Rechtstheorien bei einem ökonomisch durchdrungenen Gebiet wie den Budgetregeln auch liegt, so sehr muss auf die begrenzte Aussagekraft dieser Theorien hingewiesen werden.[970] Rechtsnormen gelten auch dann, wenn sie im Widerspruch zur ökonomischen Rationalität stehen.[971] Der Gesetzgeber, sei es auf nationaler oder auf europäischer Ebene, muss bei seiner Arbeit mehr als die wohlfahrtsökonomische Effizienz seiner Normen beachten.[972] Er ist insoweit nicht an wirtschaftswissenschaftliche Erkenntnisse gebunden. In manchen Bereichen mag ökonomische Effizienz wünschenswert sein, in anderen Bereichen kann sie nicht als Leitmotiv genommen werden. So ist beispielsweise der Umweltschutz[973] oder der soziale Wohnungsbau[974] ökonomisch unsinnig, gleichwohl verfolgt der Gesetzgeber dieses Ziel aus guten Gründen Unter Effizienzgesichtspunkten ließe sich auch der Klimaschutz oder eine nachhaltige Energieversorgung nicht rechtfertigen. Diese Beispiele zeigen, dass gewisse Bereiche des gesellschaftlichen Lebens einer ökonomischen Kosten-Nutzen-Rechnung entzogen sind. Im Bereich des gemeinschaftsrechtlichen Defizitverfahrens ist jeweils im konkreten Einzelfall zu entscheiden, inwieweit ökonomische Aspekte in Form der Ökonomischen Analyse des Rechts und Institutionenökonomik in die Analyse und Bewertung des aktuellen Defizitverfahrens mit einfließen. Ein Ausschließlichkeitsanspruch kann diesen Theorien dabei nicht zugebilligt werden.

b) Rechtliche Aspekte der Reform

Die Untersuchung der Reformvorschläge soll in ihrem Schwerpunkt eine rechtliche sein. Die zentrale Fragestellung dieser Arbeit lautet damit, welche rechtlichen Umsetzungsmöglichkeiten für die insbesondere von Wirtschafts- und Politikwissenschaftlern erarbeiteten Reformvorschläge bestehen. Unter Umsetzungsmöglichkeiten wird dabei die Übertragung der Reformvorschläge in geltendes Recht verstanden. Zur Disposition des Gemeinschaftsgesetzgebers stehen nur solche Regelungen, für die eine Ermächtigungsgrundlage im Vertrag existiert und die dem Primärrecht nicht widersprechen. Dies würde etwa für die Regelungen des Stabilitäts- und Wachstumspaktes gelten, die über eine erneute (Änderungs-)Verordnung modifiziert werden könnten. Anders sieht es mit den Vorgaben aus, die im EG-Vertrag selber normiert

---

970 Vgl. zur Kritik aus ökonomischer Sicht *Kaplow/Shavell*, in: Auerbach/Feldstein S. 1761 ff.; *Burow*, JuS 1993, 8/11 f.

971 *Ott/Schäfer*, JZ 1988, 213/215 f.

972 *Korioth* S. 261, wonach die Rechtspolitik auch andere als ökonomische Prioritäten setzen darf.

973 Laut *Fezer*, JZ 1986, 817/823 sind „Umweltschutz und Allokationseffizienz feindliche Brüder". *Fezer* kritisiert darüber hinaus ganz allgemein die ökonomische Reduktion der Komplexität des Rechts durch die Vertreter der Ökonomischen Analyse des Rechts.

974 *Burow*, JuS 1993, 8/9.

sind. Diese können nur über eine Vertragsänderung gemäß Art. 48 EUV erfolgen – ein langwieriger Prozess, da der neue Vertrag von allen Mitgliedstaaten ratifiziert werden muss. Die Regelungen des Defizit-Protokolls schließlich könnten auf Grundlage des Art. 104 Abs. 14 UAbs. 2 EGV durch einen Sekundärrechtsakt geändert werden.

Jeder Reformvorschlag ist somit daraufhin zu untersuchen, welche Art von Rechtsakt zu seiner Umsetzung erforderlich ist. So könnte beispielsweise das mittelfristige Ziel eines ausgeglichenen oder einen Überschuss aufweisenden Haushaltes durch eine Verordnung in eine rechtlich verbindliche Form überführt werden.[975] Dies gilt auch für eine Änderung der im Protokoll normierten Referenzwerte von 3% und 60%, da hier in Art. 104 Abs. 14 EGV eine Ermächtigungsgrundlage zur Verfügung steht. Demgegenüber erfordern andere Reformvorschläge eine Vertragsänderung zu ihrer Umsetzung, so die Abschaffung der Verpflichtung zur Vermeidung übermäßiger öffentlicher Defizite oder die Erweiterung der in Art. 104 Abs. 2 EGV normierten Ausnahmebestimmungen.

Je schwieriger die rechtliche Umsetzung eines Reformvorschlags ist, desto mehr Argumente müssen für den jeweiligen Vorschlag vorhanden sein. Da eine Vertragsänderung zum Anlass genommen werden könnte, die ungeliebte Defizitbegrenzung aufzuweichen, sollte sie nur zur Verwirklichung von gänzlich überzeugenden Konzepten vorgeschlagen werden. Die Fragen der Umsetzungsmöglichkeiten werden ausführlich im Rahmen der jeweiligen Reformvorschläge erörtert.

c) Anforderungen an Budgetregeln

Vor der Analyse der konkreten Reformvorschläge ist es zweckmäßig, die an „gute" Budgetregeln zu stellenden Anforderungen herauszuarbeiten.[976] Normen, die das Recht oder die Fähigkeit von Staaten zur Aufnahme von Krediten beschränken, sind zwei gegenläufigen Bestrebungen ausgesetzt.[977] Zum einen sollen Budgetregeln der jeweiligen wirtschaftlichen Situation des Landes angepasst sein, da sie nur dann aus ökonomischer Sicht sinnvoll sind und eine prozyklische Politik des Landes verhindern. Dies spricht dafür, die Regeln möglichst komplex und vielseitig auszugestalten.

Zum anderen sprechen jedoch gewichtige Argumente dafür, Budgetregeln möglichst einfach und klar zu formulieren.[978] Nur dann können sich Politiker an die Regeln halten und nur dann kann die Öffentlichkeit die Politik kontrollieren. Einfache Regeln sind auch wichtig für die ex post Feststellung, ob die Regeln durch einen

---

975 Dazu, dass zwar das Ziel an sich, nicht jedoch das Erreichen dieses Ziel zu einem bestimmten Datum verbindlich ist, vgl. oben S. 65 f. Zur Reform siehe unten S. 239 f.

976 Zur Frage, ob eine Beschränkung der Haushalte der Mitgliedstaaten aus ökonomischer Sicht sinnvoll ist sowie zur Rechtfertigung der aktuellen Referenzwerte vgl. oben S. 71 ff.

977 Vgl. die empirische Übersicht von *Kirchgässner*, CESifo Working Paper Nr. 617.

978 Vgl. *Buchanan/Wagner* S. 175 f.; *Buiter*, Central Banking 13 (2003), S. 49/50. Vgl. dazu auch schon im ersten Teil dieser Arbeit S. 79 ff.

Staat überschritten wurden oder nicht. Transparenz und Nachvollziehbarkeit zeichnen daher eine „gute" Budgetregel aus.[979] Die Vorteile einer klaren Regelung überwiegen die Vorteile einer komplexen Norm, solange die klare Norm nicht gegen jeden ökonomischen Sachverstand verstößt. Erstrebenswert ist es damit, Budgetregeln möglichst einfach zu formulieren, ohne jedoch dadurch ökonomisch widersinnige Ergebnisse zu produzieren.

d) Mögliche Zielrichtung einer Reform

Schließlich soll vorab herausgearbeitet werden, welche unterschiedlichen politischen Interessen mit der Reformdiskussion verfolgt werden. Die vorliegende Arbeit beschränkt sich damit nicht auf die rechtlichen Aspekte der Reformdiskussion, sondern möchte die einzelnen Reformvorschläge auch auf ihre ökonomische und politische Zielrichtung hin analysieren. Beispielsweise kann die Forderung, zusätzliche Ausnahmebestimmungen in das Defizitverfahren aufzunehmen, mehrere Zielsetzungen haben. Zum einen kann damit die Aufweichung der Defizitbeschränkung angestrebt werden, was fatale Folgen für die Stabilität der Gemeinschaftswährung hätte. Zum anderen können zusätzliche Ausnahmebestimmungen aber auch die Überzeugung der Mitgliedstaaten zur Einhaltung der Kriterien steigern und damit das Defizitverfahren insgesamt verbessern. An diesem Beispiel zeigt sich, dass jeder Reformvorschlag auf seine konkrete Zielrichtung und auf seine Konsequenzen hin untersucht werden muss.

(1) Aufweichung der Defizitbegrenzung

Der Schwerpunkt der Reformdiskussion liegt aktuell in Bestrebungen zur Aufweichung der gemeinschaftsrechtlichen Defizitbegrenzung[980], auch „Flexibilisierung" genannt. Vielen Staaten sind die Vorgaben des EGV sowie des Stabilitäts- und Wachstumspaktes angesichts der Wirtschaftskrise lästig, sie würden gerne höhere Defizite erwirtschaften. Die Aufweichung der Defizitbegrenzung würde es den Staaten mit defizitärem Haushaltssaldo erlauben, ihr Ausgabenniveau trotz sinkender Einnahmen beizubehalten. Die Reformvorschläge, die zu einer Aufweichung des Defizitverfahrens führen, reichen von der Aufnahme zusätzlicher Ausnahmebestimmungen über die Beschränkung der Referenzwerte auf strukturelle Defizite bis hin zum stillen Übergehen des Stabilitätspaktes. Die Gefahr einer Aufweichung ist deswegen so groß, weil jede Reform des Defizitverfahrens von den Mitgliedstaaten beschlossen werden muss. Um eine Aufweichung zu verhindern, müssen alle Reformvorschläge auf ihre Zielrichtung und ihre Auswirkungen analysiert werden. Diese Vorschläge gefährden den Erfolg der gemeinsamen Währung und können von daher nicht unterstützt werden.

---

[979] *Sturm* S. 181.

[980] Vgl. nur SZ vom 09.09.2002, S. 19: „Der Euro-Stabilitätspakt wankt".

(2) Inhaltliche Feinjustierung des Systems

Auf der anderen Seite könnte eine Reform des Defizitverfahrens auch zur inhaltlichen Feinjustierung des Systems genutzt werden. Darunter wird hier die moderate Veränderung gewisser Elemente des Defizitverfahrens verstanden, ohne dessen Grundkonzeption zu verändern. Diese moderaten Veränderungen können auch in einer Aufweichung der Defizitbegrenzung bestehen, allerdings mit dem Ziel einer verbesserten Wirksamkeit des Systems insgesamt. Beispielsweise könnte die Aufnahme zusätzlicher Ausnahmebestimmungen dazu führen, dass die Staaten in gewissen Fällen höhere Defizite aufweisen dürfen. Wenn dadurch die Einsicht der Staaten in die Notwendigkeit des Defizitverfahrens steigt, wird durch diese partielle Aufweichung die Verschärfung des Verfahrens insgesamt erreicht. Das Abstellen von Friktionen führt zur erhöhten Legitimität des Verfahrens insgesamt. Inhaltliche Feinjustierung meint damit die Korrektur von Schwachstellen des aktuellen Defizitverfahrens mit dem Ziel einer Verbesserung des Systems. Reformvorschläge, die in diese Richtung zielen, sind bislang allerdings selten anzutreffen, da es keine Lobby zu ihrer Verbreitung gibt. Während die Mitgliedstaaten eine Aufweichung des Verfahrens anstreben, verfolgen die europäischen Institutionen einen Ausbau ihrer jeweiligen Machtposition. Die moderaten Reformen zur inhaltlichen Feinjustierung des Defizitverfahrens sind damit mit besonderer Sorgfalt zu untersuchen.

(3) Verbesserung der Überwachung

Schließlich kann eine Reform auch zu einer gesteigerten Überwachung der nationalen Haushaltspolitik durch die Gemeinschaft führen, d.h. zu einer stärkeren Vergemeinschaftung der Haushaltspolitik. Wie bereits ausgeführt, liegt das Hauptproblem des aktuellen Defizitverfahrens in seiner institutionellen Fehlkonzeption, insbesondere durch der Zuständigkeit der Mitgliedstaaten (im Rahmen des Ecofin-Rates) für die Überwachung und Sanktionierung der mitgliedstaatlichen Budgetdisziplin. Eine Reform des institutionellen Gefüges könnte daher dazu führen, dass die Defizitbegrenzung besser überwacht und sanktioniert wird und daher die Effektivität des Defizitverfahrens insgesamt steigt. Alle Reformvorschläge, die über eine stärkere Vergemeinschaftung der Haushaltspolitik zu einer verbesserten Überwachung führen, werden daher in den folgenden Ausführungen besonders berücksichtigt. Allerdings müssen institutionelle Reformen nicht zwangsläufig zu einer stärkeren Vergemeinschaftung führen, dies ist jeweils im Einzelfall zu entschieden. Auch ist eine Verbesserung der Überwachung nicht ausschließlich über eine stärkere Vergemeinschaftung zu erreichen, hier werden auch andere Vorschläge zu analysieren sein.

2. Darstellung und Analyse der einzelnen Reformvorschläge

Die einzelnen Reformvorschläge werden der besseren Übersichtlichkeit halber danach unterteilt, an welcher Stelle des aktuellen Defizitverfahrens sie ansetzen. Zu unterscheiden sind dabei Reformen der Referenzkriterien, der verfahrensrechtlichen Regelungen, der institutionellen Ausgestaltung sowie der Art der Sanktionen. Darüber hinaus werden Reformvorschläge für das Rechtsschutzsystem vorgestellt. Die

Analyse der jeweiligen Reformansätze erfolgt, sofern möglich, nach folgender Systematik: Zunächst wird aufgezeigt, an welcher Stelle des aktuellen Defizitverfahrens die Kritik ansetzt. Anschließend werden die diesbezüglich diskutierten Reformvorschläge vorgestellt, wobei diese schließlich auf Grundlage der rechtlichen Umsetzungsmöglichkeiten einer umfassenden Bewertung unterzogen werden.

a) Referenzkriterien

Art. 104 Abs. 2 EGV i.V.m. Art. 1 des Defizit-Protokolls normiert als Referenzkriterien das Defizit- und das Schuldenstandskriterium. Es ist nochmals darauf hinzuweisen, dass der Begriff Referenzkriterium den jeweiligen Referenzwert (3% Defizit, 60% Schuldenstand) und die in Art. 104 Abs. 2 EGV normierten Ausnahmebestimmungen umfasst.[981] Viele Reformvorschläge setzen in der einen oder anderen Weise an der Definition dieser Referenzkriterien an.

(1) Kritik

An den Referenzkriterien wird kritisiert, dass sie nicht flexibel genug für die wirtschaftlichen Realitäten seien.[982] In wirtschaftlichen Krisenzeiten verhinderten sie, dass die Mitgliedstaaten die fehlende private Nachfrage durch staatliche Ausgaben kompensieren. Die Referenzkriterien erfordern damit in Krisenzeiten aufgrund der zurückgehenden Steuereinnahmen Sparmaßnahmen des Staates und verstärken auf diese Weise die Gefahr einer Rezession. Andererseits sei der Anreiz, in wirtschaftlich guten Zeiten zu sparen, kaum vorhanden, da die 3%-Grenze in sämtlichen konjunkturellen Lagen gilt. Somit seien die Staaten nicht angehalten, in guten Zeiten für schlechte Zeiten vorzusorgen. Weiterhin wird gegen die aktuellen Referenzwerte vorgebracht, dass sie keine Aussage über die wahre wirtschaftliche Lage eines Landes erlauben. Darüber hinaus wird bemängelt, dass die Referenzkriterien Defizit und Schuldenstand keine unmittelbaren Auswirkungen auf die Geldwertstabilität haben, hierfür sei vielmehr die Unabhängigkeit der EZB maßgebend.[983]

Gegen den ersten Kritikpunkt lässt sich einwenden, dass die mangelnde Flexibilität der Defizitbegrenzung auch daraus resultiert, dass die Staaten in wirtschaftlich guten Zeiten keinen ausgeglichenen Haushalt erreicht haben. Daher überschreiten sie bei einem Wirtschaftsabschwung sofort die festgelegten Referenzwerte. Würden die Staaten in guten Zeiten sowohl Defizit als auch Schuldenstand zurückfahren, wie es die Erklärung des Europäischen Rates vom 17. Juni 1997 fordert, hätten sie bei Wirtschaftskrisen genug Reserven, ihr Defizit zu erhöhen, ohne die Referenzwerte zu überschreiten.[984] So beträgt das aufgrund eines Wirtschaftsabschwungs entstehende konjunkturelle Defizit maximal 2%, so dass die Staaten in guten Zeiten ein Defizit

---

[981] Näheres dazu siehe oben S. 82 ff. Zum wirtschaftswissenschaftlichen Hintergrund der Referenzkriterien vgl. oben S. 67 ff.

[982] Vgl. etwa *Bofinger*, Wirtschaftsdienst 1997, 12/13 f.

[983] *Bofinger*, Wirtschaftsdienst 1997, 12 f.

[984] *Buiter*, Central Banking 13 (2003), S. 49/51.

von höchstens 1% aufweisen dürften um auch im Krisenfall den Referenzwert nicht zu überschreiten.[985] Zum Hinweis auf den angeblich fehlenden Zusammenhang zwischen Haushaltsdisziplin und Geldwertstabilität ist anzumerken, dass durchaus ein gewisser mittelbarer Zusammenhang besteht.[986] Außerdem verfolgt die Defizitbegrenzung, wie dargelegt, neben der Sicherung der Geldwertstabilität auch andere Ziele.[987] Die Kritik an den Referenzkriterien kann daher nur bedingt überzeugen.

(2) Reformvorschläge

Es werden verschiedene Möglichkeiten diskutiert, wie die Referenzkriterien flexibler gestaltet werden können. Einerseits wird dabei an dem konkreten Referenzwert für das Defizit angesetzt (dazu (a)), andererseits wird eine Modifikation der Referenzkriterien insgesamt vorgeschlagen (dazu (b)). Manche Vorschläge gehen gar soweit, das System der Referenzkriterien insgesamt aufzugeben und die Haushalte der Mitgliedstaaten auf andere Weise zu disziplinieren (dazu (c)).

(a) Modifikation des Defizit-Referenzwertes

-a- Änderung der Defizit-Berechnungsmethode

Insbesondere Frankreich plädiert dafür, bestimmte Ausgaben bei der Berechnung des Defizits nicht zu berücksichtigen.[988] Bisher erfolgt die Berechnung des gesamtstaatlichen Defizits auf Grundlage des ESVG.[989] Nach dem französischen Vorschlag sollten künftig etwa die Ausgaben für öffentliche Investitionen oder Militärausgaben aus der Defizitberechnung herausgenommen werden. Hierfür spricht, dass öffentliche Investitionen konjunkturfördernd sind und sich mit zeitlicher Verschiebung in Form von höheren staatlichen Einnahmen auswirken können.[990] In Zeiten mit schwacher Konjunktur können öffentliche Investitionen daher sehr sinnvoll sein, um einen vorübergehenden Nachfrageschock zu kompensieren.[991] Für die Nicht-Berücksichtigung der Militärausgaben lässt sich anführen, dass es möglich sein muss, diese Ausgaben in Krisenzeiten aus verteidigungspolitischen Gründen unabhängig von konsolidierenden Sparmaßnahmen zu erhöhen.

Zur rechtlichen Umsetzung dieses Konzepts könnte einerseits in der Verordnung zum ESVG die Berechnungsmethode der staatlichen Ausgaben geändert werden, da

---

[985] Vgl. dazu unten Fn. 1005.

[986] Vgl. dazu oben S. 67 ff.

[987] Siehe oben S. 71 ff.

[988] SZ vom 10.09.2002, S. 19 am Ende des Artikels.

[989] Zum ESVG vgl. Fn. 322. Zu den Staatsausgaben zählen sämtliche von öffentlichen Kassen angewiesene Zahlungen an private oder auch an öffentliche Empfänger, vgl. *Krause-Junk*, in: Andel/Holler/Neumark S. 688.

[990] *Schieritz*, FTD vom 21.10.2002, S. 18: „Höhere Defizite könnten Euro beflügeln".

[991] *Eichengreen/Wyplosz* S. 36; *ADWF*, Herbstgutachten 2002, S. 115 ff.; *Zeise*, FTD vom 15.05.2002, S. 30.

das Defizit in Art. 2 des Defizit-Protokolls als Nettofinanzierungssaldo im Sinne des ESVG definiert wird. Eine Änderung des ESVG hätte allerdings zur Folge, dass die genannten Ausgaben gar nicht mehr in der volkswirtschaftlichen Gesamtrechnung auftauchen, ein Ergebnis, dass so nicht gewünscht sein kann. Damit bleibt die Möglichkeit, die Definition des öffentlichen Defizits in Art. 2 des Defizit-Protokolls zu ändern. Das Protokoll kann gemäß Art. 104 Abs. 14 UAbs. 2 EGV durch einen Sekundärrechtsakt abgelöst und modifiziert werden.

Gegen die Änderung der Berechnungsmethode spricht allerdings, dass die Höhe des mitgliedstaatlichen Defizits relativ einfach zu berechnen sein muss. Andernfalls würde jede Berechnung zu einer Diskussion darüber führen, welche Ausgaben als öffentliche Investitionen oder als Militärausgaben zu definieren sind und welche nicht. Derartig vorhersehbare Auslegungsschwierigkeiten widersprechen den Anforderungen, die an die Referenzkriterien zu stellen sind. Die französische Initiative ist vielmehr ein Versuch, die Referenzwerte zu verwässern. Ihr kann daher nicht gefolgt werden.

-b- Beschränkung auf strukturelle Defizite

Ein anderer Reformvorschlag geht dahin, als Referenzwert zukünftig nicht mehr das nominale sondern nur noch das strukturelle Defizit (auch konjunkturbereinigtes Defizit genannt) festzulegen.[992] Unter dem strukturellen Defizit ist das staatliche Defizit zu verstehen, aus dem die konjunkturellen Einflüsse herausgerechnet wurden.[993] Dabei werden die konjunkturellen Einflüsse als zyklische Schwankungen um einen „Normalwert“ des BIP definiert. Diese zyklischen konjunkturellen Schwankungen werden über Modellrechnungen prognostiziert und anschließend auf die staatlichen Ausgaben und Einnahmen übertragen. Nach Abzug der konjunkturellen Schwankungen verbleibt ein Defizit, das allein aus der mangelhaften Struktur der staatlichen Ausgaben und Einnahmen resultiert. Als Referenzwert für das strukturelle Defizit könnte ein Wert von 1% des BIP festgelegt werden.[994]

Das strukturelle Defizit wird bereits verschiedentlich als Bezugsgröße verwendet. So verweist der revidierte Verhaltenskodex zur Erstellung der Stabilitätsprogramme auf das strukturelle Defizit als Hilfskriterium zur Beurteilung der finanzpoli-

---

[992] Zu den Befürwortern zählen u.a. vier der sechs führenden deutschen Wirtschaftsforschungsinstitute, vgl. *ADWF*, Herbstgutachten 2002, S. 108 ff. Allgemein zum strukturellen Defizite als Referenzwert *Bofinger*, Wirtschaftsdienst 1996, 30/35 f.; *Josten*, Wirtschaftsdienst 2002, 219/225; *Sutter* S. 85 ff.

[993] BMF Monatsbericht 8/2002, S. 51; EZB Monatsbericht April 2002, S. 38 f.; vgl. auch *Sturm* S. 36 ff.

[994] Vgl. etwa *Sturm* S. 207, der von einem maximalen konjunkturellen Defizit von 2% ausgeht. Will man die Obergrenze von 3% zumindest gedanklich beibehalten, ergibt sich daraus ein zulässiges strukturelles Defizit von höchstens 1%.

tischen Lage eines Landes.[995] Weiterhin hat die Kommission im September 2002 mit den Defizitländern vereinbart, dass diese ihr strukturelles Defizit um 0,5% pro Jahr reduzieren müssen.[996] Dieser Vorschlag wurde mit Ausnahme von Frankreich von allen Ländern der Euro-Gruppe gebilligt.[997] Allerdings sind sowohl der Verhaltenskodex als auch die Vereinbarung der Kommission mit den Defizit-Staaten keine verbindlichen Rechtsakte, sie wurden noch nicht einmal veröffentlicht. Im rechtlich verbindlichen Regelwerk des Defizitverfahrens wurde das strukturelle Defizit bislang nicht als Bezugsgröße verwendet.

Die Befürworter des Konzepts der konjunkturbereinigten Defizite argumentieren, durch die Beschränkung auf das strukturelle Defizit könnten konjunkturelle Einflüsse auf die Finanzpolitik ausgeblendet werden. Dadurch müsste in konjunkturellen Schwächephasen auf sinkende Staatseinnahmen nicht mit Steuererhöhungen und/oder Ausgabenkürzungen reagiert werden. Eine derartig zyklische Finanzpolitik sei geeignet, aus einer Schwächephase eine Rezession entstehen zu lassen. Werden dagegen die konjunkturbedingten Einflüsse auf das Defizit herausgerechnet, könnten konjunkturbedingte Einnahmeausfälle über eine steigende Schuldenaufnahme kompensiert werden. Die Schätzungen internationaler Organisationen (IWF, OECD, EU) zeigten übereinstimmend, dass das strukturelle Defizit in Deutschland von 1997 bis 2002 ungefähr konstant bei 2% des BIP lag.[998] Es gab somit bislang keinerlei Anstrengungen, das strukturelle Defizit zu verringern.

Die rechtliche Umsetzung des Konzepts der strukturellen Defizite wäre relativ einfach möglich. Da die Definition des übermäßigen Defizits nicht im EGV, sondern im dazugehörigen Protokoll Nr. 20 enthalten ist, müsste nur das Protokoll geändert werden. Hierzu existiert in Art. 104 Abs. 14 UAbs. 2 EGV eine Ermächtigungsgrundlage zum Erlass von Sekundärrecht, das das Protokoll ablösen soll. In einer Verordnung könnten dann die Referenzwerte neu definiert werden. So wäre es möglich, ein übermäßiges Defizit als ein strukturelles Defizit von über 1% im Verhältnis zum BIP zu definieren.

Gegen das Konzept der konjunkturbereinigten Defizite werden allerdings gewichtige Einwände geltend gemacht. Problematisch sei insbesondere, dass das strukturelle Defizit eine künstliche Rechengröße ist, über deren Bestimmung keinerlei Übereinstimmung herrsche.[999] Die Berechnungen von OECD, IWF und EU kämen regelmäßig zu unterschiedlichen Ergebnissen. Diesen Einwänden gegen das Konzept der konjunkturbereinigten Defizite ist zuzustimmen. Referenzkriterien, deren Be-

---

995 Revidierter Verhaltenskodex betreffend Inhalt und Form der Stabilitäts- und Konvergenzprogramme vom 10.07.2001; Dok. 10522/01 UEM 70 ECOFIN 186 (unveröffentlicht); abgedruckt in BMF Monatsbericht 3/2003, S. 52 ff.

996 Presseerklärung von Kommissar *Solbes* vom 16.10.2002, DN: SPEECH/02/486.

997 SZ vom 09.10.2002, S. 23.

998 *ADWF*, Herbstgutachten 2002, S. 109.

999 BMF Monatsbericht 8/2002, S. 51; EZB Monatsbericht April 2002, S. 39. Kritisch auch *Sutter* S. 85/89 sowie *Kerber*, Finanznotstand, S. 7.

rechnung umstritten ist, eignen sich nicht als Rechtsrahmen für die gemeinschaftsrechtliche Koordinierung der Finanzpolitik. Voraussetzung für die Referenzkriterien ist, dass sie einfach und klar ausgestaltet sind.[1000] Zwar liegt die Festlegung der Referenzkriterien immer in einem Spannungsfeld zwischen inhaltlicher Klarheit und ausreichender Flexibilität. Flexibilität darf aber nicht zur Verwässerung der Kriterien führen. Diese Gefahr besteht beim Rückgriff auf strukturelle Defizite, da es kein eindeutig bestimmbares strukturelles Defizit gibt.[1001] Ein permanenter Streit zwischen Kommission und betroffenem Mitgliedstaat über die „wirkliche" Höhe des strukturellen Defizits wäre die Folge. Hinzu kommt, dass das strukturelle Defizit für die Staaten nicht direkt steuerbar ist. Eine Reaktion auf übermäßige Defizite ist damit schwierig. Der Referenzwert des nominalen Defizits sollte daher nicht zugunsten des strukturellen Defizits aufgegeben werden. Allenfalls als Hilfskriterium[1002] kann ein Rückgriff auf das strukturelle Defizit sinnvoll sein, um Fortschritte bei der Reform der Ausgaben- und Einnahmenstruktur zu dokumentieren. Auch ohne eine Beschränkung auf das strukturelle Defizit erlauben die Referenzwerte des Maastricht-Vertrages eine zusätzliche Verschuldung bei Konjunkturkrisen und damit ein Funktionieren der automatischen Stabilisatoren.[1003] Voraussetzung ist allerdings ein nahezu ausgeglichener Haushalt in konjunkturellen Normallagen.

-c- Geringere Defizitquote in konjunkturellen Normallagen

Nach aktueller Rechtslage gelten die Referenzwerte von 3% und 60% unabhängig von der konjunkturellen Situation. Hieran setzt die Kritik an, dass die Referenzwerte die Tatsache nicht widerspiegeln, dass der staatliche Kreditbedarf je nach Lage der Konjunktur unterschiedlich hoch ist.[1004] Es wird daher vorgeschlagen, den Referenzwert dahingehend zu ändern, dass in konjunkturellen Normallagen ein Defizit von höchstens 1% zulässig sein soll.[1005] Dieser Wert entspricht damit dem nach dem obigen Konzept zulässigen strukturellen Defizit. Möglich wäre es jedoch auch, das zulässige Defizit in Abhängigkeit vom BIP-Wachstum zu definieren. Je geringer das BIP-Wachstum ausfällt, desto höher das zulässige Defizit. Auch diese Vorschläge könnten über einen das Defizit-Protokoll ablösenden Sekundärrechtsakt umgesetzt werden.

Problematisch ist jedoch, dass sie das Defizit in Abhängigkeit von einer unbestimmten Größe definieren. Wann eine konjunkturelle Lage als „normal" gelten darf, ist schwierig festzustellen. Die Bindung des zulässigen Defizits an das jeweilige BIP-

---

[1000] Vgl. dazu oben S. 226 ff.

[1001] BMF Monatsbericht 8/2002, S. 51; *BMF*, Aktualisiertes Stabilitätsprogramm Dezember 2002, S. 31.

[1002] BMF Monatsbericht 8/2002, S. 53.

[1003] Näheres zur Wirkungsweise automatischer Stabilisatoren oben S. 71 ff.

[1004] Vgl. dazu etwa *Sturm* S. 206 ff.

[1005] *Sturm* S. 207 f., der ausführt, dass das konjunkturelle Defizit i.d.R. nicht über 2% lag, so dass bei einem Defizit von 1% in einer konjunkturellen Normallage ein ausreichender Sicherheitsabstand bestehe.

Wachstum hat den Nachteil, dass dieses Wachstum erst im Nachhinein festgestellt werden kann. Eine derartige nachträgliche Beurteilung der Haushaltslage in Abhängigkeit von der wirtschaftlichen Entwicklung führt jedoch dazu, dass die Finanzpolitiker der Mitgliedstaaten die Einhaltung der Referenzwerte nur sehr bedingt planen können und ein Verstoß gegen Gemeinschaftsrecht zum Lotteriespiel wird. Diese Vorschläge sind daher abzulehnen.

-d- Abhängigkeit vom Schuldenstand

Zum Teil wird auch gefordert, die Höhe des zulässigen Defizits müsse von der Höhe des Schuldenstandes abhängen.[1006] Länder mit einem geringen Schuldenstand sollten ihre Defizite über 3% steigen lassen dürfen, während Länder mit hohem Schuldenstand nur ein niedrigeres Defizit aufweisen dürften. Damit soll verhindert werden, dass die Mitgliedstaaten in wirtschaftlich schlechten Zeiten zu wachstumsschädlichem Verhalten gezwungen werden. Dieses Konzept wäre relativ einfach umzusetzen. Auf Grundlage des Art. 104 Abs. 14 UAbs. 2 EGV könnten in einem das Protokoll ablösenden Sekundärrechtsakt die Referenzwerte neu definiert, insbesondere der Defizitreferenzwert in Abhängigkeit vom Schuldenstand festgelegt werden.

Zutreffend ist an diesem Konzept, dass die Höhe eines Defizits je nach Höhe des Schuldenstandes unterschiedliche Auswirkungen hat. Allerdings ist fraglich, ob das mit dem Vorschlag angestrebte Ziel erreicht werden kann. Denn in wirtschaftlich schwierigen Zeiten wird der Schuldenstand des betreffenden Landes ebenfalls hoch sein, so dass keine zusätzlichen Ausgaben gegenüber der aktuellen Rechtslage möglich sind. So wies etwa Deutschland im Jahr 2002 einen Schuldenstand von 60,8%[1007] auf; eine höhere Kreditaufnahme wäre damit nicht möglich gewesen. Wichtiger scheint damit zu sein, von den Staaten in wirtschaftlich guten Zeiten stärkere Anstrengungen zu verlangen, um genügend Spielraum für Wirtschaftskrisen zu haben.

(b) Modifikation der Referenzkriterien

Anstatt nur die Referenzwerte zu ändern, könnten im Rahmen einer Reform auch die gesamten Referenzkriterien modifiziert werden.

-a- Erweiterung der Ausnahmebestimmungen

Ein erster Ansatzpunkt besteht darin, zusätzliche Ausnahmebestimmungen in die Referenzkriterien aufzunehmen. Die Referenzwerte blieben dabei unverändert bei 3% bzw. 60%, jedoch könnte eine Überschreitung dieser Werte öfter zugelassen werden als nach aktueller Rechtslage.[1008] Hierfür spricht, dass mehrere Mitgliedstaaten ernsthafte Probleme haben, die Vorgaben der gemeinschaftsrechtlichen Defizitbegrenzung einzuhalten. Will man das Defizitverfahren nicht völlig aufgeben, könnte es sinnvoll sein, bei der Formulierung der Ausnahmen großzügiger zu sein. Dies verhin-

---

[1006] Gutachten der *European Economy Advisory Group*, vgl. SZ vom 10.02.2003, S. 19.

[1007] Vgl. Pressemitteilung von Eurostat vom 17.03.2003, STAT/03/30.

[1008] Zu den Ausnahmebestimmungen des Art. 104 Abs. 2 EGV vgl. oben S. 81 ff.

dert einen Legitimitätsverlust des Defizitverfahrens, der dadurch eintritt, dass einzelne Staaten dauerhaft in die „Illegalität" abgleiten, ohne dass jedoch das Sanktionsverfahren des Art. 104 EGV zum Zuge kommt. So muss gefragt werden, ob die Ausnahme der „ausnahmsweisen und vorübergehenden" Überschreitung des Referenzwertes im Stabilitäts- und Wachstumspakt nicht zu eng definiert wurde. Gemäß Art. 2 der Verordnung 1467/97/EG ist dies nur dann der Fall, wenn die Überschreitung auf ein außergewöhnliches Ereignis oder auf einen schwerwiegenden Wirtschaftsabschwung zurückzuführen ist, wobei letzterer nur bei einem Rückgang des realen BIP von 2% innerhalb eines Jahres gegeben ist. Wie die Entwicklung des Jahres 2002 zeigt, haben die Staaten jedoch schon weit oberhalb eines negativen BIP-Wachstums große Schwierigkeiten, die Referenzwerte einzuhalten. So ist das BIP in Deutschland im Jahre 2002 um 0,2%[1009] gestiegen. Bereits aufgrund dieses nur schwach ausgeprägten Wachstums hatte Deutschland mit massiven konjunkturellen Einnahmeausfällen und Mehrausgaben zu kämpfen. Zwar wird eingewandt, die Defizitbegrenzung biete unter der Voraussetzung, dass das Defizit in guten Zeiten auf etwa 1% gesenkt würde, ausreichend Spielraum für konjunkturelle Defizitsteigerungen.[1010] Trotzdem sollte überlegt werden, eine Überschreitung bereits bei einem Null-Wachstum oder früher zuzulassen. Dies würde den Spielraum der Mitgliedstaaten bei der Abdämpfung des Konjunkturrückgangs vergrößern.

Darüber hinaus wird die wirtschaftliche Homogenität der Mitgliedstaaten nach der nächsten Erweiterung 2004 – bzw. nach der Aufnahme dieses Staaten in die WWU zum frühestmöglichen Termin 2006 – weitaus geringer sein als bislang. Auch wenn die neuen Mitgliedstaaten die Konvergenzkriterien erfüllen sollten, dürfte noch auf längere Zeit ein wirtschaftlicher Aufholbedarf gegenüber den westlichen Mitgliedstaaten bestehen. Auch für diese Staaten mit schwächerer Wirtschaftsleistung könnte eine zusätzliche Ausnahmebestimmung in die Referenzkriterien aufgenommen werden, die unter bestimmten Bedingungen ein Überschreiten der 3% bzw. 60% erlaubt. Hierfür spricht auch, dass höhere Defizite in den Beitrittsstaaten aufgrund ihres geringen wirtschaftlichen Gewichtes kaum Einfluss auf die Preisstabilität des Euro haben werden.

Bei der rechtlichen Umsetzung muss danach unterschieden werden, ob die bestehenden Ausnahmebestimmungen lediglich erweitert werden oder ob völlig neue Kategorien von Ausnahmen eingeführt werden sollen. Im ersten Fall reicht es aus, die Verordnung 1467/97/EG entsprechend zu ändern. Sollen dagegen Ausnahmen außerhalb einer „ausnahmsweise und vorübergehenden Überschreitung" zugelassen werden, müsste Art. 104 Abs. 2 EGV über eine Vertragsänderung modifiziert werden.

Eine Erweiterung der Ausnahmebestimmungen könnte eine Möglichkeit darstellen, den Mitgliedstaaten einen größeren Spielraum in der Finanzpolitik zurückzugeben, ohne das Defizitverfahren aufzugeben. Im Gegenteil könnten großzügigere Aus-

---

[1009] Statistisches Bundesamt, www.destatis.de (26.03.2003).

[1010] Vgl. etwa *Sturm* S. 206 ff.

nahmen mit einer stärkeren Vergemeinschaftung der Haushaltsüberwachung einhergehen, so dass das Defizitverfahren insgesamt gestärkt würde.

-b- Aufnahme zusätzlicher Kriterien

Die Finanzminister Deutschlands und Frankreichs haben am 4. November 2002 nach einem gemeinsamen Gespräch in Berlin vorgeschlagen, als Referenzkriterien nicht nur Defizit und Schuldenstand, sondern zusätzlich auch Inflation, Beschäftigung und Qualität der Zukunftsversorgung festzulegen.[1011] Insbesondere die Inflationsrate solle zukünftig stärker berücksichtigt werden. Hintergrund dieses Vorschlags ist die Tatsache, dass die Inflationsraten im Euro-Raum sehr unterschiedlich ausfallen. Während Irland im September 2002 einen Anstieg der Verbraucherpreise von 4,5% gegenüber dem Vorjahr aufwies, lag die Inflationsrate gleichzeitig in Deutschland nur bei 1,2%.[1012] Da die EZB gemäß Art. 105 Abs. 1 EGV bei ihren Zinsentscheidungen primär der Preisniveaustabilität verpflichtet ist, muss sie vor allem Rücksicht auf Länder mit hoher Inflation nehmen und das Zinsniveau höher halten. Gleichzeitig würde die schlechte Konjunktur in großen Ländern wie Deutschland eigentlich eine Zinssenkung erfordern.

Die Aufnahme zusätzlicher Referenzkriterien, wie etwa die Inflation, ist ohne Vertragsänderung gemäß Art. 48 EUV nicht möglich. Art. 104 Abs. 2 EGV bestimmt, dass die Einhaltung der Haushaltsdisziplin ausschließlich anhand des Defizitkriteriums und des Schuldenstandkriteriums überwacht wird. Nicht ausgeschlossen ist allerdings, dass der Rat bei seiner Entscheidung gemäß Art. 104 Abs. 6 EGV, ob in einem Mitgliedstaat ein „übermäßiges Defizit" besteht, die Höhe der Inflationsrate berücksichtigt. Wie bereits dargelegt ist Art. 104 Abs. 6 EGV weit auszulegen.[1013] Ein „übermäßiges Defizit" in diesem Sinne besteht nach der hier vertretenen Auffassung immer dann, wenn die Haushaltslage untragbar ist. Hierbei ist die Inflationsrate ein Gesichtspunkt, der bereits nach aktueller Rechtslage in die Entscheidung des Ecofin mit einfließt.

Gegen die Aufnahme der Inflationsrate als Referenzkriterium in Art. 104 Abs. 2 EGV spricht, dass die hohen Inflationsraten, die vornehmlich in kleinen, weniger entwickelten Mitgliedstaaten vorliegen, ein Zeichen für den wirtschaftlichen Aufholvorgang dieser Länder sind. Werden diese Länder wegen ihrer hohen Inflationsraten gemeinschaftsrechtlich sanktioniert, führt dies zu einer Abschwächung des Wirtschaftswachstums[1014], was nicht gewollt sein kann.[1015] Dem Vorschlag der Finanzmi-

---

[1011] SZ vom 05.11.2002, S. 17.

[1012] FTD vom 01.11.2002, S. 16.

[1013] Siehe dazu oben S. 63 ff.

[1014] FTD vom 01.11.2002, S. 16.

[1015] Finanzminister *Eichel* hat dementsprechend auch dementiert, dass er die Aufnahme der Inflation in die gemeinschaftsrechtliche Defizitbegrenzung gemeint habe. Vielmehr sollte die Inflation bei der Koordinierung der Wirtschaftspolitiken gemäß Art. 99 EGV eine stärkere Rolle spielen, vgl. FAZ vom 06.11.2002, S. 16. Die Inflation steht bei der Koordinierung nach Art.

nister Deutschlands und Frankreichs kann daher nicht gefolgt werden. Vielmehr sollte überlegt werden, ob sich die EZB bei ihrer Zinspolitik zukünftig nicht stärker an den großen Volkswirtschaften orientieren müsste.

-c- Modifikation des Schuldenstandskriteriums

Auch das Referenzkriterium für den öffentlichen Schuldenstand, das in Art. 104 Abs. 2 lit. b) EGV normiert ist, ist Gegenstand der Reformdiskussion. Vereinzelt wird die zukünftige Vernachlässigung dieses Kriteriums gefordert, zum Teil wird aber auch eine stärkere Berücksichtigung des Schuldenstandes für erforderlich gehalten.

Die Autoren, die die Vernachlässigung des Schuldenstandes fordern[1016], weisen darauf hin, dass der Schuldenstand nur die Konsequenz aus früherem Fehlverhalten sei und keine Aussagen über die aktuelle Haushaltsdisziplin des Mitgliedstaates erlaube. Dies ist insoweit richtig, als sich der Schuldenstand aus den in der Vergangenheit kumulierten Defiziten zusammensetzt. Wenn ein Staat aktuell ein Defizit von unter 3% aufweist, verringert sich dadurch der Schuldenstand noch nicht. Dies ist nur dann der Fall, wenn das BIP mit über 5% wächst oder wenn das Defizit entsprechend deutlich unter 3% liegt.[1017] Das Schuldenstandskriterium hat jedoch durchaus seine eigene Berechtigung. Bei hohem Schuldenstand ist die haushaltspolitische Flexibilität des Mitgliedstaates eingeschränkt, da ein großer Teil des Haushaltes für Zins- und Tilgungsleistungen aufgewendet werden muss. Daher ist ein bestimmtes Defizit umso gefährlicher, je höher der Schuldenstand ist. Eine Vernachlässigung des Schuldenstandskriteriums ist daher abzulehnen.

Dem gegenüber hat der EU-Währungskommissar *Solbes* am 27. November 2002 vorgeschlagen, das Referenzkriterium des Schuldenstandes in Zukunft stärker zu berücksichtigen.[1018] Insbesondere Italien, Belgien und Griechenland weisen mit 109,8%, 107,6% und 105,1%[1019] Schuldenstände auf, die weit über dem Referenzwert von 60% liegen. Diese Aussage wurde in der Presse vielfach so gewertet, dass der Schuldenstand nunmehr als zusätzliches Kriterium in den Stabilitäts- und Wachstumspakt aufgenommen werden müsste.[1020] Dies ist allerdings unzutreffend. Bereits nach aktueller Rechtslage ist der Schuldenstand ein Referenzkriterium des Art. 104 Abs. 2 EGV, der sich sowohl im primärrechtlichen Verfahren als auch im Rahmen des Stabilitäts- und Wachstumspakt auswirkt. So müssen die Stabilitätsprogramme gemäß Art.

---

99 jedoch bereits bisher im Mittelpunkt der Betrachtungen, vgl. Art. 3 Abs. 2 lit. b) der Verordnung 1466/97/EG, wonach die Stabilitätsprogramme Angaben zu Höhe und Entwicklung der Inflation enthalten müssen, die anschließend von Kommission und Rat bewertet werden.

1016 Vgl. etwa *Bofinger*, Wirtschaftsdienst 1996, 40/35 f.; ihm folgend *Sturm* S. 176 f.

1017 Zum Zusammenhang zwischen Defizit und Schuldenstand, vgl. oben S. 79 ff.

1018 Pressemitteilung 02/592; dazu FAZ vom 28.11.2002, S. 1.

1019 SZ vom 28.11.2002, S. 19.

1020 So etwa SZ vom 27.11.2002, S. 23: „Romano Prodi fordert zweites Kriterium neben der Defizitgrenze"; SZ vom 28.11.2002, S. 19: „Blaue Briefe auch bei zu langsamem Schuldenabbau".

3 Abs. 2 lit. a) der Verordnung 1466/97/EG die Entwicklung der Schuldenstände dokumentieren und können entsprechend von Kommission und Rat bewertet und gegebenenfalls mit einer Frühwarnung („blauer Brief") versehen werden. Die Feststellung gemäß Art. 104 Abs. 6 EGV, dass in einem Mitgliedstaat ein „übermäßiges Defizit" i.S.d. Art. 104 Abs. 6 EGV vorliegt, ist ebenfalls bereits dann möglich, wenn der Schuldenstand außerhalb des Referenzkriteriums liegt. Denn damit kann die Haushaltslage untragbar sein, was nach der hier vertretenen Ansicht für eine Entscheidung nach Art. 104 Abs. 6 EGV genügt.[1021] Damit ist auch der Weg zu den Sanktionen der Abs. 7 bis 11 EGV eröffnet. Die Ankündigung der Kommission ist daher dahingehend zu werten, dass sie in ihrer Rechtspraxis den Schuldenstand im Rahmen des geltenden Rechts verstärkt berücksichtigen wird. Legislatorischer Reformbedarf besteht damit nicht.[1022]

-d- Zielvorgabe für strukturelle Staatsausgaben

Manche Autoren möchten das Konzept der Defizitbeschränkung zugunsten einer Beschränkung der Staatsausgaben aufgeben.[1023] Während das Defizit im negativen Saldo von Einnahmen und Ausgaben besteht, blendet eine Beschränkung der Staatsausgaben die Einnahmenseite aus. Die Vertreter dieses Vorschlags argumentieren, dass die Beschränkung der Haushaltsdefizite auf 3% in konjunkturellen Schwächephasen zu einer prozyklischen Wirtschaftspolitik führe, da auf schwindende Einnahmen nur mit Ausgabenkürzungen oder Steuererhöhungen reagiert werden kann. Beides sei einem wirtschaftlichen Aufschwung abträglich. Deshalb sollte lediglich eine verbindliche Vorgabe für konjunkturunabhängige Staatsausgaben eingeführt werden. Ausgaben der Bundesanstalt für Arbeit sollten dabei zu den zyklischen Ausgaben gezählt werden und nicht in die Berechnung der konjunkturunabhängigen Ausgaben einfließen. Die Regierungen könnten damit selbst auf massive Einnahmeausfälle in Abschwungphasen gelassen reagieren und müssten ihre Ausgaben nicht zurückfahren. Gegen diesen Vorschlag spricht allerdings, dass das Ziel eines ausgeglichenen Haushaltes aufgegeben werden muss, da der Haushaltssaldo auch von der Einnahmenentwicklung abhängt. Wird lediglich die Ausgabenseite beschränkt, können die Mitgliedstaaten Defizite in unbegrenzter Höhe anhäufen. Die Schädlichkeit übermäßiger Defizite wurde jedoch bereits erörtert[1024], so dass dieses Reformkonzept nicht überzeugend erscheint.

Im Übrigen wäre die rechtliche Umsetzung schwierig. Art. 104 EGV sieht als Referenzwert öffentliche Defizite vor. Eine Umdeutung dahingehend, dass unter De-

---

[1021] Näheres zu Art. 104 Abs. 6 EGV siehe oben S. 93 ff.

[1022] Was die Kommission im Übrigen sehr wohl erkannt hat. Vgl. Pressemitteilung 02/592: „Let me stress that the proposals adoptet by the Commission ananimously today can be implemented within the existing legal framwork".

[1023] Vgl. etwas das Minderheitsvotum von zwei Wirtschaftsforschungsinstituten in *ADWF*, Herbstgutachten 2002 S. 115 ff.

[1024] Vgl. oben S. 71 ff.

fizit nur Staatsausgaben gemeint sind, ist angesichts des Wortlauts nicht möglich. Daher wäre eine Vertragsänderung gemäß Art. 48 EUV erforderlich.

-e- Tragbarkeitskriterium als Alternative

Eine Alternative zum bestehenden Defizitverfahren bestünde auch darin, statt konkreter Referenzkriterien die Tragbarkeit („Sustainability") des Haushalts als Maßstab für die Beurteilung der mitgliedstaatlichen Haushaltslage heranzuziehen.[1025] Bereits nach aktueller Rechtslage ist das Tragbarkeitskriterium im Rahmen des Art. 104 EGV relevant, da Art. 104 Abs. 6 EGV nach der hier vertretenen Ansicht so auszulegen ist, dass ein „übermäßiges Defizit" dann vorliegt, wenn die Haushaltslage untragbar ist.[1026] Untragbar ist die Haushaltslage in diesem Sinne dann, wenn die Abwägung verschiedener ökonomischer Haupt- und Nebenkriterien den Schluss zulässt, dass die Zahlungsfähigkeit des Staates langfristig gesehen in Frage gestellt ist.[1027] Die zu berücksichtigenden Kriterien sind neben der Höhe des Defizits und des Schuldenstandes die Wachstumsrate des BIP sowie die Höhe der Zinssätze.

Die genannten Kriterien können mit Hilfe einer mathematischen Formel derart miteinander kombiniert werden, dass eine Haushaltslage je nach Höhe der verschiedenen Kriterien als tragbar oder als untragbar eingestuft werden kann.[1028] Der Vorteil dieses Ansatzes besteht darin, dass die Haushaltslage eines Staates nicht nur anhand der Parameter Defizit und Schuldenstand bewertet wird, sondern auf eine breitere Datenbasis gestellt wird. Darüber hinaus berücksichtigt das Tragbarkeitskonzept die zukünftige Entwicklung der Haushaltslage. Dies ist insoweit konsequent, als es bei der Beurteilung der Finanzlage eines Staates neben der aktuellen Situation mindestens ebenso sehr auf die zukünftige Entwicklung des Haushaltes ankommt. Eben hierin liegt allerdings auch der entscheidende Nachteil dieses Konzepts. Zur Berechnung der Tragbarkeit muss auf die zukünftige Wachstumsrate des BIP sowie auf den zukünftigen Realzins zurückgegriffen werden, beides sind Werte, die zum Zeitpunkt der Berechnung noch nicht bekannt sind und von daher nur geschätzt werden können.[1029] Dies würde zwangläufig zu Diskussionen über die Höhe der zu erwartenden Wachstumsrate führen. Außerdem kann nicht ausgeschlossen werden, dass Mitgliedstaaten Druck auf die EZB auswirken, den Zinssatz ihren Erwartungen entsprechend zu senken. Damit widerspricht der Tragbarkeitsansatz den oben formulierten Anforderungen an eine Budgetregel.[1030] Die komplizierte, auf Schätzungen beruhende Berech-

---

1025 Vgl. *Europäische Kommission*, Europäische Wirtschaft Nr. 44 (1990), S. 119 ff.; *Duwendag* S. 234 ff. sowie *Blanchard* S. 12 ff.

1026 Vgl. dazu oben S. 63 ff. Ähnlich *Schulze-Steinen* S. 262 f., der den Tragbarkeitsansatz allerdings nicht im „Defizit" sondern im Tatbestandsmerkmal „übermäßig" verortet.

1027 *Sturm* S. 182.

1028 Vgl. zu dieser Formel *Blanchard* S. 12 ff., ihm folgend *Duwendag* S. 235 ff. sowie *Stum* S. 183 f.

1029 So *Sturm* S. 185.

1030 Vgl. S. 226 ff.

nung der Tragbarkeit ist weder klar noch einfach verständlich.[1031] Hinzu kommt, dass die rechtliche Umsetzung des Tragbarkeitsansatzes nur über eine Vertragsänderung möglich ist. Aus diesen Gründen ist der Tragbarkeitsansatz zur Reform des Defizitverfahrens nicht geeignet.

Als Alternative, die dem Tragbarkeitsansatz in ihren Zukunftswirkungen zumindest ähnlich ist, könnte allerdings das mittelfristige Haushaltsziel eines nahezu ausgeglichenen oder einen Überschuss aufweisenden Haushalts von der unverbindlichen Entschließung in eine verbindliche Rechtsform überführt werden.[1032] Dieses Ziel sollte die Referenzkriterien nicht ersetzen, sondern jene um eine in die Zukunft gerichtete Vorgabe ergänzen. In eben diesen Zukunftswirkungen liegen die Vorzüge dieses Konzepts. Die Mitgliedstaaten wären damit nicht mehr frei, ihr Defizit konstant knapp unterhalb der Referenzkriterien zu belassen (und damit im Fall eines Konjunkturabschwungs eine Überschreitung zu riskieren), sondern müssten Anstrengungen in Richtung eines ausgeglichenen Haushaltes unternehmen. Ist dieser erreicht, könnten im Fall einer Wirtschaftskrise automatische Stabilisatoren wirken und einer Überschreitung der Referenzkriterien vorbeugen. Zur rechtlichen Umsetzung der Festlegung eines verbindlichen Datums für ein mittelfristiges Haushaltsziel ist keine Vertragsänderung erforderlich.[1033] Bislang regelt der Stabilitätspakt über die Pflicht zur Erstellung von Stabilitätsprogrammen nur die Verbindlichkeit des Zieles an sich, nicht jedoch ein bestimmtes Datum zur Erreichung dieses Ziels. Somit müsste die Verordnung 1466/97/EG um ein verbindliches Datum ergänzt werden. Eine derartige Ergänzung des Stabilitätspaktes könnte auf Art. 99 Abs. 5 EGV gestützt werden.

(c) Abkehr von der Festlegung von Kriterien

Schließlich gibt es einzelne Vorschläge, die Haushaltsdisziplin der Eurostaaten zukünftig unabhängig von festen Referenzkriterien zu überwachen und durchzusetzen. In der Diskussion befinden sich ein Zertifikatsystem sowie die Einführung einer Stabilitätssteuer.

-a- Defizitzertifikate

Die Einführung eines Zertifikatsystems wurde bereits als Lösungsmöglichkeit im Rahmen des nationalen Stabilitätspaktes diskutiert.[1034] Bei diesem bislang nur vereinzelt vorgeschlagenen System[1035] müssten die Mitgliedstaaten vor einer Nettoneuverschuldung in Höhe der geplanten Summe Zertifikate erwerben. Diese Zertifikate

---

[1031] Ebenso *Sturm* S. 185: „Einer breiten Öffentlichkeit können die Budgetprobleme eines Landes durch diesen Ansatz kaum transparent gemacht werden".

[1032] Zur Frage der Verbindlichkeit *de lege lata* ausführlich oben S. 65 ff.

[1033] Selbstverständlich wäre es jedoch möglich, diese Frage auch unmittelbar im Vertrag zu regeln.

[1034] Vgl. dazu oben S. 169 ff.

[1035] Dazu geäußert haben sich *Wissenschaftlicher Beirat beim BMF* S. 25 ff.; *Eijffinger/de Haan* S. 95; *Schröder*, Wirtschaftsdienst 1999, 412 ff. Ursprünglich stammt das Instrument aus dem Bereich der Umweltpolitik, vgl. dazu Fn. 727.

könnten Defizitzertifikate, Verschuldungszertifikate oder auch Verschuldungslizenzen genannt werden. Der Erwerb dieser Zertifikate erfolgt über eine Versteigerung. Je höher die geplante Verschuldung und je höher die allgemeine Nachfrage nach einer Verschuldung ist, desto höher fällt der Preis für die Verschuldung aus. Mengenmäßig könnten die Defizitzertifikate auf die Summe begrenzt werden, die bei einer gemeinschaftsweiten Neuverschuldung von 3% anfällt. Der Preis der Verschuldung hängt damit ausschließlich von der Nachfrage ab. Wie bereits dargestellt liegt der Vorteil dieser Lösung darin, dass den einzelnen Mitgliedstaaten eine größere Flexibilität bei der Verschuldung verbleibt.[1036] So wäre es beispielsweise in wirtschaftlichen Krisenzeiten möglich, Zertifikate für ein Defizit in Höhe von 5% zu erwerben. Sollte nur ein Staat Haushaltsprobleme haben, wären derartige Zertifikate günstig zu erwerben. Im Fall einer allgemeinen Wirtschaftskrise wäre der Preis für die Verschuldung allerdings derart hoch, dass die Mitgliedstaaten auf andere Finanzierungsmöglichkeiten zurückgreifen müssten.

Die Nachteile dieses Konzepts liegen darin, dass ein Mitgliedstaat, der sich verschulden will oder muss, meist nicht über die notwendigen Mittel für die Ersteigerung eines Zertifikats verfügt. Die Ersteigerung eines Zertifikats führt damit zu einer noch größeren Verschuldung, so dass das Versteigerungsverfahren kontraproduktiv wirkt. Auch wenn zur Ersteigerung des Zertifikats auf Steuererhöhungen zurückgegriffen wird, verschlechtert dies die wirtschaftliche Lage des Staates zusätzlich. Dies kann nicht Sinn eines gemeinschaftsrechtlichen Defizitverfahrens sein. Zu diesen methodischen Bedenken kommt der formelle Einwand hinzu, dass ein Zertifikatsystem nur über eine Vertragsänderung rechtlich umzusetzen ist. Angesichts der Tatsache, dass das revolutionäre Konzept der Defizitzertifikate bislang wissenschaftlich kaum erforscht wurde, dürfte die nach Art. 48 Abs. 3 EUV erforderliche Zustimmung aller Mitgliedstaaten in näherer Zukunft kaum zu erlangen sein.

-b- Stabilitätssteuer

Der zweite Vorschlag, der die Referenzkriterien insgesamt ersetzen will, setzt sich für die Erhebung einer Stabilitätssteuer ein. Eine derartige Steuer verpflichtet die Mitgliedstaaten, einen bestimmten Prozentsatz ihrer Nettoneuverschuldung als Steuer an die EU abzuführen.[1037] Die Folge hiervon wäre, dass die Staaten zu einer möglichst geringen Neuverschuldung angehalten werden. Der Zinssatz könnte dabei konstant oder progressiv[1038] ausgestaltet werden, er sollte in der Höhe etwa den zusätzlichen Anreiz der Währungsunion zu einer Verschuldung ausgleichen.[1039] Problematisch an diesem Ansatz ist allerdings, dass es keine feste Oberbegrenzung der Verschuldung

---

[1036] Dazu *Wissenschaftlicher Beirat beim BMF* S. 26; *Schröder*, Wirtschaftsdienst 1996, 412/418.

[1037] *Zangl/Wolf*, Wirtschaftsdienst 1999, 174/178.

[1038] D.h. der Zinssatz wäre umso höher, je höher die Neuverschuldung ausfällt.

[1039] Zu diesem Anreiz vgl. oben S. 71 ff.

gibt.[1040] Darüber hinaus erfordert auch dieser Vorschlag eine Vertragsänderung, da das System des Art. 104 EGV komplett modifiziert würde, was die Vertreter dieses Reformvorschlags übersehen.[1041] Aus diesen Gründen scheint die Stabilitätssteuer keine realistische Alternative zum Defizitverfahren zu sein.

(3) Ergebnis

Die vorgeschlagenen Reformen des Defizit-Referenzwertes vermögen überwiegend nicht zu überzeugen. Die vielfach geforderte „Flexibilisierung" der Defizitbegrenzung ist nicht erforderlich, die Kriterien des Art. 104 EGV sind bereits ausreichend flexibel. Die vorgeschlagenen Änderungen berücksichtigen ein grundlegendes Erfordernis nicht: Budgetregeln müssen einfach und präzise sein, damit sie erfolgreich angewendet werden können. Nur dann kann die jeweilige Regierung dem Druck hin zu mehr Ausgaben mit Verweis auf die Budgetregeln widerstehen. Nur dann kann effektiv überprüft werden, ob die Mitgliedstaaten die Kriterien einhalten. Nur wenn kein Zweifel an einem Verstoß gegen die Regeln vorliegt, lassen sich Sanktionen gegen den Mitgliedstaat rechtfertigen. Die vorgestellten Reformvorschläge führen jedoch zum großen Teil zu erheblichen Komplikationen bei der Berechnung und Bewertung der Haushaltslage, so dass sie abzulehnen sind. Zwei positive Ausnahmen sind zu nennen: Einerseits sollten zusätzliche, im Einzelnen noch zu bestimmende Ausnahmebestimmungen aufgenommen werden. Indem den Mitgliedstaaten eine stärkere Neuverschuldung in wirtschaftlichen Krisenzeiten gestattet wird, könnte die Einsicht in die Notwendigkeit des Defizitverfahrens insgesamt gestärkt werden. Schließlich sollte auch ein Datum für das mittelfristig zu erreichende Ziel eines nahezu ausgeglichenen Haushalts als Verwirklichung eines vereinfachten Tragbarkeitsansatzes in verbindlicher Form in die Referenzkriterien aufgenommen werden. Dies kann im durch eine Änderung der Verordnung 1466/97/EG umgesetzt werden.

b) Konzeption des Überwachungs- und Sanktionsverfahrens

Die nächste Kategorie von Reformvorschlägen setzt im Gegensatz zu den Referenzkriterien nicht an den Tatbestandsvoraussetzungen, sondern an der Konzeption des Überwachungs- und Sanktionsverfahrens an. Art. 104 EGV normiert ein abgestuftes Sanktionsverfahren, bei dem zunächst die Kommission und anschließend der Ecofin-Rat zuständig sind.[1042] Sinn und Zweck dieses Verfahren liegen darin, über die

---

[1040] *Schröder*, Wirtschaftsdienst 1999, 412/417. Eine feste Obergrenze ist jedoch zwingend erforderlich, vgl. S. 226 ff.

[1041] *Zangl/Wolf*, Wirtschaftsdienst 1999, 174/180 gehen davon aus, dass eine Stabilitätssteuer im Rahmen des Stabilitäts- und Wachstumspaktes verwirklicht werden kann.

[1042] Vgl. ausführlich oben S. 85 ff. Die Kommission überwacht die Entwicklung der Haushaltslage in den Mitgliedstaaten und erstellt einen Bericht, wenn einer der Referenzwerte nicht eingehalten wird oder die Gefahr einer Nichteinhaltung besteht. Anschließend legt sie gemäß Art. 104 Abs. 5 EGV dem Rat eine Stellungnahme vor. Das weitere Vorgehen liegt in der Zuständigkeit des Rates. Er stellt mit qualifizierter Mehrheit fest, ob ein übermäßiges Defizit besteht. Danach kann er Empfehlungen an den Mitgliedstaat richten, seine Empfehlungen veröffentlichen, den

Signalwirkung einer Sanktionsandrohung die Mitgliedstaaten zur haushaltspolitischen Disziplin anzuhalten. Wird dieses Ziel nicht erreicht, sollen Konflikte im Vorfeld eines Ratsbeschlusses gelöst werden. Fraglich ist, ob die zweistufige Ausgestaltung des Systems diesem Ziel gerecht wird.

(1) Kritik

Die Kritik an der Konzeption des Verfahrens setzt an verschiedenen Punkten an. Einerseits wird moniert, das Verfahren beinhalte zu viele Zwischenschritte bis zur Verhängung von „harten" Sanktionen. Damit vergehe zu viel Zeit bis zur Sanktionierung eines Fehlverhaltens. Andererseits könne es nicht angehen, dass der zu sanktionierende Staat an der Abstimmung über die Sanktion teilnimmt. Darüber hinaus wird bemängelt, dass das Initiativrecht zur Einleitung des Verfahrens ausschließlich bei der Kommission liegt. Schließlich sei auch der konstitutive Charakter der Ecofin-Entscheidung missglückt. Diese Einwände sollen im Folgenden vorgestellt werden.

(a) Dauer des Verfahrens

Einerseits sprechen gute Gründe für eine Aufteilung des Sanktionsverfahrens in verschiedene Zwischenschritte. Das Verfahren wird dadurch flexibler, die Sanktion auf den konkreten Verstoß angepasst. Außerdem kann das Verfahren jederzeit beendet werden, wenn der Mitgliedstaat zur Budgetdisziplin zurückkehrt. Dadurch ist auch die Präventivwirkung optimiert, da es sich für einen Staat lohnt, die Vorgaben einzuhalten. Bestünde das Verfahren nur aus einem einzigen Sanktionsschritt, existierte im Falle eines Verstoßes gegen die Budgetdisziplin kein Anreiz, den Verstoß wieder rückgängig zu machen, da der Staat in jedem Fall der Sanktion ausgesetzt ist. Ein abgestuftes Sanktionssystem ermöglicht es, die Sanktion an die Schwere des Verstoßes anzupassen. Das wiederum fördert die Akzeptanz der Sanktion. Trotzdem kann am Defizitverfahren die Einteilung in Zwischenschritte kritisiert werden.[1043] Geht nämlich aufgrund vieler Zwischenschritte der zeitliche Zusammenhang zwischen einem Verstoß gegen die Budgetdisziplin und der Sanktionierung dieses Verstoßes verloren, wird die Legitimität der Sanktion vermindert.

Eine zu lange Dauer des Verfahrens kommt aber nicht nur durch die Einteilung des Verfahrens in viele Zwischenschritte zustande, sondern auch dadurch, dass die Entscheidungen im Rahmen des Verfahrens zu viel Zeit in Anspruch nehmen. Eine Vielzahl an Zwischenentscheidungen vergrößert die Gefahr, dass jede einzelne Entscheidung und damit das Verfahren insgesamt zu lange dauert. Derartige Verzögerungen können sich etwa bei Meinungsverschiedenheiten über die tatsächliche haushaltspolitische Lage des Mitgliedstaates ergeben, insbesondere dann, wenn die Ent-

---

Mitgliedstaat in Verzug setzen oder bestimmte Sanktionen i.e.S. gemäß Art. 104 Abs. 11 EGV verhängen. Hierzu zählt insbesondere eine Geldbuße in angemessener Höhe. Das Europäische Parlament wird lediglich von den Beschlüssen unterrichtet.

[1043] Vgl. etwa *Sturm* S. 195.

scheidung des Ecofin mit qualifizierter Mehrheit[1044] oder mit Zweidrittelmehrheit[1045] getroffen werden muss.

Mit dem Stabilitäts- und Wachstumspakt, insbesondere der Verordnung 1467/97/EG[1046], wurde eine Beschleunigung des Verfahrens angestrebt. Danach gelten folgende Fristen: Die Entscheidung nach Art. 104 Abs. 6 EGV muss innerhalb von drei Monaten nach den in der Verordnung 3605/93/EG[1047] genannten Meldeterminen – 1. März und 1. September eines jeden Jahres – getroffen werden.[1048] Die Empfehlungen gemäß Art. 104 Abs. 7 EGV müssen vom Ecofin gleichzeitig mit der Entscheidung nach Abs. 6 an den betreffenden Mitgliedstaat gerichtet werden. In diesen Empfehlungen soll dem Mitgliedstaat eine Frist von maximal vier Monaten für das Ergreifen wirksamer Maßnahmen gesetzt werden. Für die Korrektur des übermäßigen Defizits sollte dem Mitgliedstaat eine Frist bis zum Ende des auf die Feststellungsentscheidung folgenden Jahres gesetzt werden, sofern keine besonderen Umstände vorliegen.[1049] Die Entscheidung, eine Empfehlungen gemäß Art. 104 Abs. 8 EGV zu veröffentlichen, soll unmittelbar nach Ablauf der 4-Monatsfrist getroffen werden. Die Entscheidung, einen Mitgliedstaat in Verzug zu setzen, soll spätestens einen Monat später getroffen werden. Spätestens zwei Monate später sollen konkrete Sanktionen gemäß Art. 104 Abs. 11 Alt. 1 EGV verhängt werden. Insgesamt soll diese Entscheidung spätestens zehn Monate nach den genannten Meldeterminen 1. März bzw. 1. September erfolgen. Eine eventuelle Verschärfung der Sanktionen gemäß Art. 104 Abs. 11 Alt. 2 EGV soll bis spätestens zwei Monaten nach den (folgenden) Meldeterminen getroffen werden.[1050] In einer Tabelle lassen sich diese zeitlichen Vorgaben folgendermaßen veranschaulichen[1051]:

Meldetermin	**1. März**	**1. September**
Art. 104 Abs. 6	1. Juni	1. Dezember
Art. 104 Abs. 7	1. Juni	1. Dezember
Art. 104 Abs. 8	1. Oktober	1. April (Jahr X+1)
Art. 104 Abs. 9	1. November	1. Mai (Jahr X+1)
Art. 104 Abs. 11 Alt. 1	1. Januar	1. Juli (Jahr X+1)
Art. 104 Abs. 11 Alt. 2	1. Mai (Jahr X+1)	1. November (Jahr X+1)

1044 Art. 104 Abs. 6 EGV.
1045 Art. 104 Abs. 13 EGV.
1046 ABl. 1997 Nr. L 209/6.
1047 ABl. 1993 Nr. L 332/7.
1048 Art. 3 Abs. 3 Verordnung 1467/97/EG.
1049 Art. 3 Abs. 4 Verordnung 1467/97/EG.
1050 Art. 8 Satz 1 Verordnung 1467/97/EG.
1051 Vgl. auch die Tabelle bei *Eijffinger/de Haan* S. 89.

Selbst wenn ein Mitgliedstaat die Empfehlungen des Ecofin befolgt (d.h. weitere Sanktionen nicht zulässig sind), hat der Mitgliedstaat gemäß Art. 3 Abs. 4 der Verordnung 1467/97/EG bis zum Ende des auf die Feststellungsentscheidung folgenden Jahres Zeit, sein übermäßiges Defizit zu korrigieren. Damit kann der Mitgliedstaat bei einer auf den Meldetermin 1. März folgenden Feststellungsentscheidung 14 Monate lang ein übermäßiges Defizit aufweisen, wenn er die Entscheidungen des Ecofin befolgt, diese jedoch keine Besserung der Haushaltslage bewirken. Zu beachten ist außerdem, dass es keinerlei Frist für die Kommission gibt, innerhalb der sie dem Rat eine Empfehlung vorlegt. Diese Empfehlung ist jedoch Voraussetzung für eine Feststellungsentscheidung des Rates gemäß Art. 104 Abs. 6 EGV. Wenn die Kommission aus welchen Gründen auch immer nicht in der Lage ist, eine derartige Empfehlung abzugeben, ist das gesamte Verfahren blockiert. Der Rat oder ein Mitgliedstaat können in diesem Fall die Kommission lediglich gemäß Art. 115 EGV zum Tätigwerden auffordern oder gemäß Art. 232 EGV eine Untätigkeitsklage vor dem EuGH anstrengen.[1052]

Zusammenfassend ergibt sich damit, dass der Stabilitäts- und Wachstumspakt zwar eine gewisse Straffung des Verfahrens bewirkt. Allerdings lässt auch er dem Mitgliedstaat bis zu 14 Monate Zeit, sein übermäßiges Defizit zu korrigieren. Darüber hinaus kann die Einhaltung des Paktes leicht zur Makulatur werden, wenn sich die Wirtschafts- und Finanzminister im Ecofin nicht auf eine bestimmte Entscheidung verständigen können. Hieraus folgt, dass nach der aktuellen Konzeption des Defizitverfahrens zu viele Zwischenschritte und damit zu viel Zeit zwischen einem Verstoß gegen die Budgetdisziplin und einer Sanktion vorgesehen sind. Damit ist die Motivation zur Einhaltung der Regel nicht besonders groß. Hinzu kommt, dass der betreffende Politiker bis zum Abschluss des Verfahrens vielleicht schon gar nicht mehr im Amt ist.[1053] Der Anreiz für die Politiker, eine unpopuläre Haushaltskonsolidierung durchzuführen, sinkt damit noch mehr. Eventuelle Sanktionen treffen dann die Nachfolgeregierung, die die schlechte Haushaltslage nicht zu verantworten hat.

(b) Teilnahme des zu sanktionierenden Staates

An den verfahrensrechtlichen Aspekten des Defizitverfahrens wird weiterhin kritisiert, dass der zu sanktionierende Staat an der mit qualifizierter Mehrheit[1054] zu treffenden Abstimmung über das Vorliegen eines übermäßigen Defizits teilnehmen darf.[1055] Dies gilt ausschließlich für die Entscheidung gemäß Art. 104 Abs. 6 EGV, da gemäß Abs. 13 die Beschlussfassung bei den anderen Entscheidungen ohne den betreffenden Staat erfolgt. Der Entscheidung über das Bestehen eines übermäßigen Defizits kommt jedoch wie dargelegt eine Schlüsselfunktion zu, da sie die Grundlage für jede weitere konkrete Sanktion ist.

[1052] Vgl. dazu oben S. 122 ff.

[1053] Siehe zum Problem der Motivation von politischen Entscheidungsträgern S. 255.

[1054] Näheres zu den Abstimmungsmodalitäten im Defizitverfahren, vgl. oben S. 102 ff.

[1055] Vgl. etwa KOM (2002) 728 endg. /2 S. 10.

Es gibt gute Gründe für die Teilnahme des zu sanktionierenden Staates an der Abstimmung. Sie ermöglicht dem Staat die umfassende Anhörung seiner Argumente. Er kann sein Verhalten erklären und das Zustandekommen des übermäßigen Defizits erläutern. Dies ist deshalb wichtig, weil der Ecofin gemäß Art. 104 Abs. 6 EGV „mit Rücksicht auf die Gesamtlage" entscheidet.[1056] Die Gesamtlage der wirtschaftlichen Situation eines Staates kann am Besten von der Regierung dieses Staates eingeschätzt werden. Gleichzeitig ist der betreffende Staat jedoch prozessrechtlich gesprochen als befangen zu qualifizieren. Welcher Staat wird schon dafür stimmen, dass in seinem Land ein übermäßiges Defizit besteht? Jede Regierung wird die Gesamtlage in möglichst positiven und optimistischen Worten darstellen. Die Teilnahme an der Abstimmung führt dazu, dass der zu sanktionierende Staat die Möglichkeit erhält, bis zuletzt auf die anderen Mitgliedstaaten einzuwirken und diese in seinem Sinne zu beeinflussen. Damit wird dem politischen „Kuhhandel" eine offene Plattform geliefert. Dieser ist umso wahrscheinlicher, je eher auch die anderen Staaten von einem hohen Defizit betroffen sind. Die aktuelle Konzeption des Sanktionsverfahrens führt damit leicht zu einem Scheitern des gesamten Defizitverfahrens. Schließlich wurde bereits dargestellt, dass in der Teilnehme des zu sanktionierenden Staates teilweise ein Verstoß gegen allgemeine Rechtsgrundsätze gesehen wird.[1057] Da die Mitwirkung jedoch auch in so prominenten Organisationen wie der UNO vorgesehen ist, kann sie kaum gegen einen allgemeinen Rechtsgrundsatz verstoßen. Trotzdem ist sie politisch nicht opportun. Sie führt zu einer Lähmung des Verfahrens und damit zu einem Scheitern des Sanktionssystems.

(c) Handeln der Kommission in Form von Empfehlungen

An der Konzeption des Defizitverfahrens wird auch kritisiert[1058], dass der Rat bei seinen Beschlüssen gemäß Art. 104 Abs. 6 bis 12 EGV auf Empfehlung der Kommission handelt (vgl. Art. 104 Abs. 13 EGV). Eine Empfehlung ist gemäß Art. 249 Abs. 5 EGV nicht verbindlich, so dass der Rat in seiner Beschlussfassung nicht an die Ausführungen der Kommission gebunden ist. Dadurch ist es möglich, dass der Ecofin-Rat die Empfehlungen der Kommission ignoriert oder abändert. Dies führe zu Glaubwürdigkeitsproblemen des Defizitverfahrens.

(d) Initiativrecht

Ein weiterer Kritikpunkt an der verfahrensrechtlichen Ausgestaltung der Defizitbegrenzung liegt darin, dass *de lege lata* nur der Kommission das Recht zukommt, ein Defizitverfahren einzuleiten.[1059] Dieses Monopol der Kommission ergibt sich einerseits daraus, dass die Überwachung der Haushaltsdisziplin gemäß Art. 104 Abs. 3 EGV ausschließlich durch die Kommission durchgeführt wird. Andererseits ist vor

---

1056 Siehe zu Art. 104 Abs. 6 EGV S. 93 ff.

1057 Siehe oben S. 215. Vgl. *Ruzié* S. 52 f.

1058 KOM (2002) 728 endg./2 S. 9.

1059 Diese Kritik wird etwa von *Stasavage*, Politique Etrangère 1997, 567/576 f. formuliert.

einer Entscheidung des Ecofin-Rates nach Art. 104 Abs. 6 EGV eine Empfehlung der Kommission erforderlich. Kommt die Kommission ihren Verpflichtungen aus dem Vertrag nicht nach, ist damit die Überwachung der Haushaltsdisziplin nicht mehr sichergestellt. Schwerer wiegt noch, dass der Rat ohne Empfehlung der Kommission nicht feststellen kann, dass in einem Mitgliedstaat gemäß Art. 104 Abs. 6 EGV ein übermäßiges Defizit besteht. Die Möglichkeiten, die Kommission zur Erfüllung ihrer Verpflichtungen zu bewegen, sind relativ beschränkt. So kann der Rat oder ein Mitgliedstaat die Kommission gemäß Art. 115 EGV ersuchen, eine Empfehlung abzugeben. Theoretisch möglich wäre auch eine Untätigkeitsklage gemäß Art. 232 EGV gegen die Kommission, die allerdings wegen des im Rahmen des Defizitverfahrens bestehenden Beurteilungsspielraums nur schwer zu gewinnen sein dürfte.[1060]

(e) Konstitutiver Charakter der Ecofin-Entscheidung

Zum Teil wird am Verfahren des Art. 104 EGV auch kritisiert, dass zur Verhängung von Sanktionen eine diskretionäre Entscheidung des Ecofin-Rates erforderlich ist, die konstitutive Wirkung für das Sanktionsverfahren hat.[1061] Konstitutive Wirkung bedeutet, dass ein Sanktionsverfahren bei einem übermäßigen Defizit in einem Mitgliedstaat ohne die Entscheidung des Ecofin-Rates, in der dieser das Bestehen eines übermäßigen Defizits feststellt, nicht möglich ist. Diskretionär ist diese Entscheidung in dem Sinne, dass sie einen Willensbildungsprozess und eine qualifizierte Mehrheit innerhalb des Rates voraussetzt. Hält der Rat dies für opportun, kann er trotz Vorliegens der Voraussetzungen des Art. 104 Abs. 6 EGV auf eine derartige Entscheidung verzichten.[1062] Der konstitutive Charakter der Ratsentscheidung verhindere damit ein effektives Defizitverfahren.

(2) Reformvorschläge

(a) Verringerung der Verfahrensdauer

Ein erster Reformvorschlag für die Konzeption des Überwachungs- und Sanktionsverfahrens geht hin, die Verfahrensdauer zu verringern. Hierbei könnte an zwei verschiedenen Punkten angesetzt werden. Einerseits könnten die Entscheidungsorgane verpflichtet werden, schneller zu entscheiden. Andererseits könnten verschiedene Verfahrensschritte eliminiert werden, damit Sanktionen schneller verhängt werden können. Nur der zweite Ansatz führt zum Erfolg. Die Entscheidungsorgane sind bereits durch den Stabilitäts- und Wachstumspakt zu schnellem Handeln verpflichtet worden. Die Frist, die dem betreffenden Mitgliedstaat zur Umsetzung der Sanktionen gesetzt wird, kann nicht mehr verkürzt werden, da die Umsetzung der Sanktionen i.d.R. einen Gesetzgebungsakt erfordert. Das Durchlaufen des parlamentarischen

---

1060 Zur Untätigkeitsklage und zum Ermessens- und Beurteilungsspielraum, vgl. oben S. 122 ff.

1061 Vgl. etwa *Palm* S. 189 f.; *Vaubel*, Wirtschaftsdienst 1997, 10 ff.

1062 Er setzt sich dann allerdings der Gefahr einer Untätigkeitsklage gemäß Art. 232 EGV aus; vgl. dazu oben S. 122 ff.

Prozesses kann vor allem in haushaltspolitischen Krisenzeiten langwierig sein[1063], so dass die Frist nicht zu kurz sein darf. Vielmehr sollte das Verfahren des Art. 104 EGV durch die Konzentration auf wenige Verfahrensschritte gestrafft und damit optimiert werden. Dabei darf nicht vergessen werden, dass ein abgestuftes Verfahren durchaus positiv zu bewerten ist; ein Verfahren, bei dem auf die Feststellung eines Verstoßes sofort eine finanzielle Sanktion folgt, ist daher auch keine Lösung.

Unter diesen Umständen scheinen vor allem die unveröffentlichten Empfehlungen gemäß Art. 104 Abs. 7 EGV sowie das In-Verzug-Setzen gemäß Art. 104 Abs. 9 EGV verzichtbar zu sein. Zwar ist es für den betreffenden Staat angenehmer, nicht sofort mit der Veröffentlichung der Ecofin-Empfehlungen konfrontiert zu werden. Ein zwingendes Erfordernis für diese heimlichen Empfehlungen besteht jedoch nicht. Vielmehr könnte in einem ersten Schritt die Feststellung eines übermäßigen Defizits mit der Festlegung einer Frist verbunden werden, innerhalb der der betreffende Mitgliedstaat das übermäßige Defizit abzubauen hat, insbesondere indem er die an ihn gerichteten Empfehlungen umsetzt. Nach Ablauf dieser nicht zu kurz bemessenen Frist sollten sofort „harte Sanktionen" verhängt werden können. Alle Entscheidungen im Rahmen des Defizitverfahrens sollten der gerichtlichen Überprüfung zugänglich gemacht werden, so dass der Rechtsschutz (mit aufschiebender Wirkung) als weitere Stufe hinzukommen würde.[1064] Weiterhin müsste der Zeitplan der Ratssitzungen gestrafft werden. Ecofin-Sitzungen müssten in kurzen Abständen stattfinden, um schnell auf Entwicklungen reagieren zu können. In einer derartigen Konzeption ist die Sanktion geeignet, Staaten präventiv vom Einsatz übermäßiger Defizite als Möglichkeit der Politik abzuhalten, ohne auf die Vorteile eines mehrstufigen Sanktionssystems zu verzichten. Die Umsetzung dieser Verfahrensstraffung ist allerdings nur über eine Vertragsänderung gemäß Art. 48 EUV möglich.

(b) Ausschluss des zu sanktionierenden Staates

Angesichts der gravierenden Nachteile, die die Teilnahme des zu sanktionierenden Staates an der Abstimmung über das Bestehen eines übermäßigen Defizits aufweist[1065], sollte diese Entscheidung in Zukunft ohne den betreffenden Mitgliedstaat vorgenommen werden. Der Ausschluss des zu sanktionierenden Mitgliedstaates verstößt auch nicht etwa gegen höherrangige Rechtsprinzipien, sofern dem Staat die Möglichkeit einer Anhörung gegeben wird. Der Ausschluss von der Abstimmung ist bereits in mehreren Verträgen über Internationale Organisationen enthalten, so dass

---

[1063] *Sturm* S. 195.

[1064] Zur Reform des Rechtsschutzes vgl. unten S. 270 ff.

[1065] Siehe oben S. 245. Die Nachteile bestehen insbesondere darin, dass der Mitgliedstaat befangen ist und i.d.R. gegen die Feststellung eines übermäßigen Defizits stimmen wird. Handelt es sich dabei um einen großen Staat, wird die erforderliche qualifizierte Mehrheit nur schwerlich zu erreichen sein. Darüber hinaus bietet die der Abstimmung vorausgehende Diskussion dem betreffenden Mitgliedstaat die Zeit und die Möglichkeit, andere Mitgliedstaaten zu beeinflussen und sog. *package deals* zu vereinbaren.

diese Ausgestaltung des Sanktionsverfahrens als gängig angesehen werden muss.[1066] Zur Verwirklichung dieses Reformvorschlags müsste allerdings der Wortlaut von Art. 104 Abs. 6 EGV oder von Art. 104 Abs. 13 EGV geändert werden. Abs. 6 könnte folgendermaßen lauten: „Der Rat entscheidet mit qualifizierter Mehrheit, wobei der betreffende Mitgliedstaaten nicht abstimmungsberechtigt ist, auf Empfehlung der Kommission (...)“. Alternativ könnte Abs. 13 so modifiziert werden, dass der jetzige Satz 1 zu Satz 2 wird und der neue Satz 1 folgendermaßen lautet: „Die Beschlussfassung des Rates nach Abs. 6 erfolgt ohne den betreffenden Mitgliedstaat.“

(c) Einführung eines Vorschlagsrechts für die Kommission

Im Rahmen eines für den Europäischen Konvent bestimmten Positionspapiers über die zukünftige institutionelle Struktur der Union hat die Kommission angeregt, für bestimmte Entscheidungen des Defizitverfahrens ein Vorschlagsrecht für die Kommission einzuführen.[1067] Bisher wird der Ecofin-Rat hier gemäß Art. 104 Abs. 13 EGV auf Empfehlung der Kommission tätig. Die Änderung des Art. 104 EGV von „auf *Empfehlung* der Kommission“ in „auf *Vorschlag* der Kommission“ hätte zur Folge, dass ein Vorschlag nur mit Zustimmung der Kommission oder aber durch einstimmigen Beschluss des Rates abgeändert werden kann (vgl. Art. 250 Abs. 1 und Abs. 2 EGV). Damit könnte der Rat eine Empfehlung der Kommission nicht mehr einfach ignorieren oder ohne Angabe von Gründen modifizieren. Vielmehr müsste er die Kommission im Fall einer nicht vorhandenen Einstimmigkeit argumentativ von seiner eventuell gegensätzlichen Mehrheits-Auffassung überzeugen. Das Handeln des Rates auf Vorschlag der Kommission stellt im Übrigen das im EGV normalerweise vorgesehene Verfahren der Beschlussfassung dar, so dass damit auch eine schwer verständliche Besonderheit des Defizitverfahrens beseitigt würde.[1068]

In ihrem Positionspapier möchte die Kommission die Einführung des Vorschlagsrechts auf die von ihr zu erlassenden Warnungen im Rahmen des Stabilitätspaktes beschränken.[1069] Eine Ausweitung auf alle Entscheidungen im Rahmen des Defizitverfahrens wäre allerdings die konsequentere Lösung, da dann alle Entscheidungen nach einem einheitlichen Verfahren zu treffen wären.

(d) Ausweitung des Initiativrechts

Weiterhin ist zu überlegen, ob das Initiativrecht im Rahmen des Defizitverfahrens nicht ausgeweitet werden kann. Nach aktueller Rechtslage kann nur die Kommission ein Verfahren einleiten. Dies führt dazu, dass bei Untätigkeit der Kommissi-

---

1066 *Ruzié* S. 52 f.

1067 KOM (2002) 728 endg./2 S. 9 sowie KOM (2002) 247 endg. S. 7 f. Vgl. dazu auch *Börsen-Zeitung* vom 06.06.2002: „Mehr Macht für Brüssel in der Defizitüberwachung“ sowie SZ vom 03.06.2002, S. 22: „Vergewaltigung des EU -Ministerrats“.

1068 Vgl. zum Vorschlagsrecht der Kommission *Oppermann* Rn. 353 ff. sowie *Kluth*, in: Calliess/Ruffert Art. 250 Rn. 5; *Bleckmann*, Europarecht, Rn. 260, 266.

1069 Vgl. KOM (2002) 728 endg./2 S. 9.

on das gesamte Verfahren lahmgelegt ist. Ein Reformvorschlag besteht darin, in Zukunft auch der EZB sowie einzelnen Individuen ein Initiativrecht einzuräumen.[1070] Darüber hinaus wäre es auch möglich, der Mehrheit des Europäischen Parlaments ein derartiges Recht zuzugestehen.

Allerdings sollte auf die verfahrenstechnische Unterscheidung zwischen initiativberechtigtem Organ und Sanktionsorgan nicht verzichtet werden, da damit ausschließlich politische motivierte Sanktionen durch die Mehrheit des Sanktionsorgans vermieden werden können. Auch die Möglichkeit, jedem Individuum ein Initiativrecht einzuräumen, ist abzulehnen. Sie würde das Sanktionsorgan durch vielfache unbegründete Eingaben lahm legen. Besonders gut zur Einleitung eines Verfahrens sind die EZB und das EP geeignet. Die Europäische Zentralbank ist gemäß Art. 113 Abs. 3 EGV sowie Art. 15 der EZB-Satzung verpflichtet, Berichte über die Tätigkeit des ESZB und über die Geld- und Währungspolitik abzuliefern. Im Rahmen ihrer Tätigkeit verfügt die EZB über genaue Informationen über die Wirtschaftslage in den Mitgliedstaaten. Es wäre ihr daher möglich, diese Wirtschaftslage im Hinblick auf haushaltspolitische Kriterien zu analysieren und gegebenenfalls ein Sanktionsverfahren einzuleiten. Für ein Initiativrecht des Europäischen Parlaments spricht die demokratische Legitimation dieses Organs. Das Budget ist das ursprüngliche Recht eines Legislativorgans. Daher kommt dem EP eine besondere Rolle bei der Überwachung der mitgliedstaatlichen Budgets zu. Voraussetzung ist dabei allerdings, dass dem EP die notwendigen Informationen über die Haushaltslage in den Mitgliedstaaten mitgeteilt werden.

Die Ausweitung des Initiativrechts ist nur über eine Vertragsänderung gemäß Art. 48 EUV möglich. Dazu müsste Art. 104 Abs. 6 EGV lauten: „Der Rat entscheidet mit qualifizierter Mehrheit (...) auf Empfehlung der Kommission, des Europäischen Parlaments oder der EZB (...)“. Darüber hinaus müsste das Initiativrecht der EZB, die bisher primär für die Geldpolitik der Gemeinschaft zuständig ist, als zusätzliche Aufgabe der EZB etwa in Art. 105 EGV normiert werden.

(e) Sanktionsautomatismus

Das Erfordernis einer konstitutiven Ratsentscheidung in Art. 104 EGV war einer der Gründe für *Waigels* Vorschlag für einen „Stabilitätspakt für Europa“[1071]. Zentraler Bestandteil dieses Vorschlags war ein Automatismus bei der Verhängung von Sanktionen. Pro angefangenen Prozentpunkt der Defizitüberschreitung sollte der betreffende Mitgliedstaat automatisch eine unverzinsliche Einlage in Höhe von 0,25% seines BIP hinterlegen müssen. Nach zwei Jahren sollte sich diese Einlage *ipso jure* in eine Geldbuße umwandeln, wenn der Referenzwert immer noch überschritten wird.

1070 *Stasavage*, Politique Etrangère 1997, 567/577.

1071 BMF, Stabilitätspakt für Europa – Finanzpolitik in der dritten Stufe der WWU, Pressemitteilung v. 10.11.1995; vgl. dazu bereits oben S. 53 ff.

Ein derartiger Automatismus konnte in einem sekundärrechtlichen Stabilitätspakt nicht umgesetzt werden, da zuvor Art. 104 EGV hätte geändert werden müssen.[1072] Darüber hinaus ist ein Automatismus jedoch auch politisch und ökonomisch nicht sinnvoll.[1073] Politisch ist er abzulehnen, weil nicht auszuschließen ist, dass ein hoch defizitäres Land sich geweigert hätte, automatisch verhängte Sanktionen zu zahlen.[1074] Automatisch verhängten Sanktionen fehlt die Legitimität, die Sanktionen gegen einen Staat durch einen kontroversen Entscheidungsfindungsprozess erlangen. Wird eine Sanktion ausdrücklich beschlossen, hängt die Glaubwürdigkeit des Sanktionsverfahrens von der Begründung der Sanktion ab. Ist die Sanktion rechtmäßigerweise in Einklang mit dem Verfahren getroffen worden, könnte sich der Staat kaum dem politischen Druck zur Zahlung der Sanktion entziehen. Eine automatische Sanktion könnte dagegen von dem betroffenen Mitgliedstaat permanent angegriffen werden. Auch in der UNO hat sich gezeigt, dass die automatische Suspendierung von Stimmrechten nicht opportun ist.[1075]

Darüber hinaus ist es aus ökonomischer Sicht unsinnig, die Haushaltslage lediglich anhand der Referenzwerte für Defizit und Schuldenstand zu bewerten.[1076] Aus gutem Grund fordert Art. 104 Abs. 6 EGV die Prüfung der „Gesamtlage", d.h. die Prüfung von Ausnahmebestimmungen sowie sonstiger ökonomischer Kriterien. Eine Entscheidung nach Prüfung der Gesamtlage kann nicht über einen Automatismus getroffen werden, hier ist ein konstitutiver Beschluss eines Sanktionsorgans erforderlich. Ein Automatismus ist ein zu simples Instrument für einen komplexen Vorgang wie die Überprüfung der Haushaltsdisziplin. Insoweit ist ein möglichst exakt abgegrenzter Ermessensspielraum des sanktionierenden Organs positiv für die Glaubwürdigkeit der Defizitbegrenzung zu beurteilen.[1077] Ein Automatismus ist daher abzulehnen, an dem Erfordernis einer konstitutiven Entscheidung sollte festgehalten werden.

(3) Ergebnis

Zusammenfassend ergibt sich damit, dass folgende Reformvorschläge in Bezug auf die Konzeption des Überwachungs- und Sanktionsverfahrens zu verwirklichen sind: Die übermäßig lange Verfahrensdauer sollte durch eine Reduktion der Verfahrensschritte verringert werden und der zu sanktionierende Staat sollte in Zukunft nicht mehr an der Abstimmung über das Vorliegen eines übermäßigen Defizits teilnehmen dürfen. Weiterhin müsste eine Reform darin bestehen, dass die Beschlüsse des Ecofin in Zukunft anstatt auf Empfehlung der Kommission auf Vorschlag der Kommission erlassen werden. Schließlich sollte das Initiativrecht zur Einleitung des

1072 Vgl. zu diesem rechtlichen Einwand gegen den Automatismus, oben S. 53 ff.
1073 Die Gründe stellt *Hahn*, CML Rev. 1998, 77/85 f. dar.
1074 Vgl. *Calliess*, Wirtschaftsdienst 1997, 153/157 f.
1075 Vgl. dazu oben Fn. 935.
1076 *Calliess*, Wirtschaftsdienst 1997, 153/158.
1077 *Calliess*, Wirtschaftsdienst 1997, 153/158.

Verfahrens von der Kommission auf das EP sowie die EZB ausgeweitet werden. Alle diese Reformen sind nur über eine Vertragsänderung möglich.

c) Institutionelle Ausgestaltung

Ein weiterer Grund für die Ineffektivität des Defizitverfahrens könnte darin liegen, dass die Überwachungs- und Sanktionskompetenzen nicht optimal auf die Organe der EG verteilt sind. In der öffentlichen Reformdiskussion steht das institutionelle Gefüge des Defizitverfahrens bislang allerdings noch nicht im Mittelpunkt der Überlegungen.

(1) Kritik

Die Kritik, die hier unter dem Stichwort der institutionellen Ausgestaltung zusammengefasst wurde, setzt daran an, dass die Aufteilung der Handlungskompetenzen auf die Organe der EG im Rahmen des Defizitverfahrens nicht optimal vorgenommen wurde. Die institutionelle Ausgestaltung eines Sanktionsverfahrens ist jedoch von zentraler Bedeutung für die Effektivität des Verfahrens.[1078] Es ist der Institutionenökonomik zu verdanken, dass die Bedeutung der Institutionen im politischen und wirtschaftlichen Bereich verstärkt zum Gegenstand wissenschaftlicher Untersuchungen gemacht wurde.[1079] Das Defizitverfahren muss aus institutionenökonomischer Sicht daraufhin untersucht werden, welche Transaktionskosten in der aktuellen institutionellen Ausgestaltung entstehen und wie diese Transaktionskosten verringert werden könnten. So zeigen etwa die Beispiele des Kartellrechts und der Geldpolitik, dass nur über eine adäquate institutionelle Ausgestaltung des Sanktionssystems eine effektive Regelung dieses Sachbereichs erreicht werden kann.[1080] Hauptkritikpunkte an der institutionellen Ausgestaltung des Defizitverfahrens sind (a) die Mitwirkung von Staaten, die den Euro nicht eingeführt haben (im Folgenden: Euro-Nichtteilnehmerstaaten), an den Beschlüssen des Defizitverfahrens (b) die starke Stellung des Ecofin-Rates und die relative Schwäche der Kommission in diesem Bereich.

(a) Mitwirkung von Euro-Nichtteilnehmerstaaten im Ecofin

De lege lata ist der Ecofin-Rat das Hauptorgan im Rahmen des Defizitverfahrens.[1081] Im Ecofin-Rat sitzen die Wirtschafts- und Finanzminister aller EG-Mitgliedstaaten, auch jener Staaten, die den Euro nicht eingeführt haben. Abstimmungsberechtigt sind i.d.R. ebenfalls alle Mitgliedstaaten. Lediglich an den Beschlüssen nach Art. 104 Abs. 9 und 11 EGV dürfen die Mitgliedstaaten, für die eine

---

1078 Vgl. *Sturm* S. 10 mit Verweis auf *Brennan/Buchanan* S. 1 ff.

1079 Zur Institutionenökonomik vgl. oben S. 221 ff.

1080 Zur Bedeutung des Bundeskartellamts für das Kartellrecht vgl. *Ortwein* S. 13/22 ff. sowie S. 50 ff.; zur Bedeutung von Bundesbank und EZB für die Geldpolitik vgl. *Bofinger/Reischle/Schächter* S. 179 ff.; *Issing*, Geldpolitik, S. 8 ff.; *Liebscher* S. 71 ff.

1081 Zu den einzelnen Kompetenzen des Rates im Defizitverfahren vgl. oben S. 92 ff.

Ausnahmeregelung gilt, nicht teilnehmen; vgl. Art. 122 Abs. 3 EGV. Damit entscheiden auch Staaten, für die mangels gemeinsamer Währung keine Gefahr externer Effekte besteht[1082] darüber, ob ein Euro-Teilnehmerstaat ein übermäßiges Defizit aufweist oder ob Sanktionen nach Art. 104 Abs. 7 und 8 EGV gegen diesen Staat verhängt werden. Insbesondere seit der EU-Erweiterung am 1. Mai 2004 gehört zunächst die Mehrheit der Mitgliedstaaten nicht der Währungsunion an.[1083] Diese Situation wird als unbefriedigend angesehen[1084], so dass nach Möglichkeiten gesucht wird, wie die Entscheidungskompetenzen im Rahmen des Defizitverfahrens auf die Euro-Teilnehmerstaaten beschränkt werden können.

(b) Zuständigkeit des Ecofin

Zum Teil wird nicht nur die Teilnahme der Staaten außerhalb der Eurozone als unbefriedigend angesehen, sondern die Zuständigkeit des Ecofin im Rahmen des Defizitverfahrens überhaupt.[1085] *De lege lata* sind die meisten Kompetenzen dem Ecofin-Rat zugeordnet, die Kommission spielt nur eine untergeordnete Rolle. Sie kann gemäß Art. 104 EGV lediglich einen Bericht erstellen und dem Rat eine Stellungnahme vorlegen.[1086] Die Hauptsanktionskompetenzen liegen gemäß Art. 104 Abs. 6 bis 11 EGV beim Rat. Es stellt sich damit die Frage, ob der Rat das geeignete Organ zur Überwachung und Sanktionierung der mitgliedstaatlichen Budgetpolitik ist. Die Kritik an der Zuständigkeit des Ecofin setzt dabei an mehreren Punkten an, die im Folgenden dargestellt werden sollen.

-a- Ecofin als politisches Organ mit Ermessensspielraum

Das wichtigste Argument gegen die Zuständigkeit des Ecofin liegt darin, dass der Ecofin ein politisches Organ mit einem großen Ermessensspielraum ist.[1087] Wie bereits erläutert besteht der Ecofin-Rat aus weisungsabhängigen Mitgliedern der mitgliedstaatlichen Regierungen. Es handelt sich um ein Gemeinschaftsorgan (Art. 202 ff. EGV), in dem nationale Interessen artikuliert werden.[1088] Aufgrund seiner Zusam-

---

1082 Vgl. dazu oben S. 75. Diese externen Effekte (Zins- und/oder Preissteigerungen) sind beschrieben bei *Sturm* S. 107 ff.

1083 Auch die neuen Mitgliedstaaten müssen die Konvergenzkriterien des Art. 121 EGV einhalten, um an der Währungsunion teilnehmen zu können. Da ein Konvergenzkriterium die Teilnahme am EWS für mindestens 2 Jahre ist, könnten die ersten neuen Mitgliedstaaten frühestens 2006 den Euro einführen. Tatsächlich wird es wohl noch länger dauern, bis alle Konvergenzkriterien erfüllt sind.

1084 KOM (2002) 728 endg./2 S. 9 f.; *Börsen-Zeitung* vom 06.06.2002 sowie SZ vom 03.06.2002, S. 22 und vom 23.12.2002, S. 20.

1085 Vgl. dazu bereits die grundlegende Kritik an diesem Konzept des Delors-Berichts von *Kloten*, Europa-Archiv 44 (1989), S. 251/255 f. Kritisch zur Zuständigkeit des Rates auch *Buiter*, Central Banking 13 (2003), S. 49/57.

1086 Näheres zur konkreten Aufteilung der Kompetenzen vgl. oben S. 85 ff.

1087 Den politischen Charakter der Entscheidung nach Art. 104 Abs. 6 EGV betont *Selmayr* S. 325.

1088 Vgl. *Oppermann* Rn. 284.

mensetzung aus Vertretern der Regierungen der Mitgliedstaaten stellt der Rat ein politisches Organ dar. Zwar handelt der Rat gemäß Art. 202 EGV „nach Maßgabe dieses Vertrages“, so dass er sich nicht über die Vorschriften und Kompetenznormen des EGV hinwegsetzen kann. Gleichwohl hat der Rat bei der Ausübung seiner Kompetenzen einen politischen Ermessensspielraum, der sich auf die Notwendigkeit einer Handlung und auf Art und Tragweite der zu erlassenden Bestimmungen bezieht.[1089] Dieses dem Rat bereits grundsätzlich und ureigenst zustehende Ermessen wird im Bereich des Defizitverfahrens durch die Formulierung der konkreten Kompetenznormen noch verstärkt. So handelt der Rat beispielsweise gemäß Art. 104 Abs. 6 EGV „nach Prüfung der Gesamtlage“, was viel Raum für politische Manöver eröffnet.

Damit sind verschiedene hypothetische Handlungsszenarien denkbar. Einerseits könnten die im Rat versammelten Mitgliedstaaten die Kommission im Bereich des Defizitverfahrens grundsätzlich „auflaufen“ lassen, d.h. ihre Empfehlungen nicht aufnehmen und die Feststellung eines übermäßigen Defizits grundsätzlich ablehnen. Diese Reaktion ist m.E. nicht sehr wahrscheinlich, da auch in der Vergangenheit bereits mehrfach Entscheidungen gemäß Art. 104 Abs. 6 EGV vom Rat getroffen wurden. Es wird den Staaten mehr und mehr bewusst, dass ein gezieltes Ignorieren der Kommission nicht in ihrem Interesse liegt. Wahrscheinlicher ist damit, dass anlässlich von Entscheidungen nach Art. 104 Abs. 6 EGV ad-hoc-Koalitionen zwischen Staaten mit ähnlichen Interessenlagen geschmiedet werden.[1090] Eine Frontlinie könnte dabei zwischen großen und kleinen Staaten verlaufen, da kleine Staaten die Abstimmung zur Gelegenheit nehmen könnten, ihren insgesamt nur geringen Einfluss zu vergrößern. Allerdings sind die Interessen dieser Staaten im Bereich des Defizitverfahrens nicht zwangsläufig homogen, beispielsweise besteht zwischen den kleinen Staaten Luxemburg und Portugal ein großer Unterschied in der Budgetdisziplin. Ähnliche Unterschiede existieren im Bereich des Schuldenstandes etwa zwischen Belgien, das traditionell eine hohe Staatsverschuldung aufweist, und seinen Nachbarn Niederlande und Luxemburg. Viel eher wird es Koalitionen zwischen aktuellen und zukünftigen „Defizitsündern“ geben, die das Zustandekommen der erforderlichen Mehrheiten verhindern.[1091] Darüber hinaus kann eine Entscheidung gemäß Art. 104 Abs. 6 EGV zum Anlass genommen werden, sogenannte *package-deals* zu schließen. Dabei wird von verschiedenen Staaten die Abstimmung über das übermäßige Defizit mit anderen Entscheidungen und Zugeständnissen verknüpft. Eine Strategie könnte so aussehen, dass ein Staat verspricht, gegen ein übermäßiges Defizit zu stimmen, wenn dafür im Zuge der Neuausrichtung der Gemeinsamen Agrarpolitik eine höhere Förderung für seine Landwirte beschlossen wird. Es liegt auf der Hand, dass derartige

---

1089 *Wichard*, in: Calliess/Ruffert Art. 202 EGV Rn. 4. Das Ermessen des Rates wird jedoch über konkretisierendes Sekundärrecht sowie über die Auslegungs- und Handlungsmaxime der Preisstabilität eingeschränkt, vgl. dazu oben S. 113 ff.

1090 Eine Untersuchung verschiedener potentieller Abstimmungsverhalten mit und ohne Bildung von Koalitionen findet sich bei *Sutter* S. 100 ff.

1091 *Martenczuk*, EuR 1998, 151/163.

Beschlüsse wirtschaftlich unsinnig und der Stabilität des Euro abträglich sind. Trotzdem entsprechen sie der ureigensten Logik von Beschlüssen auf politisch-intergouvernementaler Ebene.

Für die Beibehaltung dieses Systems im Rahmen des Defizitverfahrens wird argumentiert, dass derart zentrale Entscheidungen mit Auswirkungen auf den staatlichen Haushalt nur von einem politischen Organ getroffen werden könnten.[1092] Dies würde die Legitimität der Entscheidung erhöhen, da die Regierungen verpflichtet seien, den Beschluss ihren Wählern zu erläutern und dafür einzustehen. Würde die Entscheidung dagegen von einem unabhängigen und technischen Organ getroffen, könnten die Politiker alle Schuld von sich auf die EG schieben. Dem kann jedoch entgegengehalten werden, dass auch andere Politikbereiche in die ausschließliche Kompetenz von Kommission oder anderen technischen Institutionen übertragen wurden. So wird die Geldpolitik ausschließlich von der EZB festgelegt. Auch hier könnte man argumentieren, ein derart zentraler Bereich müsse den Regierungen vorbehalten bleiben. Angesichts der sich zeigenden Schwächen des Systems sollte überlegt werden, welches andere – bestehende oder zu erfindende – Organ die Aufgabe der Defizitüberwachung übernehmen kann.

-b- Wiederwahl als primärer Handlungsantrieb für Politiker

Ein weiteres Argument gegen die Zuständigkeit des Ecofin-Rates im Rahmen des Defizitverfahrens liegt ebenfalls in der politischen Zusammensetzung des Organs begründet. Die primäre Motivation von Politikern der nationalen Regierungen liegt darin, bei den nächsten Wahlen wiedergewählt zu werden.[1093] Dies kann ihnen grundsätzlich nicht zum Vorwurf gemacht werden, da es dem demokratischen Prinzip entspricht. Da staatliche Ausgaben entweder über Steuern oder über Kredite finanziert werden können, entscheiden sich Politiker für die Alternative, die mit geringeren politischen Kosten verbunden ist. Eine Finanzierung über Steuern führt zu einer unmittelbaren Belastung der steuerzahlenden Bürger, mithin zu einem Verlust von Wählerstimmen.[1094] Demgegenüber werden die Kosten der Kreditfinanzierung in Form von Zinszahlungen in die Zukunft verschoben und sind mithin für den Wähler nicht unmittelbar fühlbar. Sie führt damit zu einem Gewinn von Wählerstimmen.[1095] Bis die Folgen der Verschuldung fühlbar werden, sind die Politiker i.d.R. nicht mehr im Amt; zukünftige Regierungen müssen das Fehlverhalten ausbaden. Hierin liegt die politische Attraktivität der Staatsverschuldung in demokratischen Regierungssystemen[1096], deshalb wird sie als „das Opium des Staatshaushalts" bezeichnet.[1097] Es „greifen wahltaktische Kurzfristperspektive der Politiker, ihr Stimmenmaximierungsver-

---

1092 Vgl. *Sturm* S. 71 f. Aus ökonomischer Sicht vgl. *Josten*, Wirtschaftsdienst 2002, 219/220.

1093 *Josten*, Wirtschaftsdienst 2002, 219/223.

1094 Vgl. *Höfling*, Staatsschuldenrecht, S. 98 f.

1095 Zum Ricardianischen Äquivalenztheorem vgl. oben Fn. 280.

1096 Grundlegend: *Buchanan/Wagner* S. 96 ff. Vgl. auch *Sturm* S. 15 ff.

1097 *Isensee*, in: FS Friauf, S. 705/707 f.

halten und eine besondere „Kurzsichtigkeit" des Wählers auf verhängnisvolle Weise ineinander"[1098].

Die im Ecofin versammelten Politiker der nationalen Regierungen sind somit permanent mit der Versuchung konfrontiert, ihre eigenen Ausgaben über Kredite zu finanzieren. Gleichzeitig sollen diese selben Politiker die Einhaltung der gemeinschaftsrechtlichen Defizitbegrenzung sicherstellen und Mitgliedstaaten mit übermäßigen Defiziten sanktionieren. Es bestehen erhebliche Zweifel daran, dass die Regierungsvertreter diese Aufgabe effektiv erfüllen können und die Attraktivität der Staatsverschuldung quasi vergessen, wenn sie an einer Ratssitzung teilnehmen. Auch aus diesem Grund ist der Ecofin-Rat zur Überwachung der Haushaltsdisziplin nicht geeignet.

-c- Richter und potentielle Angeklagte in Personalunion

Ein weiteres Argument gegen die Zuständigkeit des Ecofin-Rates im Rahmen des Defizitverfahrens lautet, dass in diesem Gremium Mitgliedstaaten über einen anderen Mitgliedstaat richten. Mit anderen Worten besteht eine Personalunion zwischen Richtern und potentiellen zukünftigen Angeklagten.[1099] Von einer Institution mit einer derartigen Besetzung können keine rationalen Entscheidungen getroffen werden. Die Entscheidung darüber, ob ein übermäßiges Defizit besteht, ist jedoch eine rationale Entscheidung. Es geht weniger um eine abwägende Gestaltung der Zukunft denn um eine juristische Subsumtion unter die Tatbestandsmerkmale einer Zielvorgabe und mehrerer Ausnahmebestimmungen. Wie soll ein potentieller „Sünder" der Zukunft über einen aktuellen „Sünder" urteilen, ohne an die möglichen Folgen für sich selber zu denken? Im Zweifel wird die Sanktion nicht verhängt werden. Auch aus diesem Grund bestehen durchgreifende Bedenken hinsichtlich der Eignung des Ecofin zur Sicherung der Budgetdisziplin in den Mitgliedstaaten.

-d- Blockade bei Mehrheit der vertragsbrüchigen Staaten

Schließlich zeigt sich die mangelnde Eignung des Ecofin-Rates besonders deutlich dann, wenn mehrere Staaten gegen die Referenzkriterien verstoßen.[1100] Da die Entscheidung über das Bestehen eines übermäßigen Defizits gemäß Art. 104 Abs. 6 EGV mit qualifizierter Mehrheit getroffen werden muss, reicht es nach der bis 31.4.2004 geltenden Rechtslage aus, wenn drei große Mitgliedstaaten gegen die Feststellung eines übermäßigen Defizits stimmen. Die Sperrminorität von 26 Stimmen[1101]

[1098] So *Höfling*, Staatsschuldenrecht, S. 99.

[1099] Vgl. *Siebert*, Wirtschaftsdienst 1997, 7/9; *Eijffinger/de Haan* S. 92.

[1100] Vgl. *Eijffinger/de Haan* S. 92 f.

[1101] In der politischen Praxis beträgt die Sperrminorität sogar nur 23 Stimmen, da sich der Rat im *Kompromiss von Iaonnina* darauf verständigte, möglichst Beschlüsse mit mindestens 65 Stimmen anzustreben (ABl. 1994 Nr. C 105/1 sowie ABl. 1995 Nr. C 1/1). Der *Kompromiss von Iaonnina* soll allerdings nur noch bis zum In-Kraft-Treten der ersten Erweiterung, d.h. bis zum 30.04.2004, gelten; vgl. ABl. 1997 Nr. C 340/142. Außer durch den *Kompromiss von Iaonnina* ist die Abstimmung mit qualifizierter Mehrheit auch noch durch die *Luxemburger Vereinba-*

kann etwa dann erreicht werden, wenn außer dem zu sanktionierenden großen Staat zwei weitere große Mitgliedstaaten ein übermäßiges Defizit aufweisen oder die Gefahr der Überschreitung der Referenzkriterien in diesen Staaten besteht. In diesem Fall kann nicht ausgeschlossen werden, dass sich die gefährdeten Staaten mit dem zu sanktionierenden Staat verbünden und eine Sanktion verhindern. Auch nach der veränderten Stimmengewichtung im Rat zum 1. Mai 2004 bleibt die Gefahr der Blockade bestehen. Zwar wird das Erreichen der qualifizierten Mehrheit während der Übergangsphase bis zum 31. Oktober 2004 vorübergehend erleichtert, da die Sperrminorität dann 37 Stimmen beträgt, die von drei großen (je 10 Stimmen) und zwei kleinen Staaten erreicht wird. Ab dem 1. November 2004 ist die Blockade jedoch noch einfacher als bisher. Die Sperrminorität beträgt dann 90 Stimmen, die von drei großen Staaten (je 29 Stimmen) und einem kleinen Staat erreicht wird.

Die Gefahr einer Blockade besteht allerdings nicht nur bei mit qualifizierter Mehrheit zu treffenden Entscheidungen nach Art. 104 Abs. 6 EGV, sondern auch bei allen anderen Ratsentscheidungen im Rahmen des Defizitverfahrens. Diese sind gemäß Art. 104 Abs. 13 EGV mit 2/3-Mehrheit zu treffen.[1102] Da hier der zu sanktionierende Staat nicht mit abstimmen darf, besteht die Gefahr der Beeinflussung nicht in gleicher Weise wie in Abs. 6. Trotzdem reicht etwa bei einer Entscheidung gegen Deutschland eine Sperrminorität von 26 Stimmen zur Verhinderung des Beschlusses. Hieraus ergibt sich, dass der Ecofin die Aufgabe der Sicherung der Budgetdisziplin in den Mitgliedstaaten nur dann erfüllen kann, wenn nur ein bzw. wenige kleine Staaten ein übermäßiges Defizit aufweisen. Sind die „Haushaltssünder" in der Mehrheit, ist das Sanktionsverfahren blockiert. Dies wirkt umso schwerer, als das Defizitverfahren durch den weitgehenden Ausschluss des Rechtsschutzes als ausschließliches Verfahren im Fall eines übermäßigen Defizits konzipiert wurde.[1103] Die in Art. 104 EGV normierten Mehrheitserfordernisse enthalten damit die Gefahr eines Scheiterns des Defizitverfahrens.

(c) Ergebnis

Zusammenfassend sprechen damit folgende Argumente gegen die aktuelle institutionelle Ausgestaltung des Defizitverfahrens. Der Ecofin-Rat ist ein politisch geprägtes Organ, das über einen politischen Ermessens- und Beurteilungsspielraum verfügt. Die im Rat versammelten Vertreter der Regierungen der Mitgliedstaaten wollen wiedergewählt werden, daraus entspringt die politische Attraktivität der Staatsverschuldung. Die Zuständigkeit des Rates für die Sanktionierung der Budgetdisziplin führt dazu, dass eine Personalunion zwischen Richtern und potentiellen Angeklagten besteht. Schließlich ist das Defizitverfahren bei einer Mehrheit von vertragsbrüchigen

rung vom 29.01.1966 eingeschränkt. Danach soll das Mehrheitsprinzip bei Beschlüssen, die „sehr wichtige Interessen" der Mitgliedstaaten berühren, durch das Einstimmigkeitsprinzip ersetzt werden; vgl. dazu *Oppermann* Rn. 289.

1102 Näheres dazu oben S. 105 ff.

1103 Vgl. zur Ausschließlichkeit S. 274.

Staaten blockiert. In der starken Rolle des Ecofin-Rates liegt damit der Hauptgrund für das mangelhafte Funktionieren der gemeinschaftsrechtlichen Aufsicht über die nationalen Haushalte.

(2) Reformvorschläge

Die Reformvorschläge zur institutionellen Ausgestaltung des Defizitverfahrens lassen sich in zwei Gruppen unterteilen. Das sind zum einen die Vorschläge, die die Sanktionskompetenz beim Rat belassen und lediglich interne Modifikationen vornehmen wollen, zum anderen jene Vorschläge, die die Kompetenzen vom Ecofin auf ein anderes Organ verlagern wollen.

(a) Keine Verlagerung der Sanktionskompetenz

-a- Beschlussfassung ohne Euro-Nichtteilnehmerstaaten

An der Zuständigkeit des Ecofin wurde kritisiert, dass auch Euro-Nichtteilnehmerstaaten im Rahmen des Defizitverfahrens abstimmungsberechtigt sind. Dies könnte durch die Gründung eines Euro-Ecofin geändert werden.[1104] In diesem Ministerrat wären nur die Wirtschafts- und Finanzminister derjenigen Staaten vertreten, die der gemeinsamen Währung beigetreten sind. Der Vorteil dieser Lösung liegt darin, dass kein zusätzliches Organ erfunden werden muss. Vielmehr könnte der bestehende Ministerrat genutzt werden, er müsste lediglich in der Zusammensetzung modifiziert werden. Das Defizitverfahren bzw. weitergehend alle Angelegenheiten, die nur die Euro-Länder betreffen, würden in die Zuständigkeit des Euro-Ecofin fallen.

Fraglich ist, ob die Umsetzung dieses Reformkonzepts einer Vertragsänderung bedarf. Art. 104 EGV statuiert die Zuständigkeit des „Rates“, ohne eine bestimmte Zusammensetzung zu fordern. Gemäß Art. 203 EGV besteht der Rat allerdings aus einem Vertreter jedes Mitgliedstaates. Sollen einzelne Mitgliedstaaten von der Beschlussfassung ausgeschlossen werden, müsste dies ausdrücklich im Vertrag vorgesehen sein, wie z.B. in Art. 104 Abs. 13 EGV. Daher ist zur Einführung eines Euro-Ecofin eine Vertragsänderung notwendig.

-b- Reform der Mehrheitserfordernisse

Eine Möglichkeit, die Gefahr der Blockade bei Abstimmungen im Rahmen des Defizitverfahrens zu verhindern, besteht darin, die Mehrheitserfordernisse zu verändern. Wie dargelegt besteht die Gefahr der Blockade insbesondere bei der Entscheidung über das Bestehen eines übermäßigen Defizits gemäß Art. 104 Abs. 6 EGV. Da der zu sanktionierende Staat mit abstimmen darf, reicht schon eine Verbrüderung mit zwei weiteren großen Staaten aus, um das Verfahren lahm zu legen. Aus diesem Grund könnte eine Lösung dieses Problems darin gesehen werden, im Bereich der Haushaltsüberwachung wie schon in anderen Politikbereichen im Rat mit einfacher

---

[1104] Vgl. den Vorschlag der Kommission KOM (2002) 728 endg./2 S. 9 f.

Mehrheit abzustimmen. Dadurch wird eine Blockade des Defizitverfahrens durch den zu sanktionierenden Staat deutlich erschwert. Zwar greift das Mehrheitsprinzip in die Souveränität der Mitgliedstaaten ein, es wurde jedoch durch Art. 205 Abs. 1 EGV als Regelfall normiert und kann daher nicht mehr grundsätzlich bestritten werden.

In der rechts-, wirtschafts- und politikwissenschaftlichen Literatur werden die Vor- und Nachteile von Mehrheitsentscheidungen in Institutionen allerdings kontrovers diskutiert.[1105] Zum Teil wird gegen das Mehrheitsprinzip vorgebracht, dass einstimmige Entscheidungen eine höhere politische Legitimität aufweisen. Darüber hinaus würden durch den Zwang zum Kompromiss bei einstimmig zu treffenden Entscheidungen bessere Lösungen gefunden als bei Mehrheitsentscheidungen.[1106] Voraussetzung hierfür sei jedoch eine „institutionelle Kongruenz“, d.h. Entscheidungsträger, Nutznießer und Geschädigte müssten übereinstimmen. Dies ist jedoch im Defizitverfahren nicht der Fall, da sich die Entscheidungen immer nur gegen den zu sanktionierenden Staat richten. Geschädigt werden durch übermäßige Defizite im Übrigen zukünftige Generationen sowie die anderen Mitgliedstaaten. Aus diesem Grund vermögen die Argumente für das Einstimmigkeitsprinzip im Rahmen des Defizitverfahrens nicht zu überzeugen.

Für die Umsetzung einer Reform der Mehrheitserfordernisse ist eine Vertragsänderung erforderlich. Aufgrund der Generalklausel des Art. 205 Abs. 1 EGV gilt die einfache Mehrheit immer dann, wenn nichts anderes bestimmt ist. In Art. 104 EGV müssten daher alle besonderen Mehrheitserfordernisse gestrichen werden.

(b) Verlagerung der Sanktionskompetenz

Hält man jedoch die Zuständigkeit des Ecofin aus den oben dargestellten Gründen insgesamt für problematisch, reichen die Einführung eines Euro-Ecofin und die Erweiterung der Beschlüsse mit einfacher Mehrheit nicht aus. Vielmehr muss im Zuge einer Reform der institutionellen Ausgestaltung des Defizitverfahrens über eine Verlagerung der Sanktionskompetenz auf eine andere Institution nachgedacht werden.[1107] Die Ablösung des Ecofin durch ein anderes Organ sollte im Mittelpunkt der gegenwärtigen Reformdiskussion stehen, nicht alle Reformvorschläge zielen jedoch auf eine stärkere Vergemeinschaftung des Defizitverfahrens ab. Zum Teil wird damit auch eine Schwächung der Gemeinschaftskompetenz angestrebt.

-a- Neues Organ

Zunächst könnte man daran denken, die Sanktions- und Überwachungskompetenz im Rahmen des Defizitverfahrens auf ein neues Organ zu übertragen, etwa auf

---

1105 Vgl. aus rechtswissenschaftlicher Sicht. *Götz*, in: FS Everling, S. 339 ff. sowie *Ophüls*, EuR 1966, 193 ff.; aus wirtschaftswissenschaftlicher Sicht *Buchanan/Tullock* S. 117/131 ff., 171 ff., 211 ff.; *T. Peters* S. 85 ff.

1106 *Blankart* S. 25 unter Verweis auf *Wicksell* S. 116 f.

1107 Dafür spricht sich auch der *Sachverständigenrat*, Jahresgutachten 96/97, S. 218 Ziff. 362 aus.

ein Europäisches Finanzkontrollgremium.[1108] Dies hätte den Vorteil, dass das Organ so aufgebaut werden könnte, dass die Nachteile des bisherigen Systems vermieden würden. Es sollte sich damit um kein politisches, sondern ein technisches Organ handeln, in dem Spezialisten der Finanz- und Budgetpolitik versammelt sind. Diese sollten unabhängig von den Regierungen der Mitgliedstaaten sein, jedoch eine mittelbare demokratische Legitimation aufweisen. Eventuell könnten dabei französische Kontrollorgane, wie z.B. der *Conseil Supérieur de Magistrature* zum Vorbild genommen werden.

Ein anderer Vorschlag sieht die Gründung sogenannter Fiscal Policy Committees (FPC) vor.[1109] In diesen FPC sollten unabhängige Spezialisten sitzen, die ein langfristiges Mandat erhalten und nicht wiedergewählt werden dürfen. Im Gegensatz zu dem Europäischen Finanzkontrollgremium sollten die FPC aufgrund des Subsidiaritätsprinzips nicht auf Gemeinschaftsebene, sondern auf nationaler Ebene eingerichtet werden. Die FPC sollten in jedem Land die Verantwortung für einen ausgeglichenen Haushalt tragen. Hierzu müssten die FPC die Kompetenz zur Festlegung bestimmter Defizitgrenzen haben, die sowohl Regierung als auch Parlament binden.

Gegen die Übertragung von Sanktions- und Überwachungskompetenzen auf ein neues Organ, sei dieses auf nationaler oder auf Gemeinschaftsebene angesiedelt, sprechen jedoch aus institutionenökonomischer und politischer Sicht die damit verbundenen Kosten sowie der hohe Aufwand bei der Gründung. Hier sind insbesondere die Fragen der personellen Zusammensetzung, die Abstimmungsmodalitäten, der Sitz der Organisation u.ä. zu nennen.[1110] Darüber hinaus führt eine neue Institution zu einer zunehmenden Unübersichtlichkeit der institutionellen Landschaft in der EG. Dies würde die Akzeptanzprobleme der Gemeinschaft in der Bevölkerung gegenüber dem aktuellen Zustand noch vergrößern.

-b- Euro-Gruppe

Es wäre möglich, die Kompetenz zur Überwachung und Sanktionierung der nationalen Budgetpolitik auf die Euro-Gruppe zu verlagern und diese zu einem offiziellen EG-Organ aufzuwerten.[1111] Die Euro-Gruppe ist ein informelles Koordinierungsgremium der Finanzminister der Eurozone.[1112] Der Reformvorschlag sieht vor, der Euro-Gruppe über ein Protokoll zum EGV den Status eines Gemeinschaftsorgans zuzuweisen. Gleichzeitig sollten Abstimmungsmodalitäten und die Regelungen zum Vorsitz in der Eurogruppe modifiziert werden. Der Vorteil der Euro-Gruppe besteht darin, dass sie nur die Teilnehmerstaaten der Währungsunion umfasst und damit das

---

1108 Vgl. *Sturm* S. 211; *Hefeker*, Intereconomics 2003, 15/18.

1109 *Wyplosz*, Fiscal Diszipline in EMU: Rules or Institutions? S. 9 f. Vgl. auch *Buiter*, Central Banking 13 (2003), S. 49/57.

1110 *Sturm* S. 211.

1111 Vgl. SZ vom 23.12.2002, S. 20. Siehe auch schon SZ vom 03.06.2002, S. 22: „Vergewaltigung des EU-Ministerrats".

1112 Näheres zur Euro-Gruppe bei *Glomb*, in: Caesar/Scharrer 1999, S. 57 ff.

Problem vermieden wird, dass auch Euro-Nichtteilnehmerstaaten über die Budgetpolitik der Eurostaaten entscheiden.

Die Verlagerung von Kompetenzen des Defizitverfahrens auf die Euro-Gruppe sieht sich jedoch durchgreifenden Einwänden ausgesetzt. Mit dem Ministerrat existiert bereits ein Organ, in dem sich die Vertreter der Regierungen der Mitgliedstaaten austauschen und koordinieren können. Wird daneben ein weiteres Organ der Minister geschaffen, besteht die Gefahr, dass die Euro-Gruppe dazu benutzt wird, Mitwirkungsrechte und Formvorschriften des Ministerrates zu umgehen und sich auf eine rein politische Plattform zurückzuziehen. Die Beschlüsse der Euro-Gruppe müssen nicht veröffentlicht werden, so dass die europäische Öffentlichkeit nur informiert wird, wenn dies den Ministern opportun erscheint. Darüber hinaus ist die Euro-Gruppe weder an das Vorschlagsmonopol der Kommission noch an das Prinzip der begrenzten Einzelermächtigung[1113] gebunden. Vor allem aber spricht gegen die Aufwertung der Euro-Gruppe, dass auch in diesem Gremium Mitgliedstaaten über Mitgliedstaaten entscheiden würden. Der politische Charakter der Beschlüsse wäre in der Euro-Gruppe aufgrund des informellen Charakters dieser Institution noch ausgeprägter als im Ministerrat. Die Aufwertung der Eurogruppe führt daher nicht zu einer stärkeren Vergemeinschaftung der Budgetpolitik. Im Gegenteil, eine Aufwertung der Euro-Gruppe hätte die Schwächung der gemeinschaftsrechtlichen Aufsicht über die mitgliedstaatliche Haushaltspolitik zur Folge. Dieser Reformvorschlag ist daher abzulehnen.

-c- Kommission

Die Überwachung und Sanktionierung der nationalen Budgetpolitik könnte zukünftig durch die Kommission durchgeführt werden. Sie ist einerseits mit technischem Sachverstand ausgestattet, andererseits formal unabhängig von den Mitgliedstaaten. Im Rahmen ihrer Aufgaben bei der Überwachung der Stabilitätsprogramme hat die Kommission in der Generaldirektion Wirtschaft und Finanzen entsprechende fachliche und personelle Kapazitäten entwickelt, die auch für eine weitergehende Überwachung der Haushaltspolitik genutzt werden könnten. Wie dargelegt besteht ein Problem des Ecofin darin, dass potentielle „Sünder" über aktuelle „Sünder" urteilen. Dieses Manko wird bei einer Entscheidung durch die Kommission behoben. Die Entscheidung über das Vorliegen eines übermäßigen Defizits wäre frei von politischen Opportunitätsgedanken. Die Gefahr von *package-deals* und des Kuhhandels ist gebannt, da die Mitglieder der Kommission gemäß Art. 213 Abs. 2 UAbs. 1 EGV nur dem Gemeinschaftsrecht verpflichtet sind. Zwar sind die Mitglieder der Kommission nicht völlig unabhängig, da sie gemäß Art. 214 Abs. 1 Satz 2 EGV wiederernannt werden können. Darüber hinaus sind die Mitglieder der Kommission meist eng mit

---

[1113] Anders wäre dies allerdings, wenn die Eurogruppe zu einem offiziellen Organ der Gemeinschaft aufgewertet werden sollte.

der politischen Führung des jeweiligen Mitgliedstaates verbunden.[1114] Damit ist nicht auszuschließen, dass sich Kommissare zu Gunsten „ihres" Mitgliedstaates verhalten. Art. 214 Abs. 2 EGV verhindert jedoch eine eindeutige und offensichtliche Einflussnahme.

Gegen die Zuständigkeit der Kommission lässt sich einwenden, dass damit ein technokratisches und nicht unmittelbar demokratisch legitimiertes Organ über die Haushaltspolitik der Mitgliedstaaten entscheidet. Zuzugeben ist, dass es auf den ersten Blick befremdlich erscheint, wenn ein nicht aus demokratischen Wahlen legitimiertes Organ die Haushaltspolitik der Mitgliedstaaten überwacht, stellt doch die Haushaltspolitik das ureigenste Recht der Legislative dar. Zu beachten ist jedoch, dass die Kommission nicht die Haushaltspolitik an sich übernehmen, sondern lediglich bestimmte Grenzen für den nationalen Gesetzgeber aufstellen soll. Innerhalb dieser Grenzen bleibt der nationale Gesetzgeber frei, über Einnahmen und Ausgaben des Staates zu entscheiden. Aufgrund der politischen Attraktivität der Staatsverschuldung[1115] sollten diese Grenzen nicht von einem Organ bestimmt werden, das auf eine Wiederwahl angewiesen ist. Schließlich müsste sichergestellt werden, dass die fachliche Kompetenz der Kommission gewährleistet bleibt und Regeln für den Fall eines Amtsmissbrauchs bestehen. Unter Berücksichtigung dieser Voraussetzungen scheint die Kommission geeignet zu sein, die Haushaltsdisziplin der Mitgliedstaaten zu überwachen und bei Verstößen gegen die Referenzkriterien Sanktionen zu verhängen.

-d- EZB

Außer der Kommission könnte auch die EZB die entsprechenden Kompetenzen im Rahmen des Defizitverfahrens ausüben.[1116] Hierfür lässt sich anführen, dass die EZB gemäß Art. 108 EGV i.V.m. Art. 7 Satzung ESZB mit umfassender persönlicher und institutioneller Unabhängigkeit ausgestattet ist.[1117] Darüber hinaus verfügt die EZB ebenso wie die Kommission über hohen technischen Sachverstand, da sie im Rahmen ihrer geldpolitischen Entscheidungen die wirtschaftliche Lage in den Mitgliedstaaten beobachtet und analysiert. Außerdem wäre die EZB im Falle eines übermäßigen Defizits der potentielle Adressat von politischem Druck zur Lockerung der Geldpolitik.[1118] Schließlich sind im EZB-Rat nur die Länder vertreten, die den Euro als gemeinsame Währung eingeführt haben. Damit wird das Problem vermieden, dass Euro-Nichtteilnehmerstaaten über die Budgetpolitik der Euro-Staaten entscheiden.

1114 *Ruffert*, in: Calliess/Ruffert ARt. 213 EGV Rn. 5 spricht von einer „Grauzone politischer Beeinflussung".

1115 Siehe dazu unten S. 274.

1116 *Sachverständigenrat*, Jahresgutachten 96/97, S. 218 Ziff. 363.; *Buiter*, Central Banking 13 (2003), S. 49/57.

1117 Näheres dazu oben S. 46 ff.

1118 *Sturm* S. 211.

Gegen die Übertragung dieser Aufgabe auf die EZB spricht jedoch, dass die Überwachung der Haushaltspolitik nicht zu den traditionellen Aufgaben einer Zentralbank gehört.[1119] Die Übertragung wirtschaftspolitischer Kompetenzen führt zu deren Vermischung mit den geldpolitischen Kompetenzen. Hierunter könnte die Klarheit der geldpolitischen Entscheidungen der EZB leiden. Schließlich fehlt eine mittelbare demokratische Legitimation der EZB, die bei politisch geprägten Entscheidungen über die Budgetpolitik der Mitgliedstaaten wünschenswert ist.

-e- EuGH

Es wäre auch möglich, dem EuGH die Überwachung und Sanktionierung der nationalen Haushaltspolitik zu übertragen.[1120] Als Vorbild hierfür könnte die Rechtslage in den USA dienen, wo die Kontrolle der Budgetregeln in manchen Bundesstaaten einem gerichtlichen Organ zugewiesen ist.[1121] Der Vorteil dieser Lösung liegt darin, dass ein unabhängiges, dem Recht unterworfenes Organ die Bewertung der Haushaltspolitik vornehmen müsste. Allerdings lässt sich gegen die Zuständigkeit des EuGH anführen, dass er ein Organ der Judikative ist. Ihm obliegt es, anlässlich von Streitigkeiten eine Rechtslage zu klären. Die Bewertung der Haushaltslage ist davon qualitativ zu unterscheiden. Eine starke Stellung im Defizitverfahren birgt darüber hinaus die Gefahr, dass der Gerichtshof als parteiisch angesehen wird. Vielmehr sollte dem EuGH der Rechtsschutz nach erfolgter Bewertung und Sanktionierung durch ein anderes Organ zugewiesen werden.[1122]

(3) Stellungnahme und Ergebnis

Fasst man die Argumente gegen die Zuständigkeit des Ecofin-Rates zusammen, ergibt sich, dass dieses Organ zur Überwachung und Sanktionierung der mitgliedstaatlichen Budgetpolitik nicht geeignet ist. Zu groß ist aufgrund des politischen Charakters des Rates die Gefahr, dass Entscheidungen nicht aus Gründen der Stabilitätssicherung sondern aus anderen Motiven getroffen werden. Daher hilft es auch nicht weiter, einen Euro-Ecofin zu gründen oder die Mehrheitserfordernisse zu verändern. Mit der Einführung des Euro-Ecofin wird zwar das Problem gelöst, dass auch Euro-Nichtteilnehmerstaaten über die Budgetpolitik der Euro-Staaten entscheiden. Doch der politische Charakter des Organs und seiner Entscheidungen wird damit nicht vermieden.

Daher kommt als Reformvorschlag nur eine Verlagerung der Kompetenzen auf ein anderes Organ in Betracht. Nicht überzeugen können die Vorschläge, diese Kompetenzen auf ein neues Organ, auf die Euro-Gruppe, auf die EZB oder auf den EuGH zu übertragen. Einzig die Kommission ist für diese Aufgabe geeignet. Zwar ist auch die Kommission nicht völlig unabhängig von den Mitgliedstaaten, dem könnte jedoch

---

1119 *Sturm* S. 211.

1120 Vgl. *Stasavage* S. 577; *Sturm* S. 212 Fn. 29.

1121 *Stasavage* S. 577.

1122 Vgl. dazu unten S. 270 ff.

dadurch begegnet werden, dass die Kommissare in Zukunft nicht wiederernannt werden dürfen. Damit entfällt der Zwang zur Gefälligkeit gegenüber dem benennenden Mitgliedstaat. Die Kommission sollte daher sowohl das Bestehen eines übermäßigen Defizits feststellen als auch die konkreten Sanktionen verhängen. Die Rechtmäßigkeit dieser Entscheidungen muss vom EuGH überprüft werden können. Die Umsetzung dieses Reformvorschlags ist nur über eine umfassende Vertragsänderung gemäß Art. 48 EUV möglich. Dies mag als Nachteil dieser Lösung angesehen werden. Doch erfordern alle Änderungen in der institutionellen Ausgestaltung eine Vertragsänderung, so dass, sieht man die Notwendigkeit einer Reform erst einmal ein, auch für den besten Reformvorschlag eingetreten werden kann.

d) Sanktionen

Auch die Sanktionen des Defizitverfahrens bleiben von Kritik nicht verschont. Unter Sanktionen werden in diesem Abschnitt die „harten Sanktionen" des Art. 104 Abs. 11 EGV verstanden.[1123] Zwar stellen auch die Maßnahmen auf Grundlage der Abs. 7 bis 9 Sanktionen dar, diese wurden jedoch bereits im Rahmen der Konzeption des Überwachungs- und Sanktionsverfahrens erörtert.

(1) Kritik

Fraglich ist, ob die von Art. 104 Abs. 11 EGV vorgesehenen finanzielle Sanktionen ein übermäßiges Defizit in einem Mitgliedstaat präventiv verhindern bzw. repressiv aufheben können. Als finanzielle Sanktionen können alle der in Abs. 11 genannten Maßnahmen angesehen werden, da sie direkt oder indirekt Auswirkungen auf die finanzielle Situation des betreffenden Mitgliedstaates haben. Zweifel an der Opportunität der Sanktionen sind jedoch insbesondere bei der Möglichkeit der Verhängung von Geldbußen angebracht. Eine Geldbuße als Sanktion mag zwar abschreckend wirken, allerdings nur dann, wenn sie eine gewisse Höhe erreicht. Hohe Geldbußen gegen ein hochverschuldetes Land sind politisch jedoch kaum vorstellbar, verschlechtern sie doch die ohnehin schlechte finanzielle Lage des Landes.[1124] Für den sanktionierten Mitgliedstaat stellt sich die Geldbuße als zusätzliche finanzielle Belastung dar. Er kann darauf mit Steuererhöhungen, Ausgabenkürzungen oder zusätzlicher Kreditaufnahme reagieren. Angesichts der Tatsache, dass der Mitgliedstaat ein übermäßiges Defizit aufweist, wird seine Bereitschaft zu Steuererhöhungen oder Ausgabenkürzungen eher schwach ausgeprägt sein, ansonsten hätte er diese Mittel bereits ausgeschöpft.[1125] Die wahrscheinlichste Reaktion auf die finanziellen Sanktionen besteht damit darin, sie über eine zusätzliche Schuldenaufnahme zu finanzieren und damit das Defizit weiter zu erhöhen. Damit führt die Sanktion zur Verstärkung

---

[1123] Näheres dazu oben S. 99 ff.

[1124] *Hasse*, Wirtschaftsdienst 1997, 15/17 f.; *Sturm* S. 215 f.; *Eiffinger/de Haan* S. 92; *Louis*, in: Commentaire Mégret, Band 6, S. 49; *Buiter*, Central Banking 13 (2003), S. 49/57.

[1125] *Sturm* S. 216.

des sanktionierten Verhaltens.[1126] Außerdem ermöglichen sie dem sanktionierten Mitgliedstaat, der Gemeinschaft eine Mitverantwortung für die finanzielle Situation des Landes zu geben.[1127]

Unzutreffend ist es, die Geldbuße als Sanktion allein mit der ihr innewohnenden Abschreckungswirkung zu rechtfertigen.[1128] Eine Abschreckungswirkung besteht nur dann, wenn an der tatsächlichen Verhängung der Sanktion kein Zweifel besteht. Ist es aber offensichtlich, dass die Sanktion zu einer Verstärkung des sanktionierten Verhaltens führt und von daher in der Praxis kaum verhängt werden dürfte, kann von einer Abschreckungswirkung nicht mehr gesprochen werden.[1129]

(2) Reformvorschläge

Die Reformvorschläge gehen dahin, statt Geldbußen klassische Sanktionen der Internationalen Organisationen wie Stimmrechtsentzug oder Suspendierung der Mitgliedschaft einzuführen. Auch die Verweigerung von Zahlungen an den betreffenden Mitgliedstaat wird als alternative Sanktion diskutiert.

(a) Stimmrechtsbeschränkungen

Von einigen Autoren wird als Alternative zu finanziellen Sanktionen die Beschränkung von Stimmrechten des jeweiligen Mitgliedstaates gefordert.[1130] Zwei Argumente werden für diese Lösung vorgebracht.[1131] Zum einen wird dadurch verhindert, dass der betreffende Staat Entscheidungen zu seinen Gunsten manipuliert, etwa bei der Gewährung finanzieller Hilfen. Zum anderen sinkt das Ansehen des betreffenden Mitgliedstaates durch die Aussetzung der Stimmrechte. Dies kann die Regierung dieses Staates Wählerstimmen kosten, so dass die politischen Kosten einer übermäßigen Staatsverschuldung steigen. Darüber hinaus steigen durch die öffentliche „Prangerwirkung" die ökonomischen Kosten der Verschuldung durch steigende Risikozuschläge. Insoweit sind Stimmrechtsbeschränkungen sehr gut als Druckmittel geeignet, um den Staat wieder auf den „Pfad der Tugend" zurückzuführen. Sobald ein „übermäßiges Defizit" nicht mehr vorliegt, wären die Stimmrechtsbeschränkungen aufzuheben.

Damit stellt sich die Frage, welche Stimmrechte überhaupt beschränkt werden sollten. Zum Teil wird vorgeschlagen, das Stimmrecht des Vertreters des betreffenden Staates im EZB-Rat, bei dem es sich gemäß Art. 112 Abs. 1 EGV um den Präsi-

---

1126 *Eijffinger/de Haan* S. 92. Für unproblematisch hält dies *Selmayr* S. 344.

1127 *Sturm* S. 216.

1128 So aber *Palm* S. 189 f.

1129 Vgl. *Sturm* S. 216.

1130 *Hasse*, Wirtschaftsdienst 1997, 15/18 f.; *Sturm* S. 217 ff.; *Sachverständigenrat*, Jahresgutachten 1995/1996, S. 255 Ziff. 451; *Buiter*, Central Banking 13 (2003), S. 49/57. Allgemein zu dieser Sanktion in Internationalen Organisationen: *Schermers/Blokker* § 1455 ff.

1131 Vgl. *Sturm* S. 217 ff.

denten der nationalen Zentralbank handelt, zu suspendieren.[1132] Hierfür wird vorgebracht, dass der defizitäre Staat versucht sein könnte, über den Präsidenten der nationalen Zentralbank Einfluss auf die EZB auszuüben. Ein Interesse des betreffenden Staates kann nicht geleugnet werden, da Staaten mit hohem Defizit Vorteile durch niedrige Zinsen sowie hoher Inflation haben. Allerdings ist die EZB mit ausreichender Unabhängigkeit ausgestattet, um diesem eventuellen politischen Druck zu widerstehen.[1133] Die Suspendierung des Zentralbankpräsidenten würde zudem eine Person bestrafen, die keine Verantwortung für die schlechte Haushaltslage in dem betreffenden Staat trifft. Deshalb wird vorgeschlagen, das Stimmrecht des betreffenden Mitgliedstaates im Rat der EU zu beschränken.[1134] Meist wird dabei an das Stimmrecht des Staates im Ecofin-Rat gedacht. Hierfür spricht, dass der Minister derjenige ist, der die politische Verantwortung für das übermäßige Defizit trägt. Darüber hinaus werden haushaltsrelevante Maßnahmen auf EU-Ebene i.d.R. vom Rat beschlossen, so dass im Rat am ehesten die Gefahr besteht, dass der von einer Sanktion betroffene Mitgliedstaat Entscheidungen zu seinen Gunsten manipuliert. Aus diesem Grund ist es jedoch nicht ausreichend, lediglich die Stimme des Finanzministers im Ecofin-Rat zu suspendieren.[1135] Haushaltsrelevante Entscheidungen werden nämlich in allen „Räten" getroffen. Daher sollte das Stimmrecht aller Vertreter des betroffenen Staates in den Räten suspendiert werden, nicht nur im Ecofin-Rat.

Die Einführung von Stimmrechtsbeschränkungen kann nur über eine Vertragsänderung vorgenommen werden. Art. 104 Abs. 11 EGV normiert abschließend die im Falle eines übermäßigen Defizits zulässigen Sanktionen. Daher müsste zur Umsetzung dieses Reformvorschlages Art. 104 Abs. 11 EGV um einen weiteren Spiegelstrich erweitert werden, der folgendermaßen lauten könnte: „- Stimmrechte des Vertreters der Regierung des betreffenden Staates im Rat zu suspendieren". Vorbild wäre dabei insbesondere die Formulierung in Art. 7 Abs. 2 EUV.

(b) Verweigerung von finanziellen Leistungen

Vereinzelt wird vorgeschlagen, ein übermäßiges Defizit in Zukunft durch die Verweigerung von Leistungen aus dem Strukturfonds sowie aus anderen Fonds zu sanktionieren.[1136] Zunächst sei darauf hingewiesen, dass nach der hier vertretenen Auffassung eine Aufrechnung von Geldbußen mit Ansprüchen der Mitgliedstaaten gegen die Gemeinschaft unzulässig ist.[1137] Bereits nach aktueller Rechtslage ist jedoch vorgesehen, dass Finanzierungen aus dem Kohäsionsfonds ausgesetzt werden, wenn der Rat eine Entscheidung nach Art. 104 Abs. 6 EGV nicht innerhalb eines Jahres

---

[1132] Vgl. dazu *Sturm* S. 217 f.

[1133] Zur Unabhängigkeit der EZB vgl. S. 46 ff.

[1134] Vgl. *Sturm* S. 217 ff.; *Hasse*, Wirtschaftsdienst 1997, 15/18 f.

[1135] So aber *Sturm* S. 217 ff.

[1136] Vgl. *Blumenwitz/Schöbener* S. 36 ff.; *Heinemann*, Finanzverfassung, S. 210; *Palm* S. 190 f.; *Sturm* S. 215 ff.

[1137] Vgl. dazu oben S. 102.

bzw. innerhalb der in der Empfehlung nach Art. 104 Abs. 7 EGV enthaltenen Frist aufhebt.[1138] Die Befürworter dieses Reformkonzepts schlagen vor, diese Regelung aus dem Kohäsionsfonds auf andere Fonds und Leistungen der Gemeinschaft zu übertragen.

Es stellt sich jedoch die Frage, ob die Aussetzung der Leistungen aus dem Kohäsionsfonds überhaupt rechtlich zulässig ist. Zweifel hieran bestehen deswegen, weil die Rechtsfolgen von übermäßigen Defiziten in Art. 104 EGV aufgezählt sind und eine Aussetzung von Fonds- und sonstigen Zahlungen im Sanktionskatalog des Art. 104 Abs. 11 EGV nicht enthalten ist. Daher könnte die Verordnung über den Kohäsionsfonds wegen Verstoßes gegen Primärrecht rechtswidrig sein. Für die Zulässigkeit der Kohäsionsfonds-Regelung lässt sich das Protokoll über den wirtschaftlichen und sozialen Zusammenhalt anführen.[1139] Dort wird die finanzielle Unterstützung aus dem Kohäsionsfonds mit der Budgetdisziplin in dem betreffenden Mitgliedstaat verknüpft. Genau genommen setzt das Protokoll für eine Förderung aus dem Kohäsionsfonds jedoch nur voraus, dass die betreffenden Mitgliedstaaten ein „Programm zur Erfüllung der in Art. 104 dieses Vertrags genannten Bedingungen der wirtschaftlichen Konvergenz vorweisen“. Das Protokoll sagt nicht, dass die Aussetzung der Förderung im Fall eines übermäßigen Defizits zulässig wäre. Damit kann das Protokoll keine Antwort auf unsere Frage geben. Vielmehr ist auf das grundsätzliche Verhältnis zwischen Primär- und Sekundärrecht zurückzugreifen. Nach der Konzeption des Defizitverfahrens sind die Rechtsfolgen eines übermäßigen Defizits ausschließlich in Art. 104 EGV normiert. Dies zeigt sich unter anderem daran, dass der Rechtsschutz in Art. 104 Abs. 10 EGV weitgehend ausgeschlossen wird, d.h. ein Staat kann kein Vertragsverletzungsverfahren gegen einen anderen Staat im Fall eines übermäßigen Defizits einleiten.[1140] Vielmehr ist er auf das Defizitverfahren angewiesen, d.h. er kann lediglich die Kommission zum Tätigwerden auffordern. Art. 104 Abs. 11 EGV enthält auch nicht etwa eine „insbesondere“-Formulierung, aus der sich die Zulässigkeit sonstiger Sanktionen ergibt. Kommt ein Mitgliedstaat einem Beschluss nach Art. 104 Abs. 9 EGV nicht nach, „kann der Rat beschließen, eine oder mehrere *der nachstehenden* Maßnahmen anzuwenden (...)“[1141]. Die Liste der Sanktionen ist somit abschließend.[1142] Da unter den Maßnahmen des Art. 104 Abs. 11 EGV die Verweigerung von Leistungen aus dem Kohäsionsfonds nicht aufgeführt ist, ist diese Sanktion unzulässig.[1143] Art. 6 der Verordnung über den Kohäsionsfonds verstößt damit gegen Primärrecht und ist rechtswidrig.

1138 Vgl. Art. 6 der Verordnung 1164/94/EG über den Kohäsionsfonds (ABl. 1994 Nr. L 130/1) i.d.F. der Verordnung 1264 und 1265/99/EG (ABl. 1999 Nr. L 161/57). Vgl. dazu *Schulze-Steinen* S. 284 ff. sowie *Palm* S. 190 f.

1139 So *Bandilla*, in: Grabitz/Hilf (Stand 2000) Art. 104 EGV Rn. 40; *Palm* S. 190 f.

1140 Näheres dazu oben S. 116 ff.

1141 Art. 104 Abs. 11 EGV; Hervorhebung durch den Verfasser.

1142 *Bandilla*, in: Grabitz/Hilf (Stand 2000) Art. 104 EGV Rn. 40.

1143 Der Vertragsentwurf vom 28.10.1991 sah in Art. 104b Abs. 10 5. Spiegelstrich ausdrücklich die Verweigerung von Zahlungen aus dem Strukturfonds vor. Diese Passage wurde auf Druck

Zur rechtlichen Umsetzung der vorgeschlagenen Reformen (Verweigerung von Zahlungen aus dem Struktur- sowie aus anderen Fonds) ist daher einerseits eine entsprechende Regelung in die Rechtsgrundlage des jeweiligen Fonds aufzunehmen. Darüber hinaus ist jedoch eine Änderung des EGV, insbesondere des Art. 104 Abs. 11 EGV notwendig.[1144] So könnte dieser Absatz entweder in eine nicht abschließende Aufzählung von Sanktionen modifiziert werden, oder die Verweigerung von Fondsleistungen wird ausdrücklich in den Vertragstext aufgenommen.

Fraglich ist jedoch, ob diese Reform überhaupt wünschenswert und sinnvoll ist. Der Vorteil liegt darin, dass über die Aussetzung von Fonds-Leistungen das Problem der fehlenden Zwangsvollstreckungsmöglichkeit umgangen wird. Im Fall eines übermäßigen Defizits können die Zahlungen einfach gekürzt werden, ohne dass eine Mithilfe des betreffenden Mitgliedstaates erforderlich ist. Gegen die Verweigerung von finanziellen Leistungen als Sanktion spricht jedoch, dass damit nur jene Staaten bestraft werden können, die Mittel aus den jeweiligen Fonds erhalten, auf Nettozahler kann kein Einfluss ausgeübt werden.[1145] Doch selbst bei Netto-Empfängern ist das Konzept abzulehnen. Letztlich ist auch die Verweigerung von finanziellen Leistungen eine finanzielle Sanktion. Auf die Problematik finanzieller Sanktionen wurde bereits hingewiesen, sie verschärft die finanzielle Lage des betreffenden Landes und wirkt damit kontraproduktiv. Somit ist dieser Reformvorschlag nicht weiter zu verfolgen.

(c) Ausschluss aus der WWU

Eine über die bisherigen Vorschläge hinausgehende Möglichkeit, übermäßige Defizite zu sanktionieren, wäre der Ausschluss des betreffenden Mitgliedstaates aus der WWU. Diese radikale Sanktion wurde bisher nur selten thematisiert.[1146] Der EGV sieht bislang keine Möglichkeit vor, einen Staat zum Austritt aus der WWU zu zwingen.

Aus rechtlicher Sicht ist bereits fraglich, ob der freiwillige Austritt eines Mitgliedstaates aus der WWU möglich ist. Das BVerfG hat in seinem Maastricht-Urteil festgestellt, dass Deutschland bei einem Scheitern des Stabilitätsziels aus der WWU ausscheiden könne.[1147] Das BVerfG erwähnt allerdings nicht, woraus sich dieses

---

vor allem der südlichen Mitgliedstaaten später gestrichen, vgl. dazu *Häde*, EuZW 1992, 171/177; *Palm* S. 191 Fn. 1119.

1144 *Palm* S. 191; a.A. *Blumenwitz/Schöbener* S. 39.

1145 *Palm* S. 191.

1146 Vgl. aber etwa *Gros* S. 10 ff.; *Hasse*, Wirtschaftsdienst 1997, 15/17; *Theurl*, in: Streit/Voigt S. 147/153 ff.

1147 BVerfGE 89, 155/204: „Der Vertrag setzt langfristige Vorgaben, die das Stabilitätsziel zum Maßstab der Währungsunion machen, die durch institutionelle Vorkehrungen die Verwirklichung dieses Ziels sicherstellen und letztlich – als ultima ratio – beim Scheitern der Stabilitätsgemeinschaft auch einer Lösung aus der Gemeinschaft nicht entgegenstehen". Zustimmend *Tomuschat*, EuGRZ 1993, 489/494 f. Kritisch dazu *Frowein*, ZaöRV 54 (1994), S. 1/10 ff.; *Götz*, JZ 1993, 1081/1085; *Ipsen*, EuR 1994, 1/15 ff. *Lenz*, NJW 1993, 3038.

„Recht zum Ausstieg" ergibt. Gemäß Art. 105 Abs. 2 EGV gehört die Geldpolitik zu den Aufgaben des ESZB, gemäß Art. 2 der Verordnung 974/98/EG[1148] ist der Euro gemeinsame Währung für alle teilnehmenden Staaten. Teilnehmende Staaten sind dabei die gemäß Art. 121 EGV von Beginn an oder die gemäß Art. 122 Abs. 2 EGV später aufgenommenen Staaten. Nach Einführung der einheitlichen Währung ist die erneute Gewährung einer Ausnahmeregelung i.S.d. Art. 122 Abs. 1 EGV nicht mehr möglich.[1149] Ein Rückgriff auf die *clausula rebus sic stantibus* des Art. 62 WVK ist wegen der vorliegenden gemeinschaftsrechtlichen Regelung ebenfalls unzulässig.[1150] Ein Austrittsrecht aus der WWU kann auch nicht als „Minus" zu einem Austrittsrecht aus der EG angesehen werden, da ein derartiges Austrittsrecht nicht existiert.[1151] Der EGV gilt gemäß Art. 312 EGV auf unbegrenzte Zeit. Aus alledem folgt, dass die Teilnahme an der Währungsunion unumkehrbar ist.[1152] Es handelt sich bei der WWU um eine unkündbare Solidargemeinschaft.[1153]

Da der zwangsweise Ausschluss eines Mitgliedstaates aus der WWU bislang im Vertrag nicht vorgesehen ist, könnte diese Sanktion nur über eine Vertragsänderung gemäß Art. 48 EUV umgesetzt werden. Gegen die Möglichkeit eines Ausschlusses lässt sich anführen, dass die damit erforderliche Währungsumstellung in dem betreffenden Staat sehr kostspielig ist. Gleichzeitig leiden auch die anderen Mitgliedstaaten unter dieser Maßnahme, da sie in den Handelsbeziehungen zu diesem Staat nunmehr wieder Währungskosten veranschlagen müssen. Darüber hinaus kann der Ausschluss eines Mitgliedstaates auch zu irreparablen Schäden bei der europäischen Integration führen. Schließlich ist es politisch wünschenswerter, einen Staat über die Pflicht zur Erstellung von Stabilitätsprogrammen unter der Aufsicht der Gemeinschaft zu belassen, als nach einem Ausschluss jeglichen Einfluss auf die nationale Haushaltspolitik dieses Staates zu verlieren.

Für die Möglichkeit eines Ausschlusses lässt sich jedoch anführen, dass das permanente Ignorieren budgetpolitischer Vorgaben durch einen Mitgliedstaat den Euroraum insgesamt schwächt. Eine Zwangsvollstreckung gegen Mitgliedstaaten ist wie

---

1148 ABl. 1998 Nr. L 139/1.

1149 *Häde*, in: FS Hahn, S. 141/158 f.

1150 Kritisch zur Möglichkeit eines Rückgriffs auf die *clausula rebus sic stantibus Ipsen*, EuR 1994, 1/15. Allgemein zur Zulässigkeit eines Rückgriffs auf das Völkerrecht, vgl. oben S. 154 ff.

1151 *Endler* S. 535 m.w.N.

1152 Vgl. Protokoll über den Übergang zur dritten Stufe der Wirtschafts- und Währungsunion; a.A. *Herdegen*, in: Maunz/Dürig, Loseblatt Stand 1998, Art. 88 Rn. 25 ff. für den Fall eines dramatischen Geldwertverfalls. Auch in Bankenkreisen werden diverse Ausstiegsszenarien diskutiert. Im Fall des Nichtfunktionierens der WWU, so wird vertreten, könne es einem Staat nicht verwehrt sein, aus der gemeinsamen Währung auszusteigen und eine eigene, neue Währung einzuführen; vgl. zu diesem „faktischen Austritt" *Herdegen* Europarecht, Rn. 409; *Endler* S. 533 ff. Vgl. auch *Kirchhof*, in: FS Franz Klein, S. 61/81, der den Ausstieg als ultima ratio für zulässig erachtet.

1153 So bereits *Deutsche Bundesbank*, Monatsbericht Oktober 1990, S. 41.

bereits dargestellt nicht möglich.[1154] Im Extremfall kann eine unsolide Haushaltspolitik in einem Mitgliedstaat die Wirtschaft der gesamten Eurozone destabilisieren, ohne dass eine Möglichkeit besteht, gegen diesen Mitgliedstaat vorzugehen. Für einen derartigen ultima ratio – Fall sollte daher die Möglichkeit eines Ausschlusses in den EGV aufgenommen werden. Eine Suspendierung der Teilnahme an der WWU vor dem definitiven Ausschluss wäre zwar ein grundsätzlich milderes Mittel, aufgrund der hohen Kosten, die eine vorübergehende Einführung einer neuen Währung in dem betreffenden Staat verursacht, im konkreten Fall jedoch nicht zumutbar. Die Ausschlussmöglichkeit sollte allerdings mit ausreichend hohen Mehrheiten des obersten Entscheidungsorgans der EG, d.h. nach aktueller Rechtslage des Rates der EU in der Zusammensetzung der Staats- und Regierungschefs, beschlossen werden müssen. In diesem Fall wäre die Ausschlussmöglichkeit eine hinreichend konkrete Drohung an die Teilnehmerstaaten, ihre Haushaltspolitik ausreichend zu disziplinieren.[1155]

(3) Ergebnis

Im Ergebnis sind finanzielle Sanktionen gegen einen Mitgliedstaat, der ein übermäßiges Defizit aufweist, nicht opportun. Sie sind kontraproduktiv, da die die Haushaltslage dieses Staates schwächen. Vielmehr sollten zukünftig zwei neue Sanktionsmöglichkeiten in den Vertrag aufgenommen werden. Einerseits müsste das das Stimmrecht des betreffenden Staates im Rat solange suspendiert werde können, bis das übermäßige Defizit abgebaut ist. Andererseits sollte als ultima ratio die Möglichkeit eines Ausschlusses eines Mitgliedstaates aus der WWU vorgesehen werden. Diese Sanktion ist zwar mit hohen politischen und wirtschaftlichen Kosten verbunden, stellt jedoch eine glaubwürdige Drohung an die Mitgliedstaaten dar.

e) Verbesserung des Rechtsschutzes

Im ersten Kapitel dieser Arbeit wurde festgestellt, dass die Rechtsschutzmöglichkeiten im Bereich des Defizitverfahrens durch Art. 104 Abs. 10 EGV gegenüber anderen Politikbereichen der EG stark eingeschränkt sind.[1156] Im Folgenden sollen Kritik an dieser Rechtsschutzbeschränkung geübt und entsprechende Reformvorschläge erarbeitet werden.

(1) Kritik

(a) Justiziabilität von Stabilitätsnormen

Der Ausschluss des Vertragsverletzungsverfahrens über Art. 104 Abs. 10 EGV wird meist mit der mangelnden Justiziabilität von Stabilitätsnormen begründet. Fraglich ist, ob diese Argumentation im Ergebnis durchgreift. Als Grund für die mangelnde Justiziabilität von Stabilitätsnormen werden meist zwei Argumente angeführt.

1154 Vgl. S. 101.

1155 So auch *Gros* S. 10; *Theurl*, in: Streit/Voigt S. 147/153 ff.

1156 Siehe oben S. 116 ff.

Zum einen handele es sich bei den Entscheidungen von Kommission und Rat um politische Entscheidungen, bei denen die Macht des Faktischen über die Norm triumphiere.[1157] Zum anderen fehle dem EuGH der für eine Überprüfung notwendige wirtschaftswissenschaftliche Sachverstand. Eine richterliche Überprüfung der Entscheidungen sei daher nicht möglich.

Zuzugeben ist, dass die Frage der Tragbarkeit öffentlicher Finanzen eine starke politische Komponente aufweist. Hieraus folgt jedoch nicht zwingend ein Rechtsschutzausschluss wie Art. 104 Abs. 10 EGV. Ein derartiger Rechtsschutzausschluss widerspricht zum einen dem Ziel der Währungsunion, die Verpflichtung zur Vermeidung übermäßiger öffentlicher Defizite rechtlich verbindlich auszugestalten.[1158] Darüber hinaus ist auch im sonstigen Gemeinschaftsrecht eine Entscheidung nicht allein deswegen einer richterlichen Kontrolle entzogen, weil sie eine politische Komponente enthält. Viele Entscheidungen des Rats sind trotz ihres politischen Charakters mit der Nichtigkeitsklage angreifbar, z.B. Maßnahmen im Bereich des Asylrechts nach Art. 63 EGV. Als Lösung bietet sich an, diese politisch geprägten Entscheidungen in eine rechtliche und eine politische Komponente aufzuteilen. Es spricht nichts dagegen, zumindest die rechtliche Komponente einer derartigen Entscheidung der Kontrolle durch den EuGH zu unterwerfen. Das Verfahren des Art. 104 EGV ist wie dargelegt *de lege lata* als politisches Verfahren ausgestaltet. Allerdings wurden die Anforderungen an die Mitgliedstaaten über den Stabilitäts- und Wachstumspakt in ein enges rechtliches Korsett geschnürt. Zumindest diese rechtlichen Begrenzungen des Ermessens sollten der gerichtlichen Überprüfung zugänglich gemacht werden.

Auch der Hinweis auf den fehlenden wirtschaftswissenschaftlichen Sachverstand des EuGH vermag nicht zu überzeugen. Der Gerichtshof hat in vielen Politikbereichen die Aufgabe, wirtschaftliche Zusammenhänge zu beurteilen. So ist insbesondere im Wettbewerbsrecht eine vertiefte Kenntnis marktwirtschaftlicher Zusammenhänge nötig, etwa bei der Bestimmung der relevanten Märkte oder der Frage der Substituierbarkeit von Produkten. Bisher gibt es keine Anzeichen dafür, dass der EuGH in diesem Bereich mit mangelnder Sachkompetenz ausgestattet wäre. Darüber hinaus kann der Gerichtshof gemäß Art. 22 seiner Satzung jederzeit Gutachten von Sachverständigen einholen. Auf diese Weise könnte er in zufriedenstellender Weise die Entscheidungen von Kommission und Ecofin auf ihre Rechtmäßigkeit überprüfen.

Im Übrigen ist eine Beschränkung des Rechtsschutzes über Art. 104 Abs. 10 EGV nicht notwendig, da der EuGH in den Bereichen, in denen Entscheidungen einen politischen Charakter aufweisen oder wirtschaftswissenschaftliche Wertungen

---

1157 *Kerber*, Umsetzung, S. 10 f.; *Nicolaysen*, Europarecht II, S. 345 f. Vgl. in diesem Zusammenhang auch BVerfGE 79, 311 zum Haushaltsdefizit und Art. 115 GG. Das BVerfG billigt dem deutschen Haushaltsgesetzgeber einen Einschätzungs- und Beurteilungsspielraum bei den Fragen zu, ob eine „Störung des gesamtwirtschaftlichen Gleichgewichts" vorliegt und ob eine erhöhte Kreditaufnahme zu ihrer Abwehr geeignet ist.

1158 So auch *Kapteyn* S. 981 Fn. 136. Siehe auch *Konow* S. 123 ff., der die Entscheidungen des Rates als „rechtlich determiniert" bezeichnet.

erfordern, von selbst seine Kontrollkompetenz zurücknimmt.[1159] Entscheidungen, die in Ausübung eines vorhandenen Beurteilungs- und Ermessensspielraums getroffen werden, werden von ihm nur mit großer Zurückhaltung auf gewisse Beurteilungs- und Ermessensmängel überprüft. Der politische Charakter der Entscheidung bleibt dadurch gewahrt, ohne dass die Entscheidung der gerichtlichen Überprüfung völlig entzogen wäre. In Fällen eindeutiger Verstöße gegen die Haushaltsdisziplin, in denen Rat und Kommission nicht tätig werden, bestünde damit die Möglichkeit, die Einhaltung der Vertragsbestimmungen gerichtlich zu erzwingen. Beispielsweise wäre es denkbar, dass der Ecofin eine Entscheidung nach Art. 104 Abs. 6 EGV nicht trifft, obwohl das Haushaltsdefizit in einem Mitgliedstaat deutlich über 3% liegt und auch eine Ausnahmebestimmung offensichtlich nicht einschlägig ist. Warum sollte die Kommission oder ein anderer Mitgliedstaat in diesem Fall keine Klage gemäß Art. 226/227 EGV gegen den betreffenden Mitgliedstaat einleiten können?[1160] Ein Verstoß gegen die Verpflichtung aus Art. 104 Abs. 1 EGV liegt in diesem Fall vor, so dass die Klage auch Erfolg haben dürfte.

Stabilitätsnormen sind damit nicht per se unjustiziabel. Wünschenswert wäre es allerdings, dass die tatbestandlichen Voraussetzungen des Defizitverfahrens weiter präzisiert werden, sei es über eine Vertragsänderung, sei es über zusätzliches konkretisierendes Sekundärrecht (beispielsweise in Form eine Stabilitätspaktes II). Insbesondere das Merkmal der „Gesamtlage" in Art. 104 Abs. 6 EGV sollte durch eine Aufzählung von nicht abschließenden Indizien ersetzt werden, damit die Entscheidung des Ecofin für das Gericht transparenter wird. Dass die Furcht vor einer zu großen Einmischung der Judikative in verwaltungspolitische oder regierungspolitische Frage unbegründet ist, zeigt auch die Norm des § 33 Abs. 2 S. 1 EGKSV[1161]. Dort hieß es:

„Die Nachprüfung durch den Gerichtshof darf sich jedoch nicht auf die Würdigung der aus den wirtschaftlichen Tatsachen oder Umständen sich ergebenden Gesamtlage erstrecken, die zu den angefochtenen Entscheidungen oder Empfehlungen geführt hat, es sei denn dass der Kommission der Vorwurf gemacht wird, sie habe ihr Ermessen missbraucht oder die Bestimmungen des Vertrages oder irgend einer bei seiner Durchführung anzuwendenden Rechtsnorm offensichtlich verkannt."

Dieser Zusatz befindet sich hinter der allgemeinen Zuständigkeit des EuGH für Nichtigkeitsklagen im Rahmen der EGKS. Umstritten war, ob die Kontrollkompetenz des EuGH im Rahmen des EGV wegen des Fehlens einer Art. 33 Abs. 1 S. 2 EGKSV vergleichbaren Norm anders zu bestimmen ist als im Bereich des EGKSV.[1162] Nach zutreffender Ansicht ergeben sich jedoch keine Unterschiede[1163], vielmehr lehnt sich der EuGH bei der Beschränkung seiner Kontrollkompetenz im Rahmen des EGV an

---

[1159] Siehe dazu oben S. 109 insb. unter Hinweis auf das Urteil Consten/Grundig, EuGH Slg. 1966, S. 322/396.

[1160] Nach jetziger Rechtlage wäre lediglich eine Untätigkeitsklage gegen den Rat gemäß Art. 232 EGV möglich, vgl. dazu oben S. 122 ff.

[1161] Der Vertrag über die EGKS ist gemäß Art. 97 des Vertrags am 23.07.2002 ausgelaufen.

[1162] *Herdegen/Richter*, in: Frowein S. 209/225.

[1163] Vgl. *Krück*, in: GTE (5. Auflage) Art. 173 Rn. 105.

die Formulierung des Art. 33 Abs. 1 S. 2 EGKSV an. Zu überlegen wäre allerdings, eine vergleichbare Formulierung in den allgemeinen Teil des EGV (z.B. als zusätzlicher Absatz zu Art. 220 EGV) oder aber direkt in Art. 104 EGV aufzunehmen. Sie dient der Klarstellung und verhindert, dass die Beschränkung der Kontrollkompetenz lediglich durch eine „freiwillige" Beschränkung[1164] durch den EuGH erreicht wird.

Zusammenfassend ergibt sich damit, dass die *Ratio legis* des Art. 104 Abs. 10 EGV, Stabilitätsnormen seien nicht justiziabel, die Beschränkung des Rechtsschutzes nicht rechtfertigen kann. Stabilitätsnormen sind „normale" Rechtsvorschriften mit Beurteilungs- und Ermessensspielräumen, die einen starken politischen und wirtschaftswissenschaftlichen Charakter aufweisen. In derartigen Fällen reagiert der EuGH mit einer Rücknahme seiner Kontrollkompetenz.

(b) Inkonsequenz des Art. 104 Abs. 10 EGV

Aus dem vorangehenden Abschnitt folgt, dass ein Ausschluss des Rechtsschutzes nicht mit dem pauschalen Hinweis auf die fehlende Justiziabilität von Stabilitätsnormen gerechtfertigt werden kann. Gegen den Ausschluss des Rechtsschutzes spricht außer grundsätzlichen rechtsstaatlichen Bedenken auch noch folgende Überlegung. Art. 104 Abs. 10 EGV schließt lediglich das Vertragsverletzungsverfahren aus, nicht jedoch andere Verfahren wie die Nichtigkeits- oder Untätigkeitsklage.[1165] Entscheidungen des Rates können daher, seien sie auch politischer Natur, auch nach bisheriger Rechtslage durchaus zum Gegenstand gerichtlicher Verfahren gemacht werden. Die politische Komponente eines Sachverhalts wirkt sich im Vertragsverletzungsverfahren auch nicht stärker aus als in einem Nichtigkeitsverfahren. Zwar wird argumentiert, der EuGH werde im Rahmen einer Nichtigkeitsklage gegen eine Entscheidung des Rates diesem einen Ermessensspielraum zugestehen.[1166] Dann stellt sich jedoch die Frage, warum dem EuGH nicht auch im Rahmen des Vertragsverletzungsverfahrens eine gewisse Zurückhaltung zugetraut wird. Zwar fehlt bei diesen Verfahren eine Entscheidung des Rates, so dass auf einen Ermessensspielraum nicht zurückgegriffen werden kann. Der EuGH müsste im Rahmen des Vertragsverletzungsverfahrens darüber entscheiden, ob ein Mitgliedstaat ein übermäßiges Defizit aufweist oder nicht. Er könnte jedoch bei komplexeren Fragen, beispielsweise ob der Mitgliedstaat seine Haushaltsdisziplin i.S.d. Abs. 2 eingehalten hat, seine Prüfungskompetenz zurücknehmen. Im Übrigen wäre eine gerichtliche Klärung der Frage, wann die Ausnahmevorschriften des Abs. 2 einschlägig sind, durchaus zu begrüßen. Die Norm des Art. 104 Abs. 10 EGV kann daher, ohne sich dem Vorwurf der Inkonsequenz durch seine Beschränkung auf das Vertragsverletzungsverfahren auszusetzen, nicht mit dem Hinweis auf den politischen Charakter der Materie gerechtfertigt werden.

[1164] So *Waelbroeck/Waelbroeck/Vandersanden*, in: Commentaire Mégret, Band 10, S. 162.

[1165] Siehe dazu oben S. 119 ff.

[1166] *Italianer*, in: GTE (5. Auflage) Art. 104c Rn. 85 Fn. 65.

Zur Rechtfertigung des Art. 104 Abs. 10 EGV kann daher nur angeführt werden, dass im Fall eines übermäßigen Defizits ausschließlich das Defizitverfahren des Art. 104 EGV durchlaufen werden soll (Ausschließlichkeit des Defizitverfahrens)[1167]. Angesichts der derzeit mangelhaften Ausgestaltung des Sanktionssystems ist jedoch fraglich, ob das Verfahren überhaupt zur Anwendung kommt, selbst bei eindeutigen Verstößen gegen Art. 104 Abs. 1 EGV. Auch hierin liegt eine Inkonsequenz des Art. 104 Abs. 10 EGV. Zwar wäre in dem Fall, dass der Rat eine Entscheidung nach Abs. 6 nicht trifft, obwohl die Gesamtlage eindeutig für ein übermäßiges Defizit spricht, eine Untätigkeitsklage gegen den Rat möglich.[1168] Der dem Rat zustehende Beurteilungsspielraum wird jedoch in vielen Fällen dazu führen, dass diese Klagen nicht erfolgreich sein werden. Daher sollte als zusätzliches und alternatives Druckmittel auch ein Vertragsverletzungsverfahren gegen den betreffenden Mitgliedstaat zulässig sein. Befolgt jener dieses Feststellungsurteil nicht, können nach einem zweiten Urteil gemäß Art. 228 Abs. 2 EGV finanzielle Sanktionen (Pauschalbetrag und Zwangsgeld) durch den EuGH verhängt werden. Diese stehen dann neben den finanziellen Sanktionen des Art. 104 Abs. 11 EGV. Es bestünde mithin eine Konkurrenzsituation zwischen dem politisch geprägten Sanktionsverfahren über Art. 104 EGV und einem gerichtlichen Verfahren vor dem EuGH. Eine doppelte Sanktionierung steht allerdings nicht zu befürchten, da Rat und EuGH auf den jeweiligen Stand des anderen Verfahrens Rücksicht nehmen können.

(2) Reformvorschläge

Damit auch Vertragsverletzungsverfahren im Rahmen der Überwachung der Budgetdisziplin möglich sind, sollte Art. 104 Abs. 10 EGV reformiert werden. Denkbar wäre eine völlige Abschaffung dieser Vorschrift. Dann würde sich die Zulässigkeit gerichtlicher Verfahren nach den allgemeinen Vorschriften der Art. 226 ff. EGV richten. Ein Vertragsverletzungsverfahren wäre damit dann erfolgreich, wenn ein Mitgliedstaat gegen eine Verpflichtung aus dem Vertrag verstößt, beispielsweise gegen die Verpflichtung zur Vermeidung übermäßiger öffentlicher Defizite aus Art. 104 Abs. 1 EGV. Mit großer Wahrscheinlichkeit würde der EuGH bei der Überprüfung von Entscheidungen im Rahmen des Art. 104 EGV die politisch-wirtschaftliche Besonderheit dieser Entscheidungen berücksichtigen und seine Kontrollkompetenz ähnlich seiner Entscheidung im Fall Consten/Grundig beschränken. Der EuGH würde damit die Richtigkeit der zugrundegelegten Tatsachen, die Subsumtion unter die Rechtsgrundlage sowie die Überschreitung von Ermessensgrenzen überprüfen. Wirtschaftspolitische Wertungen blieben allein Sache des beklagten Staates bzw. des entscheidenden Organs.

Möglich wäre jedoch auch, diese eingeschränkte Kontrollkompetenz vertraglich festzuschreiben und sich damit nicht auf eine Selbstbeschränkung durch den EuGH zu verlassen. Als Vorbild könnte die ehemalige Vorschrift des Art. 33 Abs. 1 S.2

[1167] Vgl. *Häde*, in: Calliess/Ruffert Art. 104 EGV Rn. 65.

[1168] Siehe oben S. 122 ff.

EGKSV dienen. Im Ergebnis könnte Art. 104 Abs. 10 EGV n.F. folgendermaßen lauten:

„Die Situation der öffentlichen Haushalte unterliegt der Kontrolle durch den EuGH. Sofern Entscheidungen durch die Organe getroffen wurden, darf sich die Nachprüfung dieser Entscheidungen durch den Gerichtshof jedoch nicht auf die Würdigung der aus den wirtschaftlichen Tatsachen oder Umständen sich ergebenden Gesamtlage erstrecken, die zu den angefochtenen Entscheidungen oder Empfehlungen geführt hat, es sei denn dass der Kommission oder dem Rat der Vorwurf gemacht wird, sie haben ihr Ermessen missbraucht oder die Bestimmungen des Vertrages oder irgend einer bei seiner Durchführung anzuwendenden Rechtsnorm offensichtlich verkannt."

Zu beachten ist, dass sich diese Änderung auch auf die Nichtigkeitsklage auswirkt. Gegenüber dem jetzigen Rechtszustand stellt die Reform für dieses Verfahren eine Verschärfung dar, da Entscheidungen nur noch eingeschränkt überprüft werden können. Damit soll dem Beurteilungsspielraum von Rat und Kommission Rechnung getragen werden.

(3) Ergebnis

Für den Ausschluss des Vertragsverletzungsverfahrens über Art. 104 Abs. 10 EGV wird vorgebracht, dass Stabilitätsnormen nicht justiziabel seien. Hiergegen lässt sich einwenden, dass Stabilitätsnormen im Grunde normale Rechtsvorschriften mit Beurteilungs- und Ermessensspielräumen sind, die einen starken politischen und wirtschaftswissenschaftlichen Charakter aufweisen. In derartigen Fällen reagiert der EuGH von allein mit einer Rücknahme seiner Kontrollkompetenz. Darüber hinaus ist Art. 104 Abs. 10 EGV inkonsequent, da nur das Vertragsverletzungsverfahren, nicht jedoch andere Verfahren ausgeschlossen werden. Eine Ausschließlichkeit des Defizitverfahrens ist nicht wünschenswert. Art. 104 Abs. 10 EGV sollte daher entweder abgeschafft oder nach obigem Vorbild umformuliert werden.

3. Fazit zu den Reformvorschlägen

Die Defizitbegrenzung sollte grundsätzlich beibehalten werden, auch wenn eine moderate Ausweitung der Ausnahmebestimmungen empfehlenswert erscheint. Gleichzeitig muss das mittelfristige Haushaltsziel in verbindlicher Weise in Primär- oder Sekundärrecht aufgenommen werden und mit einem verbindlichen Datum versehen werden. Hinsichtlich der institutionellen Ausgestaltung sind zwei Möglichkeiten denkbar: Entweder belässt man das Verfahren in der Zuständigkeit des Ecofin-Rates. In diesem Fall müsste der zu sanktionierende Staat von der Abstimmung ausgeschlossen und ein Vorschlagsrecht für die Kommission eingeführt werden. Darüber hinaus sollte der Rat im Rahmen des Art. 104 EGV mit einfacher Mehrheit abstimmen können. Die aus dem politischen Charakter des Rates resultierenden Probleme werden dadurch jedoch nicht gelöst. Vorzuziehen ist daher eine vollständige Übertragung der Sanktionskompetenz auf die Kommission. Unabhängig von der institutionellen Zuständigkeit müsste das Sanktionsverfahren durch die Streichung einzelner Verfahrensschritte verkürzt und das Initiativrecht auf die EZB und das EP ausgeweitet werden. Weiterhin sollte die Geldbuße als Sanktion abgeschafft und durch Stimmrechtsbeschränkungen bzw. eine Ausschlussmöglichkeit als ultima ratio ersetzt werden. Schließlich sollte der Rechtsschutz gegen alle Maßnahmen im Bereich des Defizitverfahrens eröffnet werden.

IV. Ausblick

Ob die vorgestellten und befürworteten Reformkonzepte in geltendes Recht umgesetzt werden, erscheint zum heutigen Zeitpunkt fraglich. Insbesondere eine Übertragung der Überwachungs- und Sanktionskompetenz auf die Kommission wird von den Mitgliedstaaten sicher abgelehnt, obwohl dies die beste Lösung zur langfristigen Sicherung der Geldwertstabilität in der WWU ist. Durchaus im Bereich des Realistischen liegen die Reformvorschläge, die zwar eine Vertragsänderung erfordern, jedoch die grundsätzliche Kompetenzverteilung im Defizitverfahren unangetastet lassen. Diese „kleinen Lösungen" liegen etwa in der Ausweitung des Initiativrechts, in der Straffung des Verfahrens über die Streichung von Art. 104 Abs. 8 und 9 EGV, in der Ersetzung der Geldbuße durch intelligentere Sanktionen sowie in der Ausweitung der Ausnahmebestimmungen. Darüber hinaus ist jenen Vorschlägen eine erhöhte Wahrscheinlichkeit der Umsetzung zuzubilligen, die über Sekundärrecht umgesetzt werden können. Hier sind die Reformvorschläge zu nennen, die an den Referenzkriterien ansetzen, da hier Art. 104 Abs. 14 UAbs. 2 EGV als Rechtsgrundlage zur Verfügung steht. Außerdem können Reformvorschläge auch auf Art. 99 Abs. 5 EGV gestützt werden.

Dass die Reformdebatte im Bereich des Defizitverfahrens nicht rein akademisch ist, zeigt die Entwicklung im Rahmen des europäischen Konvents. In diesem Reformgremium wird über eine behutsame Verstärkung der gemeinschaftsrechtlichen Kompetenzen im Bereich der Wirtschafts- und Währungspolitik nachgedacht. Im Entwurf des Konvents vom 18. Juli 2003 ist das Defizitverfahren in Art. III-76 geregelt. Im Vergleich zum bisherigen Art. 104 EGV ergeben sich nur wenige Änderungen. Die Mehrheit im Konvent wollte das Instrument der Koordinierung der mitgliedstaatlichen Wirtschaftspolitik nicht zu Gunsten einer Vergemeinschaftung der makroökonomischen Politik aufgeben.[1169]

Art. III-76 unterscheidet sich in drei Punkten von Art. 104 EGV. Die Entscheidung über das Bestehen eines übermäßigen Defizits ergeht gemäß Art. III-76 Absatz 6 *auf Vorschlag* der Kommission. Dies hat zur Folge, dass der Rat nur einstimmig Änderungen des Kommissionsvorschlags beschließen kann. Zum anderen sieht der Konventsentwurf vor, dass der zu sanktionierende Staat von der Beschlussfassung ausgeschlossen ist. Schließlich entscheidet der Rat über das In-Verzug-Setzen nach Art. III-76 Absatz 9 durch einen „Europäischen Beschluss". Dieser Rechtsakt entspricht gemäß Art. I-32 einer Entscheidung im Sinn des EGV. Bislang enthielt Art. 104 Abs. 9 EGV keine Regelung über die Art des zu erlassenden Rechtsaktes. Art.

[1169] Vgl. dazu den Schlussbericht der Gruppe VI „Ordnungspolitik" vom 21.10.2002, CONV 357/02.

III-76 weist auch noch eine rein formelle Änderung auf. Gemäß Absatz 12 kann das Recht auf Klageerhebung nach den Artikeln III-265 und III-266 im Rahmen der Absätze 1-6 und 8 und 9 nicht ausgeübt werden. Gegenüber der bisherigen Regelung („Absätze 1 bis 9") ergeben sich keine Änderungen, da auch bislang eine Nichtigkeitsklage im Rahmen des Absatzes 5 nicht in Betracht kommt.

Der Konventsentwurf zeichnet sich durch relativ wenig Mut zur Reform aus. Die vorgeschlagenen Änderungen des Beschlussverfahrens sind zwar sinnvoll, da sie zu einer stärkeren Transparenz der Entscheidung über das Bestehen eines übermäßigen Defizits führen. Erforderlich ist jedoch eine sehr viel weiter gehende Übertragung von Kompetenzen auf die Kommission.[1170] Insbesondere muss die Kompetenz zur Feststellung des übermäßigen Defizits und zum Erlass von Sanktionen auf die Kommission übertragen werden. Der Ecofin ist aufgrund seiner politischen Zusammensetzung hierfür ungeeignet.

Eine grundlegende Reform des Defizitverfahrens sollte damit im Rahmen einer zukünftigen Vertragsänderung vorgenommen werden. Unterbleibt diese Reform, ist ein Scheitern der Währungsunion aufgrund einer Blockade des Defizitverfahrens nicht auszuschließen. Ein Scheitern der Währungsunion und die Rückkehr zu einzelstaatlichen Währungen verursachen jedoch immense politische und wirtschaftliche Kosten und müssen daher unbedingt verhindert werden. Dies sollte Antrieb genug für eine umfassende Reform des Defizitverfahrens sein.

V. Ergebnis zum 4. Kapitel

Eine Reform des gemeinschaftsrechtlichen Defizitverfahrens ist notwendig, da sich in mehreren Situationen gezeigt hat, dass das Verfahren nicht ausgereift ist und unter konzeptuellen Mängeln leidet. Die Ineffektivität des Defizitverfahrens konnte insbesondere im Frühjahr 2002 anlässlich der Diskussion um einen blauen Brief für Deutschland beobachtet werden. Darüber hinaus besteht kein Konsens über das aktuelle Verfahren. Vorbilder für eine Reform sind in den Sanktionssystemen anderer Internationaler Organisationen zu sehen. Je größer dabei der Wille zu einer fortschreitenden Integration ist, desto mehr Kompetenzen werden auf technisch-unabhängige Organe übertragen und desto ausgefallener ist das Sanktionssystem. Zur Analyse des Defizitverfahrens wird auf Theorien der Ökonomischen Analyse des Rechts und der Institutionenökonomik zurückgegriffen. Ein Ausschließlichkeitsanspruch kann diesen Theorien allerdings nicht zugebilligt werden. Der spezifische rechtswissenschaftliche Aspekt der Reformdiskussion besteht in der Untersuchung, welche rechtlichen Umsetzungsmöglichkeiten für die meist von Wirtschafts- und Politikwissenschaftlern erarbeiteten Reformvorschläge bestehen. Budgetregeln müssen einfach und klar formuliert sein. Eine Reform des Defizitverfahrens sollte zu einer inhaltlichen Feinjustierung und zu einer verbesserten Überwachung durch die Gemeinschaft führen.

[1170] Siehe dazu oben S. 252 ff.

Die vorgeschlagenen Reformen des Defizit-Referenzkriteriums vermögen überwiegend nicht zu überzeugen. Sinnvoll erscheint es lediglich, den Katalog der Ausnahmetatbestände zu erweitern, um die Einsicht der Mitgliedstaaten in die Notwendigkeit des Defizitverfahrens insgesamt zu stärken. Außerdem sollte ein Datum für das mittelfristige Haushaltsziel in verbindlicher Form in die Referenzkriterien aufgenommen werden. Der erste Vorschlag erfordert eine Vertragsänderung, der zweite Vorschlag kann über eine Ergänzung des Stabilitätspaktes umgesetzt werden. Bei der Konzeption des Überwachungs- und Sanktionsverfahrens sollten kleine Reformen vorgenommen werden. Die übermäßig lange Verfahrensdauer könnte durch eine Reduktion der Verfahrensschritte verringert werden; der zu sanktionierende Staat sollte in Zukunft nicht mehr an der Abstimmung über das Vorliegen eines übermäßigen Defizits teilnehmen dürfen und die Beschlüsse des Ecofin sollten wie im Konventsentwurf vorgesehen anstatt auf *Empfehlung* der Kommission auf *Vorschlag* der Kommission erlassen werden. Das Initiativrecht zur Einleitung des Verfahrens sollte von der Kommission auf das EP sowie die EZB ausgeweitet werden. Alle diese Reformen sind nur über eine Vertragsänderung möglich. Der Ecofin-Rat ist zu Überwachung der Haushaltsdisziplin in den Mitgliedstaaten nicht geeignet. Daher sollte die Überwachungs- und Sanktionskompetenz in Zukunft auf die Kommission übertragen werden, die aufgrund ihrer Unabhängigkeit und ihres technischen Sachverstandes hierfür prädestiniert ist. Auch die Umsetzung dieses Reformansatzes erfordert eine Vertragsänderung. Die Sanktionen im Rahmen des Defizitverfahrens sollten in zweifacher Weise geändert werden. Einerseits sollte die Möglichkeit aufgenommen werden, das Stimmrecht des betreffenden Staates im Rat solange zu suspendieren, bis das übermäßige Defizit abgebaut ist. Andererseits sollte als ultima ratio die Möglichkeit eines Ausschlusses eines Mitgliedstaates aus der WWU im Vertrag vorgesehen werden. Schließlich muss der Rechtsschutz im Rahmen des Defizitverfahrens über eine ersatzlose Streichung des Art. 104 Abs. 10 EGV verbessert werden.

ZUSAMMENFASSUNG DER ERGEBNISSE

Eine Reform des Defizitverfahrens ist dringend erforderlich. Idealerweise besteht diese darin, die Überwachungs- und Sanktionskompetenzen auf die Kommission zu übertragen und gleichzeitig die Ausnahmebestimmungen für die Mitgliedstaaten moderat zu erweitern. Außerdem sollte der EuGH stärker in das Verfahren eingebunden werden, indem die Beschränkung des Art. 104 Abs. 10 EGV aufgegeben wird. Diese Reformen erfordern eine Änderung des EG-Vertrages. Im Einzelnen lauten die Ergebnisse folgendermaßen:

1. Kapitel

- In der Geschichte der EG ist eine Begrenzung der mitgliedstaatlichen Defizite ein relativ neues Phänomen. Die Defizitbegrenzung wurde zum ersten Mal im Delors-Bericht von 1989 auf Grundlage der Lamfalussy-Studie entwickelt. Vorläufer der WWU sind u.a. daran gescheitert, dass sie keine Vorgaben für die mitgliedstaatlichen Budgets enthielten (S. 27 ff.).
- Der Übergang von der 2. Stufe in die 3. Stufe der WWU war als Automatismus ausgestaltet (S. 41 ff.).
- Mittelfristig erfordert die WWU auch eine Politische Union (S. 51 ff.).
- Der Vorschlag eines „Stabilitätspaktes für Europa" von Finanzminister *Waigel* hätte nur über eine Vertragsänderung auf Grundlage des Art. 48 EUV umgesetzt werden können (S. 53 ff.).
- Der 1997 beschlossene Stabilitäts- und Wachstumspakt enthält wichtige Präzisierungen gegenüber dem Primärrecht. Als unzureichend ist die Auslagerung einzelner Punkte in die rechtlich unverbindliche Entschließung des Europäischen Rates zu bewerten (S. 59 ff.).
- Übermäßiges öffentliches Defizit i.S.d. Art. 104 Abs. 1 EGV bedeutet ein Defizit von über 3%. Insoweit ist der wortlautgetreuen Auslegung zu folgen (S. 63 ff.).
- Das mittelfristige Ziel eines nahezu ausgeglichenen oder einen Überschuss aufweisenden Haushalts ist für die Mitgliedstaaten verbindlich, nicht jedoch ein bestimmter Zeitpunkt, zu dem dieses Ziel erreicht werden muss (S. 65 ff.).
- In der wirtschaftswissenschaftlichen Literatur ist die Begrenzung der staatlichen Defizite umstritten. Befürworter und Gegner einer derartigen Regelung können plausible Argumente anführen (S. 71 ff.).
- Im Bereich der Überwachung der Haushaltsdisziplin gemäß Art. 104 Abs. 2 EGV beschränkt sich der Stabilitäts- und Wachstumspakt meist darauf, unbestimmte Rechtsbegriffe des Vertrages durch andere unbestimmte Rechtsbegriffe zu ersetzen. Notwendig wäre es jedoch, anhand konkreter Regelbeispiele festzulegen, wann die Ausnahmebestimmungen einschlägig sind (S. 83 ff.).

- Im Rahmen des Defizitverfahrens stehen die meisten Kompetenzen dem Ecofin-Rat zu, er kann damit als Hauptsanktionsorgan bezeichnet werden (S. 89 ff.).
- Die Qualifizierte Mehrheit bei Art. 104 Abs. 6 EGV ist nach Art. 205 Abs. 2 1. Spiegelstr. EGV zu berechnen. Die 2/3-Mehrheit des Art. 104 Abs. 13 EGV richtet sich nach der Stimmenwägung des Art. 205 Abs. 2 EGV; die weiteren Voraussetzungen dieser Norm sind nicht anzuwenden (S. 102 ff.).
- Im Rahmen des Defizitverfahrens bestehen große Beurteilungs- und Ermessensspielräume, die allerdings teilweise durch den Stabilitäts- und Wachstumspakt eingeschränkt worden sind (S. 113 ff.).
- Der Ausschluss des Rechtsschutzes über Art. 104 Abs. 10 EGV bezieht sich nur auf das Vertragsverletzungsverfahren bei Verstößen gegen die Pflichten aus Abs. 1 und Abs. 2. Zulässig sind damit Vertragsverletzungsverfahren bei Nichtbeachtung der Sanktionen aus Art. 104 Abs. 11 EGV. Darüber hinaus sind in verschiedenen Konstellationen Nichtigkeits- und Untätigkeitsklagen denkbar. Zulässig, wenn auch unwahrscheinlich, wäre auch ein Vorabentscheidungsverfahren vor dem EuGH (S. 116 ff.).

2. Kapitel

- Bestehende europarechtliche Sanktionsverfahren können keine über Art. 104 EGV hinausgehende Sicherung der Budgetdisziplin in den Mitgliedstaaten bewirken (S. 129 ff.).
- Art. 7 EUV ist im Regelfall nicht anwendbar, da übermäßige Defizite keine schwerwiegende Verletzung des Demokratieprinzips darstellen (S. 129 ff.).
- Eine Verurteilung eines Mitgliedstaates nach Art. 228 Abs. 2 EGV ist gegenüber der Sanktion aus Art. 104 EGV nicht weiterführend, da Pauschalbetrag und Zwangsgeld ebenso wie eine Geldbuße nicht vollstreckbar sind (S. 133 ff.).
- Die Grundsätze der unmittelbaren Anwendbarkeit und der Staatshaftung greifen bei übermäßigen Defiziten nicht ein, da sich der Einzelne nicht auf die Ge- und Verbote des Art. 104 EGV berufen kann. Es handelt sich insoweit um staatengerichtetes Gemeinschaftsrecht (S. 136 ff.).
- Die EG hat den Schritt zur Staatlichkeit (noch) nicht vollzogen und ist daher an das Prinzip der begrenzten Einzelermächtigung gebunden. Sie ist damit zur Sicherung der Budgetdisziplin auf die ihr vom EGV zugewiesenen Sanktionsmöglichkeiten angewiesen (S. 140 ff.).
- Die Mitgliedstaaten dürfen zur Sanktionierung eines übermäßigen Defizits grundsätzlich nicht auf das Völkerrecht zurückgreifen. Ein derartiger Schritt ist nur als ultima ratio nach erfolglosem Durchlaufen der gemeinschaftsrechtlichen Mechanismen zulässig (S. 149 ff.).

3. Kapitel

- Innerstaatlich führt die Defizitbegrenzung vor allem in föderalen Mitgliedstaaten zu Umsetzungsproblemen (S. 163 ff.).
- Ein nationaler Stabilitätspakt zur Umsetzung der gemeinschaftsrechtlichen Vorgaben muss eine vertikale Aufteilung der zulässigen Defizit- und Schuldenstände zwischen Bund, Ländern und Gemeinden, eine horizontale Aufteilung zwischen den einzelnen Bundesländern und eine Aufteilungsregel für eventuell verhängte Sanktionen enthalten. Darüber hinaus muss der nationale Stabilitätspakt präventive Einwirkungsmöglichkeiten auf die Länderhaushalte und eine institutionelle Absicherung vorsehen (S. 169 ff.).
- Idealerweise sollte ein nationaler Stabilitätspakt in Form eines Bundesgesetzes umgesetzt werden. Möglich wäre jedoch auch die Umsetzung über einen Staatsvertrag oder die einseitige Durchsetzung durch den Bund (S. 175 ff.).
- Bislang existiert keine Gesetzgebungskompetenz für einen nationalen Stabilitätspakt in Form eines Bundesgesetzes (S. 186 f.).
- Aus dem Gemeinschaftsrecht folgt eine Pflicht zur Änderung des Art. 109 GG (S. 187 f.).
- In Frankreich bestehen aufgrund zentralstaatlicher Einflussmöglichkeiten auf die Budgets der Gebietskörperschaften keine Umsetzungsprobleme (S. 190 ff.).
- In Österreich stellt sich die Lage ähnlich wie in Deutschland dar. Dort haben sich allerdings Bund, Länder und Gemeinden im Jahr 2001 auf einen nationalen Stabilitätspakt geeinigt, der Vorbildfunktion auch für Deutschland entfalten kann (S. 193 ff.).

4. Kapitel

- Eine Reform des Defizitverfahrens ist notwendig, da sich in mehreren Situationen gezeigt hat, dass das Verfahren nicht ausgereift ist und unter konzeptionellen Mängeln leidet (S. 197 ff.).
- Vorbilder für eine Reform sind in den Sanktionssystemen anderer Internationaler Organisationen zu sehen. Je stärker dabei der Wille zu einer fortschreitenden Integration ausgeprägt ist, desto mehr Kompetenzen werden auf technisch-unabhängige Organe übertragen und desto ausgefallener ist das Sanktionssystem (S. 212 ff.).
- Zur Analyse des Defizitverfahrens wird auf Theorien der Ökonomischen Analyse des Rechts und der Institutionenökonomik zurückgegriffen. Ein Ausschließlichkeitsanspruch kann diesen Theorien allerdings nicht zugebilligt werden (S. 219 ff.).

- Der spezifische rechtswissenschaftliche Aspekt der Reformdiskussion besteht in der Untersuchung, welche rechtlichen Umsetzungsmöglichkeiten für die meist von Wirtschafts- und Politikwissenschaftlern erarbeiteten Reformvorschläge bestehen (S. 225 ff.).
- Budgetregeln müssen einfach und klar formuliert sein (S. 226 ff.).
- Eine Reform des Defizitverfahrens sollte zu einer inhaltlichen Feinjustierung und zu einer verbesserten Überwachung durch die Gemeinschaft führen (S. 227 ff.).
- Die vorgeschlagenen Reformen des Defizit-Referenzkriteriums vermögen überwiegend nicht zu überzeugen. Sinnvoll erscheint es lediglich, den Katalog der Ausnahmetatbestände zu erweitern, um die Einsicht der Mitgliedstaaten in die Notwendigkeit des Defizitverfahrens insgesamt zu stärken. Außerdem sollte ein Datum für das mittelfristige Haushaltsziel in verbindlicher Form in die Referenzkriterien aufgenommen werden. Der erste Vorschlag erfordert eine Vertragsänderung, der zweite Vorschlag kann über eine Ergänzung des Stabilitäts- und Wachstumspaktes umgesetzt werden (S.229 ff.).
- Bei der Konzeption des Überwachungs- und Sanktionsverfahrens sollten kleine Reformen vorgenommen werden. Die übermäßig lange Verfahrensdauer könnte durch eine Reduktion der Verfahrensschritte verringert werden; der zu sanktionierende Staat sollte in Zukunft nicht mehr an der Abstimmung über das Vorliegen eines übermäßigen Defizits teilnehmen dürfen und die Beschlüsse des Ecofin sollten in Zukunft anstatt auf Empfehlung der Kommission auf Vorschlag der Kommission erlassen werden. Das Initiativrecht zur Einleitung des Verfahrens sollte von der Kommission auf das EP sowie die EZB ausgeweitet werden. Alle diese Reformen sind nur über eine Vertragsänderung möglich (S. 242 ff.).
- Der Ecofin-Rat ist zur Überwachung der Haushaltsdisziplin in den Mitgliedstaaten nicht geeignet. Daher sollte die Überwachungs- und Sanktionskompetenz in Zukunft auf die Kommission übertragen werden, die aufgrund ihrer Unabhängigkeit und ihres technischen Sachverstandes hierfür prädestiniert ist. Die Umsetzung dieses Reformansatzes erfordert eine Vertragsänderung (S. 252 ff.).
- Die Sanktionen im Rahmen des Defizitverfahrens sollten über eine Vertragsänderung in zweifacher Weise geändert werden: Einerseits sollte die Möglichkeit aufgenommen werden, das Stimmrecht des betreffenden Staates im Rat solange zu suspendieren, bis das übermäßige Defizit abgebaut ist. Andererseits sollte als ultima ratio die Möglichkeit eines Ausschlusses eines Mitgliedstaates aus der WWU im Vertrag vorgesehen werden (S. 264 ff.).
- Der Rechtsschutz im Rahmen des Defizitverfahrens sollte über eine ersatzlose Streichung des Art. 104 Abs. 10 EGV verbessert werden (S. 270 ff.).

LITERATURVERZEICHNIS

Adamovich, Ludwig: Juristische Aspekte der „Sanktionen" der EU-14 und des „Weisenberichts", EuGRZ 2001, 89 ff.

Appel, Ivo: Sanktionen als Mittel zur Durchsetzung des Gemeinschaftsrechts, DVBl. 1995, 280 ff.

von Arnim, Hans Herbert : Volkswirtschaftspolitik, 6. Auflage, Neuwied, Kriftel 1998

Arbeitsgemeinschaft deutscher wirtschaftswissenschaftlicher Forschungsinstitute e. V. (Hrsg.): Die Lage der Weltwirtschaft und der deutschen Wirtschaft im Herbst 2002, Hamburg/Essen 2002 (zitiert als ADWF, Herbstgutachten 2002)

Artus, Patrick: Le pacte de stabilité est-il un accord efficace ? Revue d'économie financière 1998, 153 ff.

Assmann, Heinz-Dieter/*Kirchner,* Christian/*Schanze,* Erich (Hrsg.): Ökonomische Analyse des Rechts, Tübingen 1993

Bachof, Otto: Neue Tendenzen in der Rechtsprechung zum Ermessen und zum Beurteilungsspielraum, JZ 1972, 641 ff.

Badura, Peter: Gestaltungsspielraum und Prognoseverantwortung wirtschaftslenkender Verwaltung, Jura 1980, 615 ff.

Barav, Ami: Failure of Member States to fulfil their obligations under Community Law, CML Rev. 1975, 369 ff.

Becker-Neetz, Gerald: Rechtliche Probleme im Zusammenhang mit der Europäischen Währungsunion, EWS 1996, 368 ff.

Behrens, Peter: Die ökonomischen Grundlagen des Rechts, Tübingen 1986

Benda, Ernst/*Maihofer,* Werner/*Vogel,* Hans-Jochen (Hrsg.) : Handbuch des Verfassungsrechts, 2. Auflage, Berlin, New York 1994 (zitiert als: Verfasser, in: Benda/Maihofer/Vogel)

Benda, Ernst/*Klein,* Eckart: Verfassungsprozessrecht, 2. Auflage, Heidelberg 2001

Berber, Friedrich/*Goerdler,* Rainer: Lehrbuch des Völkerrechts, Bd. 3, 2. Auflage, München 1977

Bindschedler, Rudolf L.: Betrachtungen über die Souveränität, in: Faculté de droit de l'université de Genève/Institut universitaire des hautes études internationales (Hrsg.): Recueil d'études de droit international en hommage à Paul Guggenheim, Genf 1968, S. 167 ff. (zitiert als: Bindschedler, in: FS Guggenheim)

Birk, Dieter: Die finanzverfassungsrechtlichen Vorgaben und Begrenzungen der Staatsverschuldung, DVBl. 1984, 745 ff.

Blanchard, Olivier Jean: Suggestions for a new Set of Fiscal Indicators, OECD-Working Paper No. 79, Paris 1990

Blankart, Charles B.: Öffentliche Finanzen in der Demokratie, 3. Auflage, München 1996

Blanke, Herrmann-Josef: Der Unionsvertrag von Maastricht – Ein Schritt auf dem Weg zu einem europäischen Bundesstaat? DÖV 1993, 412 ff.

Bleckmann, Albert: Zwangsmittel im Gemeinsamen Markt, RIW/AWD 1978, 91 ff.

- Die Rechtsnatur des Europäischen Gemeinschaftsrechts – Zur Anwendbarkeit des Völkerrechts im Europäischen Rechtsraum, DÖV 1978, 391 ff.
- Zur Zuständigkeitsverteilung zwischen Bund und Ländern: Bezieht sich Art. 30 GG auf die gesamte staatliche Tätigkeit? DVBl. 1985, 832 ff.
- Der Vertrag über die Europäische Union – Eine Einführung, DVBl. 1992, 335 ff.
- Europarecht, 6. Auflage, Köln [u.a.] 1997
- Ermessensfehlerlehre, Köln [u.a.] 1997
- Völkerrecht, Baden-Baden 2001

Blum, Ulrich: Volkswirtschaftslehre, 3. Auflage, München, Wien 2000

Blumenwitz, Dieter/*Schöbener*, Burkhard: Stabilitätspakt für Europa, Frankfurt am Main [u.a.] 1997

Böse, Martin: Strafen und Sanktionen im europäischen Gemeinschaftsrecht, Diss., Köln [u.a.] 1996

Bofinger, Peter: Festkurssysteme und geldpolitische Koordination, Baden-Baden 1991 (zitiert als: Bofinger, Festkurssysteme)

- Die Krise der europäischen Währungsintegration: Ursachen und Lösungsansätze, Wirtschaftsdienst 1996, S. 30 ff.
- Disziplinierung der öffentlichen Haushalte durch den Markt – nicht durch starre Regeln oder Bürokraten, Wirtschaftsdienst 1997, S. 12 ff.

Bofinger, Peter/*Reischle*, Julian/*Schächter*, Andrea: Geldpolitik, München 1996

Bofinger, Peter/*Hefeker*, Carsten/*Pfleger*, Kai: Stabilitätskultur in Europa, Stuttgart 1998

Bonner Kommentar zum Grundgesetz (Hrsg. von *Dolzer*, Rudolf/*Vogel*, Klaus/*Graßhof*, Karin), Band 4 (Art. 20-37), Loseblattsammlung, Heidelberg, Stand: Oktober 2002 (zitiert als: Bearbeiter, in: Bonner Kommentar)

Borchardt, Klaus-Dieter: Die rechtlichen Grundlagen der Europäischen Union, 2. Auflage, Heidelberg 2002

Borchmann, Michael: Der Vertrag von Nizza, EuZW 2001, 170 ff.

Bouvier, Michel/*Esclassan*, Marie-Christine/*Lassale*, Jean-Pierre: Finances Publiques, 4. Auflage, Paris 1998

Breitenmoser, Stephan: Die Europäische Union zwischen Völkerrecht und Staatsrecht, ZaöRV 55 (1995), S. 951 ff.

Brennan, Geoffrey/*Buchanan*, James M.: Die Begründung von Regeln: konstitutionelle politische Ökonomie (Übersetzung aus dem Englischen), Tübingen 1993

Brock, Burghard: Finanzpolitik und Währungsstabilität – Stabilitätsgesetz als Wunderwaffe? in: Karl-Bräuer-Institut des Bundes der Steuerzahler (Hrsg.), Heft 13, Bad Wörishofen 1969

Brownlie, Ian: Principles of Public International Law, 5. Auflage, Oxford 1998

Buchanan, James M./*Tullock*, Gordon: The Calculus of Consent, 17. Auflage, Ann Arbor/Michigan 1997

Buchanan, James M./*Wagner*, Richard E.: Democracy in Defizit – The Political Legacy of Lord Keynes, New York 1977

Buergenthal, Thomas/*Doehring*, Karl/*Kokott*, Juliane/*Maier*, Harold G.: Grundzüge des Völkerrechts, 2. Auflage, Heidelberg 2000

Buiter, Willem: How to reform the stability and growth pact, Central Banking 13 (2003), S. 49 ff.

Buiter, Willem/*Corsetti*, Giancarlo/*Roubini*, Nouriel: Excessive Deficits: sense and nonsense in the Treaty of Maastricht, Economic Policy 16, April 1993, S. 58 ff.

Bullmann, Udo (Hrsg.): Die Politik der dritten Ebene, Baden-Baden 1994

Bundesfinanzministerium: Innerstaatliche Umsetzung von EG-rechtlichen Vorgaben zur Vermeidung übermäßiger öffentlicher Defizite, 13.06.1996 (unveröffentlichtes Diskussionspapier; zitiert als: BMF, Innerstaatliche Umsetzung)

- Monatsbericht 6/2002, Berlin 2002
- Monatsbericht 8/2002, Berlin 2002
- Monatsbericht 10/2002, Berlin 2002
- Aktualisiertes Stabilitätsprogramm Dezember 2002, Berlin 2002

Burda, Michael C./*Wyplosz*, Charles: Makroökonomik, München 1994

Burdeau, Georges/*Hamon*, Francis/*Troper*, Michel: Droit Constitutionnel, 26. Auflage, Paris 1999

Bureau, Dominique: Pacte de stabilité, crédibilité et stabilisation dans l'union monétaire européenne, Economie et Prévision 1998, 49 ff.

Burow, Patrick: Einführung in die ökonomische Analyse des Rechts, JuS 1993, 8 ff.

von Caemmerer , Ernst (Hrsg.): Probleme des europäischen Rechts : Festschrift für Walter Hallstein zu seinem 65. Geburtstag, Frankfurt am Main 1966

Caesar, Rolf: Koordinierung der nationalen Finanzpolitiken in der Wirtschafts- und Währungsunion, in: *Caesar*, Rolf/*Scharrer*, Hans-Eckart (Hrsg.) : Maastricht: Königsweg oder Irrweg zur Wirtschafts- und Währungsunion? Bonn 1994, S. 236 ff.

Caesar, Rolf/*Scharrer*, Hans-Eckart (Hrsg.) : Maastricht: Königsweg oder Irrweg zur Wirtschafts- und Währungsunion? Bonn 1994

- Ökonomische und politische Dimension der Europäischen Wirtschafts- und Währungsunion, Baden-Baden 1999

- European Economic and Monetary Union: regional and global challenges,Baden-Baden 2001

Calliess, Christian/*Ruffert*, Matthias (Hrsg.): Kommentar zu EU-Vertrag und EG-Vertrag, 2. Auflage, Neuwied 2002 (zitiert als Bearbeiter, in: Calliess/Ruffert).

Calliess, Patricia: Der Stabilitäts- und Wachstumspakt – ein Pakt für mehr Glaubwürdigkeit? Wirtschaftsdienst 1997, 153 ff.

Cassese, Antonio: International Law, Oxford 2001

Chevauchez, Benoît: Les effets de la construction européenne sur notre système de finances publiques, RFFP 1999, 40 ff.

Combacau, Jean/*Sur*, Serge: Droit International Public, Paris 1993

Constantinesco, Léontin-Jean: Das Recht der Europäischen Gemeinschaften I – Das institutionelle Recht, Baden-Baden 1977

Corino, Carsten/*Jones*, Brian/*Hawkes*, Peter: Der Handel mit Treibhausgas-Emissionsrechten, EuZW 2002, 165 ff.

Charpentier, Jean : Le fondement du pouvoir de contrôle des organisations internationales, in : *Chantebout*, Bernard/*Hamon*, Francis (Hrsg.): Mélanges offert à Georges Burdeau, Paris 1977, S. 999 ff. (zitiert als : Charpentier, in : FS Burdeau)

Dahm, Georg: Völkerrecht, Band 1, Stuttgart 1958

Dailler, Patrick/*Pellet*, Alain: Droit International Public, 6. Auflage, Paris 1999

Dauses, Manfred A. (Hrsg.): Handbuch des EG-Wirtschaftsrechts, Loseblatt, München 1993

Delhommais, Pierre-Antoine: L'Allemagne tue le pacte de stabilité, in : Le Monde, 10/11.03.2002, S. 32.

Deutsche Bundesbank : Monatsbericht Oktober 1990, Frankfurt am Main 1990

- Geschäftsbericht 1993, Frankfurt am Main 1994

Deutsches Institut für Wirtschaftsforschung (DIW): Wochenbericht 8/2002 vom 21.02.2002, Berlin 2002

- Wochenbericht 17-18/2002 vom 25.04.2002, Berlin 2002

- Wochenbericht 28-29/2002 vom 11.07.2002, Berlin 2002

Dicke, Klaus: Effizienz und Effektivität internationaler Organisationen, Berlin 1994

Doehring, Karl: Völkerrecht, Heidelberg 1999

Dörr, Oliver: Zur Rechtsnatur der EU, EuR 1995, 334 ff.

Dreier, Horst (Hrsg.): Grundgesetz Kommentar, Band III Art. 83-146, Tübingen 2000 (zitiert als: Bearbeiter, in: Dreier)

Duwendag, Dieter: Zur Frage eines tragfähigen Policy Mix: Sind adäquate Regeln für die Fiskalpolitik unentbehrlich?, in: *Weber*, Manfred (Hrsg.): Europa auf dem Weg zur Währungsunion, Darmstadt 1991, S. 220 ff.

Eichengreen, Barry: Fiscal Policy and EMU, in: *Eichengreen*, Barry/*Frieden*, Jeffry (Hrsg.):The Political Economy of European Monetary Unification, Oxford 1994, S. 167 ff.

- What to do with the Stability Pact, Intereconomics 2003, 7 ff.

Eichengreen, Barry/*Wyplosz*, Charles: The stability pact: more than a minor nuisance? Genf 1998

Eidenmüller, Horst: Effizienz als Rechtsprinzip: Möglichkeiten und Grenzen der ökonomischen Analyse des Rechts, 2. Auflage, Tübingen 1998

Eiffinger, Sylvester C.W.: How Can the Stability and Growth Pact be Improved to Achieve both Stronger Discipline and Higher Flexibility? Intereconomics 2003, 10 ff.

Eijffinger, Sylvester C.W./*de Haan*, Jakob: European Monetary and Fiscal Policy, New York 2000

Emmerich-Fritsche, Angelika: Wie verbindlich sind die Konvergenzkriterien? EWS 1996, 77 ff.

Endler, Jan: Europäische Zentralbank und Preisstabilität. Eine juristische und ökonomische Untersuchung der institutionellen Vorkehrungen des Vertrages von Maastricht zur Gewährleistung der Preisstabilität, Stuttgart [u.a.] 1998

Engel, Christoph/*Morlok*, Martin (Hrsg.): Öffentliches Recht als ein Gegenstand ökonomischer Forschung, Tübingen 1998

Europäische Kommission: Ein Markt, eine Währung, in: Europäische Wirtschaft Nr. 44, Oktober 1990, Brüssel 1990, S. 3 ff.

- Fortschritte bei der Konvergenz im Wirtschafts- und Währungsbereich und bei der Umsetzung der gemeinschaftlichen Rechtsvorschriften über den Binnenmarkt, in: Europäische Wirtschaft Nr. 55, Brüssel 1993, S. 47 ff.

- Public Finance in EMU, European Economy 3/2001, Brüssel 2001

- Public Finance in EMU, European Economy 3/2002, Brüssel 2002

Europäische Zentralbank: Monatsbericht Januar 1999, Frankfurt am Main 1999

- Monatsbericht August 2001, Frankfurt am Main 2001

- Monatsbericht April 2002, Frankfurt am Main 2002

Europäisches Währungsinstitut, Konvergenzbericht, März 1998, Frankfurt am Main 1998

Eurostat: Konten und Statistiken des Staates 1980-1991, Luxemburg 1993

Everling, Ulrich: Sind die Mitgliedstaaten der Europäischen Gemeinschaft noch Herren der Verträge? in: *Bernhardt*, Rudolf/*Geck*, Wilhelm Karl/*Jaenicke*, Günther/*Steinberger*, Helmut (Hrsg.): Völkerrecht als Rechtsordnung, Internationale Gerichtsbarkeit, Menschenrechte, Festschrift für Hermann Mosler, Berlin [u.a.] 1983, S. 173 ff.

- Das Vorabentscheidungsverfahren vor dem Gerichtshof der Europäischen Gemeinschaft, Baden-Baden 1986 (zitiert als: Everling, Vorabentscheidungsverfahren)

Feige, Konrad: Bundesverfassungsgericht und Vorabentscheidungskompetenz des Gerichtshofs der Europäischen Gemeinschaften, AöR 100 (1975), S. 530 ff.

Felderer, Bernhard/*Homburg*, Stefan: Makroökonomik und neue Makroökonomik, 7. Auflage, Berlin [u.a.] 1999

Feldsieper, Manfred: Ein Jahrhundertwerk in Gefahr: Die Europäische Währungsunion, Wirtschaftsdienst 1996, 36 ff.

Fezer, Karl-Heinz: Aspekte einer Rechtskritik an der economic analysis of law und am property rights approach, JZ 1986, 817 ff.

- Nochmals: Kritik an der ökonomischen Analyse des Rechts, JZ 1988, 223 ff.

Flaschel, Peter: Keynesianische Makroökonomik, Heidelberg 1996

Frey, Bruno S./*Kirchgässner*, Gebhard: Demokratische Wirtschaftspolitik, 2. Auflage, München 1994

Friauf, Karl Heinrich: Staatskredit, in: *Isensee*, Josef/*Kirchhof*, Paul (Hrsg.): Handbuch des Staatsrechts, Band IV, 2. Auflage, Heidelberg 1999, § 91, S. 321 ff.

Friedman, Milton/*Patankin*, Don/*Moggridge*, Donald E.: Lord Keynes – Opus und Vita heute, Düsseldorf 1989

Frowein, Jochen Abr. (Hrsg.): Die Kontrolldichte bei der gerichtlichen Überprüfung von Handlungen der Verwaltung, Berlin [u.a.] 1993

Frowein, Jochen Abr.: Das Maastricht-Urteil und die Grenzen der Verfassungsgerichtsbarkeit, ZaöRV 54 (1994), S. 1 ff.

Fuest, Clemens: Stabile fiskalpolitische Institutionen für die Europäische Währungsunion, Wirtschaftsdienst 1993, 539 ff.

Fuhrmann, Wilfried: Zur Bedeutung der Europäischen Währungsunion, in: *Holtmann*, Dieter/*Riemer*, Peter (Hrsg.): Europa: Einheit und Vielfalt – eine interdisziplinäre Betrachtung, Münster 2001, S. 281 ff.

Gäckle, Thomas : Die Weiterentwicklung des Europäischen Währungssystems zur Europäischen Währungsunion – Geld- und budgetpolitische Voraussetzungen, Baden-Baden 1992

Gern, Alfons: Deutsches Kommunalrecht, Baden-Baden 1994

Glaesner, H.-J.: Die Einheitliche Europäische Akte, EuR 1986, 119 ff.

Glomb, Wolfgang: Die Euro-11-Gruppe – Eine europäische Wirtschaftsregierung? in: *Caesar*, Rolf/*Scharrer*, Hans-Eckart (Hrsg.): Ökonomische und politische Dimension der Europäischen Wirtschafts- und Währungsunion, Baden-Baden 1999, S. 57 ff.

Göbel, Heike: Die Etatdisziplin ist noch nicht gesichert, FAZ vom 25.03.2002, S.13.

Götz, Volkmar: Das Maastricht-Urteil des Bundesverfassungsgerichts, JZ 1993, 1081 ff.

- Mehrheitsbeschlüsse des Rates der Europäischen Union, in: *Due*, Ole/*Lutter*, Marcus/*Schwarze*, Jürgen (Hrsg.): Festschrift für Ulrich Everling, Band 1, Baden-Baden 1995, S. 339 ff.

Gold, Joseph: The sanctions of the International Monetary Fund, AJIL Bd. 66 (1972), S. 737 ff.

von der Groeben, Hans/*Thiesing*, Jochen/*Ehlermann*, Claus Dieter (Hrsg.): Kommentar zum EWG-Vertrag, Band 2, Artikel 85 – 109, 4. Auflage, Baden-Baden 1991 (zitiert: Bearbeiter, in: GTE (4. Auflage))

- Kommentar zum EWG-Vertrag, Band 3, Artikel 110 – 188, 4. Auflage, Baden-Baden 1991 (zitiert: Bearbeiter, in: GTE (4. Auflage))
- Kommentar zum EWG-Vertrag, Band 4, Artikel 189 – 248, 4. Auflage, Baden-Baden 1991 (zitiert: Bearbeiter, in: GTE (4. Auflage))
- Kommentar zum EU-/EG-Vertrag, Band 3, Artikel 102a – 136a EGV, 5. Auflage, Baden-Baden 1999 (zitiert: Bearbeiter, in: GTE (5. Auflage))

- Kommentar zum EU-/EG-Vertrag, Band 4, Artikel 137 – 209a EGV, 5. Auflage, Baden-Baden 1997 (zitiert: Bearbeiter, in: GTE (5. Auflage))

Grabitz, Eberhard: Die Rechtsetzungsbefugnisse von Bund und Ländern bei der Durchführung von Gemeinschaftsrecht, AöR 111 (1986), S. 1 ff.

Grabitz, Eberhard/*Hilf*, Meinhard (Hrsg.): Das Recht der Europäischen Union, Kommentar, Loseblattsammlung, Band 1, München 2002 (zitiert: Bearbeiter, in: Grabitz/Hilf)

Graf Vitzthum, Wolfgang (Hrsg.): Völkerrecht, 2. Auflage, Berlin 2001 (zitiert: Bearbeiter, in: Graf Vitzthum)

Gros, Daniel: Zur Sicherung der Währungsunion vor exzessiven Defiziten. Ein Reformvorschlag zum „Verfahren bei einem übermäßigen Defizit", in *Gebauer*, Wolfgang (Hrsg.): Geld und Währung. Working Paper Nr. 43, Frankfurt am Main 1995

Gruber, Torsten/*Ohr*, Renate: Der britische Weg zur Währungsunion – ein konstruktives „opting later", Wirtschaftsdienst 1997, 728 ff.

Hadeler, Thorsten (Hrsg.): Gabler Wirtschaftslexikon, 15. Auflage, Wiesbaden 2000

Häde, Ulrich: Die Europäische Wirtschafts- und Währungsunion, EuZW 1992, 171 ff.

- Einführung in das Haushaltsverfassungsrecht, JA 1994, 80 ff.
- Ein Stabilitätspakt für Europa? EuZW 1996, 138 ff.
- Gesamtwirtschaftliches Gleichgewicht und europäische Haushaltsdisziplin, JZ 1997, 269 ff.
- Währungsintegration mit abgestufter Geschwindigkeit, Primärrechtliche Grundlagen für das Verhältnis der Mitgliedstaaten innerhalb und außerhalb der Europäischen Wirtschafts- und Währungsunion, in: *Weber*, Albrecht (Hrsg.): Währung und Wirtschaft, Festschrift für Dr. Hugo J. Hahn, Baden-Baden 1997, S. 141 ff.
- Zur Rechtmäßigkeit der Entscheidungen über die Europäische Wirtschafts- und Währungsunion, JZ 1998, 1088 ff.
- Der Vertrag von Nizza und die Wirtschafts- und Währungsunion, EWS 2001, 97 ff.

Häde, Ulrich/*Hartmann*, Uwe: Monetäre Integration in Europa und Privatisierung in Deutschland, EWS 1994, 409 ff.

Hahn, Hugo J.: Währungsrecht, München 1990 (zitiert als Hahn, Währungsrecht)

- Der Vertrag von Maastricht als völkerrechtliche Übereinkunft und Verfassung, Baden-Baden 1992 (zitiert als Hahn, Vertrag von Maastricht)

- Der Stabilitätspakt für die Europäische Währungsunion, JZ 1997, 1133 ff.
- The stability pact for European Monetary Union: Compliance with deficit limit as a constant legal Duty, CML Rev. 1998, 77 ff.

Hahn, Hugo J./*Häde*, Ulrich: Europa im Wartestand: Bemerkungen zur Währungsunion, in: *Due*, Ole/*Lutter*, Marcus/*Schwarze*, Jürgen (Hrsg.):Festschrift für Ulrich Everling, Band 1, Baden-Baden 1995, S. 381 ff.

Hailbronner, Kay/*Klein*, Eckart/*Magiera*, Siegfried/*Müller-Graff*, Peter-Christian: Handkommentar zum Vertrag über die Europäische Union (EUV/EGV), Loseblatt Stand 1999, Köln [u.a.] 1998 (zitiert als: Bearbeiter, in: Hailbronner/Klein/Magiera/Müller-Graff)

Hancké, Bob/*Schelkle*, Waltraud: Flexibilisierung des Stabilitätspakts? ZRP 2003, 28

Harenburg, Jan: Die Rechtsdogmatik zwischen Wissenschaft und Praxis, Stuttgart 1986

Harris, David J.: Cases and materials on international law, 5. Auflage, London 1998

Hartmann, Uwe: Öffentliche Finanzpolitik in der EU – Rechtlicher Rahmen und dessen Diskussion im Vorfeld der Regierungskonferenz 1996, EuZW 1996, 133 ff.

- Europäische Union und Budgetautonomie der deutschen Länder, Diss., Baden-Baden 1994

Hasse, Rolf H.: Alternativen zum Stabilitätspakt von Dublin, Wirtschaftsdienst 1997, 15 ff.

- Verknüpfung von politischer Union und WWU oder wieviel politische Union braucht eine EWU? Hamburg 1997 (zitiert als Hasse, Verknüpfung)

Hatje, Armin: Die institutionelle Reform der Europäischen Union – der Vertrag von Nizza auf dem Prüfstand, EuR 2001, 143 ff.

Hefeker, Carsten: Geschädigter Stabilitätspakt, Wirtschaftsdienst 2002, 64

- Credible At Last? Reforming the Stability Pact, Intereconomics 2003, 15 ff.

Heinemann, Friedrich: Bailout- und Bonitätseffekte in der Wirtschafts- und Währungsunion, ZWS 115 (1995), S. 605 ff.

- Die Finanzverfassung und Kompetenzausstattung der Europäischen Union nach Maastricht: Eine finanzwissenschaftliche Soll-Ist-Analyse, Diss., Baden-Baden 1995 (zitiert als: Heinemann, Finanzverfassung)

Hellermann, Johannes: Die Europäische Wirtschafts- und Währungsunion als Stabilitätsgemeinschaft und der nationale Stabilitätspakt in der bundesstaatlichen Solidargemeinschaft, EuR 2000, 24 ff.

Henseler, Paul: Verfassungsrechtliche Aspekte zukunftsbelastender Parlamentsentscheidungen, AöR 108 (1983), S. 489 ff.

Herberger, Maximilian: Dogmatik: Zur Geschichte von Begriff und Methode in Medizin und Jurisprudenz, Frankfurt am Main 1981

Herdegen, Matthias: Die Belastbarkeit des Verfassungsgefüges auf dem Weg zur Europäischen Union, EuGRZ 1992, 589 ff.

- Völkerrecht, München 2000

- Europarecht, 5. Auflage, München 2003

Herdegen, Matthias/*Richter*, Stefan: Die Rechtslage in den Europäischen Gemeinschaften, in: *Frowein*, Jochen Abr. (Hrsg.): Die Kontrolldichte bei der gerichtlichen Überprüfung von Handlungen der Verwaltung, Berlin [u.a.] 1993, S. 209 ff.

Höfling, Wolfram: Staatsschuldenrecht, Heidelberg 1993

- Haushaltsdisziplinierung der Länder durch Bundesrecht? ZRP 1997, 231 ff.

- Ökonomische Theorie der Staatsverschuldung in rechtswissenschaftlicher Perspektive, in: *Engel*, Christoph/*Morlok*, Martin (Hrsg.): Öffentliches Recht als ein Gegenstand ökonomischer Forschung, Tübingen 1998, S. 85 ff.

Holtmann, Dieter/*Riemer*, Peter (Hrsg.): Europa: Einheit und Vielfalt – eine interdisziplinäre Betrachtung, Münster 2001

Holzheu, Franz: Probleme deutscher und europäischer Integration, Finanzarchiv 50 (1993), S. 257 ff.

Horn, Norbert: Währungsunion als Instrument der Integration? in: *Immenga*, Ulrich/*Möschel*, Wernhard/*Reuter*, Dieter (Hrsg.): Festschrift für Ernst-Joachim Mestmäcker, Baden-Baden 1996, S. 381 ff.

Horstmann, Winfried/*Schneider*, Friedrich: Deficits, Bailout and Free Riders: Fiscal Elements of a European Constitution, Kyklos 1994, 355 ff.

Hummer, Waldemar/*Obwexer*, Walter: Die Wahrung der "Verfassungsgrundsätze" der EU, EuZW 2000, 485 ff.

- Die Verhängung der „EU-Sanktionen" und der mögliche Ausstieg aus ihnen, ZÖR 2000, 269 ff.

Internationaler Währungsfonds: Is Fiscal Policy Coordination in EMU Desirable? IMF Working Paper WP/01/178

Ipsen, Hans Peter: Als Bundesstaat in der Gemeinschaft, in: *von Caemmerer*, Ernst/*Schlochauer*, Hans-Jürgen/*Steindorff*, Ernst (Hrsg.): Probleme des europäischen Rechts, Festschrift für Walter Hallstein zu seinem 65. Geburtstag, Frankfurt am Main 1966, S. 248 ff.

- Europäisches Gemeinschaftsrecht, Tübingen 1972

- Zehn Glossen zum Maastricht-Urteil, EuR 1994, 1 ff.

Ipsen, Knut: Völkerrecht, 4. Auflage, München 1999 (zitiert als Bearbeiter, in: Ipsen, Völkerrecht)

Isensee, Josef: Schuldenbarriere für Legislative und Exekutive – Zu Reichweite und Inhalt der Kreditkautelen des Grundgesetzes, in: *Wendt*, Rudolf/*Höfling*, Wolfram/*Karpen*, Ulrich/*Oldiges*, Martin (Hrsg.): Staat Wirtschaft Steuern – Festschrift für Karl Heinrich Friauf zum 65. Geburtstag, Heidelberg 1996, S. 705 ff.

Issing, Otmar: Europa auf dem Wege zur Währungsunion – Chancen und Risiken, Vortrag vor der Hochschule für Verwaltungswissenschaften Speyer, Heft 33, Speyer 1996

- Einführung in die Geldpolitik, 6. Auflage, München 1996

- Staatsverschuldung als Generationenproblem, in: *Immenga*, Ulrich/*Möschel*, Wernhard/*Reuter*, Dieter (Hrsg.), Festschrift für Ernst-Joachim Mestmäcker, Baden-Baden 1996, S. 191 ff.

- Europe: Common Money – Political Union? Frankfurt am Main 1999

Jakob, Carin Thinam: Sanktionen gegen vertragsbrüchige Mitgliedstaaten der Europäischen Gemeinschaft (EWG), Diss., Berlin 1988

Jarass, Hans D./*Pieroth*, Bodo (Hrsg.): Grundgesetz für die Bundesrepublik Deutschland, 6. Auflage, München 2002 (zitiert als: Bearbeiter, in: Jarass/Pieroth)

Joffe, Josef: Der Euro: Ein Zug führt auf dem falschen Gleis, in: *Jörges*, Hans-Ulrich (Hrsg.): Der Kampf um den Euro – Wie riskant ist die Währungsunion? Hamburg 1998, S. 201 ff.

Josten, Stefan Dietrich: Nationale Schuldenpolitik in der EWU, Wirtschaftsdienst 2002, 219 ff.

Kaplov, Louis/*Shavell*, Steven: Economic Analysis of Law, in: *Auerbach*, Alan J./*Feldstein*, Martin (Hrsg.): Handbook of Public Economics, Band 3, Amsterdam [u.a.] 2002, S. 1661 ff.

Kapteyn, Paul Joan George/*VerLoren van Themaat*, Pieter/*Gormley*, Laurence W. (Hrsg.): Introduction to the Law of the European Communities, 3. Auflage, London [u.a.] 1998 (zitiert als: Kapteyn)

Kerber, Markus C.: Die Umsetzung des europäischen Stabilitätspaktes, in: Europäisches Zentrum für Staatswissenschaften und Staatspraxis (Hrsg.):Diskussionspapiere zu Staat und Wirtschaft Nr. 38/2002, Berlin 2002 (zitiert als Kerber, Umsetzung)

- Finanznotstand in Berlin: Staatsbankrott oder *fin de régime*? Die deutsche Hauptstadt in der institutionellen Ausnahmesituation, Diskussionspapier TU-Berlin, Berlin 2002 (zitiert als Kerber, Finanznotstand)

Keynes, John Maynard: The General Theory of Employment, Interest and Money, London 1936

Kilb, Wolfgang: Das Euro-Bargeld ist da, EuZW 2002, 5 ff.

Kimminich, Otto: Der Bundesstaat, in: *Isensee*, Josef/*Kirchhof*, Paul (Hrsg.): Handbuch des Staatsrechts, Band I, Heidelberg 1987, S. 1113 ff.

Kimminich, Otto/*Hobe*, Stephan: Einführung in das Völkerrecht, 7. Auflage, Tübingen, Basel 2000

Kirchgässner, Gebhard: The effects of fiscal institutions on public finance: A survey of the empirical evidence, CESifo Working Paper No. 617, München 2001

- Führt der homo oeconomicus das Recht in die Irre? JZ 1991, 104 ff.

Kirchhof, Paul: Staatliche Einnahmen, in: *Isensee*, Josef/*Kirchhof*, Paul (Hrsg.): Handbuch des Staatsrechts, Band IV, 2. Auflage, Heidelberg 1999, § 88, S. 87 ff.

- Die Mitwirkung Deutschlands an der Wirtschafts- und Währungsunion, in: *Kirchhof*, Paul/*Offerhaus*, Klaus/*Schöberle*, Horst (Hrsg.): Steuerrecht. Verfassungsrecht. Finanzpolitik, Festschrift für Franz Klein, Köln 1994, S. 61 ff.

Kisker, Gunter: Staatshaushalt, in: *Isensee*, Josef/*Kirchhof*, Paul (Hrsg.): Handbuch des Staatsrechts, Band IV, 2. Auflage, Heidelberg 1999, § 89, S. 235 ff.

Klein, Eckart: Zur Beschränkung von Mitgliedsrechten in den Vereinten Nationen, Vereinte Nationen 1975, 51 ff.

- Statusverträge im Völkerrecht, Berlin [u.a.] 1980

- Zulässigkeit von Wirtschaftssanktionen der EWG gegen ihre Mitgliedstaaten, RIW 1985, 291 ff.

- Unmittelbare Geltung, Anwendbarkeit und Wirkung von europäischem Gemeinschaftsrecht, Saarbrücken 1988

- Der Verfassungsstaat als Glied einer europäischen Gemeinschaft, VVDStRl 50 (1991), S. 56 ff.

- Sanctions by International Organizations and Economic Communities, AVR 30 (1992), S. 101 ff.

- Auf dem Weg zum "europäischen Staat"? in: *Holtmann*, Dieter/*Riemer*, Peter (Hrsg.): Europa: Einheit und Vielfalt – eine interdisziplinäre Betrachtung, Münster 2001, S. 261 ff.

Klein, Eckart/*Haratsch*, Andreas: Neuere Entwicklungen des Rechts der Europäischen Gemeinschaften, 1. Teil, DÖV 1993, 785 ff.

Kloepfer, Michael: Globalsteuerung und Grundgesetz, Jura 1979, 13 ff.

Kloepfer, Michael/*Rossi*, Matthias: Die Verschuldung der Bundesländer im Verfassungs- und Gemeinschaftsrecht, in: Europäisches Zentrum für Staatswissenschaften und Staatspraxis (Hrsg.): Diskussionspapiere zu Staat und Wirtschaft Nr. 39/2002

Kloten, Norbert: Der „Delors-Bericht", Europa-Archiv 44 (1989), S. 251 ff.

Knemeyer, Franz-Ludwig (Hrsg.): Die Politik der dritten Ebene, Baden-Baden 1994

Koboldt, Christian/*Lederer*, Matthias/*Schmidtchen*, Dieter: Ökonomische Analyse des Rechts, in: *Berthold*, Norbert (Hrsg.): Allgemeine Wirtschaftstheorie, München 1995, S. 355 ff.

Köhler, Claus: Vertragliche Grundlagen der Europäischen Wirtschafts- und Währungsunion, Berlin 1999

Koenig, Christian/*Pechstein*, Matthias: Die Europäische Union, Tübingen 1995

Koenig, Christian/*Sander*, Claude: Einführung in das EG-Prozessrecht, Tübingen 1997

Koenig, Christian/*Haratsch*, Andreas: Europarecht, 4. Auflage, Tübingen 2003 (zitiert als Koenig/Haratsch)

Kommission der Europäischen Gemeinschaften: Ein Markt, eine Währung. Potentielle Nutzen und Kosten der Errichtung einer Wirtschafts- und Währungsunion – ein Bewertung, in: Europäische Wirtschaft Nr. 44 (1990), S. 118 ff.

Konow, Christian: Der Stabilitäts- und Wachstumspakt. Ein Rechtsrahmen für Stabilität in der Wirtschafts- und Währungsunion, Diss., Baden-Baden 2002

Korioth, Stefan: Finanzausgleich zwischen Bund und Ländern, Tübingen 1997

Kort, Michael: Zur europarechtlichen Zulässigkeit von Abkommen der Mitgliedstaaten untereinander, JZ 1997, 640 ff.

Kortz, Helge: Die Entscheidung über den Übergang in die Endstufe der Wirtschafts- und Währungsunion, Diss., Baden-Baden 1996 (zitiert als: Kortz, Entscheidung)

- Der Termin des 1. Januar 1999 – Zielvorgabe oder Automatismus für den Beginn der Endstufe der Europäischen Wirtschafts- und Währungsunion, EuR 1996, 80 ff.

- Die Konvergenzkriterien des EGV, RIW 1997, 357 ff.

Krägenau, Henry/*Wetter*, Wolfgang : Europäische Wirtschafts- und Währungsunion, Baden-Baden 1991

Krause-Junk, Gerold: Abriss der Theorie von den öffentlichen Gütern, in: *Andel*, Norbert/*Holler*, Heinz/*Neumark*, Fritz (Hrsg.): Handbuch der Finanzwissenschaft, Band 1, Tübingen 1977, S. 688 ff.

Kübler, Friedrich: Effizienz als Rechtsprinzip, in: *Baur*, Jürgen F./*Hopt*, Klaus J./*Mailänder*, K. Peter (Hrsg.): Festschrift für Ernst Steindorff zum 70. Geburtstag am 13. März 1990, Berlin 1990, S. 687 ff.

Lamfalussy, Alexandre: Macro-Coordination of fiscal policies in an economic and monetary union in Europe, in: Committee for the study of economic and monetary union (Hrsg.): Report on economic and monetary union in the European Community, Luxemburg 1989, S. 91 ff.

Larenz, Karl: Methodenlehre der Rechtswissenschaft, 6. Auflage, Berlin [u.a.] 1991

Larenz, Karl/*Canaris*, Claus-Wilhelm: Methodenlehre der Rechtswissenschaft, 3. Auflage, Heidelberg 1995

Laubadère, André/*Venezia*, Jean-Claude/*Gaudement*, Yves: Droit Administratif, Band 1, 13. Auflage, Paris 1994

Lavrov, Dmitri Georges : Le droit constitutionnel de la Ve République, Paris 1995

Le Monde: Berlin évite un blâme de la Commission pour son déficit, 13. Februar 2002, S.6

Leben, Charles : Les sanctions privatives de droit ou de qualité dans les organisations specialisées, Brüssel 1979

Leidenmühler, Franz: Zur Legalität der Maßnahmen gegen die österreichische Bundesregierung. Rechtsfragen aus Anlass der internationalen Reaktionen auf die Regierungsbildung eines Mitgliedstaates der EU, ZÖR 2000, 298 ff.

Lenz, Carl Otto: Der Vertrag von Maastricht nach dem Urteil des Bundesverfassungsgerichts, NJW 1993, 3038 f.

Lenz, Carl Otto/Borchardt, Klaus-Dieter (Hrsg.): EG-Vertrag: Kommentar zu dem Vertrag zur Gründung der Europäischen Gemeinschaften, 3. Auflage, Köln 2003 (zitiert als: Bearbeiter, in: Lenz/Borchardt)

Liebscher, Klaus: Stabilitätsauftrag und Zentralbankunabhängigkeit, in: *Simmert*, Diethard B./*Welteke*, Ernst (Hrsg.): Die Europäische Zentralbank, Stuttgart 1999, S. 71 ff.

Littwin, Frank: Umsetzung der Konvergenzkriterien nach Art. 104 c I EGV im Bund-Länder-Verhältnis unter besonderer Berücksichtigung des Art. 109 GG, ZRP 1997, 325 ff.

Louis, Jean-Victor : Union économique et monétaire. Cohésion économique et sociale. Politique industrielle et technologique européenne, in : *Waelbroeck*, Michel/*Louis*, Jean-Victor/*Vignes*, Daniel/*Dewost*, Jean-Louis/*Vandersanden*, Georges (Hrsg.): Commentaire Mégret, Le droit de la CEE, Band 6, 2. Auflage, Brüssel 1995 *von Mangoldt*, Hermann/*Klein*, Friedrich/*Starck*, Christian (Hrsg.): Das Bonner Grundgesetz, Band 3: Artikel 79-146, 4. Auflage, München 2001 (zitiert als Bearbeiter, in: von Mangodt/Klein/Starck)

Marschik, Axel: Subsysteme im Völkerrecht – Ist die Europäische Union ein „Self-Contained-Regime"? Diss., Berlin 1997

Martenczuk, Bernd: Der Europäische Rat und die Wirtschafts- und Währungsunion, EuR 1998, 151 ff.

Martinez, Jean-Claude/*di Malta*, Pierre: Droit budgétaire, 3. Auflage, Paris 1999

Maunz, Theodor : Staatlichkeit und Verfassungshoheit der Länder, in : *Isensee*, Josef/*Kirchhof*, Paul (Hrsg.): Handbuch des Staatsrechts, Band IV, 2. Auflage, Heidelberg 1999, § 94, S. 427 ff.

Maunz, Theodor/*Dürig*, Günter (Hrsg.): Grundgesetz, Kommentar, Band IV Art. 91a-146, München 1991 (zitiert als: Bearbeiter, in: Maunz/Dürig)

\- Grundgesetz, Kommentar, Loseblattsammlung, München, Stand 1998 (zitiert als: Bearbeiter, in: Maunz/Dürig Loseblatt)

Maurer, Hartmut : Allgemeines Verwaltungsrecht, 14. Auflage, München 2002

Mayer, Jürgen: Flexibilisierung des Stabilitätspakts? ZRP 2003, 28

Mecking, Christoph: Sanktionen als Mittel zur Durchsetzung des Gemeinschaftsrechts, EuR 1995, 141 ff.

Mehde, Veith: Gesetzgebungskompetenz des Bundes zur Aufteilung der Verschuldungsgrenzen des Vertrages von Maastricht, DÖV 1997, 616 ff.

Meier, Gert: Die Europäische Union als Stabilitätsgemeinschaft und das Grundgesetz, NJW 1996, 1027 ff.

Meng, Werner: Das Recht der internationalen Organisationen, eine Entwicklungsstufe des Völkerrechts: zugleich eine Untersuchung zur Rechtsnatur des Rechtes der Europäischen Gemeinschaften, Baden-Baden 1979

Menschning, Christian: Der neue Komitologie-Beschluss des Rates, EuZW 2000, 268 ff.

Meyer-Cording, Ulrich: Kann der Jurist heute noch Dogmatiker sein? Tübingen 1973

Möckelmann, Reiner: EMU: An Engine of Integration? in: *Caesar*, Rolf/*Scharrer*, Hans-Eckart (Hrsg.): European Economic and Monetary Union: regional and global challenges, Baden-Baden 2001, S. 475 ff.

Mögele, Rudolf: Neuere Entwicklungen im Recht der Europäischen Gemeinschaften, BayVBl. 1993, 129 ff.

Möller, Alex (Hrsg.): Kommentar zum Gesetz zur Förderung der Stabilität und des Wachstums der Wirtschaft, 2. Auflage, Hannover 1969

Möschel, Wernhard: An der Schwelle zur Europäischen Währungsunion, JZ 1998, 217 ff.

Mombaur, Peter Michael: Bundeszwang und Bundestreue, Diss., Köln 1964

Müller, Christa: Streng, aber rational, in: Die Zeit vom 22.12.1995, S. 20 f.

Müller, Lothar: Verfassungsrechtliche Fußnoten zum Maastricht-Vertrag über eine Wirtschafts- und Währungsunion, DVBl. 1992, 1249 ff.

von Münch, Ingo/*Kunig*, Philip: Grundgesetz-Kommentar, Band 2 (Art. 21 bis 69), 3. Auflage, München 1995 (zitiert als: Bearbeiter, in: von Münch/Kunig II)

- Grundgesetz-Kommentar Band 3 (Art. 70-146), 3. Auflage, München 1996 (zitiert als: Bearbeiter, in: von Münch/Kunig III)

Murswiek, Dietrich: Maastricht und der Pouvoir Constituant, Der Staat 1993, S. 161 ff.

Musgrave, Richard Abel: Finanztheorie, 2. Auflage, Tübingen 1969

von Mutius, Albert: Kommunalrecht, München 1996

Nicolaysen, Gert: Europarecht I, 2. Auflage, Baden-Baden 2002

- Rechtsfragen der Währungsunion, Berlin, New York 1993
- Europarecht II, Baden-Baden 1996

Ohne Verfasser: EU: Der Instabilitätspakt, Das Wirtschaftsstudium 2002, 1004

Ohr, Renate: Eine Alternative zum Maastricht-Fahrplan, Wirtschaftsdienst 1996, 24 ff.

- Internationale Währungsbeziehungen, Frankfurt am Main 2001 (zitiert als Ohr, Währungsbeziehungen)

Oldenhage, Gerd: Die Reaktionsmaßnahmen internationaler Organisationen gegen Pflichtverletzungen ihrer Mitgliedstaaten (Rechtscharakter, Rechtsformen, Rechtsprobleme), Diss., Göttingen 1963

Ongena, Hedwig: La surveillance budgétaire après le pacte de stabilité et de croissance, RFFP 1999, 57 ff.

Ophüls, Carl Friedrich: Quellen und Aufbau des Europäischen Gemeinschaftsrechts, NJW 1963, 1697/1698

- Die Mehrheitsbeschlüsse der Räte in den Europäischen Gemeinschaften, EuR 1966, 193 ff.

Oppermann, Thomas: Europarecht, 2. Auflage, München 1999

Ortwein, Edmund: Das Bundeskartellamt, Diss., Baden-Baden 1997

Ott, Claus/*Schäfer*, Hans-Bernd: Die ökonomische Analyse des Rechts - Irrweg oder Chance wissenschaftlicher Rechtserkenntnis? JZ 1988, 213 ff.

Pache, Eckhard: Zur Sanktionskompetenz der Europäischen Wirtschaftsgemeinschaft, EuR 1993, 173 ff.

Pactet, Pierre: Institutions politiques, Droit constitutionnel, 17. Auflage, Paris 1998

Palm, Ulrich: Preisstabilität in der Europäischen Wirtschafts- und Währungsunion. Eine rechtliche Untersuchung des stabilitätssichernden Instrumentariums insbesondere im Hinblick auf die Disziplinierung der mitgliedstaatlichen Haushaltspolitik, Diss., Baden-Baden 1999

Palm, Ulrich: Der Bruch des Stabilitäts- und Wachstumspakts, EuZW 2004, 71 ff.

Passalacqua, Valeria: Rechtliche und politische Probleme des Stabilitätspakts, Mag., Baden-Baden 2000

Pawlowski, Hans-Martin: Methodenlehre für Juristen, 3. Auflage, Heidelberg 1999

Pechstein, Matthias/*Koenig*, Christian: Die Europäische Union, 3. Auflage, Tübingen 2000

Peffekoven, Rolf: Zur Neuordnung des Länderfinanzausgleichs, Finanzarchiv NF 45 (1987), S. 181 ff.

- Reform des Finanzausgleichs – Eine vertane Chance, Finanzarchiv NF 51 (1994), S. 281 ff.

Pescatore, Pierre: Die „Einheitliche Europäische Akte". Eine ernste Gefahr für den Gemeinsamen Markt, EuR 1986, 153 ff.

- L'Ordre juridique des Communautés Européennes, 2. Auflage, Lüttich 1975 (zitiert als: Pescatore, L'ordre juridique)

- Die Rechtsprechung des EuGH zur innergemeinschaftlichen Wirkung völkerrechtlicher Abkommen, in : *Bernhardt*, Rudolf/*Geck*, Wilhelm Karl/*Jaenicke*, Günther/*Steinberger*, Helmut (Hrsg.): Völkerrecht als Rechtsordnung, Internationale Gerichtsbarkeit, Menschenrechte, Festschrift für Hermann Mosler, Berlin [u.a.] 1983, S. 661 ff.

Peters, Michaela: Die Konkretisierung des Art. 104 EG durch den Stabilitäts- und Wachstumspakt und dessen Vereinbarkeit mit dem EG-Vertrag, Diss., Bonn 2002

Peters, Torsten: Reform der EU-Abstimmungsverfahren, in: *Streit*, Manfred E./*Voigt*, Stefan (Hrsg.): Europa reformieren, Baden-Baden 1996, S. 85 ff.

Philip, Loic: Les fondements constitutionnels des finances publiques, Paris 1995

Pipkorn, Jörn : Der rechtliche Rahmen der Wirtschafts- und Währungsunion, EuR 1994, Beiheft 1, S. 85 ff.

Posner, Richard A.: Economic Analysis of Law, 4. Auflage, Boston 1992

Pühs, Wolfgang: Der Vollzug von Gemeinschaftsrecht: Formen und Grenzen eines effektiven Gemeinschaftsvollzugs und Überlegungen zu seiner Effektuierung, Diss., Berlin 1996

Püttner, Günter: Staatsverschuldung als Rechtsproblem. Ein verfassungsrechtliches Plädoyer gegen die Kreditfinanzierung der öffentlichen Haushalte, Berlin 1980

Quaritsch, Helmut: Souveränität. Entstehung und Entwicklung des Begriffs in Frankreich und Deutschland vom 13. Jh. bis 1806, Berlin 1986

Reimann, Winfried: Die Wirtschafts- und Währungsunion – ein Quelle künftiger Konflikte, in: *Caesar*, Rolf/*Scharrer* , Hans-Eckart (Hrsg.): Ökonomische und politische Dimension der Europäischen Wirtschafts- und Währungsunion, Baden-Baden 1999, S. 209 ff.

Rengeling, Hans-Werner: Gesetzgebungszuständigkeit, in: *Isensee*, Josef/*Kirchhof*, Paul (Hrsg.): Handbuch des Staatsrechts, Band IV, 2. Auflage, Heidelberg 1999, § 100, S. 723 ff.

Reupke, Markus: Die Wirtschafts- und Währungsunion, Oldenburg 2000

Reuter, Norbert: Institutionalismus, Neo-Institutionalismus, Neue Institutionelle Ökonomie und andere „Institutionalismen". Eine Differenzierung konträrer Konzepte, ZWS 114 (1994), S. 5 ff.

Reuter, Paul: Sur quelques limites du droit des organisations internationales, in: *Diez*, Emanuel/*Monnier*, Jean/*Müller*, Jörg P./*Reimann*, Heinrich/*Wildhaber*, Luzius (Hrsg.) : Festschrift für Rudolf Bindschedler, Bern 1980, S. 491 ff.

Richter, Rudolf: Europäische Währungsunion – Institutionenökonomisch gesehen, Kredit und Kapital 1999, 159 ff.

- Sichtweise und Fragestellungen der neuen Institutionenökonomik, ZWS 110 (1990), S. 571 ff.

Richter, Rudolf/*Bindseil*, Ulrich: Institutionenökonomik, in: Berthold, Norbert (Hrsg.): Allgemeine Wirtschaftstheorie, München 1995, S. 317 ff.

Richter, Rudolf/*Furubotn*, Eirik G.: Neue Institutionenökonomik, 2. Auflage, Tübingen 1999

Riphagen, M. Willem: Rapport préliminaire sur le contenu, les formes et les degrés de la responsabilité internationale, Annuaire CDI 1980 II 1 S. 105 ff.

- 2. Bericht: Annuaire CDI 1981 II 1 S. 81 ff.

- 3. Bericht: Annuaire CDI 1982 II 1 S. 25 ff.

- 4. Bericht: Annuaire CDI 1983 II 1 S. 3 ff.

- 5. Bericht: Annuaire CDI 1984 II 1 S. 1 ff.
- 6. Bericht: Annuaire CDI 1985 II 1 S. 3 ff.
- 7. Bericht: Annuaire CDI 1986 II 1 S. 1 ff.

Rivero, Jean/*Waline*, Jean: Droit Administratif, 18. Auflage, Paris 2000

Rousseau, Charles: Droit International Public, Paris 1953

Roth, Wulf-Henning: Der rechtliche Rahmen der Wirtschafts- und Währungsunion, EuR 1994, Beiheft 1, S. 45 ff.

Rudolf, Walter: Völkerrecht und deutsches Recht, Tübingen 1967

Ruzié, David: Organisations Internationales et sanctions Internationales, Paris 1971

Sachs, Michael (Hrsg.): Grundgesetz Kommentar, 2. Auflage, München 1999 (zitiert als: Bearbeiter, in: Sachs)

- Grundgesetz Kommentar, 3. Auflage, München 2003 (zitiert als: Bearbeiter, in: Sachs (3. Auflage))

Sachverständigenrat zur Begutachtung der gesamtwirtschaftlichen Entwicklung: Im Standortwettbewerb – Jahresgutachten 1995/1996, Stuttgart 1995

- Reformen voranbringen – Jahresgutachten 1996/1997, Stuttgart 1996

Sannwald, Rüdiger: Die Reform der Finanzverfassung, ZRP 1993, 103 ff.

Scelle, Georges: Les sanctions internationales. Trois opinions de juristes, Paris 1936

Schäfer, Wolf: Währungen und Wechselkurse, Würzburg, Wien 1981

Schäfer, Hans-Bernd/*Ott*, Claus: Lehrbuch der ökonomischen Analyse des Zivilrechts, 3. Auflage, Heidelberg 2000

Schäffer, Heinz: Konsultationsmechanismus und innerstaatlicher Stabilitätspakt, ZÖR 2001, 145 ff.

Schemmel, Lothar: Defizitbegrenzung im Bundesstaat, Umsetzung des europäischen Stabilitätspakts bei Bund und Ländern; in: Karl-Bräuer-Institut des Bundes der Steuerzahler (Hrsg.), Heft 85, Wiesbaden 1997

Schermers, Henry G./*Blokker*, Niels M.: International Institutional Law, 3. Auflage, Den Haag 1995

Schieritz, Mark: Höhere Defizite könnten Euro beflügeln, FTD 21.10.2002 S. 18

Schlesinger, Helmut/*Weber*, Manfred/*Ziebarth*, Gerhard: Staatsverschuldung – ohne Ende? Zur Rationalität und Problematik des öffentlichen Kredits, Darmstadt 1993

Schmahl, Stefanie: Die Reaktionen auf den Einzug der Freiheitlichen Partei Österreichs in das österreichische Regierungskabinett - eine europa- und völkerrechtliche Analyse, EuR 2000, 819 ff.

Schmidhuber, Peter M.: Geldmarktpolitik und Europäische Währungspolitik, Regensburg 1996

- European Economic and Monetary Union and the Problem of Credibility, in: *Caesar*, Rolf/*Scharrer*, Hans-Eckart (Hrsg.): European Economic and Monetary Union: regional and global challenges, Baden-Baden 2001, S. 203 ff.

Schmidt-Bleibtreu, Bruno/*Klein*, Franz: Kommentar zum Grundgesetz, 9. Auflage, Neuwied, Kriftel 1999 (zitiert als Bearbeiter, in: Schmidt-Bleibtreu/Klein)

Schmoller, Gustav: Grundriß der Allgemeinen Volkswirtschaftslehre, Erster Teil, Unveränderter Nachdruck der Auflage von 1923, Berlin 1978

Schneider, Henning: Wirtschaftssanktionen. Die VN, EG und Bundesrepublik Deutschland als konkurrierende Normgeber beim Erlaß paralleler Wirtschaftssanktionen, Diss., Berlin 1999

Schneider, Hans: Staatsverträge und Verwaltungsabkommen zwischen deutschen Bundesländern, DÖV 1957, 644 ff.

- Verträge zwischen Gliedstaaten im Bundesstaat, VVDStRL 19 (1961), S. 1 ff.

Schorkopf, Frank: Homogenität in der Europäischen Union – Ausgestaltung und Gewährleistung durch Art. 6 Abs.1 und Art.7 EUV, Diss., Berlin 2000

- Verletzt Österreich die Homogenität der Europäischen Union? DVBl. 2000, 1036 ff.

- Die Maßnahmen der 14 EU-Mitgliedstaaten gegen Österreich: Möglichkeiten und Grenzen einer „streitbaren Demokratie“ auf europäischer Ebene, Berlin 2002

Schröder, Jörg: Verschuldungslizenzen als Alternative zum Stabilitäts- und Wachstumspakt, Wirtschaftsdienst 1999, 412 ff.

Schulze-Steinen, Mathias: Rechtsfragen zur Wirtschaftsunion. Möglichkeiten der gemeinschaftlichen Gestaltung mitliedstaatlicher Wirtschaftspolitik nach dem EG-Vertrag, Diss., Baden-Baden 1997/98

Schwartz, Ivo E.: Übereinkommen zwischen den EG-Staaten: Völkerrecht oder Gemeinschaftsrecht? in: *Kroneck*, Friedrich J./*Oppermann*, Thomas (Hrsg.): Im Dienste Deutschlands und des Rechtes, Festschrift für Wilhelm G. Grewe zum 70. Geburtstag am 16. Oktober 1981, Baden-Baden 1981, S. 551 ff.

Schwarze, Jürgen: Das allgemeine Völkerrecht in den innergemeinschaftlichen Rechtsbeziehungen, EuR 1983, 1 ff.

- Europäisches Verwaltungsrecht, Band 1, Baden-Baden 1988

Schwarze, Jürgen (Hrsg.): EU-Kommentar, Baden-Baden 2000 (zitiert als: Bearbeiter, in: Schwarze)

Schwarze, Ulla/*Snelting*, Martin: Der nationale Stabilitätspakt, Wirtschaftsdienst 2002, 272 ff.

Schweitzer, Michael/*Hummer*, Waldemar: Europarecht, 5. Auflage, Frankfurt/Main 1996

Sedemund, Jochim/*Montag*, Franz: Die Entwicklung des Europäischen Gemeinschaftsrechts, NJW 1994, 625 ff.

Seidel, Martin: Verfassungsrechtliche Probleme der WWU, in: *Caesar*, Rolf/*Scharrer*, Hans-Eckart (Hrsg.): Maastricht: Königsweg oder Irrweg zur Wirtschafts- und Währungsunion? Bonn 1994, S. 89 ff.

- Die Verfassung der Europäischen Wirtschafts- und Währungsunion, in: Vorträge, Reden und Berichte aus dem Europainstitut, Saarbrücken 1996 (zitiert als Seidel, Verfassung)

- Die WWU im rechtlichen und politischen Gefüge der EU, in: *Caesar*, Rolf/*Scharrer*, Hans-Eckart (Hrsg.): Ökonomische und politische Dimension der Europäischen Wirtschafts- und Währungsunion, Baden-Baden 1999, S. 215 ff.

Seidl-Hohenveldern, Ignaz/*Loibl*, Gerhard: Das Recht der internationalen Organisationen einschließlich der supranationalen Gemeinschaften, 7. Auflage, Köln [u.a.] 2000

Seidl-Hohenveldern, Ignaz/*Stein*, Torsten: Völkerrecht, 10. Auflage, Köln [u.a.] 2000

Selmayr, Martin: Das Recht der Wirtschafts- und Währungsunion. Erster Band: Die Vergemeinschaftung der Währung, Diss., Baden-Baden 2002

Shearer, Ivan: Starke's International Law, 11. Auflage, London 1994

Siebert, Horst: Stabilitätspakt – Die Geldpolitik in der Währungsunion entpolitisieren, Wirtschaftsdienst 1997, 7 ff.

Siekmann, Helmut: Besprechung von Püttner, Staatsverschuldung als Rechtsproblem, Berlin 1980, Finanzarchiv NF 41 (1983), S. 167 ff.

Simma, Bruno: Self-contained-regimes, NYIL 16 (1985), S. 111 ff.

- Reflections on Article 60 of the Vienna Convention on the Law of Treaties and its Background in General International Law, ÖZöffR 20 (1970), S. 5 ff.

Simons, Heinz-Josef: Reich werden mit Bayern&Co., Wertpapier 21/2002 S. 40 f.

Söllner, Fritz: Die Geschichte des ökonomischen Denkens, Berlin 1999

Solbes, Pedro: The pacts performance and prospects, Central Banking 13 (2002), S. 61 ff.

Stadler, Rainer: Der rechtliche Handlungsspielraum des Europäischen Systems der Zentralbanken, Diss., Baden-Baden 1996

Starck, Christian (Hrsg.): Bundesverfassungsgericht und Grundgesetz, Band 2, Tübingen 1976 (zitiert als: Bearbeiter, in: Starck)

Stasavage, David: Le pacte de stabilité de l'UEM : crédible et efficace ?, Politique Etrangère 1997, 567 ff.

Statistisches Bundesamt: 6 Monate Euro – Eine Zwischenbilanz der amtlichen Preisstatistik, Wiesbaden 2002

Steiger, Heinhard: Zur Struktur der Kontroll- und Durchsetzungsverfahren gegenüber Mitgliedstaaten in Internationalen Organisationen, in: *von Münch*, Ingo (Hrsg.): Staatsrecht, Völkerrecht, Europarecht: Festschrift für Hans-Jürgen Schlochauer, Berlin 1981, S. 649 ff.

Steinberger, Helmut: Sovereignty, in: Bernhardt, Rudolf (Hrsg.): Encyclopedia of Public International Law, Band 10, Amsterdam [u.a.] 1987

Stern, Klaus: Das Staatsrecht der Bundesrepublik Deutschland, Band 1, 2. Auflage, München 1984

- Die Konvergenzkriterien des Vertrages von Maastricht und ihre Umsetzung in der bundesstaatlichen Finanzverfassung, in: *Due*, Ole/*Lutter*, Marcus/*Schwarze*, Jürgen (Hrsg.): Festschrift für Ulrich Everling, Band 2, Baden-Baden 1995, S. 1469 ff.

Stern, Klaus/*Münch,* Paul/*Hansmeyer,* Karl-Heinrich: Gesetz zur Förderung der Stabilität und des Wachstums der Wirtschaft, 2. Auflage, Stuttgart [u.a.] 1972

Steuer, Werner: European Stability and Growth Pact, in: *Caesar*, Rolf/*Scharrer*, Hans-Eckart (Hrsg.) : European Economic and Monetary Union: regional and global challenges, Baden-Baden 2001, S. 99 ff.

Streinz, Rudolf: Das Maastricht-Urteil des BVerfG, EuZW 1994, 329 ff.

- Vollzug des Europäischen Gemeinschaftsrechts, in: *Isensee*, Josef/*Kirchhof*, Paul (Hrsg.): Handbuch des Staatsrechts, Band VII, Heidelberg 1997, S. 817 ff.
- Europarecht, 4. Auflage, Heidelberg 1999 (zitiert als *Streinz*, 4. Auflage)
- Europarecht, 5. Auflage, Heidelberg 2001 (zitiert als *Streinz*)

Streinz, Rudolf/*Ohler*, Christoph/*Herrmann*, Christoph: Totgesagte leben länger – oder doch nicht? NJW 2004, 1553 ff.

Sturm, Michael: Budgetdisziplin in der Europäischen Wirtschafts- und Währungsunion: Ursachen übermäßiger Defizite und Wege zu ihrer Begrenzung, Diss., Frankfurt/Main 1997

- Proposals for a National Stability Pact in Germany, in: *Caesar*, Rolf/*Scharrer*, Hans-Eckart (Hrsg.): European Economic and Monetary Union: regional and global challenges, Baden-Baden 2001, S. 115 ff.

Sutter, Matthias: Der Stabilitäts- und Wachstumspakt in der Europäischen Währungsunion, Diss., Baden-Baden 2000

Tams, Christian J.: All's Well that Ends Well. Comments on the ILC's Articles on State Responsibility, ZaöRV 62 (2002), S. 759 ff.

Tesauro, Guiseppe: Les sanctions pour le non-respect d'une obligation découlant du droit communautaire par les Etats membres, in : *van Gerven*, Walter/*Zuleeg*, Manfred (Hrsg.): Sanktionen als Mittel zur Durchsetzung des Gemeinschaftsrechts, Köln 1996, S. 17 ff.

Theurl, Theresia: Europäische Währungsunion: Konkreter Revisionsbedarf, in: *Streit*, Manfred E./*Voigt*, Stefan (Hrsg.): Europa reformieren, Baden-Baden 1996, S. 147 ff.

Thiel, Elke: Die Wirtschafts- und Währungsunion – ein integrationspolitischer Motor? in: *Caesar*, Rolf/*Scharrer*, Hans-Eckart (Hrsg.): Ökonomische und politische Dimension der Europäischen Wirtschafts- und Währungsunion, Baden-Baden 1999, S. 197 ff.

Tietmeyer, Hans: Die Europäische Wirtschafts- und Währungsunion – Eine deutsche Sicht, Stuttgart [u.a.] 1992

Tilch, Stefan: Europäische Zentralbank und Europäisches System der Zentralbanken, Frankfurt am Main 2000

Timmermans, Christiaan: Executive Agencies within the EC: The European Central Bank – a model?, CML Rev. 1996, 623 ff.

Teske, Horst: Die Sanktion von Vertragsverstößen im Gemeinschaftsrecht, EuR 1992, 265 ff.

Tomuschat, Christian: Die Europäische Union unter der Aufsicht des Bundesverfassungsgerichts, EuGRZ 1993, 489 ff.

- Mitsprache der dritten Ebene in der Europäische Integration: der Ausschuss der Regionen, Bonn 1995

Trautwein, Thomas: Zur Rechtsprechungskompetenz des BVerfG auf dem Gebiet des Europäischen Gemeinschaftsrechts, JuS 1997, 893 ff.

Vanberg, Viktor: Ökonomische Theorie der Staatsverschuldung in rechtswissenschaftlicher Perspektive, in: *Engel*, Christoph/*Morlok*, Martin (Hrsg.): Öffentliches Recht als Gegenstand ökonomischer Forschung, Tübingen 1998

Vaubel, Roland: Kein Pakt für Preisstabilität, Wirtschaftsdienst 1997, 10 ff.

Verdross, Alfred/*Simma*, Bruno: Universelles Völkerrecht, 3. Auflage, Berlin 1984

Vesper, Dieter: Ein nationaler Stabilitätspakt – aber wie? DIW-Wochenbericht 8/2002, S. 121 ff.

Viebig, Jan : Der Vertrag von Maastricht, Stuttgart 1999

Vogel, Hans-Jochen: Die bundesstaatliche Ordnung des Grundgesetzes, in: *Benda*, Ernst/*Maihofer*, Werner/*Vogel*, Hans-Jochen (Hrsg.): Handbuch des Verfassungsrechts, 2. Auflage, Berlin, New York 1994, § 22, S. 1041 ff.

Waelbroeck, Michel/*Waelbroeck*, Denis/*Vandersanden*, Georges: La Cour de Justice, Les actes des institutions, in: *Waelbroeck*, Michel/*Louis*, Jean-Victor/*Vignes*, Daniel/*Dewost*, Jean-Louis/*Vandersanden*, Georges (Hrsg.): Commentaire Mégret, Le droit de la CEE, Band 10: La Cour de Justice, Les actes des institutions, 2. Auflage, Brüssel 1993

Walter, Robert/*Mayer*, Heinz: Grundriss des österreichischen Bundesverfassungsrechts, 9. Auflage, Wien 2000

Wagner, Helmut: Europäische Wirtschaftspolitik, 2. Auflage, Berlin [u.a.] 1998

Waigel, Christian: Die Unabhängigkeit der Europäischen Zentralbank – Gemessen am Kriterium demokratischer Legitimation, Baden-Baden 1999

Weber, Albrecht: Zur künftigen Verfassung der Europäischen Gemeinschaft, JZ 1993, 325 ff.

Weinbörner, Susanne: Die Stellung der Europäischen Zentralbank (EZB) und der nationalen Zentralbanken in der Wirtschafts- und Währungsunion nach dem Vertrag von Maastricht, Diss., Frankfurt am Main [u.a.] 1998

Weindl, Josef: Europäische Gemeinschaft, 2. Auflage, München, Wien 1994

Wendt, Rudolf: Finanzhoheit und Finanzausgleich, in: *Isensee*, Josef/*Kirchhof*, Paul (Hrsg.): Handbuch des Staatsrechts, Band IV, 2. Auflage, Heidelberg 1999, § 104, S. 1021 ff.

Wessels, Wolfgang: Die Wirtschafts- und Währungsunion – Krönung der politischen Union?, in: *Caesar*, Rolf/*Scharrer*, Hans-Eckart (Hrsg.): Maastricht: Königsweg oder Irrweg zur Wirtschafts- und Währungsunion? Bonn 1994, S. 107 ff.

Wetzel, Ralf Günther/*Rauschning*, Dietrich: Die WVK – Materialien zur Entstehung der einzelnen Vorschriften, Frankfurt am Main 1978

Wicksell, Knut: Finanztheoretische Untersuchungen nebst Darstellung und Kritik des Steuerwesens Schwedens, Jena 1896

Wiedemann, Thomas: Der Vertrag von Nizza – Genesis einer Reform, EuR 2001, 185 ff.

Willms, Manfred: Internationale Währungspolitik, 2. Auflage, München 1995

Wissenschaftlicher Beirat beim BMF: Zur Bedeutung der Maastricht-Kriterien für die Verschuldensgrenzen von Bund und Ländern, Bonn 1994

de With, Hans (Hrsg.): Deutsche Rechtspolitik, Karlsruhe/Heidelberg 1976

Wolf, Joachim: Die Revision des Grundgesetzes durch Maastricht, JZ 1993, 594 ff.

Wolff, Hans J./*Bachof*, Otto/*Stober*, Rolf: Verwaltungsrecht Band 1, 11. Auflage, München 1999

Würmeling, Joachim: Streicht die Räte und rette den Rat! EuR 1996, 167 ff.

Wustlich, Guido: Die Atmosphäre als globales Umweltgut – Rechtsfragen ihrer Bewirtschaftung im Wechselspiel von Völker-, Gemeinschafts- und nationalem Recht, Berlin 2003

Wyplosz, Charles: Fiscal Discipline in EMU: Rules or Institutions? Genf 2002

Zangl, Bernhard/*Wolf*, Dieter: Stabilitätssteuer statt Stabilitätspakt! Alternativen für einen stabilen Euro, Wirtschaftsdienst 1999, 174 ff.

Zeidler, Frank: Der Austritt und Ausschluss von Mitgliedern aus den Sonderorganisationen der Vereinten Nationen, Diss., Frankfurt am Main 1990

Zeise, Lucas: Fessel der Wirtschaftspolitik. Europa sollte den Stabilitätspakt nicht nur in Frage stellen – sondern ganz aufgeben, in: FTD vom 15.05.2002 S. 30

Zeitler, Franz-Christoph: Die Europäische Währungsunion als Stabilitätsgemeinschaft, WM 1995, 1609 ff.

Zemanek, Karl: The Unilateral Enforcement of International Obligations, ZaöRV 1987, 32 ff.

STUDIEN ZUM ÖFFENTLICHEN RECHT,
VÖLKER- UND EUROPARECHT

Herausgegeben von Prof. Dr. Eckart Klein

Band 1 Ulrike Suchsland-Maser: Menschenrechte und die Politik multilateraler Finanzinstitute. Eine Untersuchung unter völkerrechtlichen Gesichtspunkten an den Beispielen der Weltbank, des Währungsfonds und regionaler Entwicklungsbanken. 1999.

Band 2 Jean Angelov: Grundlagen und Grenzen eines staatsbürgerlichen Informationszugangsanspruchs. 2000.

Band 3 Norman Weiß: Objektive Willkür. Zu einem Prüfungskriterium im Verfahren der Urteilsverfassungsbeschwerde. 2000.

Band 4 Eva Tanuschev: Entwicklung, Stand und Perspektiven eines freien Personenverkehrs in Europa. 2001.

Band 5 Heiner Baab: GATT und WTO im Recht der USA. Die Integration des Völkervertragsrechts in die Rechtsordnung der USA am Beispiel der GATT-Abkommen und der WTO-Übereinkommen. 2001.

Band 6 Malte Graßhof: Die Vollstreckung von Normenkontrollentscheidungen des Bundesverfassungsgerichts. Ein Beitrag zum Verhältnis zwischen Bundesverfassungsgericht und Gesetzgeber. 2003.

Band 7 Christof Berthold: Die Europäische Politische Gemeinschaft (EPG) 1953 und die Europäische Union (EU) 2001. Eine rechtsvergleichende Betrachtung. 2003.

Band 8 Felix Bark: Das gemeinschaftsrechtliche Defizitverfahren. Reformansätze und ihre rechtlichen Umsetzungsmöglichkeiten. 2004.

www.peterlang.de

Kolibri 360 GmbH
Ferdinand-Jühlke-Straße 7
99095 Erfurt, Deutschland
produktsicherheit@kolibri360.de

Druck:
CPI Druckdienstleistungen GmbH
im Auftrag der
Kolibri 360 GmbH
Ferdinand-Jühlke-Str. 7
99095 Erfurt